中華古籍保護計劃

ZHONG HUA GU JI BAO HU JI HUA CHENG GUO

·成果·

中華古籍書志書目叢刊

寧夏回族自治區珍貴古籍名録圖録

寧夏回族自治區圖書館
寧夏回族自治區古籍保護中心 編

國家圖書館出版社

圖書在版編目（CIP）數據

寧夏回族自治區珍貴古籍名録圖録／寧夏回族自治區圖書館　寧夏回族自治區古籍保護中心編.—北京：國家圖書館出版社，2015.6

（中華古籍書志書目叢刊）

ISBN 978-7-5013-5586-0

Ⅰ.①寧…　Ⅱ.①寧…②寧…　Ⅲ.①古籍－圖書目録－寧夏　Ⅳ.①Z838

中國版本圖書館CIP數據核字（2015）第095050號

書　　名　寧夏回族自治區珍貴古籍名録圖録

編　　者　寧夏回族自治區圖書館　寧夏回族自治區古籍保護中心　編
責任編輯　許海燕
裝幀設計　九雅工作室

出　　版　國家圖書館出版社（100034　北京市西城區文津街7號）
（原書目文獻出版社　北京圖書館出版社）
發　　行　（010）66114536　66126153　66151313　66175620
66121706（傳真），66126156（門市部）
E-mail　cbs@nlc.gov.cn（郵購）
Website　www.nlcpress.com→投稿中心
經　　銷　新華書店
印　　裝　北京信彩瑞禾印刷廠
版　　次　2015年7月第1版　2015年7月第1次印刷

開　　本　889×1194毫米　1/16
印　　張　16
印　　數　1—1200册

書　　號　ISBN 978-7-5013-5586-0
定　　價　260.00圓

編纂委員會

序言

《寧夏回族自治區珍貴古籍名録圖録》（以下簡稱《圖録》）是中華古籍保護計劃及全國古籍普查工作啓動後，在寧夏回族自治區文化廳的高度重視與大力支持下，經寧夏回族自治區圖書館、寧夏回族自治區古籍保護中心及各收藏單位專家學者两年多的不懈努力，最終整理、編輯而成的圖録類工具書。

由於地理位置、歷史淵源等緣故，寧夏回族自治區相比其他文化大省，在傳統文化積累方面還缺乏一定厚度。因此，出土、收藏在域内各地的古籍整體數量有限。但其中也不乏西夏文佛經木活字本《吉祥遍至口和本續》、西夏文寫本《佛經長卷》、寶應王氏白田草堂刻本《朱子年譜四卷考異四卷附録二卷》等入選《國家珍貴古籍名録》的具有深遠歷史意義與現實價值的珍貴古籍。特别是1991年出土的《吉祥遍至口和本續》西夏文佛經木活字本，是迄今世界上發現最早的木活字版本之一，它的發現將木活字的發明和使用從元代提早到宋代，提前了一個多世紀，對研究中國印刷史和古代活字印刷技術具有重大價值。

《圖録》的收録範圍是1912年以前，重點以書寫或印刷等古典裝幀形式存在的時代早、流傳少，具有重要歷史、思想和文化價值的珍貴古籍爲主，對少數民族文字古籍視具體情況適當放寬至1949年以前。《圖録》的編排體例基本遵照《國家珍貴古籍名録》的體例進行，努力體現科學性并重學術傳統，總體上採取古籍刊刻時代先後爲序的原則。版本年代相同的古籍，按照題名筆畫順序排列。凡入選《國家珍貴古籍名録》的古籍自然進入《寧夏回族自治區珍貴古籍名録圖録》。《圖録》精選、收録了寧夏地區8家收藏單位的古籍珍品，涵蓋漢文、西夏文、阿拉伯文等文種，共計183種。其中漢文古籍162種，包括：木活字本2種、寫本2種、抄稿本6種、刻印本140種、拓本9種、其他3種；西夏文古籍16種，包括：木活字本6種、泥活字本2種、寫本7種、刻本1種；漢文雕版1種，西夏文雕版2種，阿拉伯文民國巴基斯坦銅版鏨刻2種。基本體現了寧夏境内古籍存藏的概貌，展現了寧夏地區古籍存藏豐富多樣和獨具異彩的民族地域特點及其獨特魅力。

《圖録》的成功出版，得益於寧夏回族自治區古籍保護中心的同仁在古籍普查工作中的艱辛付出。寒來暑往，他們遍訪寧夏境内近30家收藏單位，一絲不苟，兢兢業業，嚴格按照普查登記標準操作。收集、整理、拍攝、製作、編輯古籍書目5000多條。古籍整理編目是一件相當複雜的事情，并非衹是簡單地按照規則將古籍信息録入電腦而已，真正參與其中，需要具有非常專業的目録學、版本學素養，并具有把相關知識轉化爲實際工作的能力，個中滋味、艱難苦辛，實不足爲外人道，唯知者瞭然於心。

這裹，還要鄭重提及的是，《圖録》的出版得到了寧夏大學圖書館、寧夏回族自治區文物考古研究所、寧夏回族自治區博物館、寧夏回族自治區同心縣博物館、寧夏社會科學院社科圖書資料中心、寧夏回族自治區固原市原州區圖書館等單位的大力支持與配合。正是在寧夏各收藏單位及相關專家、領導的共同努力下，纔得以將境内現存的精品珍貴古籍收録於《圖録》之中，并採用先進的印刷技術展示於世人，充分體現了當下古籍保護“藏用并舉”的思想，切實發揮了古籍的使用價值和社會效益，使其生命力得以延續不斷。借此機會，一併表示衷心感謝！

《圖録》所收書目以稀見難得者爲尚，常見者從略，著録客觀嚴謹，編者從“編以致用”的角度出發，儘可能準確地爲廣大古籍愛好者提供實用完備的資料，以題名、卷數、著者、版本、裝幀形式、行款、版框、尺寸、存缺卷、《國家珍貴古籍名録》序號、藏書單位等要素并配以書影，直觀地反映了古籍的歷史原貌及遞藏流變。

正如前文所述，古籍整理是一項相當複雜的工作，限於編者的經驗、學識及理解差異，難免有未審貽識之處，祈方家指正。

韓彬　吕毅

2015年2月

凡例

一、收録範圍爲寧夏境内8家收藏機構所藏、産生於1912年以前、具有重要歷史和學術及文化藝術價值的文獻典籍。包括漢文古籍和少數民族文字古籍以及碑帖拓本等文獻，少數民族文獻收録年限適當延伸至1949年以前。

二、本圖録按照歷史年代排序。版本年代相同的古籍，按照題名筆畫順序排列。

三、一部古籍一條款目，每條款目配以一至二幀能反映該書版本特徵的書影。書影拍攝一律採用原件。

四、著録基本要求爲客觀登記，規範描述。

五、著録款目包括：序號、題名、卷數、著者、版本、册數、裝幀形式、行款、版框、尺寸、存缺卷、《國家珍貴古籍名録》序號（簡稱“國家名録號”）及藏書單位等。

目　録

寧夏回族自治區珍貴古籍名録

西夏

0001　大方廣佛華嚴經一卷　（元）于闐三藏寶叉難陀撰　西夏木活字本　一册

經折裝。半葉六行十七字，上下雙邊。框高25.0厘米，尺寸31.7×12.0厘米。國家名録號02321。

寧夏回族自治區博物館藏。

0002　占察善惡業報經　西夏木活字印本　存二紙

經折裝。半葉六行十六字，上下雙邊。框高18.0厘米，尺寸9.0×22.0厘米。2004年寧夏回族自治區賀蘭山山嘴溝出土。國家名録號09681。

寧夏回族自治區文物考古研究所藏。

0003　吉祥上樂輪略文等虚空本續　西夏漢文寫經　存四十四紙（殘葉）

册葉裝。行款字數不等。尺寸不等。1991年寧夏回族自治區賀蘭縣拜寺口方塔出土。

寧夏回族自治區文物考古研究所藏。

0004　吉祥遍至口和本續□卷　西夏文佛經木活字本　三册（存卷三至五共一百十二葉）

蝴蝶裝。半葉十行字數不等，四周雙邊。版框24.1×15.6厘米，尺寸30.7×19.0厘米。1991年寧夏回族自治區賀蘭縣拜寺口方塔出土。國家名録號02306。

寧夏回族自治區文物考古研究所藏。

0005　吉祥遍至口和本續之要文一卷　西夏文佛經木活字本　一册

蝴蝶裝。半葉十行字數不等，四周雙邊。版框23.8×16.0厘米，尺寸30.5×19.5厘米。1991年寧夏回族自治區賀蘭縣拜寺口方塔出土。

寧夏回族自治區文物考古研究所藏。

0006　吉祥遍至口和本續之解生喜補□卷　西夏文佛經木活字本　四册（存卷二、三、五共五十五葉含殘葉）

蝴蝶裝。半葉十行二十二字，四周雙邊。版框23.5×15.3厘米，尺寸30.0×19.5厘米。1991年寧夏回族自治區賀蘭縣拜寺口方塔出土。

寧夏回族自治區文物考古研究所藏。

0007　吉祥遍至口和本續之廣義文　西夏文佛經木活字本　一册（共二十七葉）

蝴蝶裝。半葉十行二十二字，四周雙邊。版框23.4×15.7厘米，尺寸30.5×19.5厘米。1991年寧夏回族自治區賀蘭縣拜寺口方塔出土。

寧夏回族自治區文物考古研究所藏。

0008　佛經長卷　西夏文寫本　一件

卷軸裝。高16.0厘米，長574.0厘米。全卷三百二十四行約七千三百餘字。1991年寧夏回族自治區賀蘭縣拜寺口方塔出土。國家名録號09678。

寧夏回族自治區文物考古研究所藏。

0009　妙法蓮華經集要義鏡注□卷　西夏泥活字本　六十八葉（存卷一、五、八、十二）

蝴蝶裝。半葉十行字數不等，四周雙邊。尺寸32.0×21.4厘米。2004年寧夏回族自治區賀蘭山山嘴溝出土。國家名録號09679。

寧夏回族自治區文物考古研究所藏。

0010　金剛般若經集一卷　西夏刻本　六葉

經折裝。半葉五行字數不等，上下雙邊。框高10.0厘米，尺寸16.0×7.0厘米。2004年寧夏回族自治區賀蘭山山嘴溝出土。國家名録號11230。

寧夏回族自治區文物考古研究所藏。

0011　修持儀軌　西夏漢文寫經　存十四紙（殘葉）

縫繢裝。半葉八行字數不等，四周單邊。版框18.4×12.6厘米，尺寸23.1×14.8厘米。1991年寧夏回族自治區賀蘭縣拜寺口方塔出土。

寧夏回族自治區文物考古研究所藏。

0012　異本救諸衆生一切苦難經　西夏漢文寫經　存三紙（殘葉）

卷軸裝。三十八行字數不等。1991年寧夏回族自治區賀蘭縣拜寺口方塔出土。

寧夏回族自治區文物考古研究所藏。

0013　衆經集要　西夏漢文寫經　存十紙（殘葉）

縫繢裝。半葉八行十六、十七字數不等，上下單邊。框高16.7厘米，尺寸20.6×13.2厘米。1991年寧夏回族自治區賀蘭縣拜寺口方塔出土。

寧夏回族自治區文物考古研究所藏。

0014　圓覺注之略疏第一上半　西夏泥活字印本　存十四紙

蝴蝶裝。半葉十行二十一字，四周雙邊。版框23.4×15.8厘米，尺寸40.2×29.5厘米。2004年寧夏回族自治區賀蘭山山嘴溝出土。國家名録號09680。

寧夏回族自治區文物考古研究所藏。

0015　圓覺道場禮口一本　西夏漢文寫經　一紙

卷軸裝。二十四行字數不等。1991年寧夏回族自治區賀蘭縣拜寺口方塔出土。

寧夏回族自治區文物考古研究所藏。

0016　漢文詩集　西夏漢文寫本　存十六紙（殘葉）

縫繢裝。行款字數不等。尺寸21.5×12.3厘米。1991年寧夏回族自治區賀蘭縣拜寺口方塔出土。

寧夏回族自治區文物考古研究所藏。

0017　西夏文雕版　西夏木版雕刻　一百二十塊

木凸版。版框13.4×11.2厘米，版片13.7×23.3×2.0厘米。1990年寧夏回族自治區賀蘭縣宏佛塔出土。

寧夏回族自治區博物館藏。

0018　西夏文雕版　西夏木版雕刻　六十塊

木凸版。版片7.9×6.4×2.0厘米。1990年寧夏回族自治區賀蘭縣宏佛塔出土。

西夏博物館藏。

明代

0019　新編古今事文類聚前集六十卷後集五十卷續集二十八卷别集三十二卷外集十五卷　（宋）祝穆編　（元）富大用編　明初建陽習静堂屋刻本　十二函九十二册（缺後集卷三十六至五十、續集卷一至十）

半葉十行十八字，黑口，四周雙邊。版框24.5×18.0厘米，尺寸32.0×20.0厘米。

寧夏回族自治區圖書館藏。

0020　宋文鑑一百五十卷目録三卷　（宋）吕祖謙輯　明嘉靖七年（1528）晉藩養德書院刻本　四函二十册

半葉十三行二十一字，雙行小字同，黑口，左右雙邊。版框19.8×12.9厘米，尺寸30.0×18.1厘米。

寧夏回族自治區圖書館藏。

0021　元文類七十卷目録三卷　（元）蘇天爵輯　明嘉靖十六年（1537）刻本　四函二十册

半葉十行十九字，白口，四周單邊。版框21.5×14.9厘米，尺寸30.5×18.3厘米。

寧夏回族自治區圖書館藏。

0022　蘇文忠公全集一百十卷年譜一卷　（宋）蘇軾撰　明嘉靖江西布政司刻本　八函一百册

金鑲玉。半葉十行二十字，雙行小字同，白口，四周雙邊。版框19.8×13.0厘米，尺寸30.6×18.2厘米。鈐有“浮雲書屋”“浮雲書屋珍藏”“白鹿堂”印文。國家名録號10634。

寧夏回族自治區圖書館藏。

0023　史記抄九十一卷首一卷　（明）茅坤評　明萬曆三年（1575）茅坤家刻本　一函六册

半葉十行二十一字，雙行小字同，白口，四周單邊。版框19.9×12.6厘米，尺寸26.8×14.7厘米。

寧夏回族自治區圖書館藏。

0024　集古印譜六卷　（明）王常輯　明萬曆三年（1575）上海顧從德芸閣朱印本　一函六册

四周單邊。版框20.6×14.2厘米，尺寸25.4×16.5厘米。

寧夏回族自治區圖書館藏。

0025　性理大全書七十卷　（明）胡廣等撰　明萬曆十三年（1585）師古齊刻本　二函二十四册

半葉十行二十字，白口，左右雙邊。版框21.0×14.7厘米，尺寸26.4×16.4厘米。

寧夏回族自治區圖書館藏。

0026　初學記三十卷　（唐）徐堅等撰　明萬曆十五年（1587）寧壽堂刻本　四函二十四册

半葉九行十八字，雙行小字二十四字，白口，左右雙邊。版框20.7×16.0厘米，尺寸27.1×18.7厘米。

寧夏大學圖書館藏。

0027　初學記三十卷　（唐）徐堅等撰　明萬曆二十五年至二十六年（1597—1598）維揚陳大科刻本　二函十二册（卷末最後一葉爲手抄補配）

半葉九行二十字，雙行小字同，白口，左右雙邊。版框20.9×15.5厘米，尺寸26.9×17.2厘米。

寧夏回族自治區圖書館藏。

0028　説文解字十五卷　（漢）許慎撰　（宋）李燾編　明萬曆二十六年（1598）陳大科刻本　一函六册

半葉七行十四字，雙行小字二十字，黑口，四周雙邊。版框24.5×17.6厘米，尺寸30.0×20.5厘米。

寧夏回族自治區圖書館藏。

0029　詩所五十六卷附歷代名氏爵里一卷　（明）臧懋循編　明萬曆三十一年（1603）金陵徐智督刻本 二函十二册

半葉十行二十一字，雙行小字同，白口，四周單邊。版框20.9×13.6厘米，尺寸28.0×17.6厘米。

寧夏回族自治區圖書館藏。

0030　荆川先生右編四十卷　（明）唐順之編纂　明萬曆三十三年（1605）南京國子監刻本　四函三十册

半葉十行二十字，雙行小字同，白口，左右雙邊。版框21.8×14.5厘米，尺寸27.4×16.8厘米。

寧夏大學圖書館藏。

0031　唐陸宣公集二十二卷　（唐）陸贄撰　明萬曆三十四年（1606）吴繼武光裕堂刻本　一函八册

半葉十行二十字，雙行小字同，白口，四周單邊。版框21.5×14.5厘米，尺寸26.3×16.3厘米。

寧夏回族自治區圖書館藏。

0032　分類補注李太白詩二十五卷年譜一卷　（唐）李白撰　（宋）楊齊賢集注（元）蕭士贇補注　（明）許自昌校　明萬曆許自昌刻本　一函八册

半葉九行二十字，雙行小字同，白口，左右雙邊。版框21.9×14.5厘米，尺寸25.6×16.1厘米。

寧夏回族自治區圖書館藏。

0033　東西洋考十二卷　（明）張燮撰　明萬曆刻本　一函四册

半葉九行十八字，雙行小字同，白口，四周雙邊。版框20.7×14.6厘米，尺寸29.5×18.4厘米。

寧夏大學圖書館藏。

0034　戰國策十二卷　（漢）劉向校　（明）閔齊伋裁注　明萬曆烏程閔齊伋三色套印本　一函八册

半葉九行十九字，雙行小字同，白口，四周單邊。版框21.5×14.5厘米，尺寸27.2×17.6厘米。

寧夏回族自治區圖書館藏。

0035　字彙十二卷首一卷　（明）梅膺祚音釋　明萬曆懷德堂刻本　二函十二册

半葉八行十二字，雙行小字二十四字，白口，左右雙邊。版框21.5×14.0厘米，尺寸25.7×15.4厘米。

寧夏回族自治區圖書館藏。

0036　南華經十六卷　（戰國）莊周撰　明萬曆三色套印本　一函四册

半葉八行十八字，雙行小字同，白口，四周單邊。版框20.0×14.8厘米，尺寸26.0×17.2厘米。

寧夏回族自治區圖書館藏。

0037　唐宋八大家文抄一百四十四卷　（明）茅坤批評　明萬曆刻本　六十册

半葉九行十九字，白口，左右雙邊。版框20.4×13.8厘米，尺寸29.7×17.4厘米。

寧夏大學圖書館藏。

0038　堯山堂外紀一百卷　（明）蔣一葵編　明萬曆刻本　二函十六册

半葉八行十九字，雙行小字同，白口，四周單邊。版框23.3×14.3厘米，尺寸27.4×17.2厘米。

寧夏回族自治區圖書館藏。

0039　精選黄眉故事十卷　（明）鄧百拙彙編　明萬曆刻本　一函八册

雙欄，上欄半葉十行四字，雙行小字五字，下欄半葉十行二十字，雙行小字同，白口，四周單邊。版框 20.0×12.9厘米，尺寸24.6×15.9厘米。

寧夏回族自治區圖書館藏。

0040　春秋公羊傳十二卷春秋穀梁傳十二卷　（漢）何沐注　（明）閔齊伋輯　明天啓元年（1621）文林閣唐錦池刻本　一函八册

半葉九行十九字，雙行小字同，白口，四周雙邊。版框21.2×15.3厘米，尺寸26.4×16.2厘米。

寧夏回族自治區圖書館藏。

0041　宋元通鑑一百五十七卷　（明）薛應旂編輯　明天啓彙賢齋刻本　四函三十二册

半葉十行二十字，白口，四周單邊。版框21.3×14.9厘米，尺寸26.6×17.5厘米。

寧夏大學圖書館藏。

0042　夢溪筆談二十六卷　（宋）沈括撰　明崇禎四年（1631）馬元調刻本　一函八册

半葉九行十八字，雙行小字同，白口，左右雙邊。版框18.8×12.8厘米，尺寸24.6×16.4厘米。

寧夏回族自治區圖書館藏。

0043　閱史約書不分卷　（明）王光魯撰　明崇禎七年（1634）朱墨套印本　一册

半葉九行二十字，白口，四周單邊。版框21.3×14.3厘米，尺寸25.3×16.1厘米。

寧夏回族自治區圖書館藏。

0044　說文字原一卷六書正譌五卷　（元）周伯琦編注　（明）胡正言訂篆　明崇禎十年（1637）十竹斎刻本　一函六册

半葉五行八字，雙行小字十八字，白口，四周單邊。版框20.0×14.2厘米，尺寸26.0×16.7厘米。

寧夏大學圖書館藏。

0045　元人十種詩　（明）毛晉輯　明崇禎十一年（1638）海虞毛氏汲古閣刻本　六函三十六册

半葉九行十九字，雙行小字同，白口，左右雙邊。版框18.8×14.3厘米，尺寸26.6×

17.6厘米。

寧夏回族自治區圖書館藏。

0046　宋朱晦菴先生名臣言行録前集十卷後集十四卷續集八卷别集二十六卷外集十七卷　（宋）朱熹輯　（宋）李幼武輯　（明）張采評閲　明崇禎十一年（1638）聚錦堂刻本　二函二十四册

半葉十行二十字，白口，左右雙邊。版框 20.3×14.9厘米，尺寸25.8×15.8厘米。

寧夏回族自治區圖書館藏。

0047　周禮註疏删翼三十卷　（明）王志長輯　（明）葉培恕定　明崇禎十二年（1639）天德堂刻本　二函十六册

半葉八行十九字，雙行小字同，白口，左右雙邊。版框19.1×14.0厘米，尺寸25.1×15.0厘米。

寧夏回族自治區圖書館藏。

0048　禮記註疏六十三卷　（漢）鄭玄注　（唐）孔穎達疏　明崇禎十二年（1639）毛氏汲古閣刻本　二十册

半葉九行二十一字，雙行小字同，白口，左右雙邊。版框18.3×12.4厘米，尺寸23.6×15.2厘米。

寧夏大學圖書館藏。

0049　後漢書一百三十卷　（南朝宋）范曄撰　（唐）李賢注　（南朝梁）劉昭補注　明崇禎十六年（1643）常熟毛晉汲古閣刻本　二十四册

半葉十二行二十五字，雙行小字三十七字，白口，左右雙邊。版框21.2×15.6厘米，尺寸27.5×17.7厘米。

寧夏回族自治區固原市原州區圖書館藏。

0050　（重鐫）二如亭群芳譜二十八卷首一卷　（明）王象晉輯　明汲古閣刻本　二函二十八册

三欄，半葉八行十八字，白口，左右雙邊。版框21.8×14.5厘米，尺寸28.2×18.1厘米。

寧夏回族自治區圖書館藏。

0051　三國志六十五卷　（晉）陳壽撰　明汲古閣刻本　二函十一册

半葉十二行二十五字，雙行小字三十七字，白口，左右雙邊。版框21.6×15.4厘米，尺寸25.7×17.2厘米。

寧夏回族自治區圖書館藏。

0052　小學紺珠十卷　（宋）王應麟輯　明崇禎虞山毛氏汲古閣刻本　十册（正德補刻十四葉，嘉靖補刻四十四葉，抄配二葉）

半葉十行二十字，雙行小字同，白口，四周雙邊。版框21.8×13.5厘米，尺寸27.2×17.0厘米。

寧夏大學圖書館藏。

0053　中州集十卷首一卷中州樂府集一卷　（金）元好問輯　明汲古閣刻本　一函十一册

半葉八行十九字，白口，左右雙邊。版框19.3×13.7厘米，尺寸26.0×16.8厘米。

寧夏回族自治區圖書館藏。

0054　東觀餘論二卷附録一卷　（宋）黄伯思撰　（明）毛晉訂　明汲古閣刻本　一函二册

半葉八行十九字，白口，左右雙邊。版框19.2×13.6厘米，尺寸23.5×16.0厘米。

寧夏回族自治區圖書館藏。

0055　陸放翁全集六種一百五十七卷　（宋）陸游撰　明汲古閣刻本　十二函七十二册

半葉八行十八字，白口，左右雙邊。版框18.7×14.2厘米，尺寸24.1×15.8厘米。

寧夏回族自治區圖書館藏。

0056　貴耳集三卷　（宋）張端義撰　（明）毛晉訂　明汲古閣刻本　一函一册

半葉八行十九字，雙行小字不等，白口，左右雙邊。版框19.3×13.7厘米，尺寸23.3×15.8厘米。

寧夏回族自治區圖書館藏。

0057　漢隸字源五卷碑目一卷　（宋）婁機撰　明虞山毛氏汲古閣刻本　六册

半葉五行字數不等，白口，左右雙邊。版框23.9×16.8厘米，尺寸28.6×18.6厘米。

寧夏回族自治區圖書館藏。

0058　孫月峰先生批評史記一百三十七卷褚先生附餘一卷　（明）孫鑛評　（明）

馮元仲参訂　明崇禎刻本　二函二十册

半葉九行二十字，白口，四周單邊。版框20.3×14.4厘米，尺寸26.1×16.7厘米。

寧夏回族自治區圖書館藏。

0059　增訂二三場群書備考四卷　（明）袁黄撰　（明）袁儼注　（明）沈昌世增　明崇禎刻本　一函四册

半葉九行二十一字，雙行小字同，白口，四周單邊。版框20.9×14.2厘米，尺寸24.7×16.2厘米。

寧夏回族自治區圖書館藏。

0060　增訂二三場群書備考四卷　（明）袁黄撰　明崇禎沈氏刻本　四册

半葉九行二十一字，雙行小字同，白口，四周單邊。版框20.8×14.1厘米，尺寸26.5×16.2厘米。

寧夏大學圖書館藏。

0061　六臣註文選六十卷　（南朝梁）蕭統輯　明茶陵陳氏古迂書院刻本　六十册（卷二十五第二十二、三十一、三十五葉，卷二十七第十二葉，卷六十第三十一至三十四葉係抄補）

半葉十行十八字，雙行小字二十三字，白口，四周單邊。版框20.9×14.1厘米，尺寸30.6×17.7厘米。

寧夏大學圖書館藏。

0062　五車韻瑞一百六十卷　（明）凌稚隆纂輯　明金閶葉瑶池刻本　三十二册

雙欄，半葉十行二十字，雙行小字二十七字，黑口，左右雙邊。版框22.2×16.0厘米，尺寸24.7×17.0厘米。

寧夏大學圖書館藏。

0063　古今逸史五十五種　（明）吴琯校　明吴琯刻本　一函四册（存十一種五十三卷）

半葉十行二十字，雙行小字同，白口，左右雙邊。版框20.2×14.0厘米，尺寸29.6×18.5厘米。

寧夏回族自治區圖書館藏。

0064　唐書一百五十卷　（宋）歐陽修撰　明永豐刻本　四十四册

半葉十行二十一字，白口，四周單邊。版框22.9×15.2厘米，尺寸28.5×17.0厘米。

寧夏社會科學院社科圖書資料中心藏。

0065　輟耕録三十卷　（元）陶宗儀撰　明廣文堂刻本　一函十册

半葉十行二十一字，雙行小字同，白口，左右雙邊。版框20.0×13.3厘米，尺寸23.9×15.2厘米。

寧夏大學圖書館藏。

0066　八代史纂二十四卷　（明）錢岱纂　（明）姚宗儀校　明刻本　二函二十四册

半葉十行二十字，白口，四周單邊。版框21.5×14.4厘米，尺寸26.3×16.5厘米。

寧夏回族自治區圖書館藏。

0067　三千諸佛名經三卷　（宋）畺良耶舍譯　明刻本　三册

經折裝。半葉六行字數不等，上下雙邊。框高23.7厘米，尺寸30.7×11.5厘米。

寧夏回族自治區同心縣博物館藏。

0068　大顛庵主註解心經一卷　明刻本　一册四十三折

經折裝。半葉四行八字，雙行小字十七字，上下單邊。框高16.1厘米，尺寸17.9×8.3厘米。

寧夏回族自治區同心縣博物館藏。

0069　太上三元賜福赦罪解厄延生經一卷　明刻本　一册三十九折

經折裝。半葉五行十五字，雙行小字不等，上下雙邊。框高19.2厘米，尺寸28.4×8.3厘米。

寧夏回族自治區同心縣博物館藏。

0070　太上靈寶補謝竈神經一卷　明刻本　一册十折

經折裝。半葉五行十五字，上下單邊。框高25.5厘米，尺寸28.1×9.9厘米。

寧夏回族自治區同心縣博物館藏。

0071　北夢瑣言二十卷　（宋）孫光憲撰　明刻本　一册（存卷十至二十）

半葉九行二十字，白口，四周單邊。版框21.0×14.3厘米，尺寸26.1×16.2厘米。

寧夏大學圖書館藏。

0072　朱文公校昌黎先生文集四十卷外集十卷附集傳一卷遺文一卷　（唐）韓愈撰

（唐）李漢編　（宋）朱熹考異　明刻本　一函十六册

半葉九行十八字，雙行小字同，白口，四周雙邊。版框22.2×15.0厘米，尺寸25.4×16.1厘米。

寧夏回族自治區圖書館藏。

0073　兩漢文統九卷　（明）王思任重訂　明刻本　六册

半葉九行二十字，雙行小字同，白口，四周單邊。版框20.5×14.1厘米，尺寸26.7×17.1厘米。

寧夏回族自治區圖書館藏。

0074　金剛般若波羅蜜經一卷　（後秦）釋鳩摩羅什譯　明刻本　一册八折

經折裝。半葉五行十五字，上下單邊。框高19.5厘米，尺寸24.8×8.3厘米。

寧夏回族自治區同心縣博物館藏。

0075　金剛般若波羅蜜經一卷　（後秦）釋鳩摩羅什譯　明刻本　一册六十六折

經折裝。半葉四行十一字，上下雙邊。框高26.2厘米，尺寸29.8×11.5厘米。

寧夏回族自治區同心縣博物館藏。

0076　金剛般若波羅蜜經一卷　（後秦）釋鳩摩羅什譯　明燙金硃砂本　一册

經折裝。半葉六行十三字，上下雙邊。框高14.4厘米，尺寸18.8×8.2厘米。

寧夏回族自治區同心縣博物館藏。

0077　真武説報父母恩經一卷　明刻本　一册三十七折

經折裝。半葉六行十六字，上下雙邊。框高16.1厘米，尺寸18.1×7.9厘米。

寧夏回族自治區同心縣博物館藏。

0078　莊子翼八卷莊子闕誤一卷　（明）焦竑編　明刻本　一函八册

半葉十一行二十字，雙行小字同，白口，四周單邊。版框20.3×13.5厘米，尺寸26.5×16.4厘米。

寧夏回族自治區圖書館藏。

0079　揚子太玄經十卷　（漢）揚雄撰　（明）張壙等較閲　明刻本　一函二册

半葉九行十八字，雙行小字同，白口，四周單邊。版框19.7×14.4厘米，尺寸26.5×16.9厘米。

寧夏回族自治區圖書館藏。

0080　無量壽決定光明王如來陀羅尼經一卷　（宋）釋法天譯　明手抄本　一册

旋風裝。行款字數不等。尺寸20.4×8.4厘米。

寧夏回族自治區同心縣博物館藏。

0081　無量壽決定光明王如來陀羅尼經一卷　（宋）釋法天譯　明刻本　一册十九折

經折裝。半葉五行十五字，上下雙邊。框高16.7厘米，尺寸20.0×8.1厘米。

寧夏回族自治區同心縣博物館藏。

0082　無量壽決定光明王如來陀羅尼經一卷　（宋）釋法天譯　明刻本　一册八折

經折裝。半葉五行十五字，上下雙邊。框高21.5厘米，尺寸25.7×8.9厘米。

寧夏回族自治區同心縣博物館藏。

0083　禪宗頌古聯珠通集四十卷　（宋）釋法應集　（元）釋普會續集　（元）净戒重校　明刻本　一册二十九折（存卷十二）

經折裝。半葉六行十七字，雙行小字同，上下單邊。框高24.3厘米，尺寸31.3×11.1厘米。

寧夏回族自治區同心縣博物館藏。

0084　路史前紀九卷後紀十三卷餘論十卷發揮六卷國名紀七卷　（宋）羅泌纂（宋）羅苹注　明後期刻本　十六册

半葉十行二十字，雙行小字同，白口，四周單邊。版框20.4×14.8厘米，尺寸26.4×17.6厘米。

寧夏回族自治區圖書館藏。

0085　本朝京省人物考一百十五卷　（明）過庭訓纂輯　明末刻本　四十册（存卷一至十、卷三十五至一百十五，有抄補）

半葉十行二十字，白口，四周單邊。版框22.2×15.5厘米，尺寸27.0×17.7厘米。

寧夏大學圖書館藏。

0086　樂府詩集一百卷目録二卷　（宋）郭茂倩編　明末清初（1621—1722）海虞毛氏汲古閣刻本　二函十二册

半葉十一行二十一字，雙行小字同，白口，左右雙邊。版框18.7×14.5厘米，尺寸27.1×17.7厘米。

寧夏回族自治區圖書館藏。

0087　北史一百卷　（唐）李延壽撰　明刻明清南京國子監遞修本　二十册（存卷一至三十一、卷六十六至一百）

半葉九行十八字，白口，四周雙邊。版框19.5×14.9厘米，尺寸25.8×16.3厘米。

寧夏回族自治區固原市原州區圖書館藏。

0088　北齊書五十卷　（隋）李百藥撰　明萬曆至清康熙南京國子監遞修本　八册

半葉九行十八字，白口，四周雙邊。版框20.6×15.1厘米，尺寸25.8×16.4厘米。

寧夏回族自治區固原市原州區圖書館藏。

0089　陳書三十六卷　（唐）姚思廉撰　明刻明萬曆至清康熙南京國子監遞修本　四册

半葉九行十八字，白口，四周雙邊。版框20×14.7厘米，尺寸25.5×15.9厘米。

寧夏回族自治區固原市原州區圖書館藏。

清代

0090　楚辭集注八卷　（宋）朱熹集注　清初聽雨齋朱墨套印本　一函四册

半葉八行二十二字，白口，左右雙邊。版框19.5×13.0厘米，尺寸27.1×14.7厘米。

寧夏大學圖書館藏。

0091　大成通志十八卷首二卷　（清）楊慶撰　清康熙八年（1669）刻本　二函二十册

半葉九行二十四字，白口，四周雙邊。版框21.1×14.4厘米，尺寸25.1×15.6厘米。

寧夏回族自治區圖書館藏。

0092　公是先生七經小傳三卷　（宋）劉敞撰　清康熙十九年（1680）通志堂刻本　一册

半葉十一行二十字，雙行小字三十二字，白口，左右雙邊。版框20.1×15.1厘米，尺寸27.2×17.8厘米。

寧夏大學圖書館藏。

0093　古今通韻十二卷　（清）毛奇齡撰　清康熙二十四年（1685）學者堂刻本　一夾六册

半葉十行二十字，雙行小字同，白口，四周單邊。版框20.1×14.1厘米，尺寸25.1×16.2厘米。

寧夏大學圖書館藏。

0094　堯峰文鈔四十卷詩十卷　（清）汪琬撰　清康熙三十二年（1693）林佶寫刻本　一函六册

半葉十三行二十五字，雙行小字同，黑口，左右雙邊。版框20.7×14.2厘米，尺寸26.2×16.3厘米。

寧夏大學圖書館藏。

0095　二家詩鈔二種二十卷　（清）邵長蘅編　清康熙三十四年（1695）刻本　五册

半葉十行二十一字，黑口，四周單邊。版框18.3×13.5厘米，尺寸26.7×17.5厘米。

寧夏大學圖書館藏。

0096　居官必要八卷　（明）吕坤撰　清康熙三十五年（1696）兖州府陳于豫刻本　一函六册

半葉九行十九字，白口，左右雙邊。版框18.1×13.5厘米，尺寸23.6×14.5厘米。

寧夏大學圖書館藏。

0097　古文淵鑒六十四卷　（清）徐乾學等編　清康熙四十九年（1710）五色套印本　十六册（存卷一至十六、卷三十三至四十八）

半葉九行二十字，雙行小字同，四周單邊。版框18.3×14.2厘米，尺寸29.6×18.0厘米。

寧夏回族自治區博物館藏。

0098　淵鑑類函四百五十卷目録四卷　（清）張英等纂　清康熙四十九年（1710）内府刻本　三十五函一百四十册

半葉十行二十一字，雙行小字同，黑口，四周雙邊。版框17.1×11.7厘米，尺寸25.5×15.5厘米。

寧夏回族自治區圖書館藏。

0099　御纂朱子全書六十六卷　（清）李光地等撰　清康熙五十二年（1713）内府刻本　二十四册

半葉九行二十字，白口，四周單邊。版框19.1×14.0厘米，尺寸27.7×17.1厘米。

寧夏大學圖書館藏。

0100　御纂周易折中二十二卷首一卷　（清）李光地等撰　清康熙五十四年（1715）武英殿刻本　二函十册

半葉八行十八字，雙行小字二十二字，白口，四周雙邊。版框22.5×16.2厘米，尺寸27.3×18.4厘米。

寧夏大學圖書館藏。

0101　三藩紀事本末四卷　（清）楊陸榮撰　清康熙五十六年（1717）刻本　一函三册

半葉九行二十字，白口，左右雙邊。版框18.8×13.8厘米，尺寸24.9×15.5厘米。

寧夏回族自治區圖書館藏。

0102　六經正誤六卷　（宋）毛居正撰　清康熙通志堂刻本　二册

半葉十行二十字，白口，左右雙邊。版框19.9×15.0厘米，尺寸27.2×17.8厘米。

寧夏大學圖書館藏。

0103　元詩選三集三百二十卷　（清）顧嗣立輯　清康熙長洲顧氏秀野草堂刻本　九函四十六册

半葉十三行二十三字，雙行小字不等，白口，左右雙邊。版框19.3×14.8厘米，尺寸25.2×16.9厘米。

寧夏回族自治區圖書館藏。

0104　佩文齋書畫譜一百卷　（清）孫岳頒等纂　清康熙内府刻本　四函四十册

半葉十一行二十一字，雙行小字不等，白口，左右雙邊。版框17.0×11.7厘米，尺寸25.2×16.1厘米。

寧夏回族自治區圖書館藏。

0105　佩文齋詠物詩選四百八十六卷　（清）汪霦等編　清康熙内府刻本　六十册

半葉十一行二十一字，白口，左右雙邊。版框16.5×11.6厘米，尺寸24.6×14.9厘米。

寧夏大學圖書館藏。

0106　虞初新志二十卷　（清）漲潮輯　清康熙刻本　二函八册

半葉九行二十字，白口，四周單邊。版框18.7×13.6厘米，尺寸24.6×15.7厘米。

寧夏回族自治區圖書館藏。

0107　廣理學備考不分卷　（清）范鄗鼎彙編　清康熙范氏五經堂刻本　三十二册

半葉九行二十五字，雙行小字同，白口，四周雙邊。版框18.9×11.7厘米，尺寸26.1×14.4厘米。

寧夏大學圖書館藏。

0108　行水金鑑一百七十五卷　（清）傅澤洪撰　清雍正三年（1725）刻本　四函三十六册

半葉十一行二十一字，雙行小字三十三字，黑口，左右雙邊。版框18.0×13.5厘米，尺寸26.1×15.7厘米。

寧夏大學圖書館藏。

0109　古樂經傳五卷　（清）李光地撰　清雍正五年（1727）教忠堂刻本　一函四册

半葉九行二十字，白口，左右雙邊。版框17.5×13.7厘米，尺寸23.8×15.2厘米。

寧夏大學圖書館藏。

0110　欽定詩經傳説彙纂二十一卷首二卷詩序二卷　（清）王鴻緒等纂　清雍正五年（1727）刻本　三函十六册

半葉八行二十二字，雙行小字同，白口，四周雙邊。版框21.7×16.2厘米，尺寸27.7×17.5厘米。

寧夏回族自治區圖書館藏。

0111　空明子集十五卷　（清）張榮撰　清雍正六年（1728）謙益堂刻本　一函八册

半葉十一行二十一字，黑口，左右雙邊。版框16.7×11.7厘米，尺寸26.6×17.0厘米。

寧夏大學圖書館藏。

0112　明史藁三百十卷目録三卷　（清）王鴻緒纂　清雍正敬慎堂刻本　八十册

半葉十一行二十三字，雙行小字同，白口，左右雙邊。版框19.9×14.6厘米，尺寸28.0×17.5厘米。

寧夏回族自治區圖書館藏。

0113　郝文忠公陵川文集三十九卷附録一卷　（元）郝經撰　（清）王鏐編　清乾

隆三年（1738）王鏐刻本　一函十册

半葉十行二十二字，白口，左右雙邊。版框18.8×13.1 厘米，尺寸24.9×15.1 厘米。

寧夏大學圖書館藏。

0114　御選唐宋文醇五十八卷　（清）高宗弘曆選　清乾隆三年（1738）武英殿內府四色套印本　二十册

半葉九行二十二字，白口，四周單邊。版框19.7×14.3厘米，尺寸27.6×18.2厘米。

寧夏回族自治區圖書館藏。

0115　漁隱叢話前集六十卷後集四十卷　（宋）胡仔撰　清乾隆五年（1740）楊佑耘經樓重刻宋本　一函十册

半葉十三行二十一字，黑口，左右雙邊。版框18.4×13.1厘米，尺寸28.1×17.8厘米。

寧夏大學圖書館藏。

0116　蘆屋圖詩文一卷　（清）潘榮陛撰　清乾隆十年（1745）刻本　一函二册

半葉九行二十字，雙行小字同，白口，四周雙邊。版框17.5×12.3厘米，尺寸22.6×14.4厘米。

寧夏大學圖書館藏。

0117　歐陽文忠公居士集一百五卷　（宋）歐陽修撰　清乾隆十一年（1746）孝思堂刻本　二十册

半葉九行二十字，雙行小字同，白口，左右雙邊。版框22.0×16.6厘米，尺寸28.7×18.6厘米。

寧夏大學圖書館藏。

0118　詞林典故八卷　（清）鄂爾泰纂修　清乾隆十三年（1748）武英殿刻本　一函八册

半葉七行十八字，雙行小字同，白口，四周雙邊。版框18.9×13.7厘米，尺寸28.9×17.9厘米。

寧夏大學圖書館藏。

0119　芝龕記六卷　（清）董榕撰　清乾隆十六年（1751）刻本　一函四册

半葉十行十九字，雙行小字同，黑口，四周單邊。版框17.4×13.7厘米，尺寸25.0×16.4厘米。

寧夏回族自治區圖書館藏。

0120　北夢瑣言二十卷　（宋）孫光憲撰　清乾隆二十一年（1756）盧氏雅雨堂刻本　二册

半葉十行二十一字，雙行小字同，白口，四周單邊。版框18.0×14.6厘米，尺寸28.4×17.1厘米。

寧夏大學圖書館藏。

0121　印文考署一卷　（清）鞠履厚輯　清乾隆二十一年（1756）留耕堂刻本　一函一册

半葉九行二十四字，雙行小字同，白口，四周雙邊。版框19.7×12.3厘米，尺寸27.6×15.5厘米。

寧夏回族自治區圖書館藏。

0122　唐摭言十五卷　（五代）王定保撰　清乾隆二十一年（1756）雅雨堂刻本　一函六册

半葉十行二十一字，雙行小字同，白口，四周單邊。版框18.4×14.3 厘米，尺寸28.3×18.0厘米。

寧夏大學圖書館藏。

0123　西湖志纂十五卷首一卷　（清）沈德潛輯　清乾隆二十七年（1762）刻本　五册

半葉九行二十一字，雙行小字同，白口，四周雙邊。版框17.8×12.1厘米，尺寸25.7×16.7厘米。

寧夏回族自治區圖書館藏。

0124　曝書亭詩録箋注十二卷　（清）朱彝尊撰　（清）江浩然箋注　（清）朱墳校　清乾隆三十年（1765）惇裕堂刻本　一函六册

半葉十二行二十三字，白口，左右雙邊。版框19.4×13.3 厘米，尺寸25.8×16.0 厘米。

寧夏大學圖書館藏。

0125　昭代詞選三十八卷　（清）蔣重光選輯　清乾隆三十二年（1767）經鉏堂刻本　十三册

半葉十行二十字，雙行小字同，黑口，左右雙邊。版框17.1×13.1厘米，尺寸23.6×15.2厘米。

寧夏大學圖書館藏。

0126　讀史四集四卷　（清）楊以任纂　清乾隆四十二年（1777）木活字本　一函四册

半葉九行二十字，白口，四周雙邊。版框20.8×14.7厘米，尺寸24.9×16.2厘米。

寧夏回族自治區圖書館藏。

0127　梅崖居士文集三十卷外集八卷　（清）朱仕琇撰　清乾隆四十七年（1782）松谷刻本　二函十二册

半葉九行二十五字，黑口，左右雙邊。版框19.5×14.1 厘米，尺寸26.4×16.9厘米。

寧夏大學圖書館藏。

0128　欽定皇輿西域圖志四十八卷　（清）傅恒等纂修　清乾隆四十七年（1782）武英殿木活字本　四函二十四册

半葉九行二十字，雙行小字同，白口，四周雙邊。版框21.1×14.7厘米，尺寸29.7×17.9厘米。

寧夏大學圖書館藏。

0129　東京雜記三卷　（朝鮮）成原默撰　1785年朝鮮刻本　一函三册

半葉十行十六字，白口，四周雙邊。版框20.2×17.9厘米，尺寸27.5×19.5厘米。

寧夏大學圖書館藏。

0130　皇清開國方畧三十二卷首一卷　（清）高宗乾隆敕撰　清乾隆五十一年（1786）内府刻本　二函八册

半葉八行二十一字，雙行小字同，白口，四周雙邊。版框27.7×20.4厘米，尺寸38.1×25.6厘米。

寧夏大學圖書館藏。

0131　秦漢瓦當文字二卷續一卷　（清）程敦撰　清乾隆五十二年（1787）横渠書院刻本　一函三册

半葉十一行二十五字，黑口，四周單邊。版框21.3×16.6厘米，尺寸29.9×19.5厘米。

寧夏回族自治區博物館藏。

0132　史姓韻編六十四卷　（清）汪輝祖述　清乾隆五十五年（1790）雙節堂初刻本　四函十六册

雙欄，上欄半葉八行三、四字不等，下欄半葉八行雙行小字二十四字，黑口，四周單邊。版框19.1×13.3厘米，尺寸24.2×15.5厘米。

寧夏大學圖書館藏。

0133　納書楹邯鄲記全譜二卷　（清）葉堂訂譜　（清）王文治參訂　清乾隆五十七年（1792）刻本　二册

半葉十二行十八字，雙行小字不等，白口，四周雙邊。版框19.1×14.1厘米，尺寸29.3×18.1厘米。

寧夏回族自治區圖書館藏。

0134　水經注釋四十卷附録二卷刊誤十二卷　（北魏）酈道元注　（清）趙一清釋　清乾隆五十九年（1794）東潛趙氏小山堂刻本　十三册

半葉十行二十二字，雙行小字同，白口，左右雙邊。版框20.0×14.6厘米，尺寸25.2×16.1厘米。

寧夏大學圖書館藏。

0135　周易函書約存十八卷首三卷約註十八卷别集十六卷　（清）胡煦述　清乾隆五十九年（1794）葆璞堂刻本　三十册

半葉十行二十四字，雙行小字同，白口，四周雙邊。版框18.7×13.9厘米，尺寸29.3×17.8厘米。

寧夏回族自治區固原市原州區圖書館藏。

0136　元史類編四十二卷　（清）邵遠平撰　清乾隆六十年（1795）掃葉山房刻本　二函十二册

半葉十二行二十五字，雙行小字三十七字，白口，左右雙邊。版框21.4×15.1厘米，尺寸28.3×17.5厘米。

寧夏回族自治區圖書館藏。

0137　附釋音禮記註疏六十三卷　（漢）鄭玄注　（唐）孔穎達等疏　（唐）陸德明音義　清乾隆六十年（1795）刻本　十六册

半葉十行十七字，雙行小字二十三字，白口，左右雙邊。版框19.9×13.4厘米，尺寸

27.4×17.2厘米。

寧夏大學圖書館藏。

0138　揚州畫舫録十八卷　（清）李斗著　清乾隆六十年（1795）自然盦刻本　八册

半葉十行二十四字，雙行小字同，白口，左右雙邊。版框16.8×11.6厘米，尺寸22.8×15.6厘米。

寧夏大學圖書館藏。

0139　朱子年譜四卷考異四卷附録二卷　（清）王懋竑纂訂　清乾隆寶應王氏白田草堂刻本　一函四册

半葉八行二十字，雙行小字同，白口，四周雙邊。版框17.8×12.5厘米，尺寸25.6×16.5厘米。鈐有“焦氏藏書”等印章。國家名録號03978。

寧夏回族自治區圖書館藏。

0140　國朝詩别裁集三十二卷　（清）沈德潛輯　清乾隆刻本　十二册

半葉十行十九字，白口，左右雙邊。版框17.0×13.5厘米，尺寸24.8×15.9厘米。

寧夏大學圖書館藏。

0141　雅雨堂叢書十三種一百三十八卷　（清）盧見曾輯　清乾隆盧氏刻本　四函二十八册

半葉十行二十一字，雙行小字同，白口，四周單邊。版框18.6×14.5厘米，尺寸26.6×17.2厘米。

寧夏大學圖書館藏。

0142　說鈴抄八卷　（清）華繼輯　清乾隆保元堂刻本　一函六册

半葉九行二十字，黑口，左右雙邊。版框17.9×13.3厘米，尺寸26.0×15.6 厘米。

寧夏大學圖書館藏。

0143　聲調譜三卷附談龍録一卷　（清）趙執信撰　清乾隆刻本　一册

半葉十行二十一字，白口，四周單邊。版框17.5×12.7厘米，尺寸25.5×16.1厘米。

寧夏大學圖書館藏。

0144　張船山太史墨蹟册　（清）張船山撰　清嘉慶九年（1804）寫本　一册

經折裝。行款字數不等。尺寸24.6×13.5厘米。

寧夏回族自治區圖書館藏。

0145　廿二史言行略四十二卷　（清）過元昹輯　清嘉慶十五年（1810）拜經齋刻本　四函二十四册

半葉十行二十四字，白口，左右雙邊。版框19.8×13.5厘米，尺寸24.3×15.5厘米。

寧夏大學圖書館藏。

0146　李元賓文集六卷　（唐）李觀撰　清嘉慶二十三年（1818）石研齋刻本　二册

半葉十一行二十字，白口，左右雙邊。版框17.9×11.1厘米，尺寸25.9×15.2 厘米。

寧夏大學圖書館藏。

0147　靜志居詩話二十四卷目録一卷　（清）朱彝尊撰　清嘉慶二十四年（1819）錢塘姚氏扶荔山房刻本　六函三十六册

半葉九行二十一字，白口，四周雙邊。版框18.6×13.4厘米，尺寸25.6×15.1厘米。

寧夏大學圖書館藏。

0148　凝緒堂詩稿八卷　（清）孔憲培撰　清嘉慶刻本　一函四册

半葉八行十九字，白口，左右雙邊。版框17.8×11.7厘米，尺寸25.9×16.0厘米。

寧夏回族自治區圖書館藏。

0149　資治通鑑刊本識誤三卷　（清）張敦仁撰　清道光七年（1827）三山陳氏刻本　一函三册

半葉十一行字數不等，白口，左右雙邊。版框18.4×12.9厘米，尺寸26.3×16.6厘米。

寧夏回族自治區圖書館藏。

0150　漢石例六卷　（清）劉寶楠録　清道光十六年（1836）稿本　一函六册

半葉十行二十三字，雙行小字同，白口，四周單邊。版框19.9×13.8厘米，尺寸24.4×17.2厘米。國家名録號04352。

寧夏大學圖書館藏。

0151　凝香室鴻雪因緣圖記不分卷　（清）麟慶撰　清道光十八年（1838）雲陰堂刻本　一函二册

半葉十行二十一字，雙行小字同，白口，四周雙邊。版框19.8×13.3厘米，尺寸29.1×16.9厘米。

寧夏大學圖書館藏。

0152　凝香室鴻雪因緣圖記三集　（清）麟慶撰　清道光二十七年（1847）揚州刻本　一函六册

半葉十行二十一字，白口，四周雙邊。版框19.2×13.6厘米，尺寸30.0×17.4厘米。

寧夏回族自治區圖書館藏。

0153　香南精舍金石契不分卷　（清）崇恩輯　清中期稿本　二册

半葉九行二十五字，雙行小字五十字，白口，四周單邊。版框18.9×13.2厘米，尺寸25.9×16.2厘米。國家名録號08156。

寧夏大學圖書館藏。

0154　第一才子書一百二十回六十卷首一卷　（明）羅貫中撰　（清）金聖嘆評　清咸豐善成堂朱墨套印本　四函二十册

半葉十二行二十六字，白口，四周雙邊。版框16.3×12.3厘米，尺寸25.6×14.5厘米。

寧夏回族自治區圖書館藏。

0155　台州日記八卷　（清）蔡錫崑記　清同治五年至同治十三年（1866—1874）手抄本　一函八册

半葉六行二十二字，雙行小字同。尺寸23.7×12.9厘米。

寧夏回族自治區圖書館藏。

0156　補注黄帝内經素問二十四卷素問遺篇一卷黄帝内經靈樞十二卷　（唐）王冰注　清光緒三年（1877）浙江書局刻本　一函八册

半葉九行二十三字，雙行小字同，白口，左右雙邊。版框18.2×13.4厘米，尺寸24.0×15.1厘米。書中鈐有“顧頡剛藏書之記”“吴縣顧氏純熙堂書庫”等藏書印。

寧夏回族自治區圖書館藏。

0157　大悲心陀羅尼法像寶圖一卷　清光緒七年（1881）寧夏恒静家堂刻本　一册

白口，四周雙邊。版框16.0×13.2厘米，尺寸27.2×15.9厘米。

寧夏回族自治區圖書館藏。

0158　西夏紀事本末三十六卷年表一卷　（清）張鑑撰　清光緒十年（1884）江蘇書局刻本　四册

半葉十二行二十五字，白口，左右雙邊。版框20.9×15.0厘米，尺寸27.7×17.4厘米。

寧夏回族自治區圖書館藏。

0159　甘肅鄉試硃卷一卷　（清）吴復安輯　清光緒十九年（1893）恩科　三塊木凸版。半葉九行二十五字，白口，四周雙邊，雙面雕刻。版框16.1×25.8厘米，版片16.7×26.4×1.9厘米。漢文。

寧夏回族自治區圖書館藏。

0160　［宣統］新修固原直隸州志十二卷　（清）王學伊等纂　清宣統元年（1909）官報書局鉛印本　十二册

半葉十行二十四字，白口，四周雙邊。版框18.9×12.2厘米，尺寸27.1×15.3厘米。

寧夏回族自治區圖書館藏。

0161　三藩紀事本末四卷　（清）楊陸榮撰　清刻本　二册

半葉九行二十字，白口，四周單邊。版框18.3×13.7厘米，尺寸23.8×15.3厘米。

寧夏社會科學院社科圖書資料中心藏。

0162　大清帝國全圖　（清）上海商務印書館編　清上海商務印書館銅板彩印本　二册

包背裝。尺寸27.0×37.0厘米。

寧夏回族自治區博物館藏。

0163　天籟閣十七帖　（宋）米芾書　清拓本　一册

經折裝。行款字數不等。尺寸31.3×18.8厘米。

寧夏回族自治區圖書館藏。

0164　式好堂藏帖　清拓本　一册

經折裝。行款字數不等，尺寸28.7×15.7厘米。

寧夏回族自治區圖書館藏。

0165　老子道德真經　（清）石韞玉書　清寫本　一册

經折裝。半葉六行字數不等。尺寸26.9×15.7厘米。封面題“獨學老人書”。

寧夏回族自治區圖書館藏。

0166　全唐詩九百卷　（清）曹寅等編　清刻本　一百二十册

半葉十一行二十一字，白口，四周雙邊。版框16.5×11.2厘米，尺寸23.1×14.3厘米。

寧夏社會科學院社科圖書資料中心藏。

0167　李鴻章行書　（清）李鴻章書　清拓本　一册

經折裝。半葉四行字數不等。版框26.4×15.2厘米，尺寸33.6×20.5厘米。

寧夏回族自治區圖書館藏。

0168　佛遺教經　（東晉）王羲之書　清拓本　一册

經折裝。半葉六行字數不等。版框19.6×11.3厘米，尺寸27.9×16.5厘米。

寧夏回族自治區圖書館藏。

0169　松雪齋法書墨刻　（清）錢泳摹刻　清拓本　一册

經折裝。行款字數不等。尺寸29.9×13.9厘米。

寧夏回族自治區圖書館藏。

0170　封神演義十九卷　（明）許仲琳撰　（明）鍾惺評注　清刻本　二十册

半葉十一行二十四字，白口，四周單邊。版框20.6×14.6厘米，尺寸24.6×16.2厘米。

寧夏社會科學院社科圖書資料中心藏。

0171　寄傲山房塾課纂輯御案易經備旨七卷　（清）鄒聖脈纂　清文元堂刻本　一函四册

三欄，上欄半葉十行五字，雙行小字同，中欄半葉十一行十字，雙行小字同，下欄半葉十一行二十字，雙行小字同，白口，四周單邊。版框15.6×9.6厘米，尺寸20.2×12.7厘米。

寧夏回族自治區圖書館藏。

0172　救偏瑣言十卷附備用良方一卷　（清）費啓泰撰　清惠迪堂刻本　一函四册

半葉九行二十字，白口，四周單邊。版框19.1×13.9厘米，尺寸23.3×15.1厘米。

寧夏回族自治區圖書館藏。

0173　硃批諭旨三百六十卷　（清）允禄編　（清）鄂爾泰編　清武英殿朱墨套印本　一百十二册

半葉十行二十一字，白口，四周雙邊。版框20.4×14.0厘米，尺寸28.5×17.8厘米。

寧夏社會科學院社科圖書資料中心藏。

0174　渤海藏真帖　（明）陳元瑞刻　清拓本　二册

經折裝。行款字數不等。尺寸30.6×15.6厘米。

寧夏回族自治區圖書館藏。

0175　董其昌臨多寶塔碑　（唐）顏真卿書　清拓本　一册

經折裝。半葉五行十一字。尺寸37.3×19.6厘米。

寧夏回族自治區圖書館藏。

0176　經堂藏帖　（清）劉恕刻　清拓本　一册

經折裝。行款字數不等。尺寸30.5×16.8厘米

寧夏回族自治區圖書館藏。

0177　撫夏奏議二卷　（明）黄嘉善撰　清抄本　二册

半葉八行字數不等。尺寸25×14.8厘米。

寧夏回族自治區圖書館藏。

0178　寰區指掌三卷　（清）佚名撰　清抄本　一函一册

半葉九行二十六字，雙行小字不等，白口。尺寸24.6×14.4厘米。

寧夏回族自治區圖書館藏。

0179　鍼灸大成十卷　（清）章廷珪修　清紫文閣刻本　一函十册

半葉十行二十二字，雙行小字同，白口，左右雙邊。版框18.9×13.8厘米，尺寸 23.6×15.2厘米。

寧夏回族自治區圖書館藏。

0180　顏君油碑　（唐）顏真卿撰并書　清拓本　二册

經折裝。半葉三行四字，雙行小字不等。尺寸27.9×18.3厘米。

寧夏回族自治區圖書館藏。

0181　聽松閣初集　（清）汪裕基鑒藏　清鈐印本　二册

白口，四周雙邊。版框23.8×14.9厘米，尺寸29.1×17.3厘米。

寧夏回族自治區圖書館藏。

0182　古蘭經　民國巴基斯坦銅版鏨刻　三十册（六百面二十片連成一册）

銅凸版。四周雙邊。版框15.6×12.2厘米，版片16.2×12.8×0.1厘米。阿拉伯文。

寧夏回族自治區博物館藏。

0183　塔志聖訓　民國巴基斯坦銅版鏨刻　八册（一百二十八面十六片連成一册）

銅凸版。四周雙邊。版片11.0×16.0×0.1厘米。阿拉伯文。

寧夏回族自治區博物館藏。

寧夏回族自治區珍貴古籍圖録

西　夏

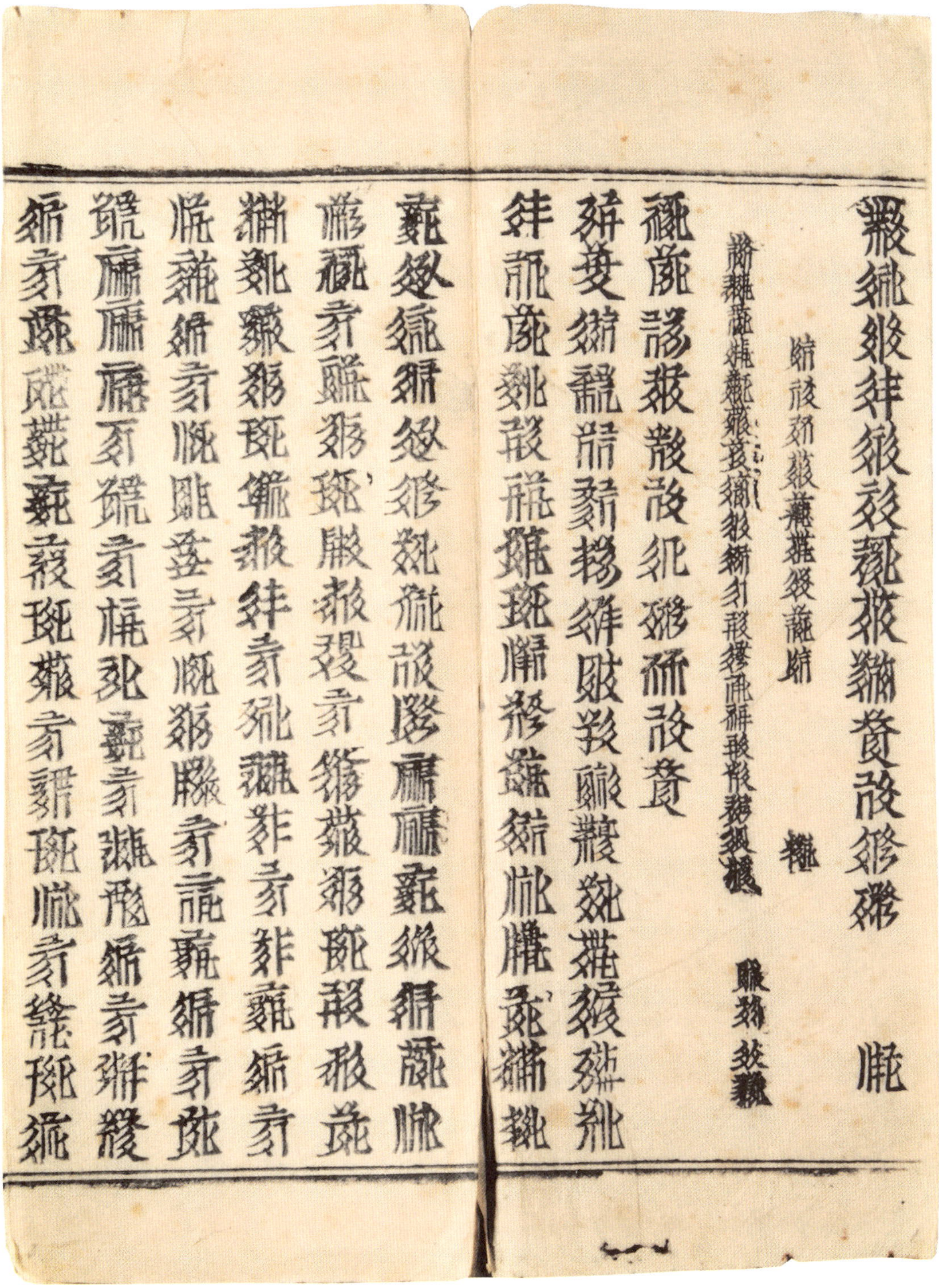

0001　大方廣佛華嚴經一卷　（元）于闐三藏實叉難陀撰　西夏木活字本　一册

經折裝。半葉六行十七字，上下雙邊。框高25.0厘米，尺寸31.7×12.0厘米。國家名録號02321。寧夏回族自治區博物館藏。

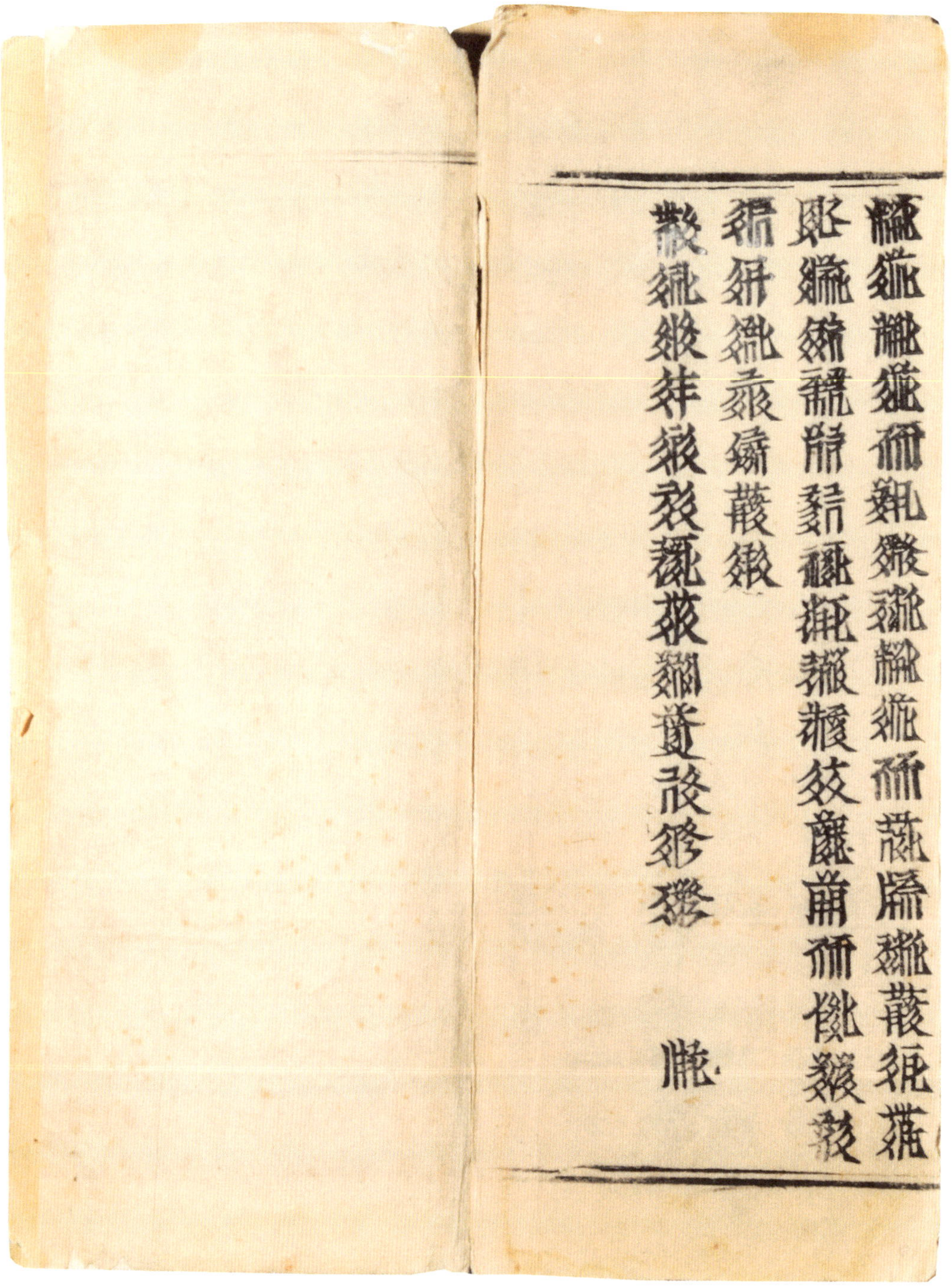

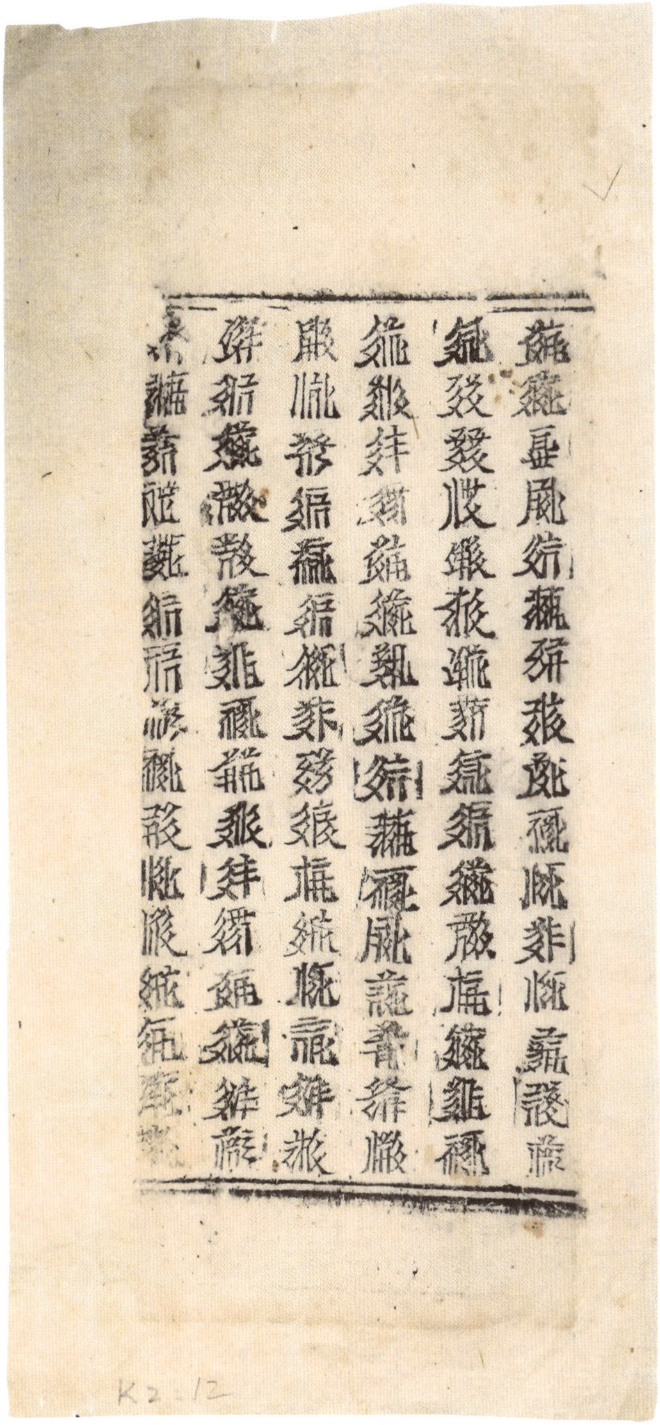

0002　占察善惡業報經　西夏木活字印本　存二紙

經折裝。半葉六行十六字，上下雙邊。框高18.0厘米，尺寸9.0×22.0厘米。2004年寧夏回族自治區賀蘭山山嘴溝出土。國家名録號09681。

寧夏回族自治區文物考古研究所藏。

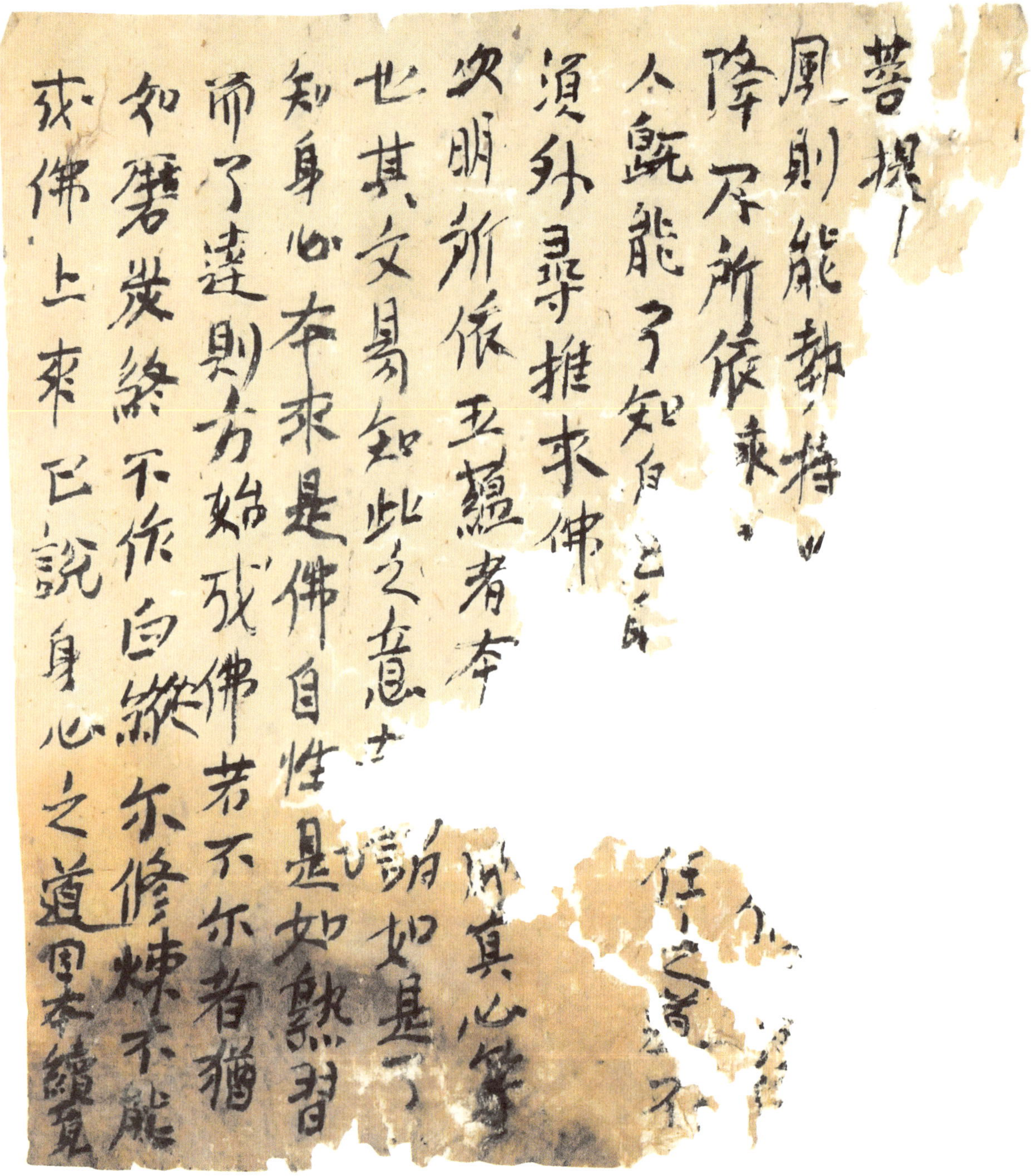
菩提し
風則能執持〃
除尽所依乘〃
人既能了知自己
須外尋推求佛
次明所依五蘊者本　所真心等
也其文易知此之意去　謂如是了
知身心本來是佛自性是如熟習
而了達則方始成佛若不尓者猶
如磨鏡終不依自然尓修煉不能
求佛上來已說身心之道虛本續竟
任之道不

0003　吉祥上樂輪略文等虛空本續　西夏漢文寫經　存四十四紙（殘葉）

冊葉裝。行款字數不等。尺寸不等。1991年寧夏回族自治區賀蘭縣拜寺口方塔出土。

寧夏回族自治區文物考古研究所藏。

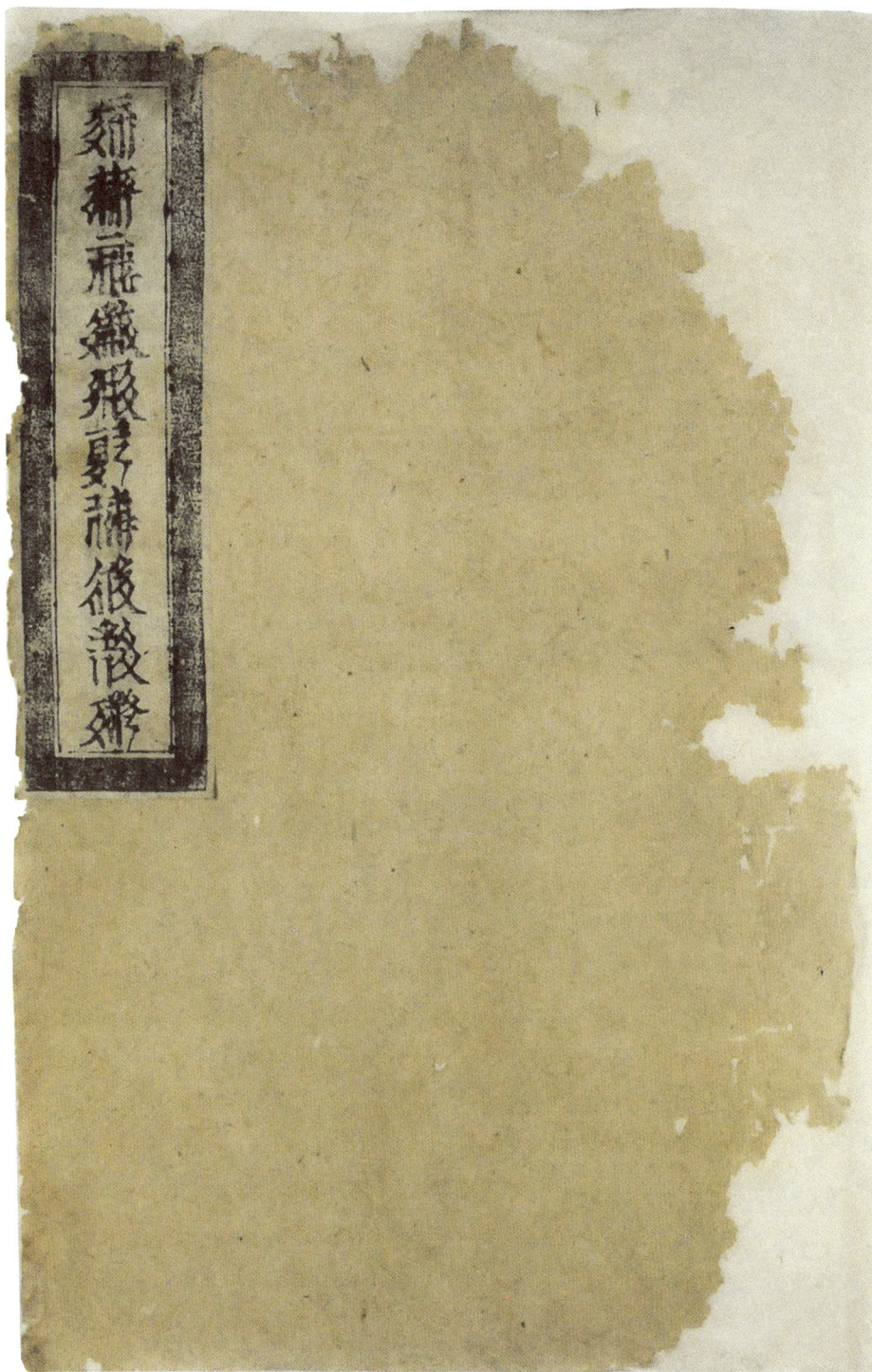

0004　吉祥遍至口和本續□卷　西夏文佛經木活字本　　三册（存卷三至五共一百十二葉）

蝴蝶裝。半葉十行字數不等，四周雙邊。版框24.1×15.6厘米，尺寸30.7×19.0厘米。1991年寧夏回族自治區賀蘭縣拜寺口方塔出土。國家名録號02306。

寧夏回族自治區文物考古研究所藏藏。

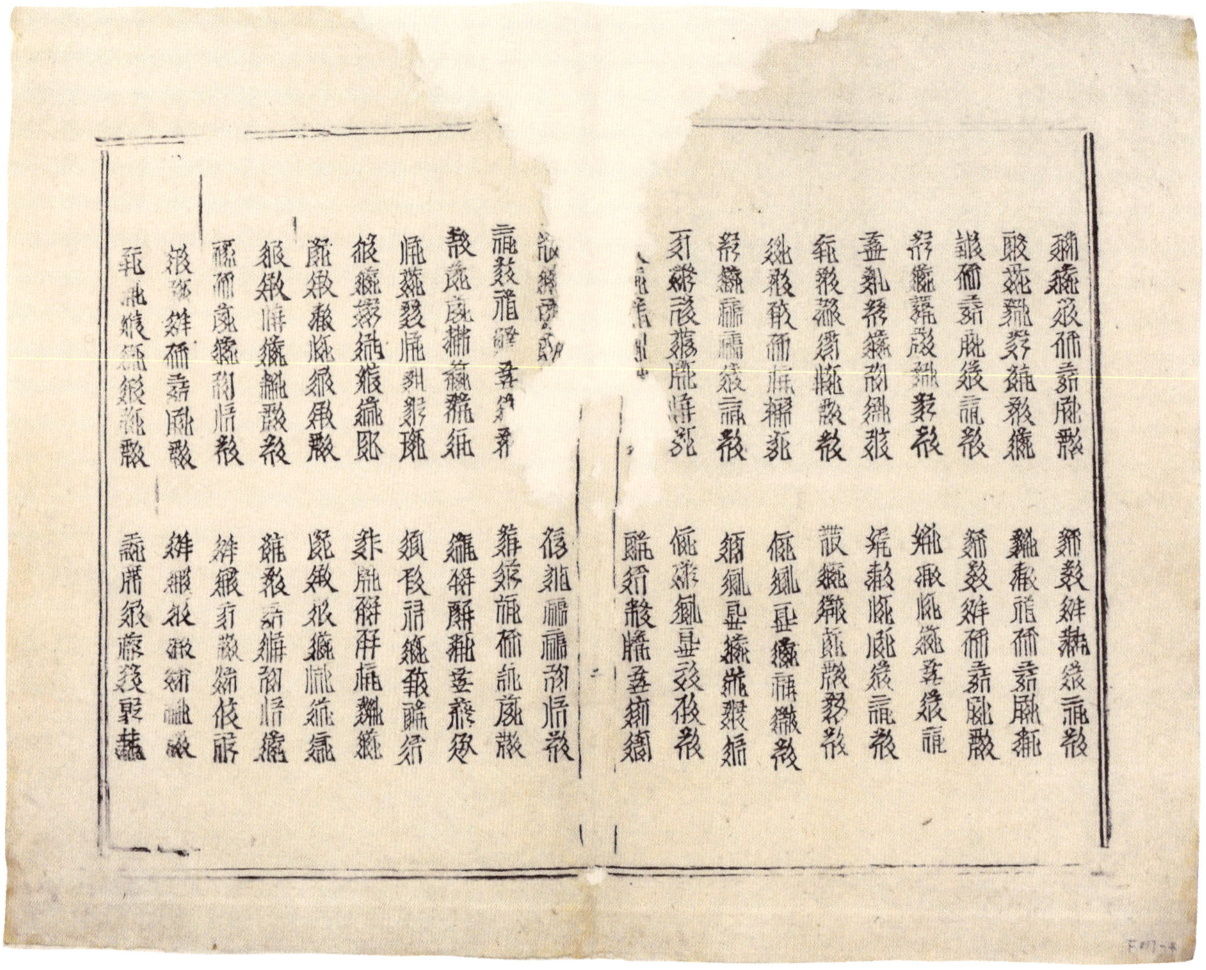

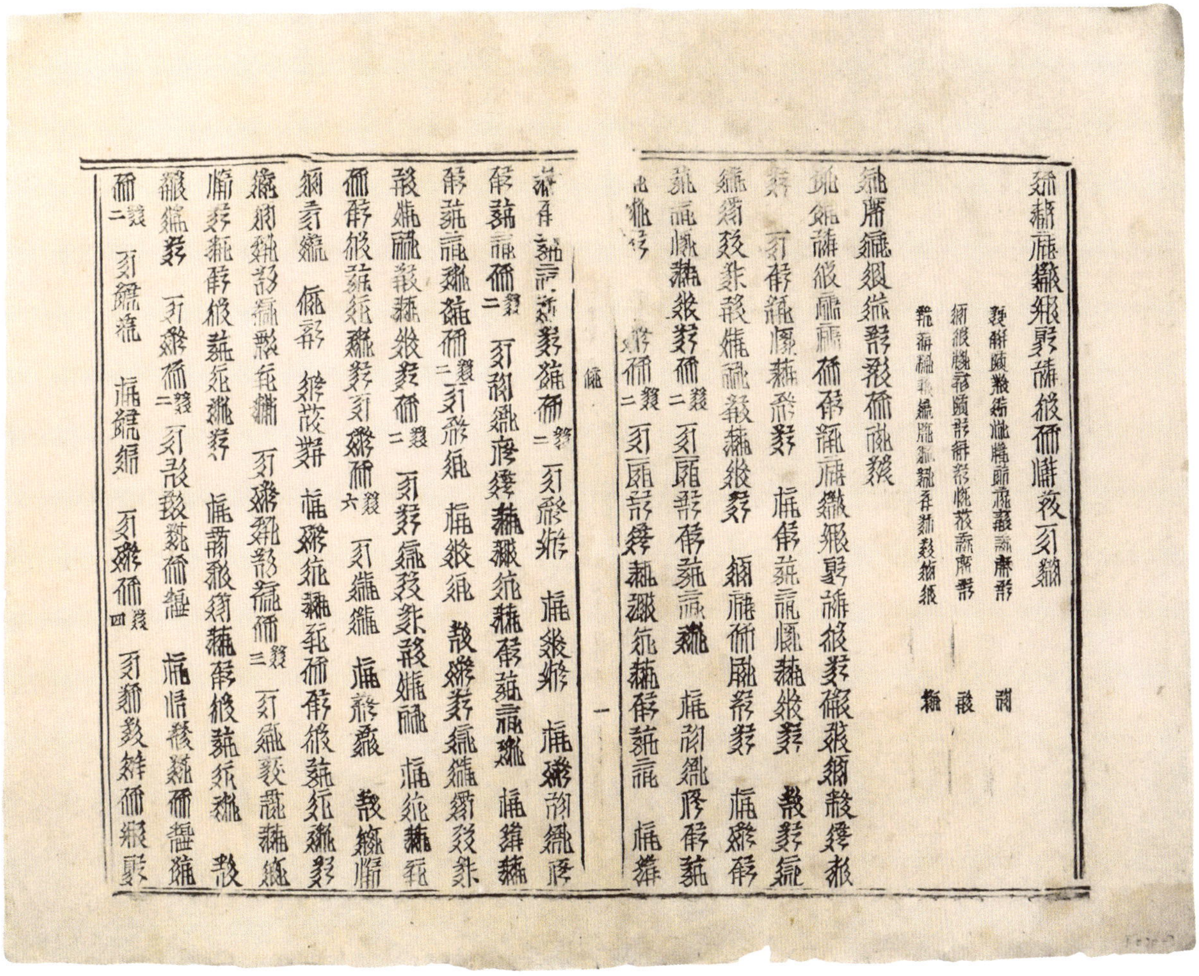

0005　吉祥遍至口和本續之要文一卷　西夏文佛經木活字本　一册

蝴蝶裝。半葉十行字數不等，四周雙邊。版框23.8×16.0厘米，尺寸30.5×19.5厘米。1991年寧夏回族自治區賀蘭縣拜寺口方塔出土。

寧夏回族自治區文物考古研究所藏。

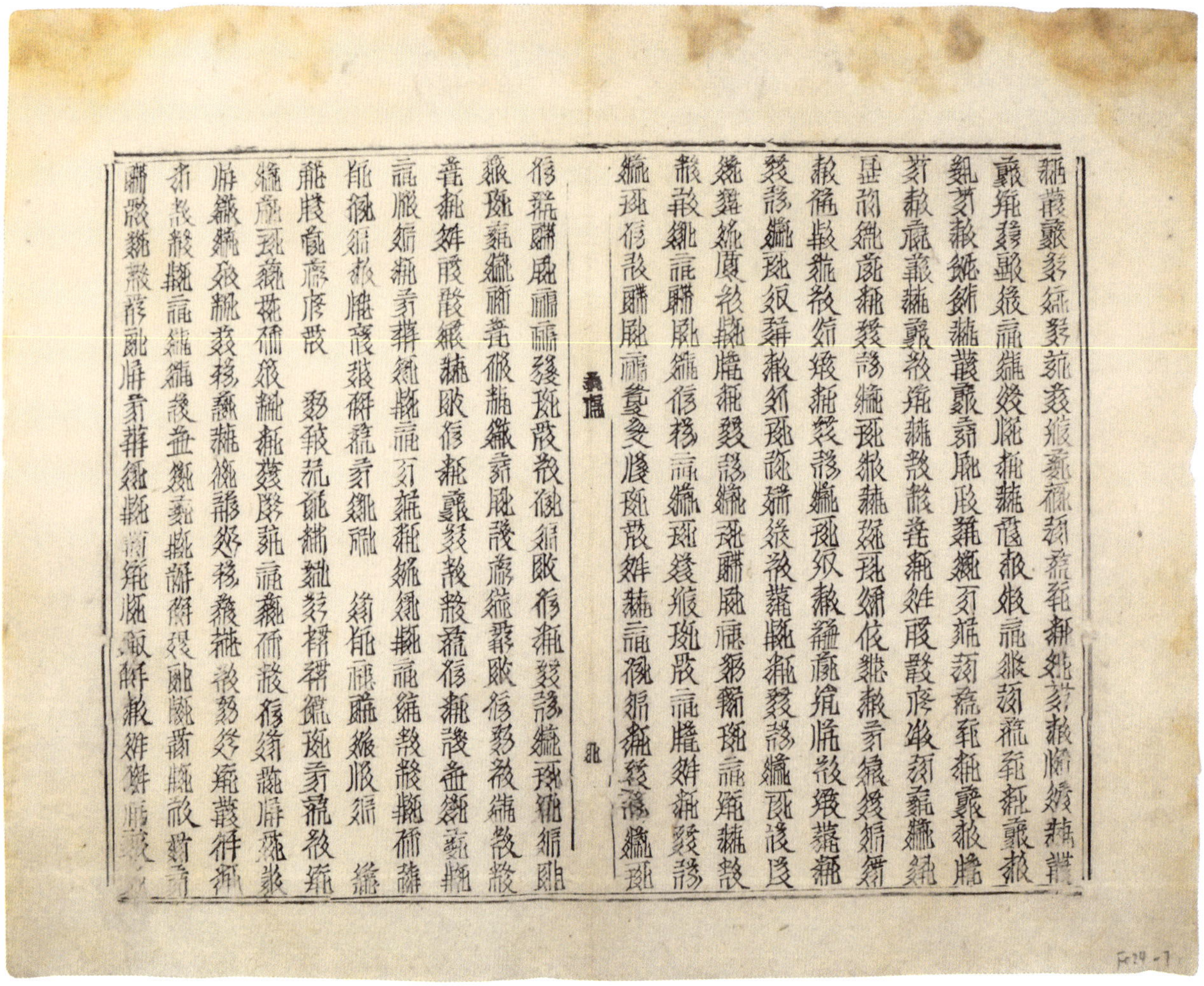

0006　吉祥遍至口和本續之解生喜補□卷　西夏文佛經木活字本　四册（存卷二、三、五共五十五葉含殘葉）

蝴蝶裝。半葉十行二十二字，四周雙邊。版框23.5×15.3厘米，尺寸30.0×19.5厘米。1991年寧夏回族自治區賀蘭縣拜寺口方塔出土。

寧夏回族自治區文物考古研究所藏。

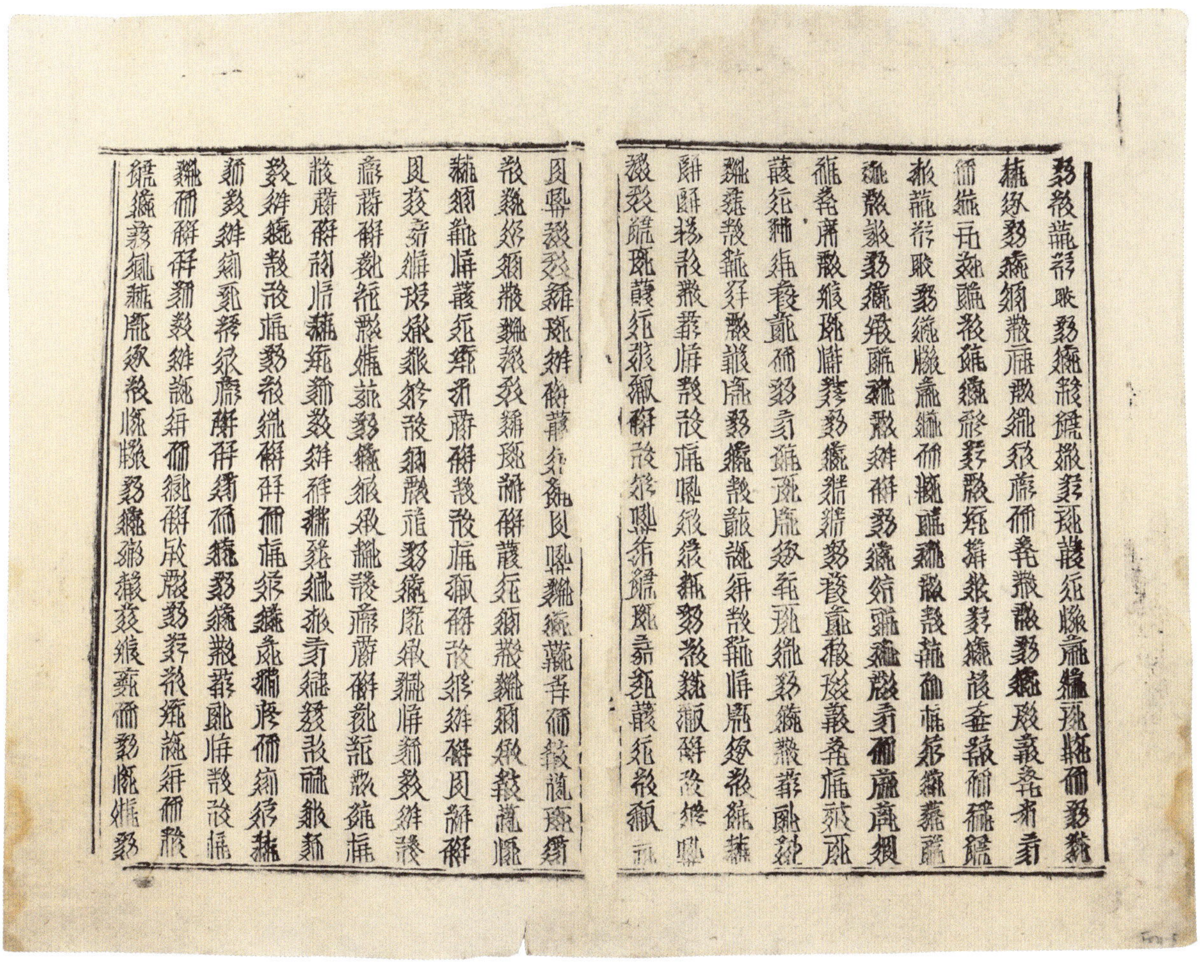

0007　吉祥遍至口和本續之廣義文　西夏文佛經木活字本　一册（共二十七葉）

蝴蝶裝。半葉十行二十二字，四周雙邊。版框23.4×15.7厘米，尺寸30.5×19.5厘米。1991年寧夏回族自治區賀蘭縣拜寺口方塔出土。

寧夏回族自治區文物考古研究所藏。

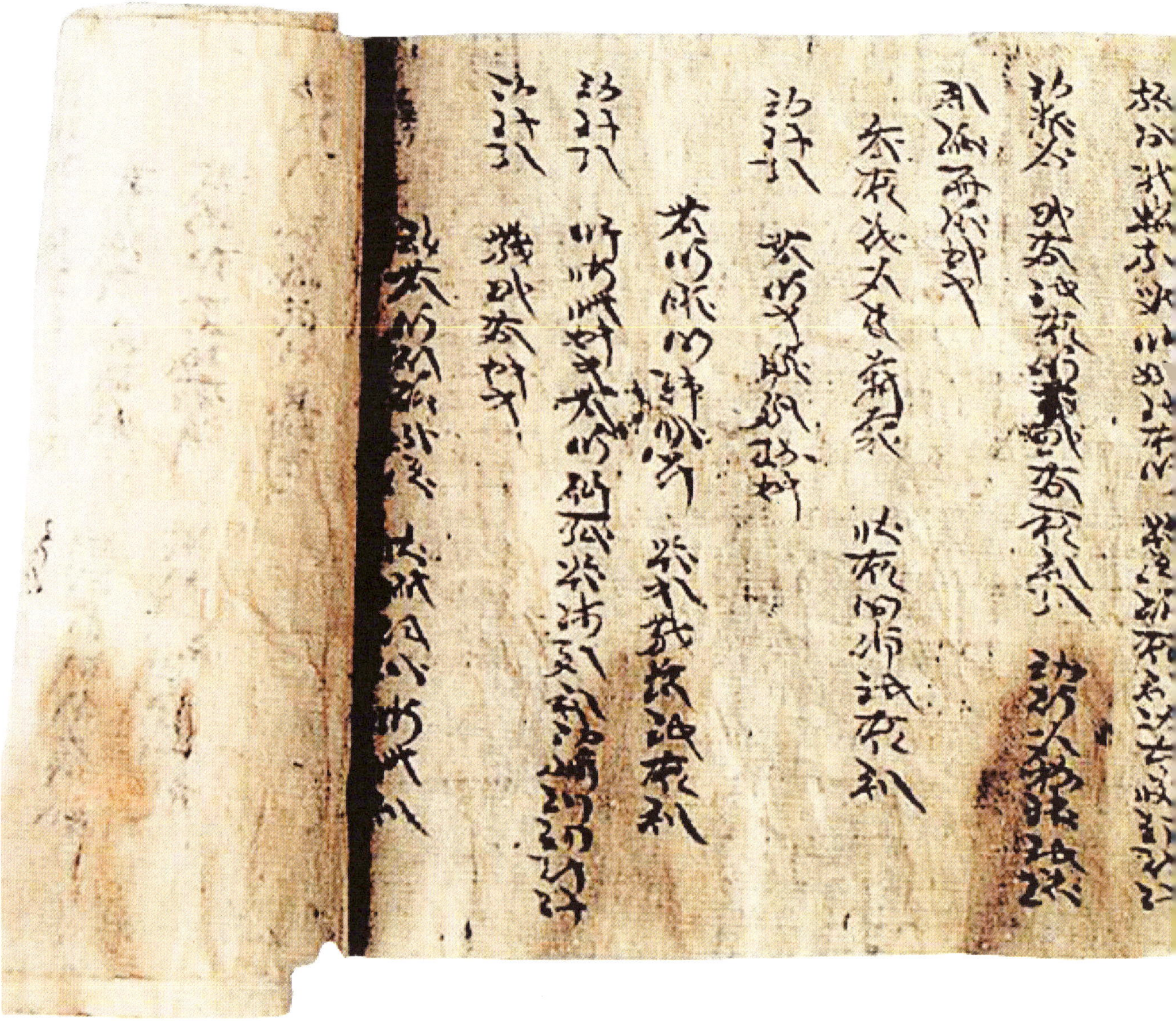

0008　佛經長卷　西夏文寫本　一件

卷軸裝。高16.0厘米，長574.0厘米。全卷三百二十四行約七千三百餘字。1991年寧夏回族自治區賀蘭縣拜寺口方塔出土。國家名録號09678。

寧夏回族自治區文物考古研究所藏。

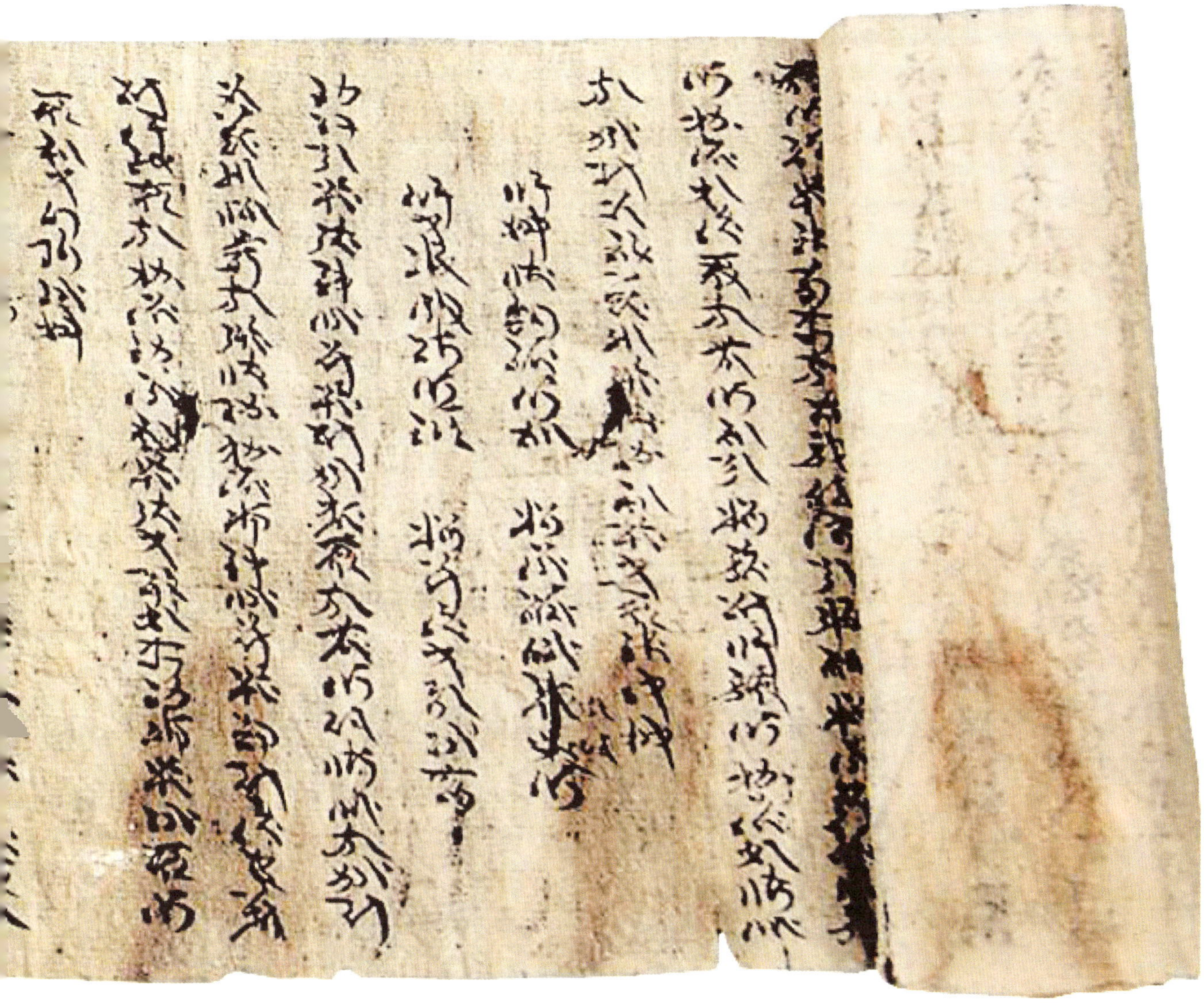

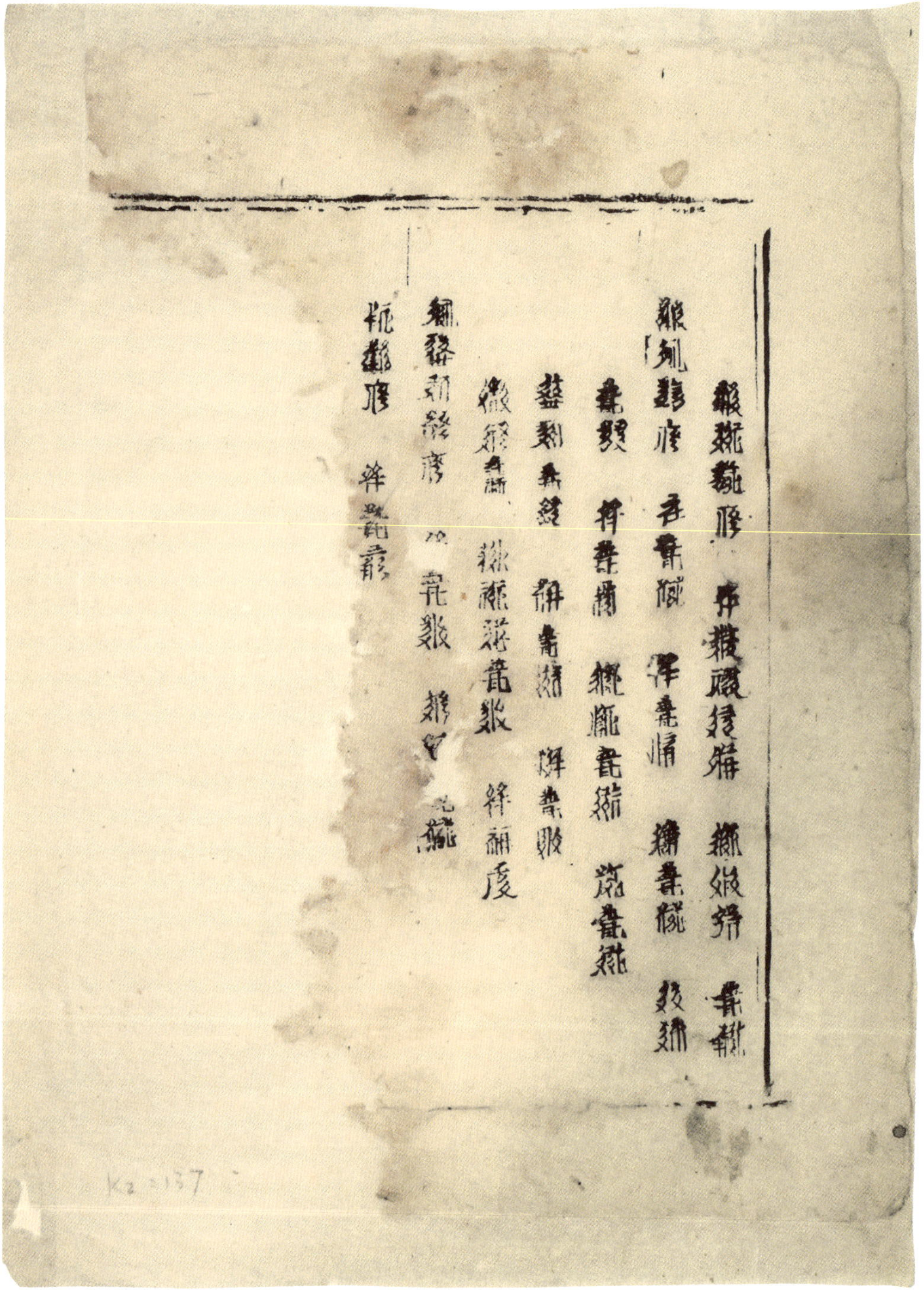

0009　妙法蓮華經集要義鏡注□卷　西夏泥活字本　六十八葉（存卷一、五、八、十二）

蝴蝶裝。半葉十行字數不等，四周雙邊。尺寸32.0×21.4厘米。2004年寧夏回族自治區賀蘭山山嘴溝出土。國家名録號09679。

寧夏回族自治區文物考古研究所藏。

0010　金剛般若經集一卷　西夏刻本　六葉

經折裝。半葉五行字數不等，上下雙邊。框高10.0厘米，尺寸16.0×7.0厘米。2004年寧夏回族自治區賀蘭山山嘴溝出土。國家名録號11230。

寧夏回族自治區文物考古研究所藏。

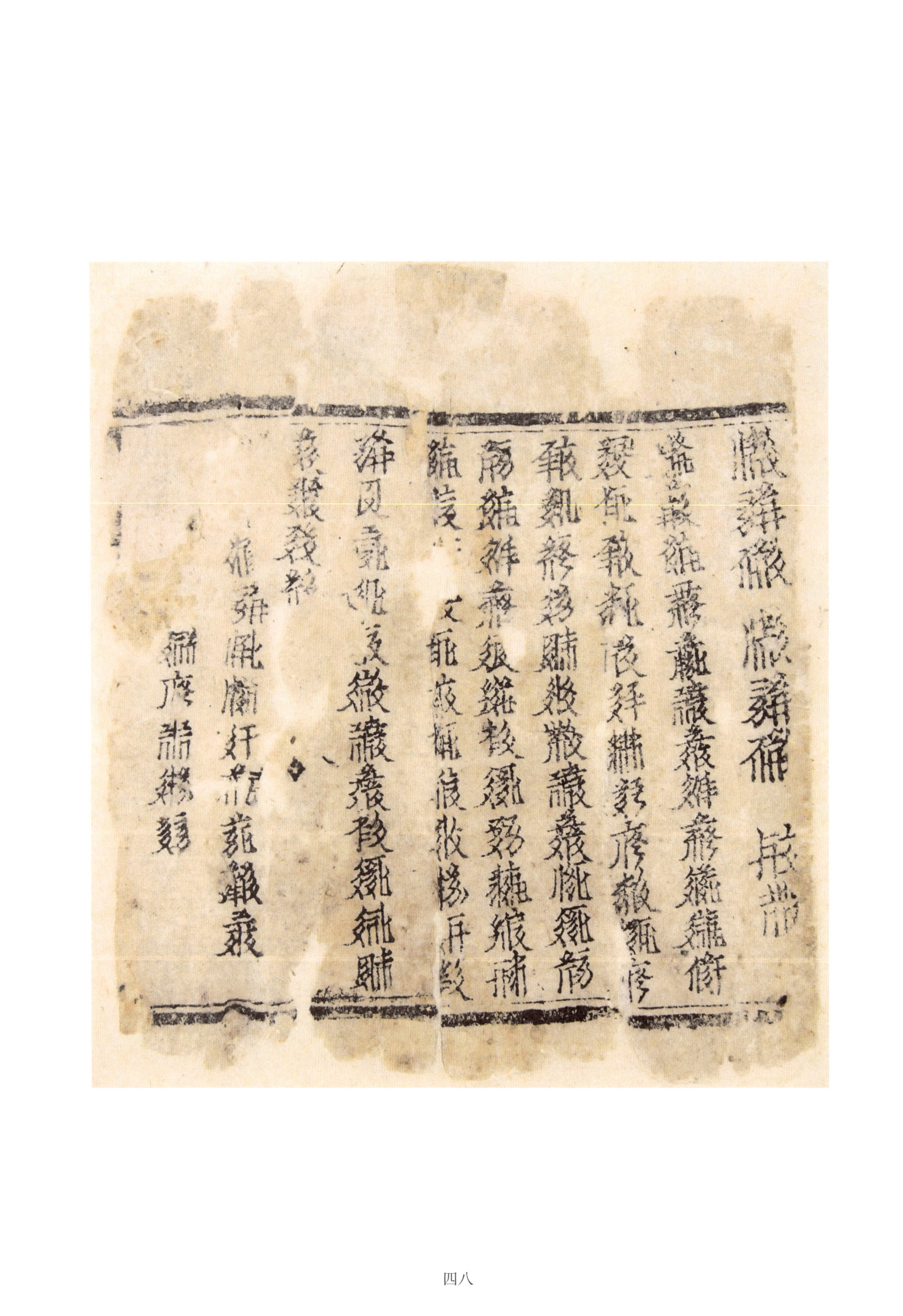

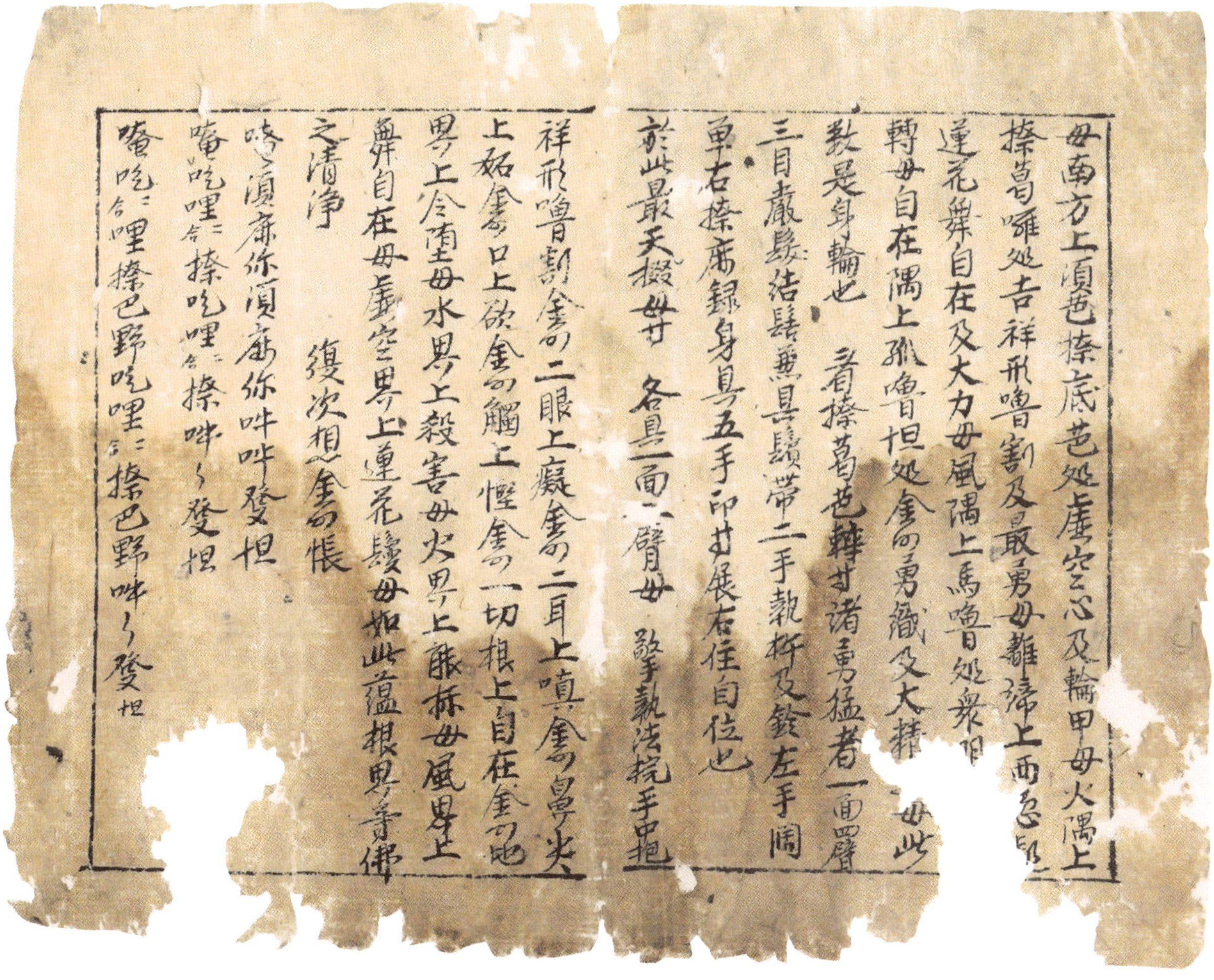

母南方上須芭捺底芭処虛空心及輪甲母火隅上
捺葛嚩処吉祥飛嚕割及最勇母離諦上西忿怒
蓮花舞自在及大力母風隅上馬嚕処衆明
轉母自在隅上孤嚕怛処金剛勇識及大精　母此
數是身輪也　着捺葛芭韓甘諸勇猛者一面四臂
三目蓬髮結髻無具具顱帶二手執杵及鈴左手闊
單右捺廝録身具五手印甘展右住自位也
於此最天擬母甘　各具一面二臂母　擎執法捥手中抱
祥飛嚕割金剛二眼上癡金剛二耳上嗔金剛鼻尖
上妬金剛口上欲金剛觸上慳金剛一切根上自在金剛地
界上令南埊母水界上殺害母火界上旅蘇母風界上
舞自在母虛空界上蓮花鬘母如此蘊根界等佛
之清淨　　復次想金剛帳
唵須廝你須廝你吽吽發怛
唵吃哩二合捺吃哩二合捺吽吽發怛
唵吃二合哩捺巴野吃哩二合捺巴野吽吽發怛

0011　修持儀軌　西夏漢文寫經　存十四紙（殘葉）

縫繢裝。半葉八行字數不等，四周單邊。版框18.4×12.6厘米，尺寸23.1×14.8厘米。1991年寧夏回族自治區賀蘭縣拜寺口方塔出土。

寧夏回族自治區文物考古研究所藏。

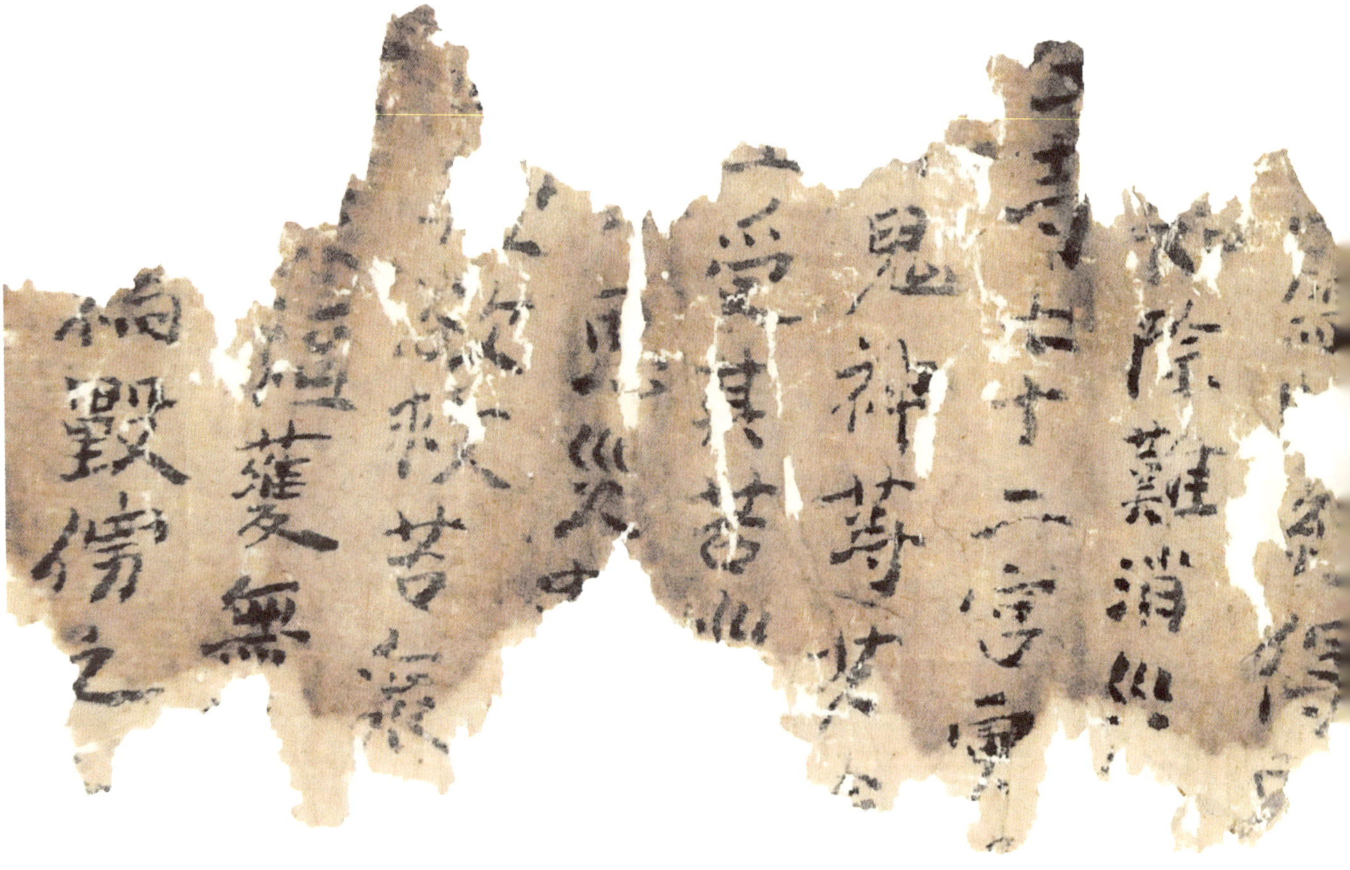

0012　異本救諸衆生一切苦難經　西夏漢文寫經　存三紙（殘葉）

卷軸裝。三十八行字數不等。1991年寧夏回族自治區賀蘭縣拜寺口方塔出土。
寧夏回族自治區文物考古研究所藏。

要□
有□
福利
無作惡
身之□
大觀獄樹
有一□靈雲
有大有□經

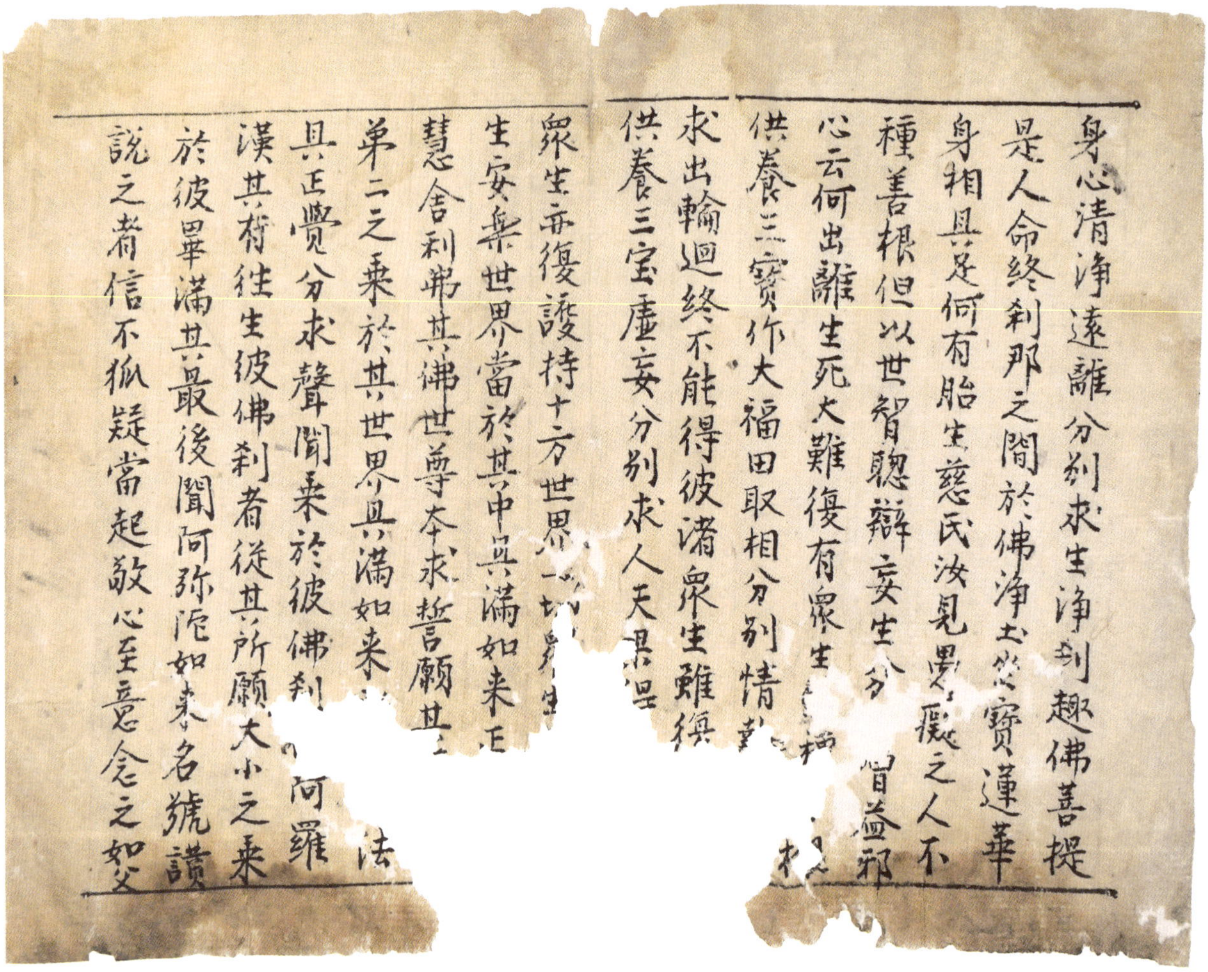

身心清淨遠離分別求生淨刹趣佛菩提
是人命終刹那之間於佛淨土從寶蓮華
身相具足何有胎生慈氏汝見愚癡之人不
種善根但以世智聰辯妄生分[illegible]增益邪
心云何出離生死大難復有衆生[illegible]
供養三寶作大福田取相分別情執[illegible]
求出輪迴終不能得彼諸衆生雖復
供養三宝虛妄分別求人天果報
衆生亦復護持十方世界一切衆生
生安樂世界當於其中具滿如來正
慧舍利弗其佛世尊本求誓願其
第二之乘於其世界具滿如來[illegible]法
具正覺分求聲聞乘於彼佛刹[illegible]阿羅
漢其有往生彼佛刹者從其所願大小之乘
於彼畢滿其最後聞阿弥陀如來名號讃
說之者信不狐疑當起敬心至意念之如父

0013　衆經集要　西夏漢文寫經　存十紙（殘葉）

縫繢裝。半葉八行十六、十七字數不等，上下單邊。框高16.7厘米，尺寸20.6×13.2厘米。1991年寧夏回族自治區賀蘭縣拜寺口方塔出土。

寧夏回族自治區文物考古研究所藏。

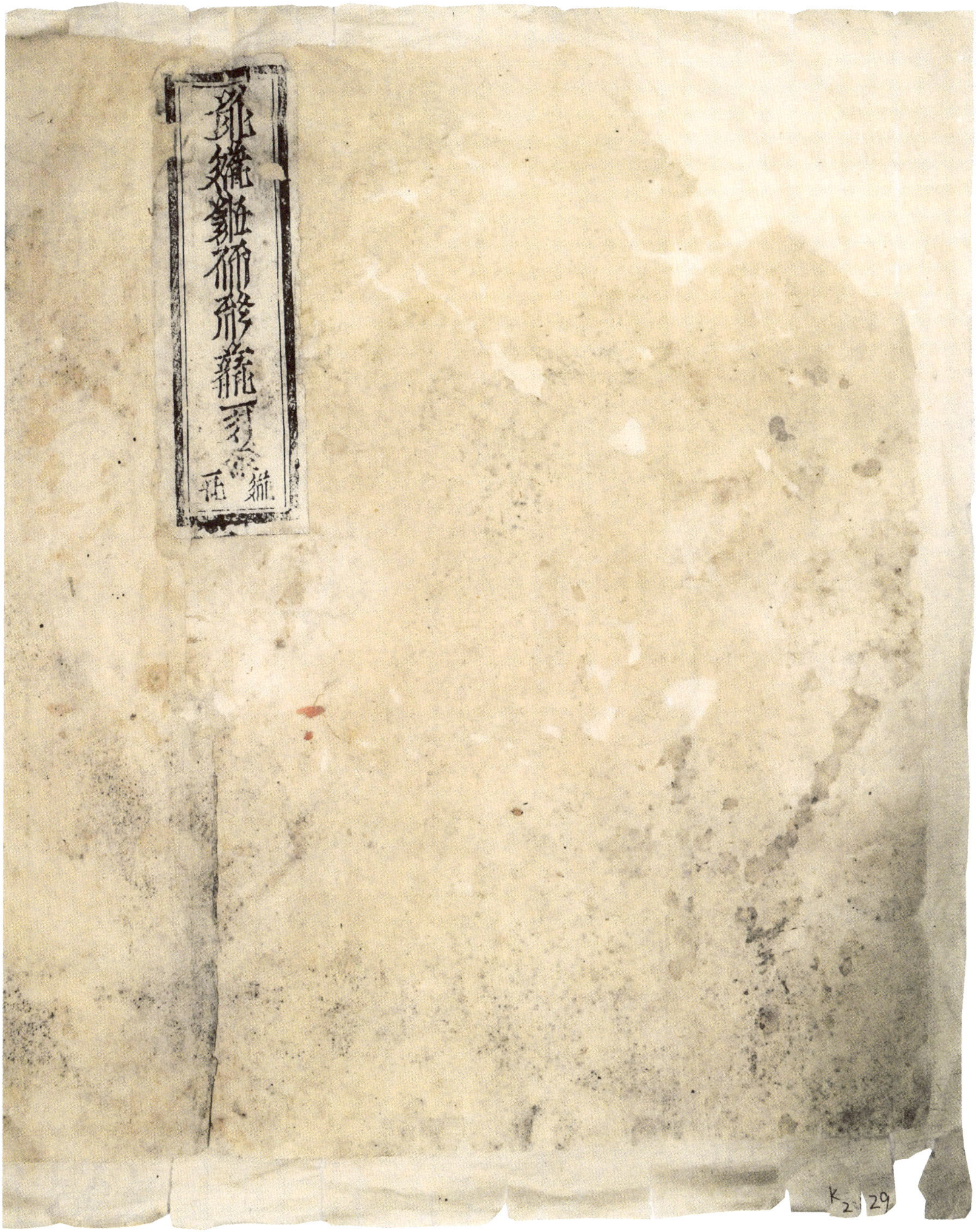

0014　圓覺注之略疏第一上半　西夏泥活字印本　存十四紙

蝴蝶裝。半葉十行二十一字，四周雙邊。版框23.4×15.8厘米，尺寸40.2×29.5厘米。2004年寧夏回族自治區賀蘭山山嘴溝出土。國家名録號09680。

寧夏回族自治區文物考古研究所藏。

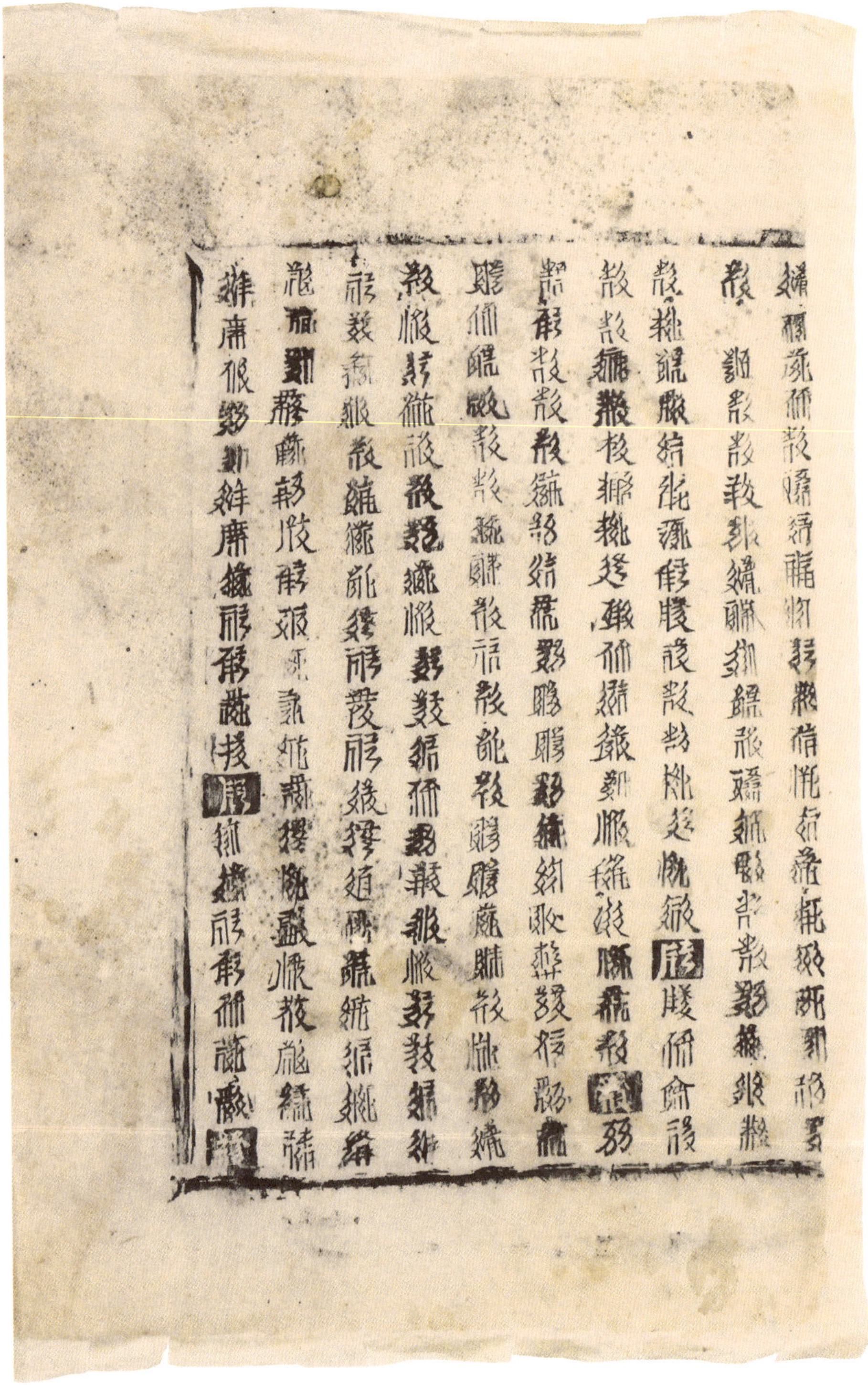

0015　圓覺道場禮口一本　西夏漢文寫經　一紙

卷軸裝。二十四行字數不等。1991年寧夏回族自治區賀蘭縣拜寺口方塔出土。
寧夏回族自治區文物考古研究所藏。

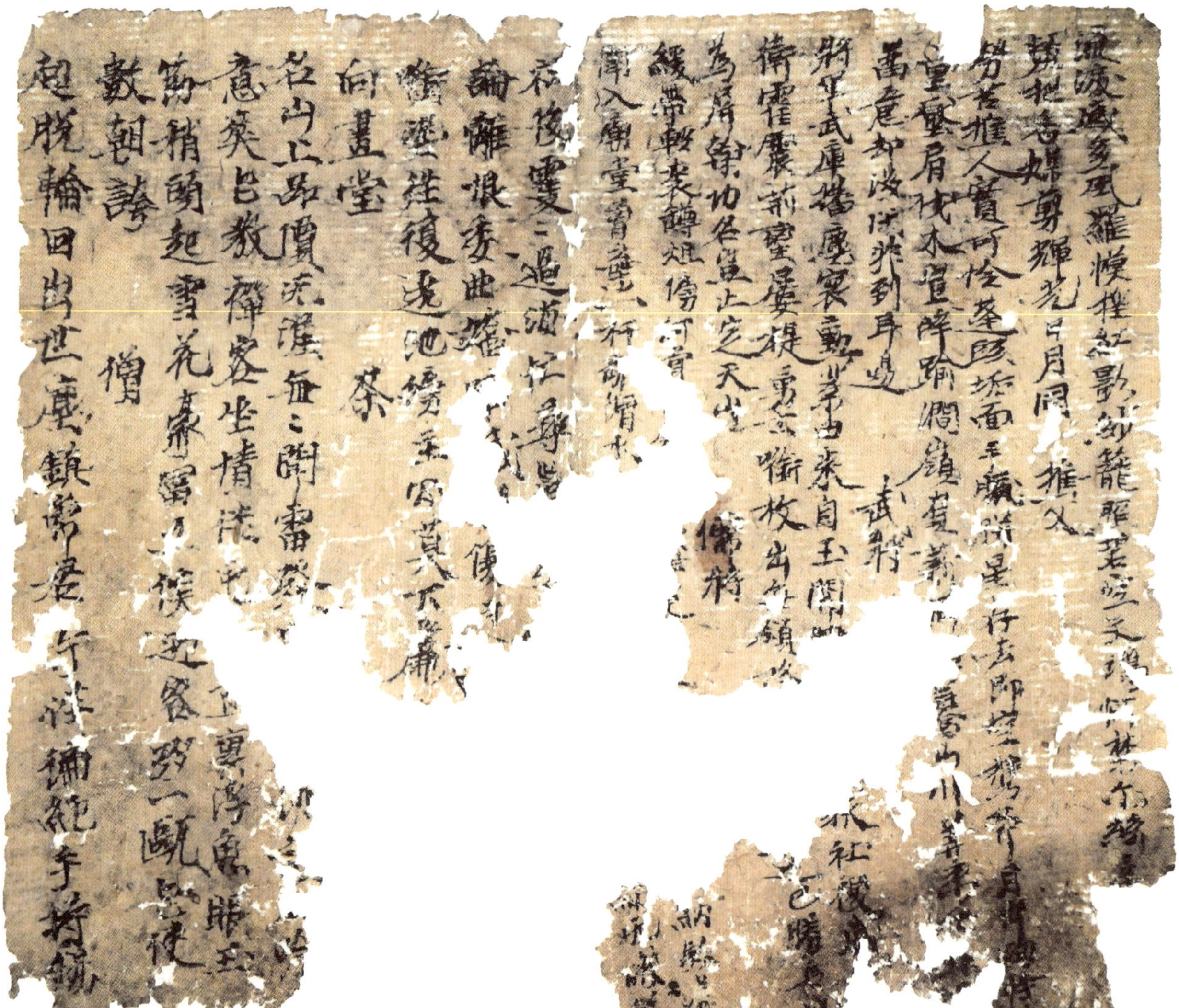

0016　漢文詩集　西夏漢文寫本　存十六紙（殘葉）

縫繢裝。行款字數不等。尺寸21.5×12.3厘米。1991年寧夏回族自治區賀蘭縣拜寺口方塔出土。

寧夏回族自治區文物考古研究所藏。

0017　西夏文雕版　西夏木版雕刻　一百二十塊

木凸版。版框13.4×11.2厘米，版片13.7×23.3×2.0厘米。1990年寧夏回族自治區賀蘭縣宏佛塔出土。寧夏回族自治區博物館藏。

0018　西夏文雕版　西夏木版雕刻　六十塊

木凸版。版片7.9×6.4×2.0厘米。1990年寧夏回族自治區賀蘭縣宏佛塔出土。

西夏博物館藏。

明 代

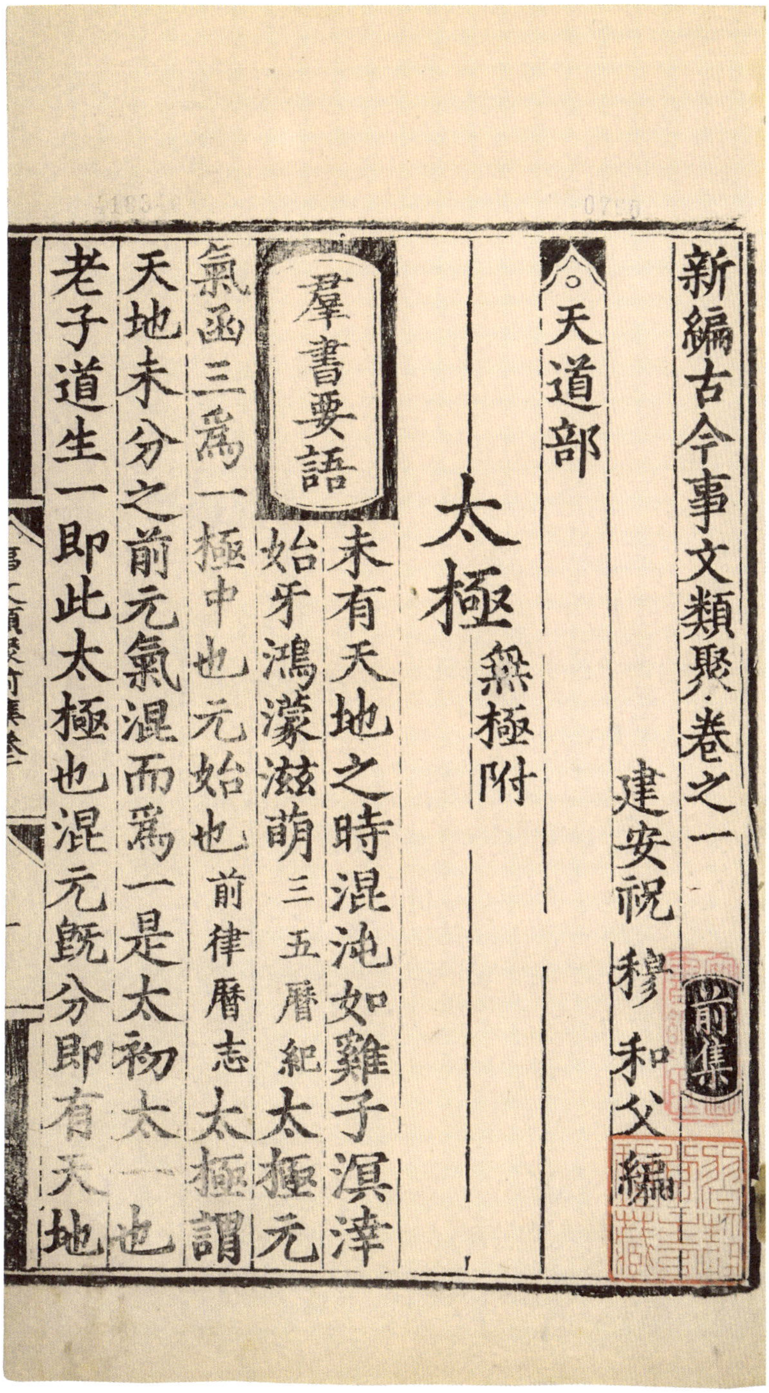
新編古今事文類聚卷之一
建安祝穆和父編
天道部
太極
無極附
羣書要語
未有天地之時混沌如雞子溟涬始牙鴻濛滋萌三五曆紀太極元氣函三爲一極中也元始也前律曆志太極謂天地未分之前元氣混而爲一是太初太一也老子道生一即此太極也混元既分即有天地
前集

0019 新編古今事文類聚前集六十卷後集五十卷續集二十八卷別集三十二卷外集十五卷 （宋）祝穆編 （元）富大用編 明初建陽習静堂屋刻本 十二函九十二册（缺後集卷三十六至五十、續集卷一至十）

半葉十行十八字，黑口，四周雙邊。版框24.5×18.0厘米，尺寸32.0×20.0厘米。

寧夏回族自治區圖書館藏。

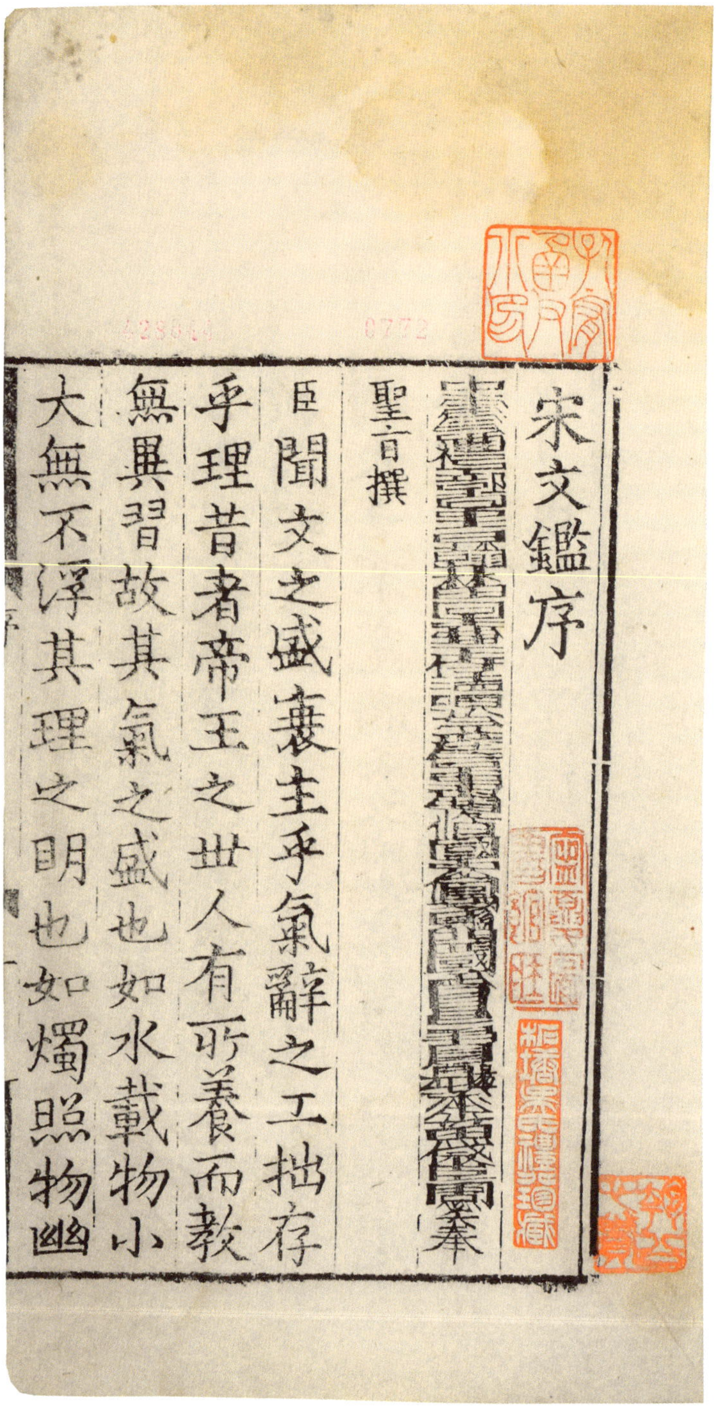
宋文鑑序

[illegible]

聖旨撰

臣聞文之盛衰主乎氣辭之工拙存

乎理昔者帝王之世人有所養而教

無異習故其氣之盛也如水載物小

大無不浮其理之明也如燭照物幽

0020　宋文鑑一百五十卷目録三卷　（宋）吕祖謙輯　明嘉靖七年（1528）晉藩養德書院刻本　四函二十册

半葉十三行二十一字，雙行小字同，黑口，左右雙邊。版框19.8×12.9厘米，尺寸30.0×18.1厘米。

寧夏回族自治區圖書館藏。

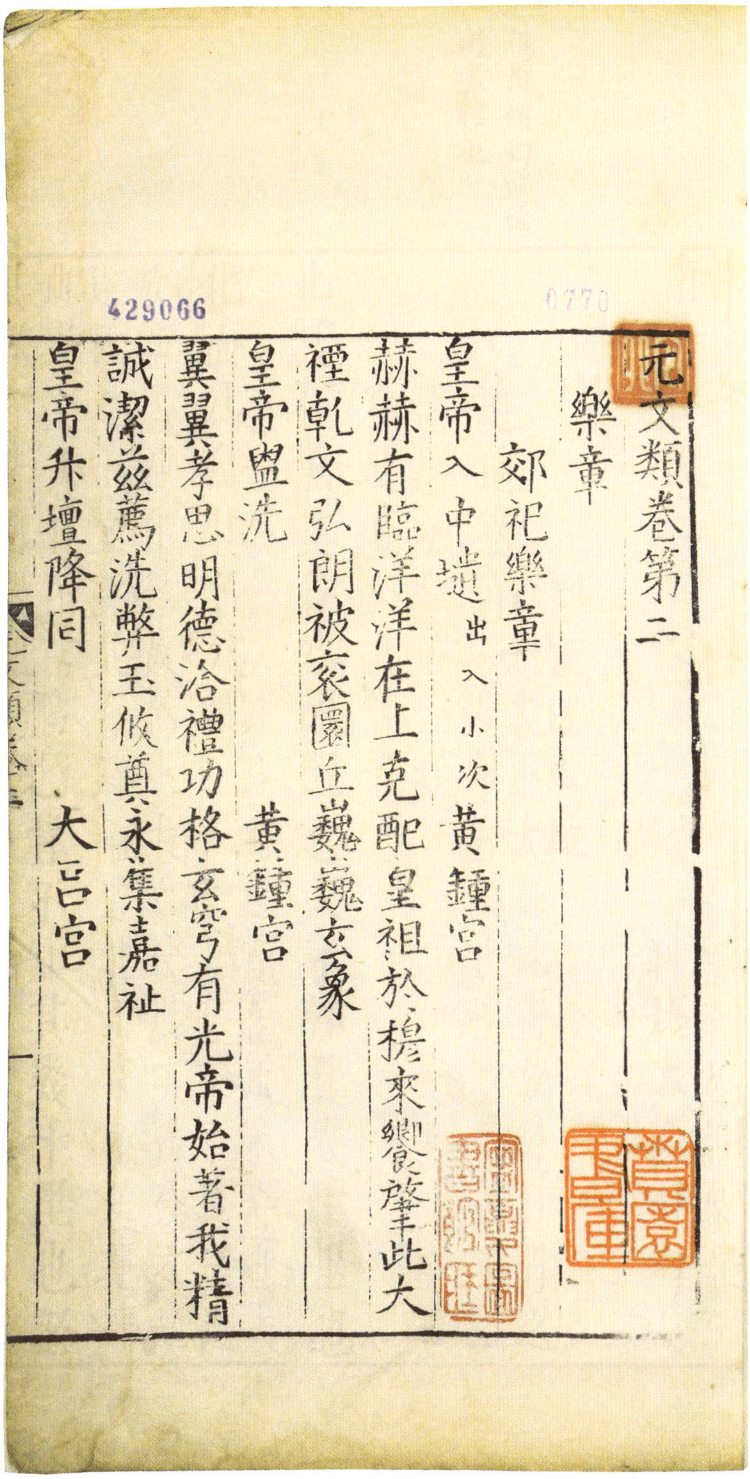

元文類卷第二

樂章

郊祀樂章

皇帝入中壝出入小次　黃鍾宮

赫赫有臨洋洋在上克配皇祖於穆來饗肇此大

禋乾文弘朗被袞圜丘巍巍玄象

皇帝盥洗　黃鍾宮

翼翼孝思明德洽禮功格玄穹有光帝始著我精

誠潔茲薦洗斝玉攸眞永集嘉祉

皇帝升壇降同　大呂宮

0021　元文類七十卷目録三卷　（元）蘇天爵輯　明嘉靖十六年（1537）刻本　四函二十册

半葉十行十九字，白口，四周單邊。版框21.5×14.9厘米，尺寸30.5×18.3厘米。

寧夏回族自治區圖書館藏。

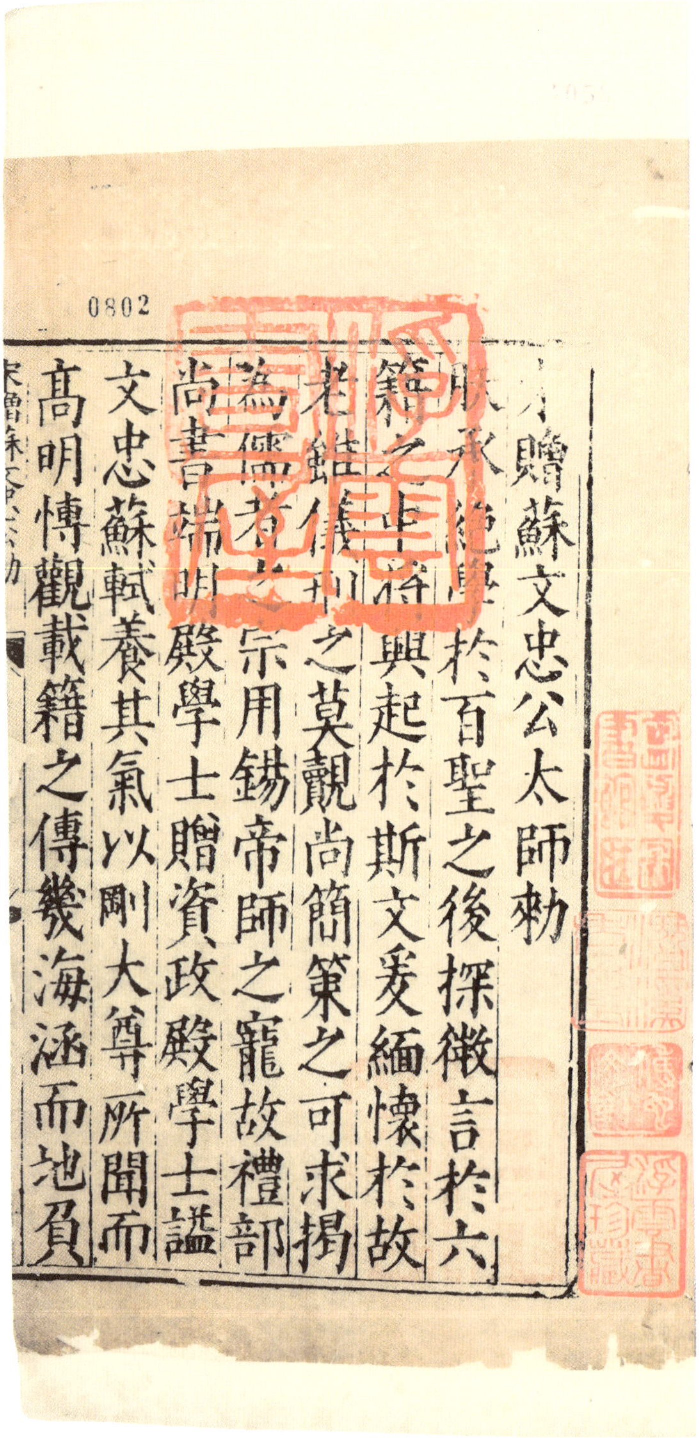

0022　蘇文忠公全集一百十卷年譜一卷　（宋）蘇軾撰　明嘉靖江西布政司刻本　八函一百册

金鑲玉。半葉十行二十字，雙行小字同，白口，四周雙邊。版框19.8×13.0厘米，尺寸30.6×18.2厘米。鈐有“浮雲書屋”“浮雲書屋珍藏”“白鹿堂”印文。國家名録號10634。

寧夏回族自治區圖書館藏。

宋孝宗御製文忠蘇軾文集序

成一代之文章必能立天下之大節立天下之大節非其氣足以高天下者未之能焉孔子曰臨大節而不可奪君子人歟孟子曰我善養吾浩然之氣以直養而無害則塞乎天地之間蓋存之於身謂之氣見之於事謂之節節也氣也合而言之道也以是

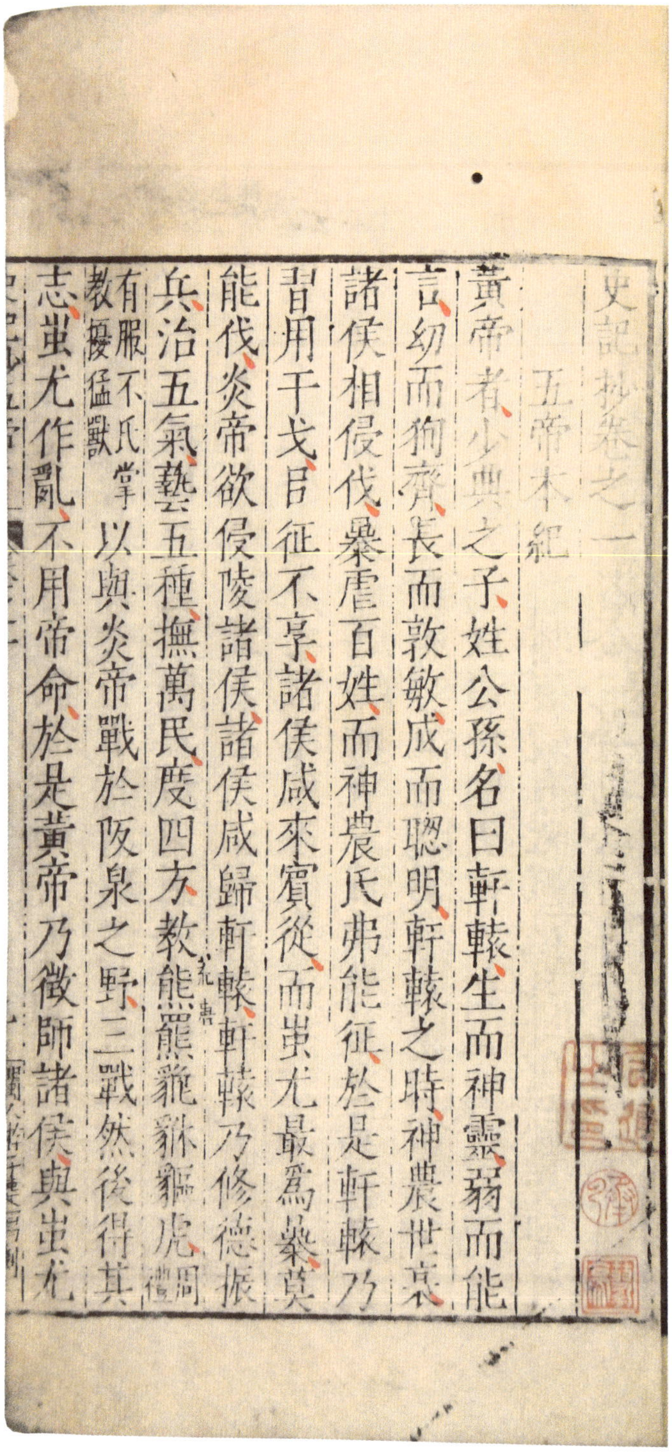

史記抄卷之一
五帝本紀
黃帝者少典之子姓公孫名曰軒轅生而神靈弱而能
言幼而徇齊長而敦敏成而聰明軒轅之時神農世衰
諸侯相侵伐暴虐百姓而神農氏弗能征於是軒轅乃
習用干戈以征不享諸侯咸來賓從而蚩尤最爲暴莫
能伐炎帝欲侵陵諸侯諸侯咸歸軒轅軒轅乃修德振
兵治五氣蓺五種撫萬民度四方教熊羆貔貅貙虎周禮
有服不氏掌教擾猛獸以與炎帝戰於阪泉之野三戰然後得其
志蚩尤作亂不用帝命於是黃帝乃徵師諸侯與蚩尤

0023　史記抄九十一卷首一卷　（明）茅坤評　明萬曆三年（1575）茅坤家刻本　一函六册

半葉十行二十一字，雙行小字同，白口，四周單邊。版框19.9×12.6厘米，尺寸26.8×14.7厘米。

寧夏回族自治區圖書館藏。

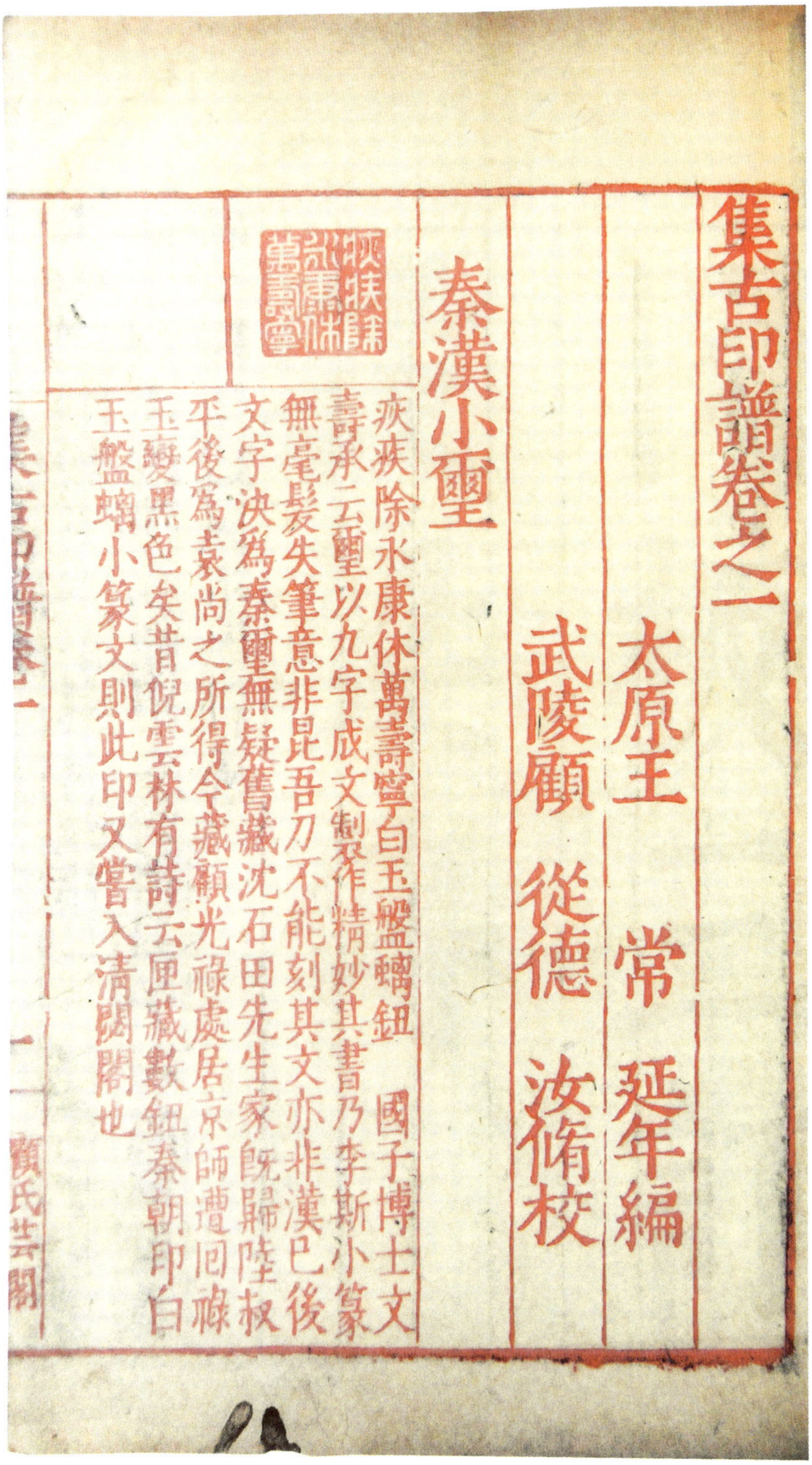

集古印譜卷之一

太原王　常　延年編

武陵顧　從德　汝脩校

秦漢小璽

疢疾除永康休萬壽寧白玉盤螭鈕　國子博士文壽承云璽以九字成文製作精妙其書乃李斯小篆無毫髮失筆意非昆吾刀不能刻其文亦非漢巳後文字決爲秦璽無疑舊藏沈石田先生家旣歸陸叔平後爲袁尚之所得今藏顧光祿處居京師遭回祿玉變黑色矣昔倪雲林有詩云匣藏數鈕秦朝印白玉盤螭小篆文則此印又嘗入清閟閣也

集古印譜卷之一　一　顧氏芸閣

0024　集古印譜六卷　（明）王常輯　明萬曆三年（1575）上海顧從德芸閣朱印本　一函六册

四周單邊。版框20.6×14.2厘米，尺寸25.4×16.5厘米。

寧夏回族自治區圖書館藏。

太史李九我先生纂訂
性理大全
積秀堂唐際雲藏板

0025　性理大全書七十卷　（明）胡廣等撰　明萬曆十三年（1585）師古齊刻本　二函二十四册
半葉十行二十字，白口，左右雙邊。版框21.0×14.7厘米，尺寸26.4×16.4厘米。
寧夏回族自治區圖書館藏。

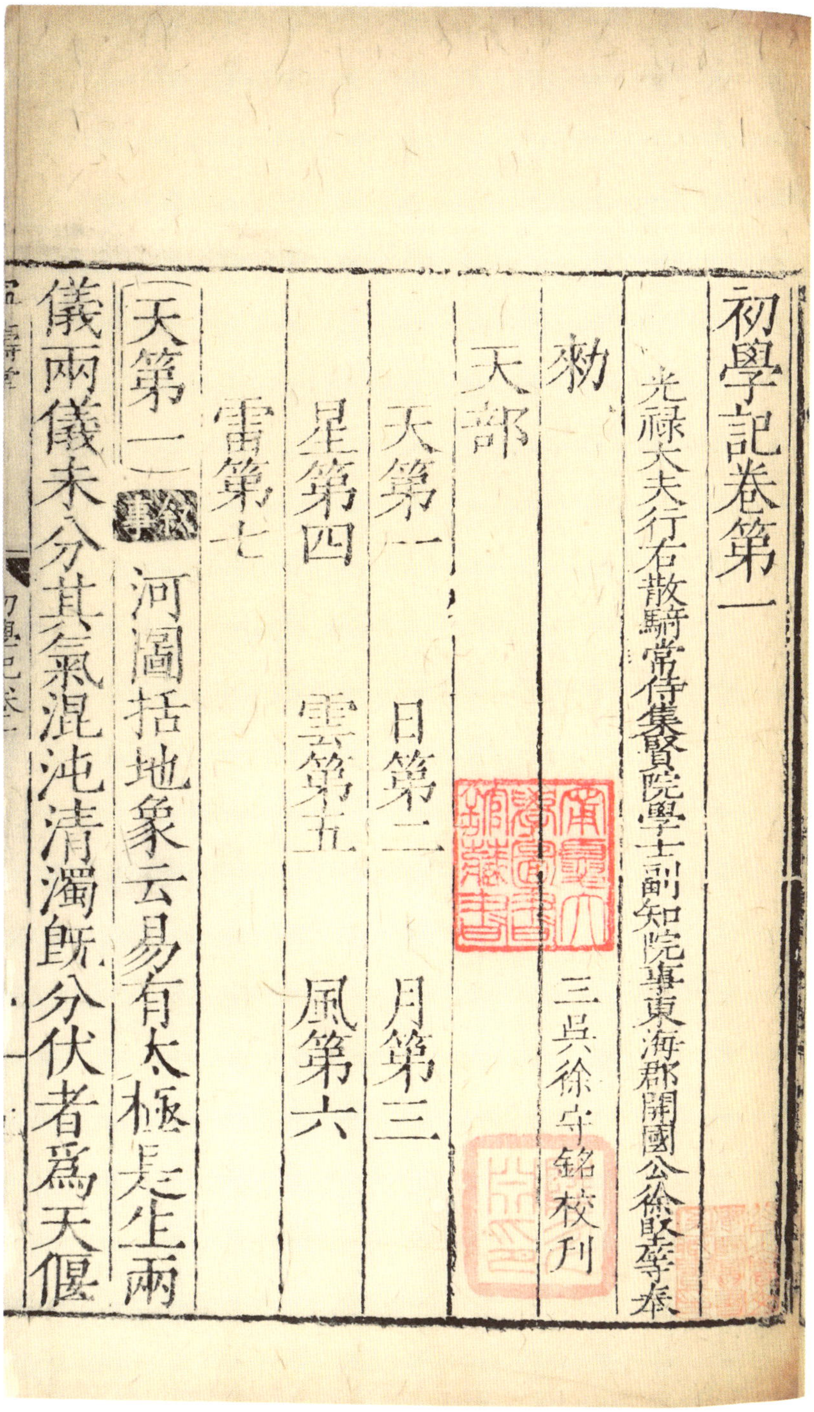

0026　初學記三十卷　（唐）徐堅等輯　明萬曆十五年（1587）寧壽堂刻本　四函二十四册

半葉九行十八字，雙行小字二十四字，白口，左右雙邊。版框20.7×16.0厘米，尺寸27.1×18.7厘米。

寧夏大學圖書館藏。

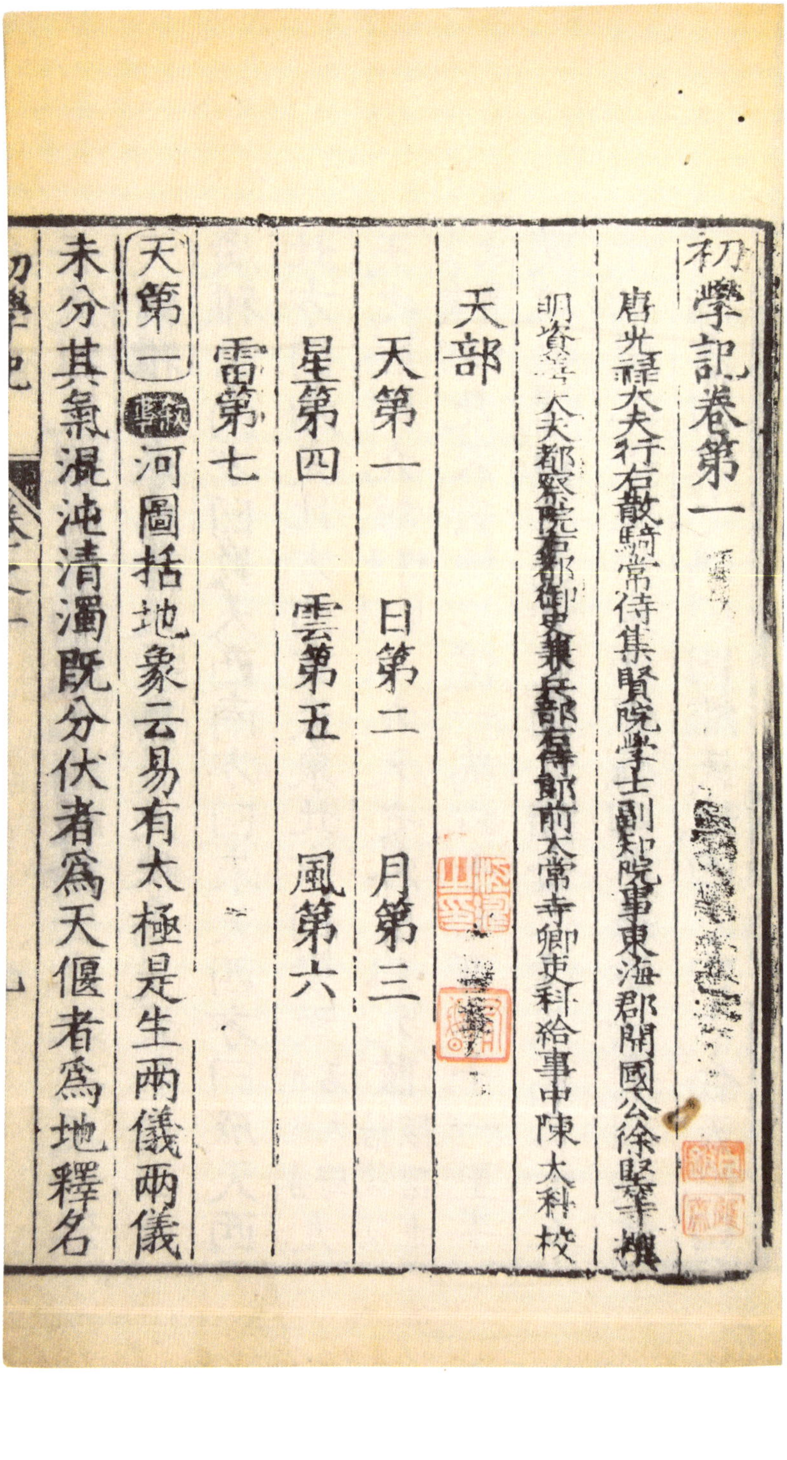

0027　初學記三十卷　（唐）徐堅等撰　明萬曆二十五年至二十六年（1597—1598）維揚陳大科刻本　二函十二册（卷末最後一葉爲手抄補配）

半葉九行二十字，雙行小字同，白口，左右雙邊。版框20.9×15.5厘米，尺寸26.9×17.2厘米。

寧夏回族自治區圖書館藏。

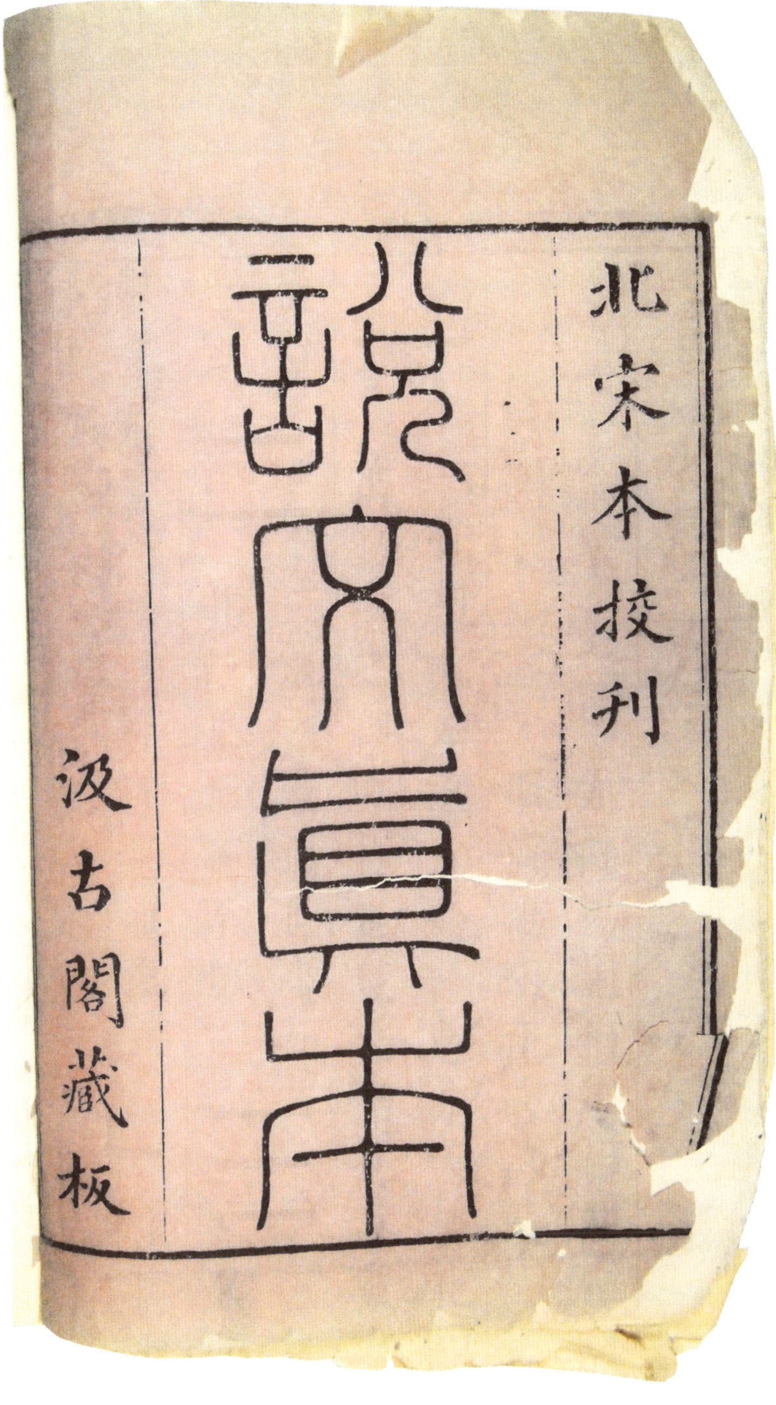
北宋本校刊
說文真本
汲古閣藏板

0028　說文解字十五卷　（漢）許慎撰　（宋）李壽編　明萬曆二十六年（1598）陳大科刻本　一函六册

半葉七行十四字，雙行小字二十字，黑口，四周雙邊。版框24.5×17.6厘米，尺寸30.0×20.5厘米。

寧夏回族自治區圖書館藏。

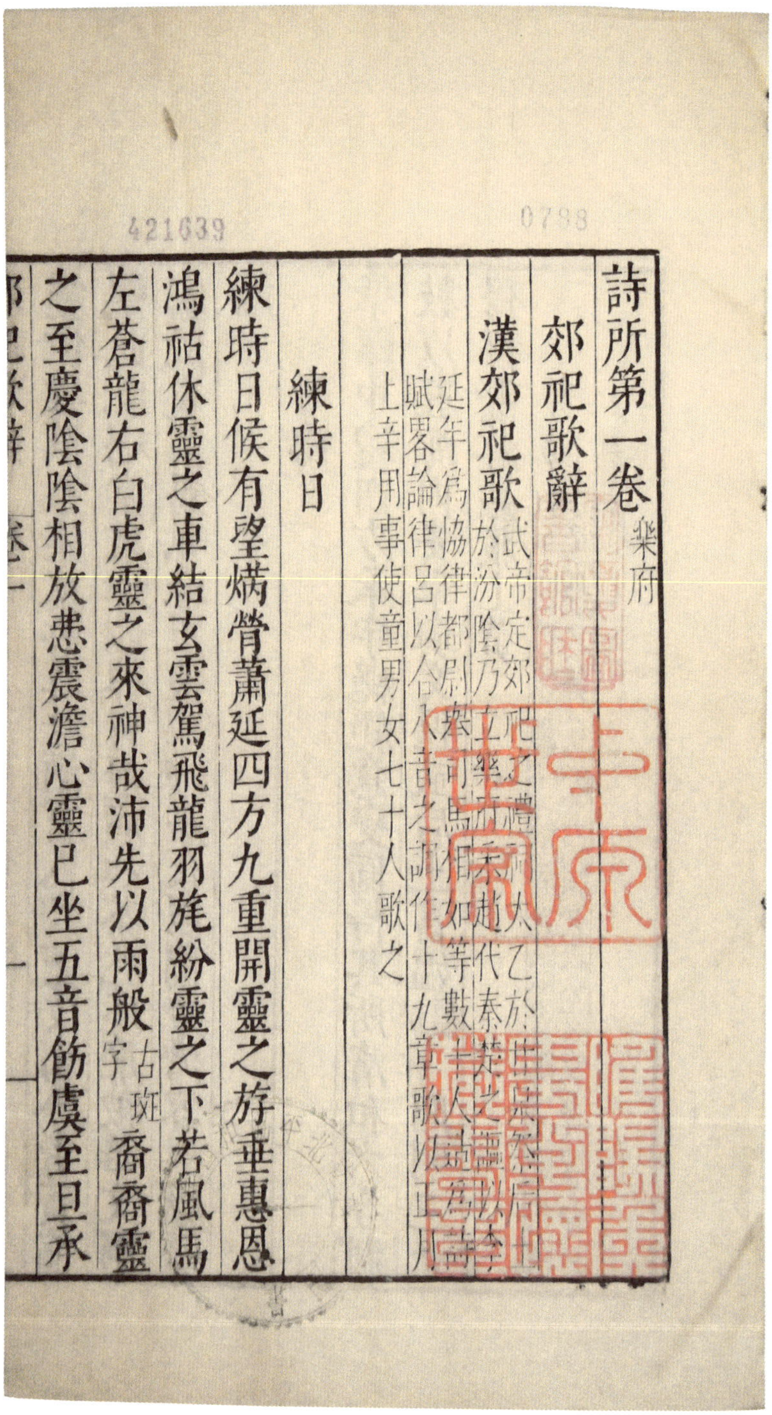

詩所第一卷 樂府

郊祀歌辭

漢郊祀歌 武帝定郊祀之禮祠太乙於甘泉祭后土於汾陰乃立樂府采詩夜誦有趙代秦楚之謳以李延年爲協律都尉舉司馬相如等數十人造爲詩賦畧論律呂以合八音之調作十九章歌以正月上辛用事使童男女七十人歌之

練時日

練時日候有望焫膋蕭延四方九重開靈之斿垂惠恩鴻祜休靈之車結玄雲駕飛龍羽旄紛靈之下若風馬左蒼龍右白虎靈之來神哉沛先以雨般古斑字裔裔靈之至慶陰陰相放悲震澹心靈已坐五音飭虞至旦承

郊祀歌辭 卷一 一

0029　詩所五十六卷附歷代名氏爵里一卷　（明）臧懋循編　明萬曆三十一年（1603）金陵徐智督刻本　二函十二册

半葉十行二十一字，雙行小字同，白口，四周單邊。版框20.9×13.6厘米，尺寸28.0×17.6厘米。

寧夏回族自治區圖書館藏。

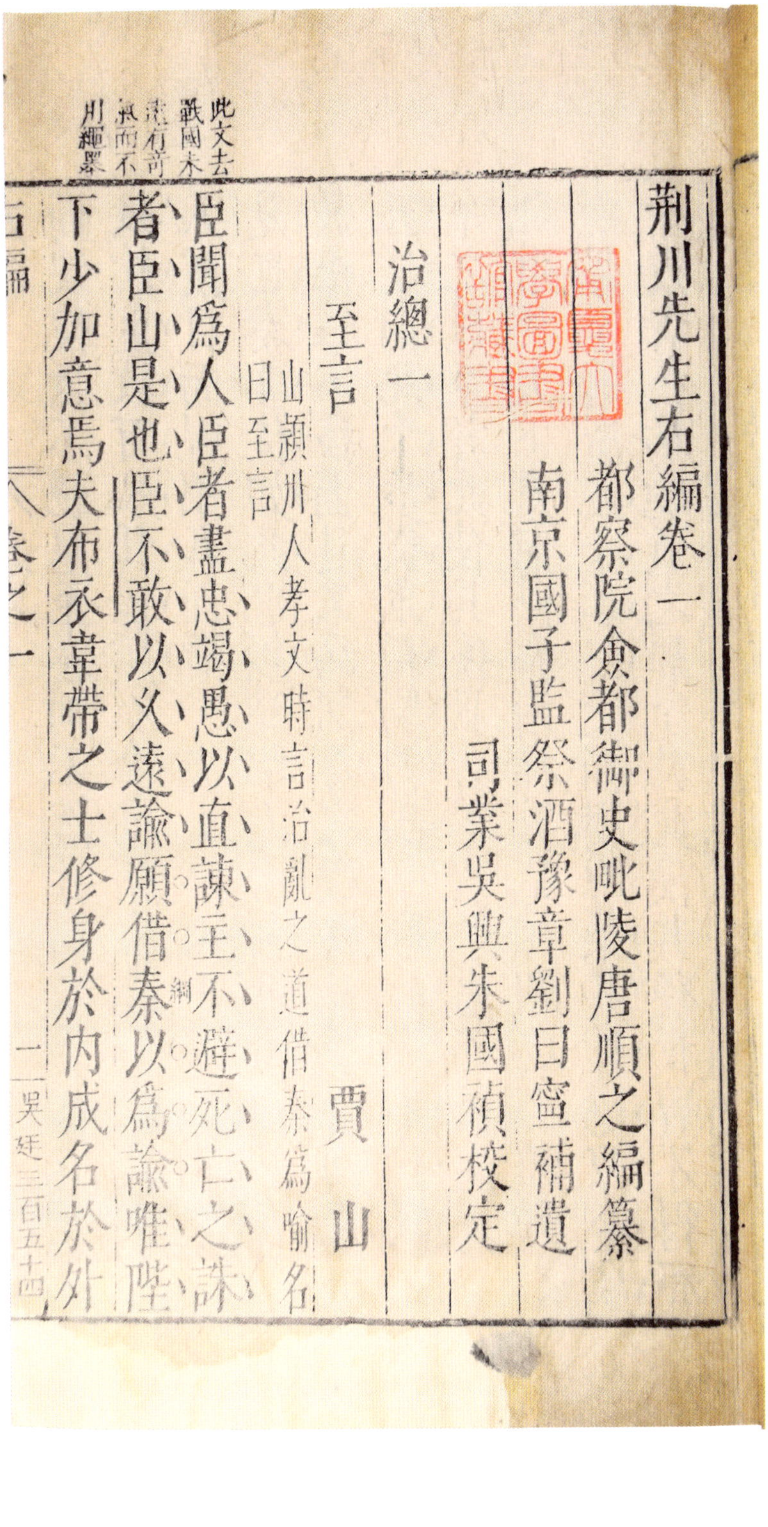
此文去戰國未遠有奇氣而不用纏累
荊川先生右編卷一
都察院僉都御史毗陵唐順之編纂
南京國子監祭酒豫章劉曰寧補遺
司業吳興朱國禎校定
治總一
至言　賈山
山潁川人孝文時言治亂之道借秦爲喻名曰至言
臣聞爲人臣者盡忠竭愚以直諫主不避死亡之誅
者臣山是也臣不敢以久遠諭願借秦以爲諭唯陛
下少加意焉夫布衣韋帶之士修身於內成名於外
右編　卷之一
二　吳廷三百五十四

0030　荊川先生右編四十卷　（明）唐順之編纂　明萬曆三十三年（1605）南京國子監刻本　四函三十册

半葉十行二十字，雙行小字同，白口，左右雙邊。版框21.8×14.5厘米，尺寸27.4×16.8厘米。

寧夏大學圖書館藏。

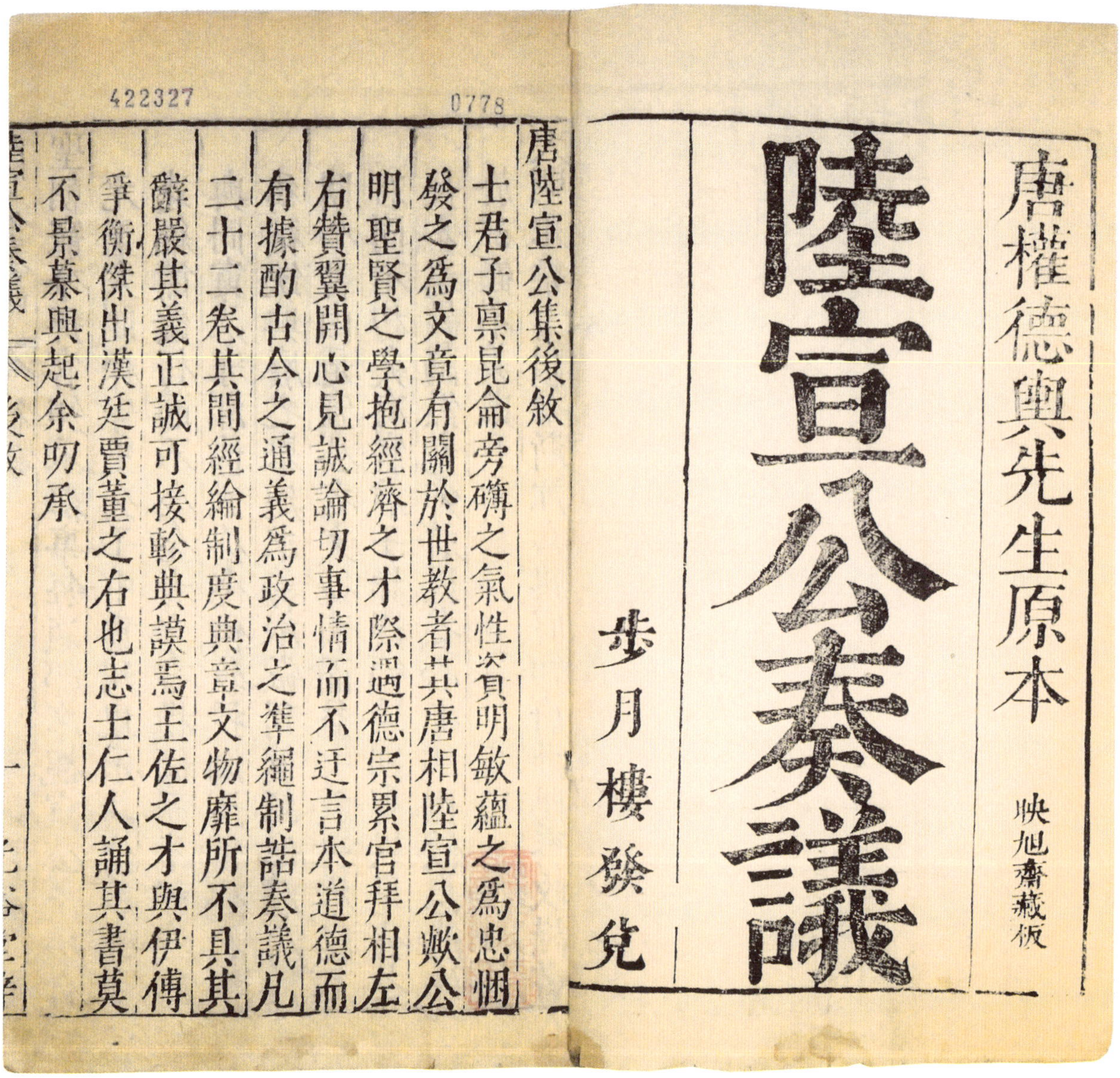

0031　唐陸宣公集二十二卷　（唐）陸贄撰　明萬曆三十四年（1606）吴繼武光裕堂刻本　一函八册

半葉十行二十字，雙行小字同，白口，四周單邊。版框21.5×14.5厘米，尺寸26.3×16.3厘米。

寧夏回族自治區圖書館藏。

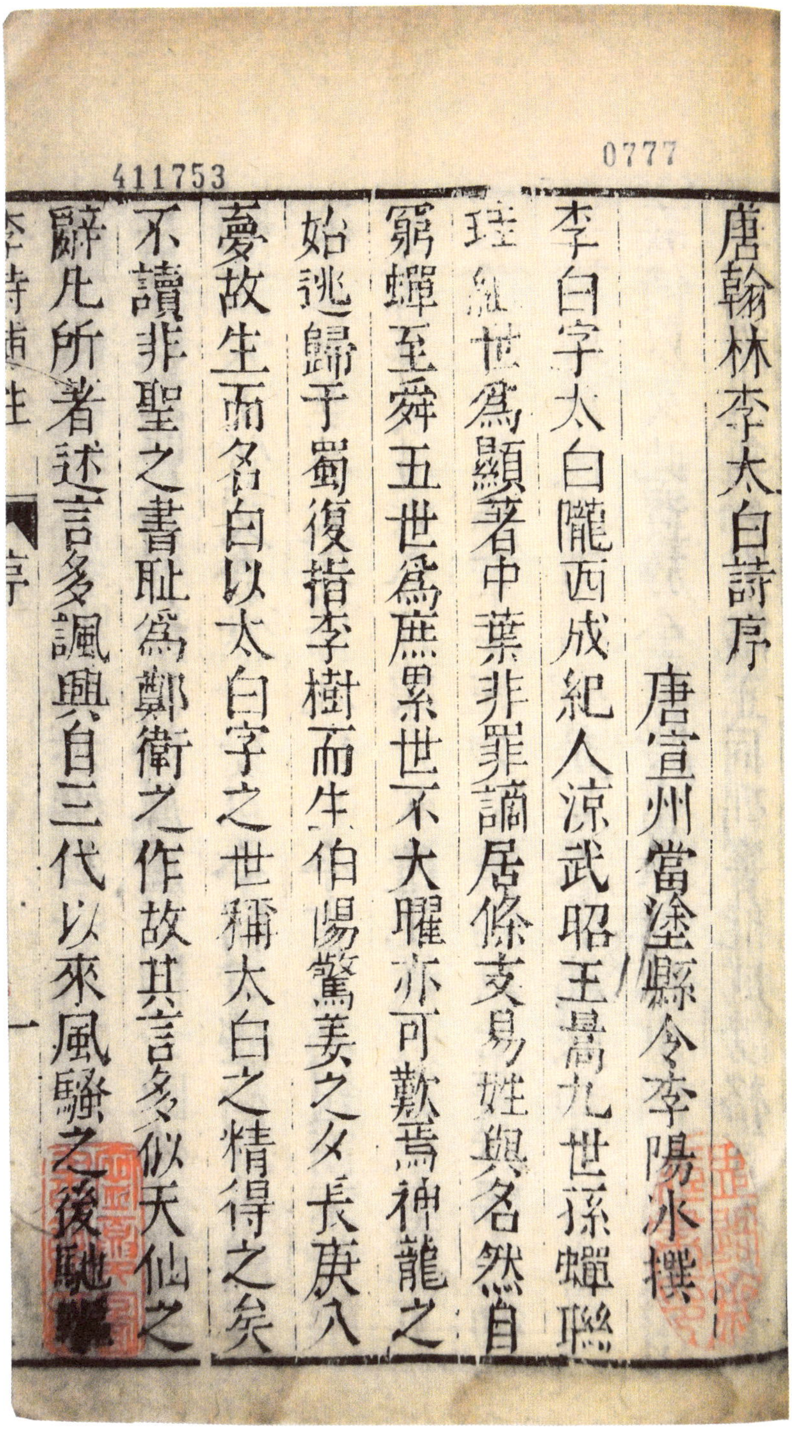

0032　分類補注李太白詩二十五卷年譜一卷　（唐）李白撰　（宋）楊齊賢集注　（元）蕭士贇補注　（明）許自昌校　明萬曆許自昌刻本　一函八册

半葉九行二十字，雙行小字同，白口，左右雙邊。版框21.9×14.5厘米，尺寸25.6×16.1厘米。

寧夏回族自治區圖書館藏。

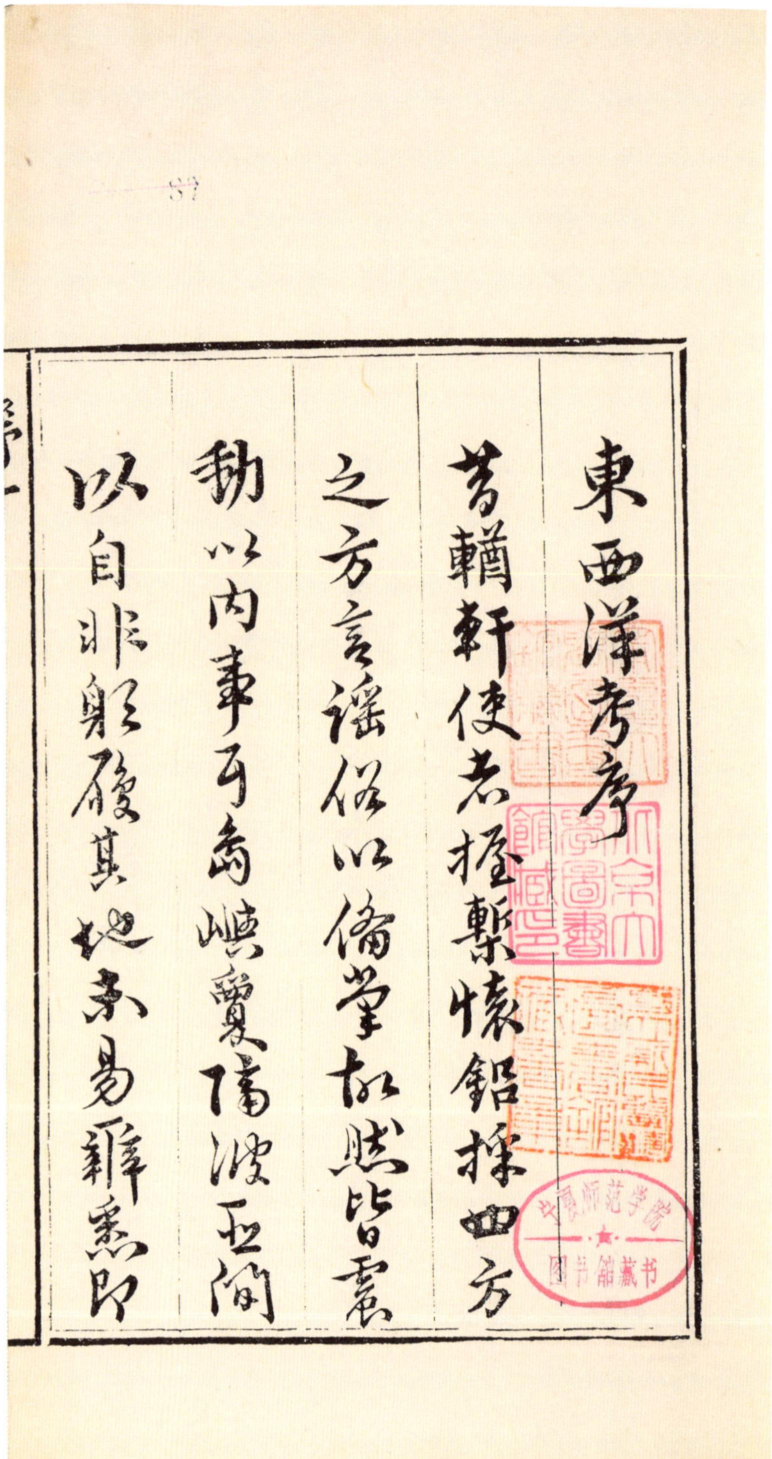
東西洋考序
昔輶軒使者握槧懷鉛採四方
之方言謠俗以備掌故賦皆震
動以內事耳島嶼夐隔波亙間
以自非躬履其地未易繹悉即

0033　東西洋考十二卷　（明）張燮撰　明萬曆刻本　一函四册

半葉九行十八字，雙行小字同，白口，四周雙邊。版框20.7×14.6厘米，尺寸29.5×18.4厘米。

寧夏大學圖書館藏。

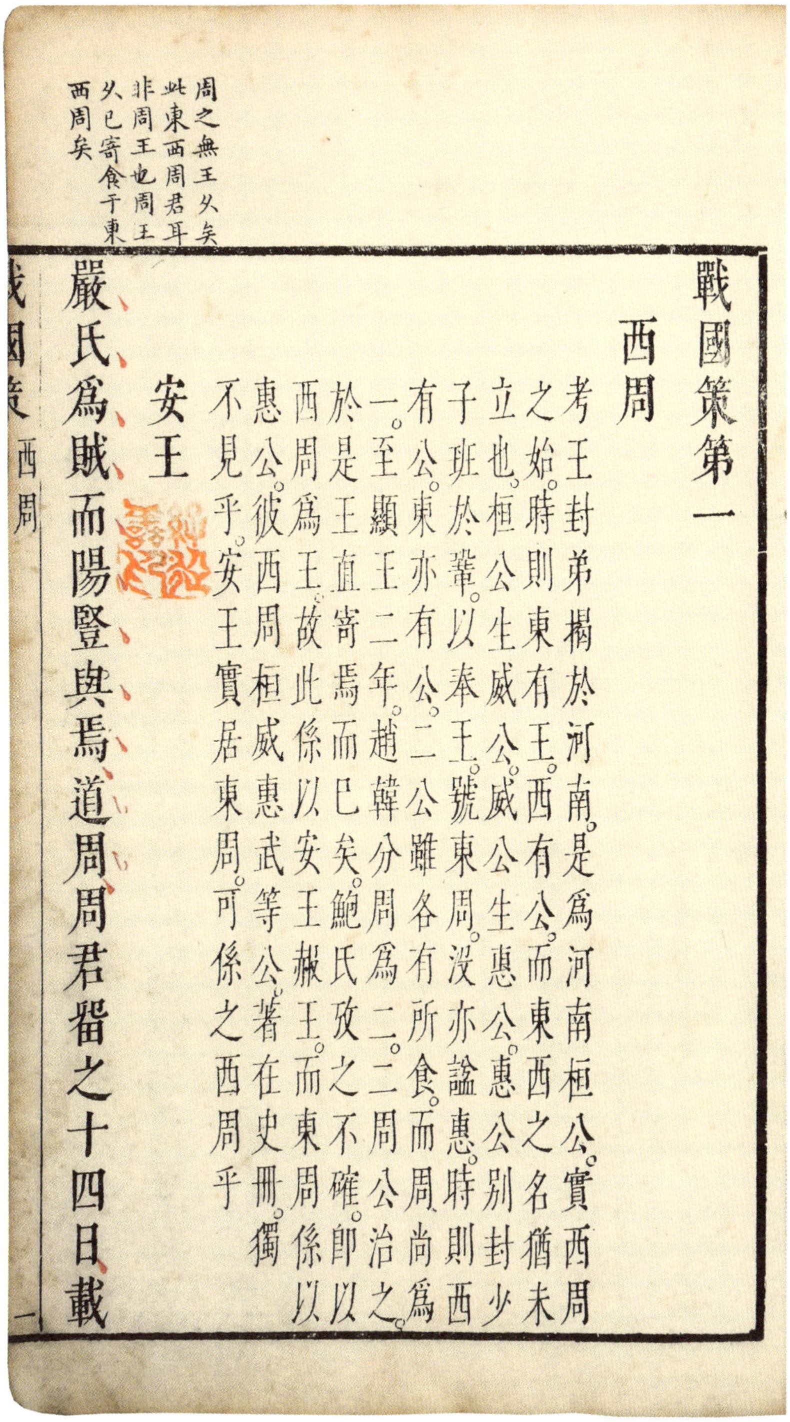
周之無王久矣此東西周君耳非周王也周王久已寄食于東西周矣

戰國策第一

西周

考王封弟揭於河南是爲河南桓公實西周之始時則東有王西有公而東西之名猶未立也桓公生威公威公生惠公惠公別封少子班於鞏以奉王號東周沒亦謚惠時則西有公東亦有公二公雖各有所食而周尚爲一至顯王二年趙韓分周爲二二周公治之於是王直寄焉而已矣鮑氏攷之不確即以西周爲王故此係以安王赧王而東周係以惠公彼西周桓威惠武等公著在史冊獨不見乎安王實居東周可係之西周乎

安王

嚴氏爲賊而陽豎與焉道周周君留之十四日載

戰國策 西周 一

0034　戰國策十二卷　（漢）劉向校　（明）閔齊伋裁注　明萬曆烏程閔齊伋三色套印本　一函八册

半葉九行十九字，雙行小字同，白口，四周單邊。版框21.5×14.5厘米，尺寸27.2×17.6厘米。

寧夏回族自治區圖書館藏。

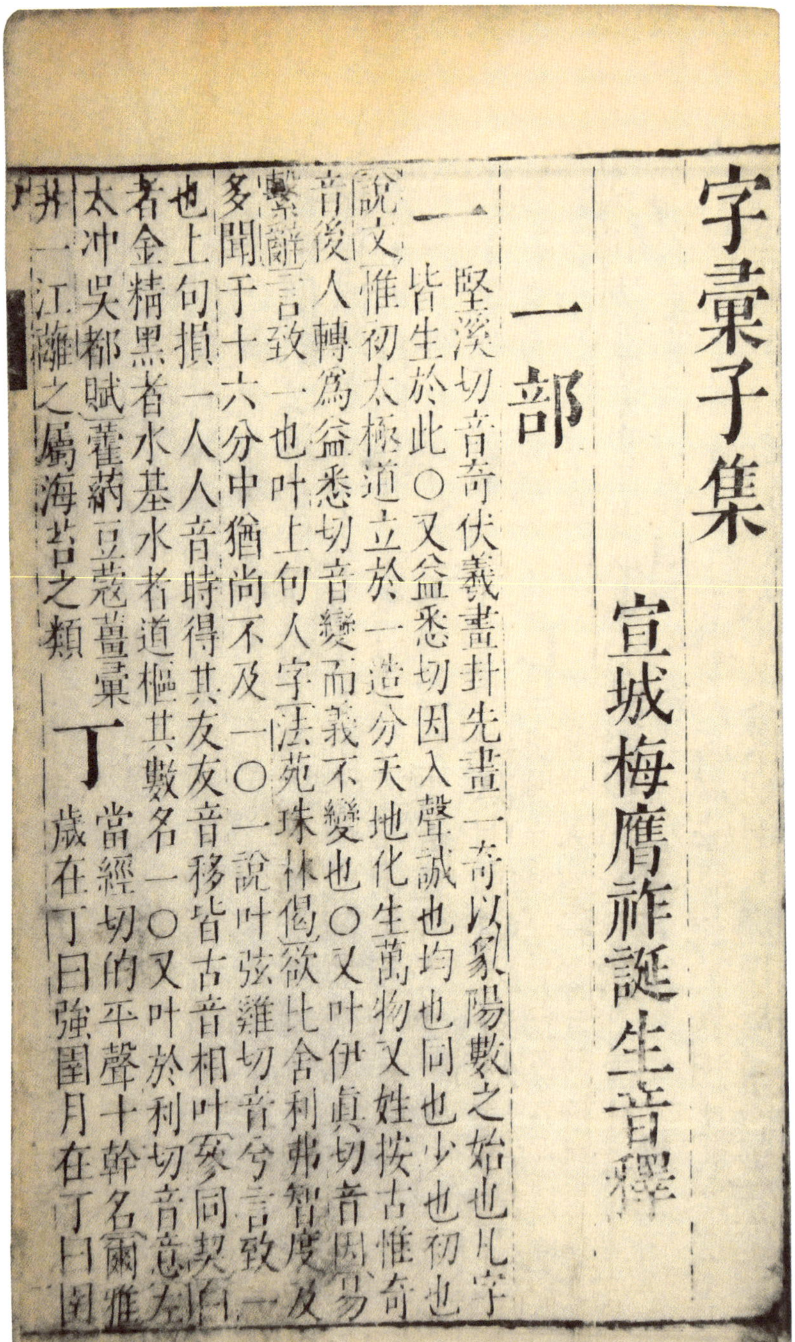

0035　字彙十二卷首一卷　（明）梅膺祚音釋　明萬曆懷德堂刻本　二函十二册

半葉八行十二字，雙行小字二十四字，白口，左右雙邊。版框21.5×14.0厘米，尺寸25.7×15.4厘米。

寧夏回族自治區圖書館藏。

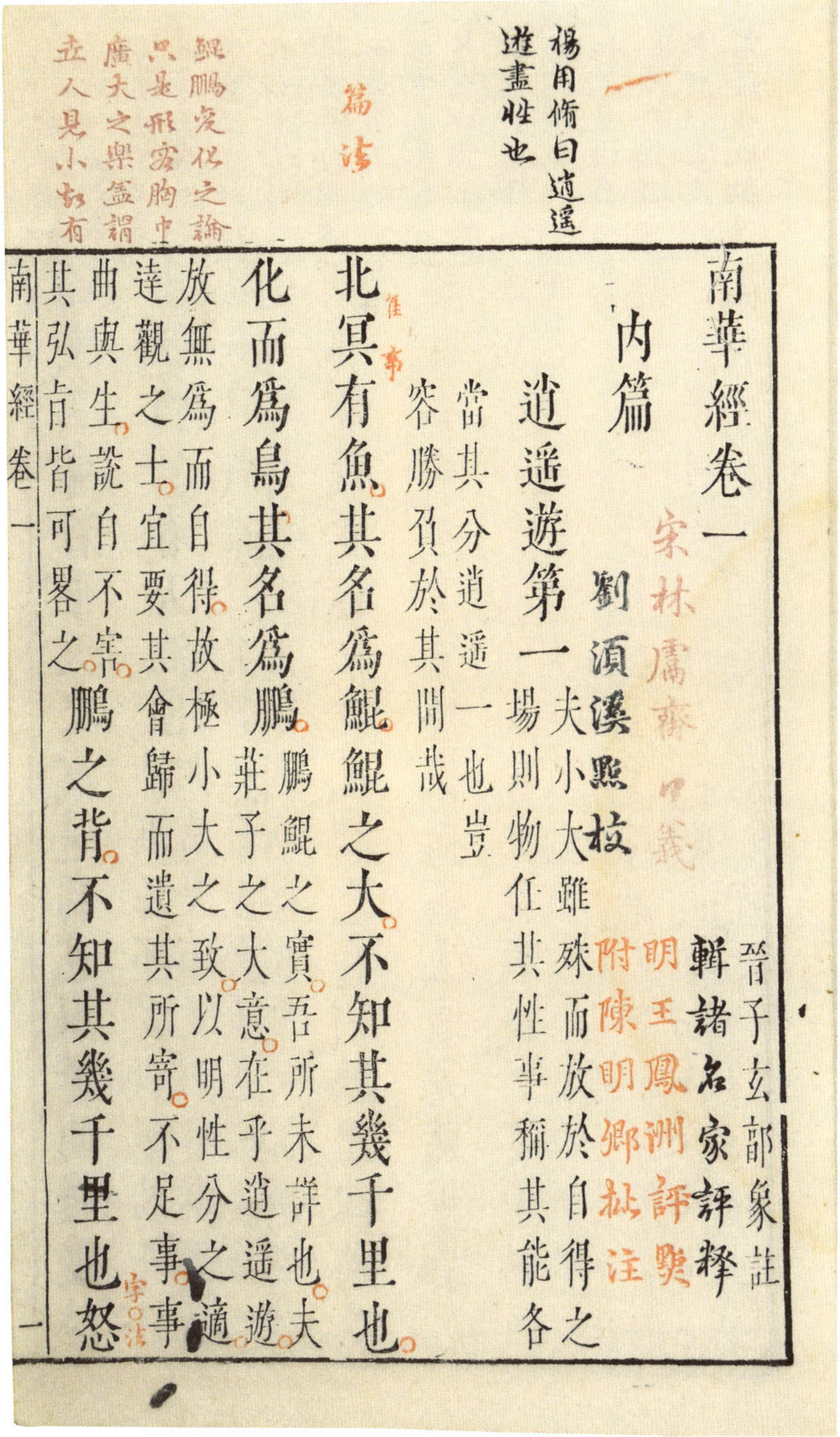
南華經卷一　宋林鬳齋口義　晉子玄郭象註
劉須溪點校　輯諸名家評釋
內篇　明王鳳洲評點　附陳明卿批注
逍遙遊第一　夫小大雖殊而放於自得之場則物任其性事稱其能各當其分逍遙一也豈容勝負於其間哉
北冥有魚其名爲鯤鯤之大不知其幾千里也化而爲鳥其名爲鵬鵬鯤之實吾所未詳也夫莊子之大意在乎逍遙遊放無爲而自得故極小大之致以明性分之適達觀之士宜要其會歸而遺其所寄不足事事曲與生說自不害其弘旨皆可畧之鵬之背不知其幾千里也怒
南華經卷一　一

0036　南華經十六卷　（戰國）莊周撰　明萬曆三色套印本　一函四册

半葉八行十八字，雙行小字同，白口，四周單邊。版框20.0×14.8厘米，尺寸26.0×17.2厘米。

寧夏回族自治區圖書館藏。

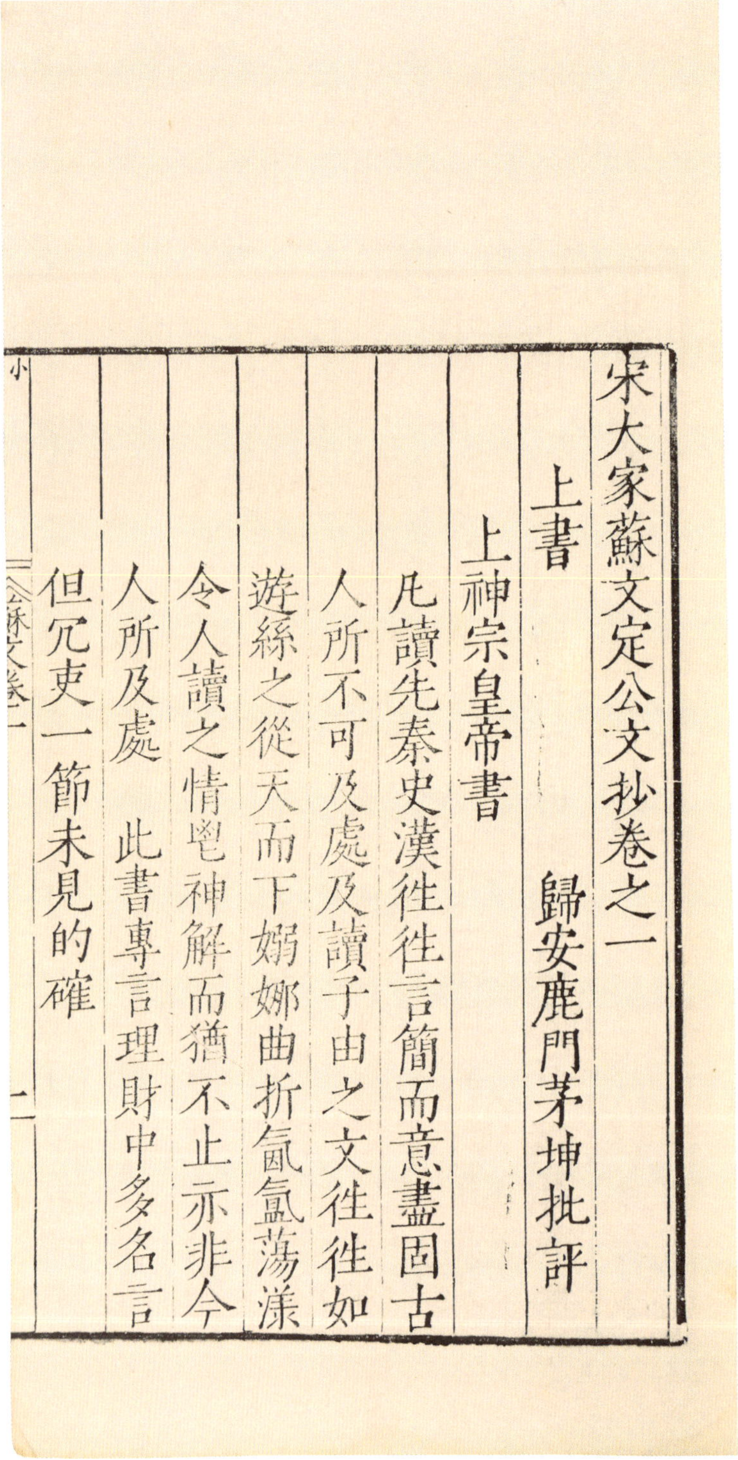
宋大家蘇文定公文抄卷之一

歸安鹿門茅坤批評

上書

上神宗皇帝書

凡讀先秦史漢往往言簡而意盡固古人所不可及處及讀子由之文往往如遊絲之從天而下娴娜曲折氤氲蕩漾令人讀之情揚神解而猶不止亦非今人所及處　此書專言理財中多名言但冗吏一節未見的確

蘇文卷一　二

0037　唐宋八大家文抄一百四十四卷　（明）茅坤批評　明萬曆刻本　六十册

半葉九行十九字，白口，左右雙邊。版框20.4×13.8厘米，尺寸29.7×17.4厘米。

寧夏大學圖書館藏。

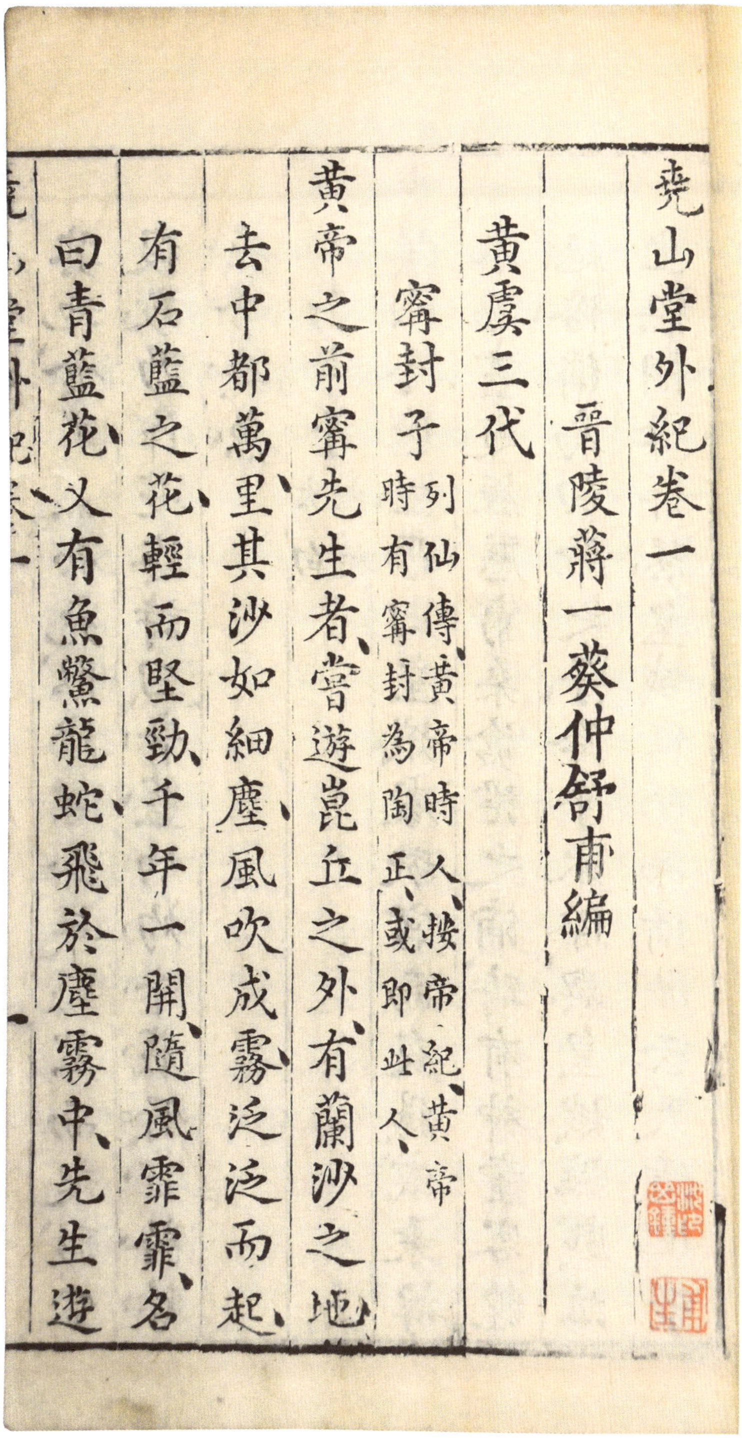

堯山堂外紀卷一

晉陵蔣一葵仲舒甫編

黃虞三代

寗封子（列仙傳黃帝時人按帝紀黃帝時有寗封為陶正或即此人）

黃帝之前寗先生者嘗遊崑丘之外有蘭沙之地去中都萬里其沙如細塵風吹成霧泛泛而起有石藍之花輕而堅勁千年一開隨風霏霏名曰青藍花又有魚鱉龍蛇飛於塵霧中先生遊

0038　堯山堂外紀一百卷　（明）蔣一葵編　明萬曆刻本　二函十六册

半葉八行十九字，雙行小字同，白口，四周單邊。版框23.3×14.3厘米，尺寸27.4×17.2厘米。

寧夏回族自治區圖書館藏。

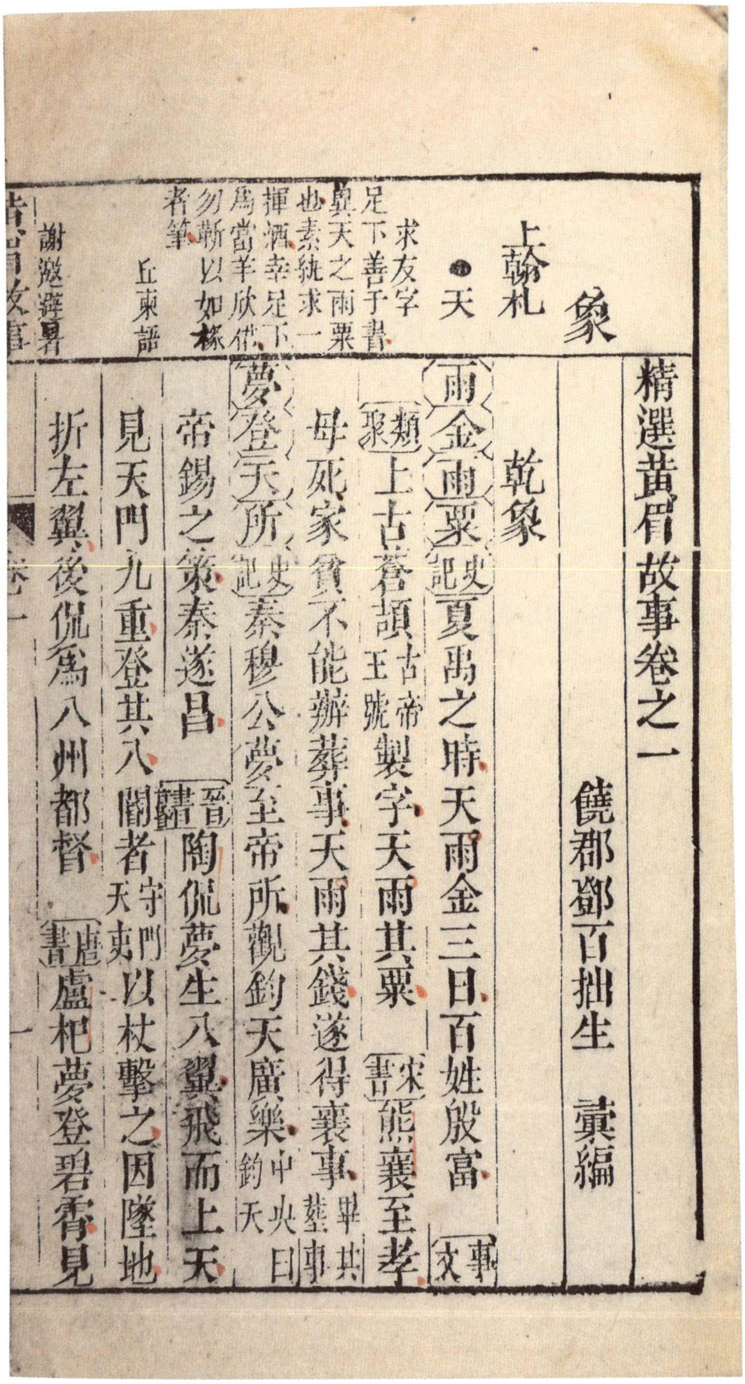

象

上翰札

●天

求友字
足下善于書蒼天之雨粟也素統求一揮洒幸足下為當羊欣借勿嘶以如椽者筆 丘東語

謝邀避暑

精選黃眉故事卷之一

饒郡鄧百拙生　彙編

乾象

雨金雨粟〔史記〕夏禹之時天雨金三日百姓殷富〔事文〕

〔類聚〕上古蒼頡古帝王號製字天雨其粟〔宋書〕熊襄至孝母死家貧不能辦葬事天雨其錢遂得襄事畢共葬事

夢登天所〔史記〕秦穆公夢至帝所觀鈞天廣樂鈞天中央曰帝錫之策秦遂昌〔晉書〕陶侃夢生八翼飛而上天見天門九重登其八閽者守門天吏以杖擊之因墜地折左翼後侃為八州都督〔唐書〕盧杞夢登碧霄見

0039　精選黃眉故事十卷　（明）鄧百拙彙編　明萬曆刻本　一函八册

雙欄，上欄半葉十行四字，雙行小字五字，下欄半葉十行二十字，雙行小字同，白口，四周單邊。版框 20.0×12.9厘米，尺寸24.6×15.9厘米。

寧夏回族自治區圖書館藏。

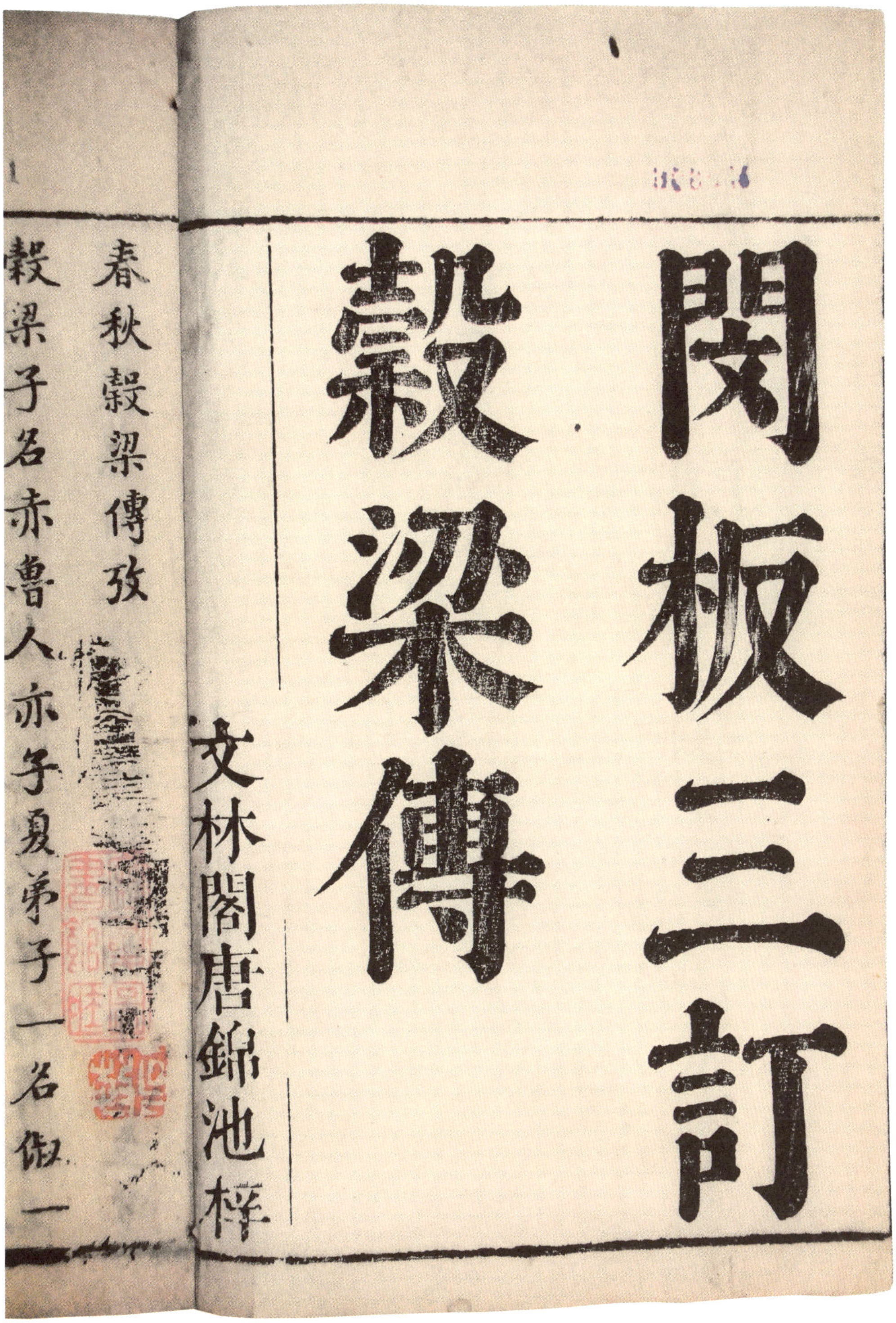
閔板三訂
穀梁傳
文林閣唐錦池梓

0040　春秋公羊傳十二卷春秋穀梁傳十二卷　（漢）何沐注　（明）閔齊伋輯　明天啓元年（1621）文林閣唐錦池刻本　一函八册

半葉九行十九字，雙行小字同，白口，四周雙邊。版框21.2×15.3厘米，尺寸26.4×16.2厘米。

寧夏回族自治區圖書館藏。

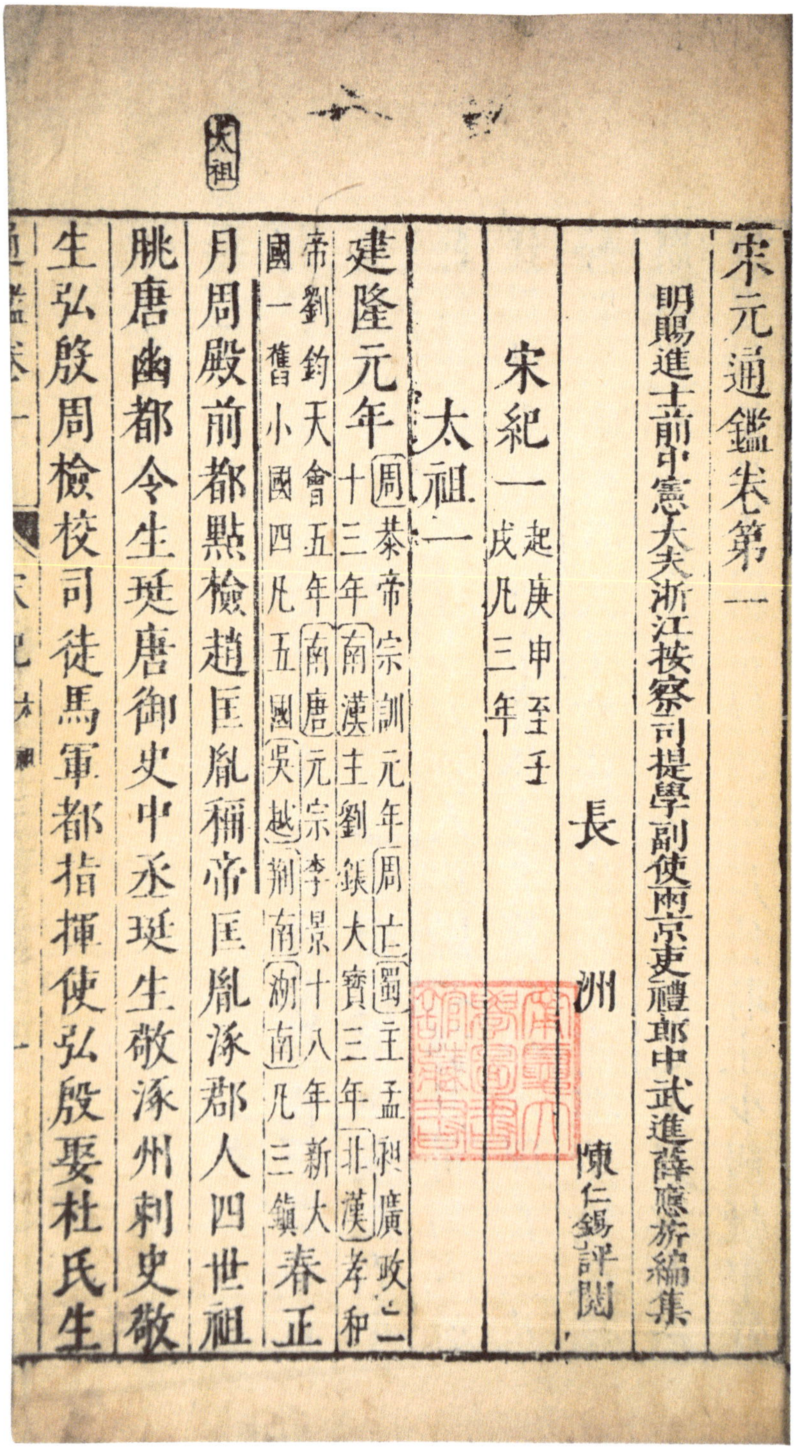
宋元通鑑卷第一
明賜進士前中憲大夫浙江按察司提學副使兩京吏禮郎中武進薛應旂編集
長洲　陳仁錫評閱
宋紀一 起庚申至壬戌凡三年
太祖一
建隆元年 周恭帝宗訓元年周亡 蜀主孟昶廣政二十三年 南漢主劉鋹大寶三年 北漢孝和帝劉鈞天會五年 南唐元宗李景十八年 新大國一舊小國四凡五國 吳越 荊南 湖南 凡三鎮 春正
月周殿前都點檢趙匡胤稱帝匡胤涿郡人四世祖
朓唐幽都令生珽唐御史中丞珽生敬涿州刺史敬
生弘殷周檢校司徒馬軍都指揮使弘殷娶杜氏生

0041　宋元通鑑一百五十七卷　（明）薛應旂編輯　明天啓彙賢齋刻本　四函三十二册

半葉十行二十字，白口，四周單邊。版框21.3×14.9厘米，尺寸26.6×17.5厘米。

寧夏大學圖書館藏。

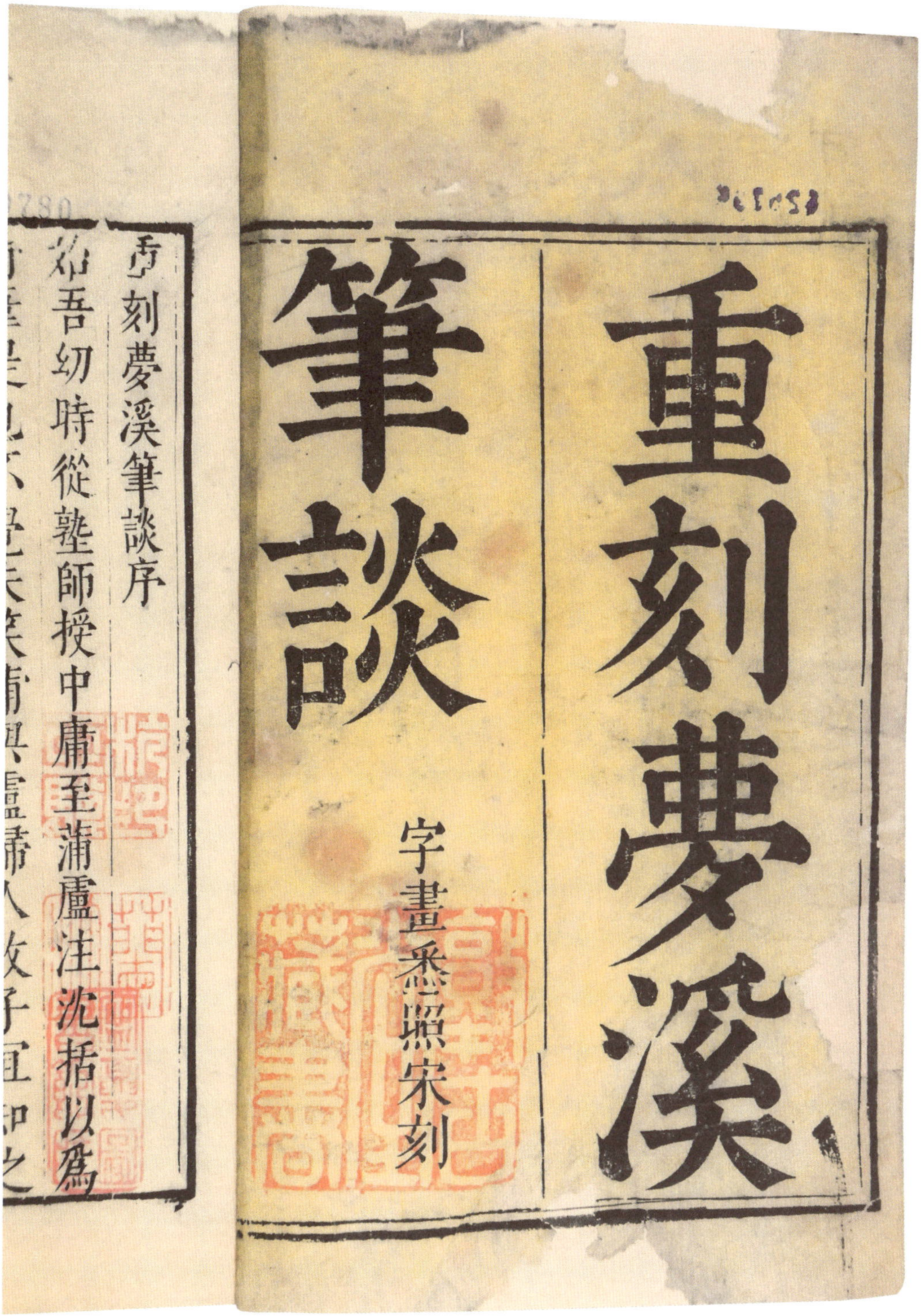
重刻夢溪
筆談
字畫悉照宋刻

重刻夢溪筆談序
若吾幼時從塾師授中庸至蒲盧注沈括以爲

0042　夢溪筆談二十六卷　（宋）沈括撰　明崇禎四年（1631）馬元調刻本　一函八册

半葉九行十八字，雙行小字同，白口，左右雙邊。版框18.8×12.8厘米，尺寸24.6×16.4厘米。

寧夏回族自治區圖書館藏。

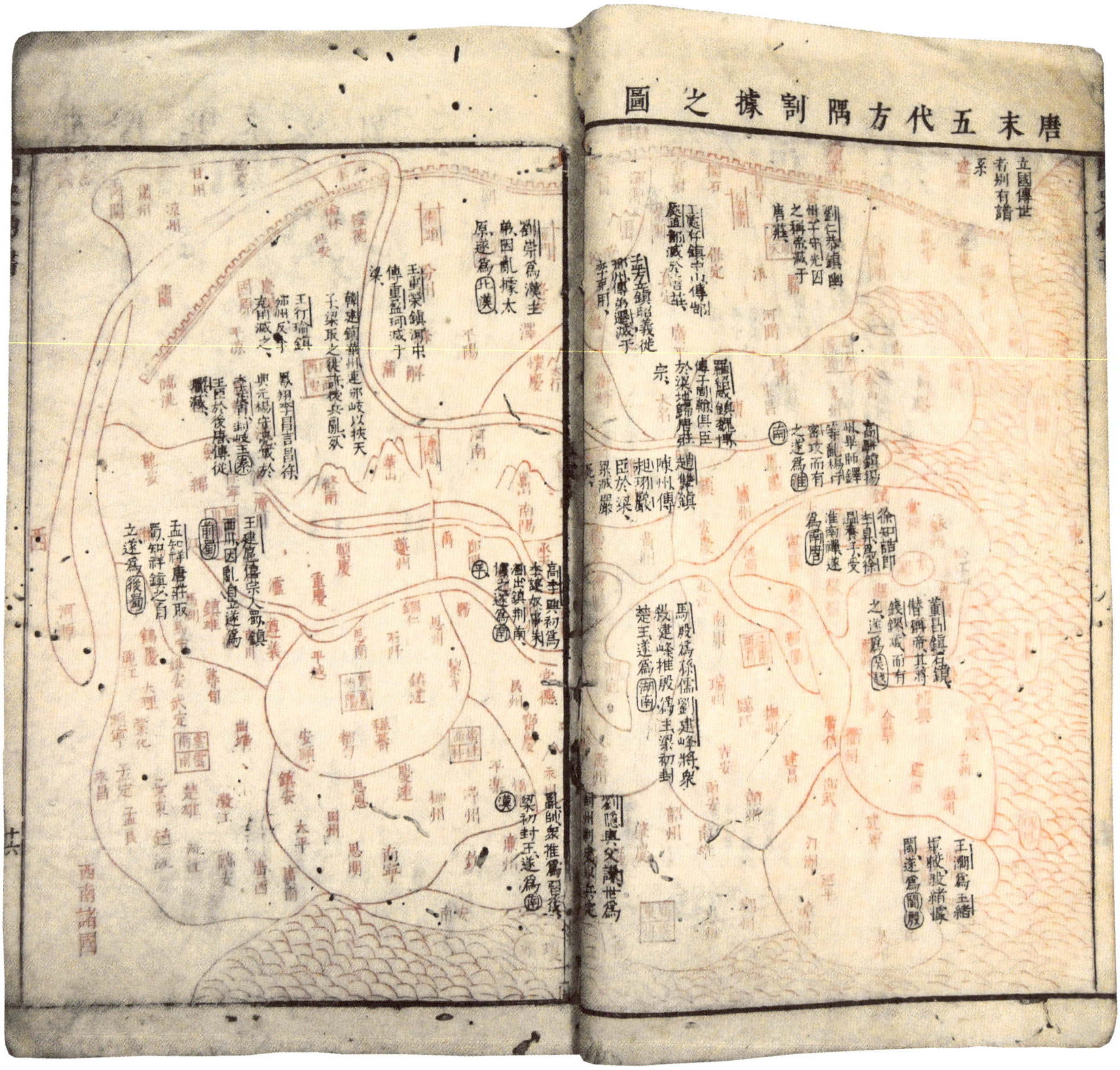

0043　閱史約書不分卷　（明）王光魯撰　明崇禎七年（1634）朱墨套印本　一册

半葉九行二十字，白口，四周單邊。版框21.3×14.3厘米，尺寸25.3×16.1厘米。

寧夏回族自治區圖書館藏。

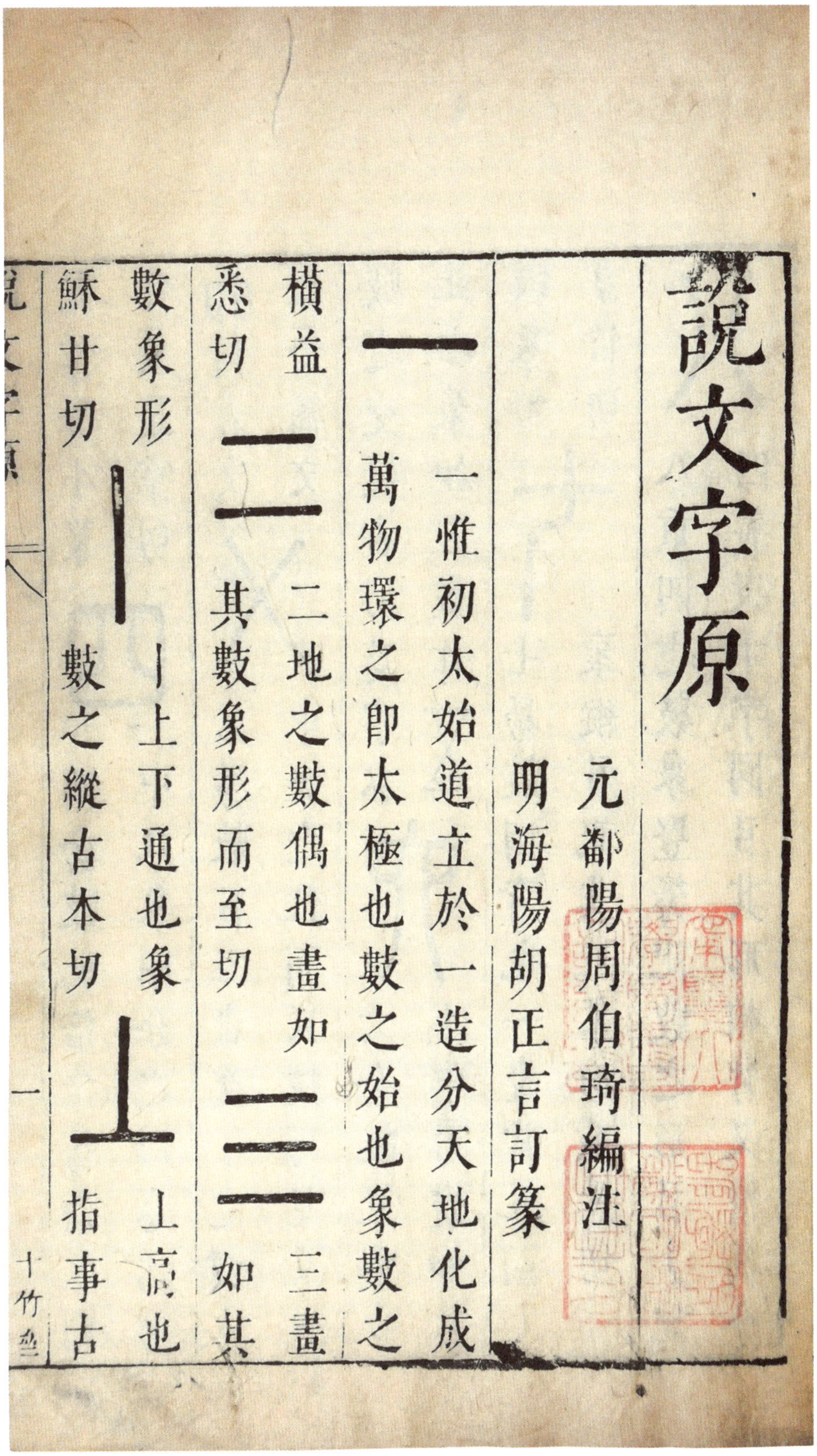

說文字原
元鄱陽周伯琦編注
明海陽胡正言訂篆
一
一惟初太始道立於一造分天地化成萬物環之即太極也數之始也象數之橫益悉切
二
二地之數偶也畫如其數象形而至切
三
三畫如其數象形穌甘切
丨
丨上下通也象數之縱古本切
丄
丄高也指事古
說文字原 一 十竹齋

0044　說文字原一卷六書正譌五卷　（元）周伯琦編注　（明）胡正言訂篆　明崇禎十年（1637）十竹齋刻本　一函六册

半葉五行八字，雙行小字十八字，白口，四周單邊。版框20.0×14.2厘米，尺寸26.0×16.7厘米。

寧夏大學圖書館藏。

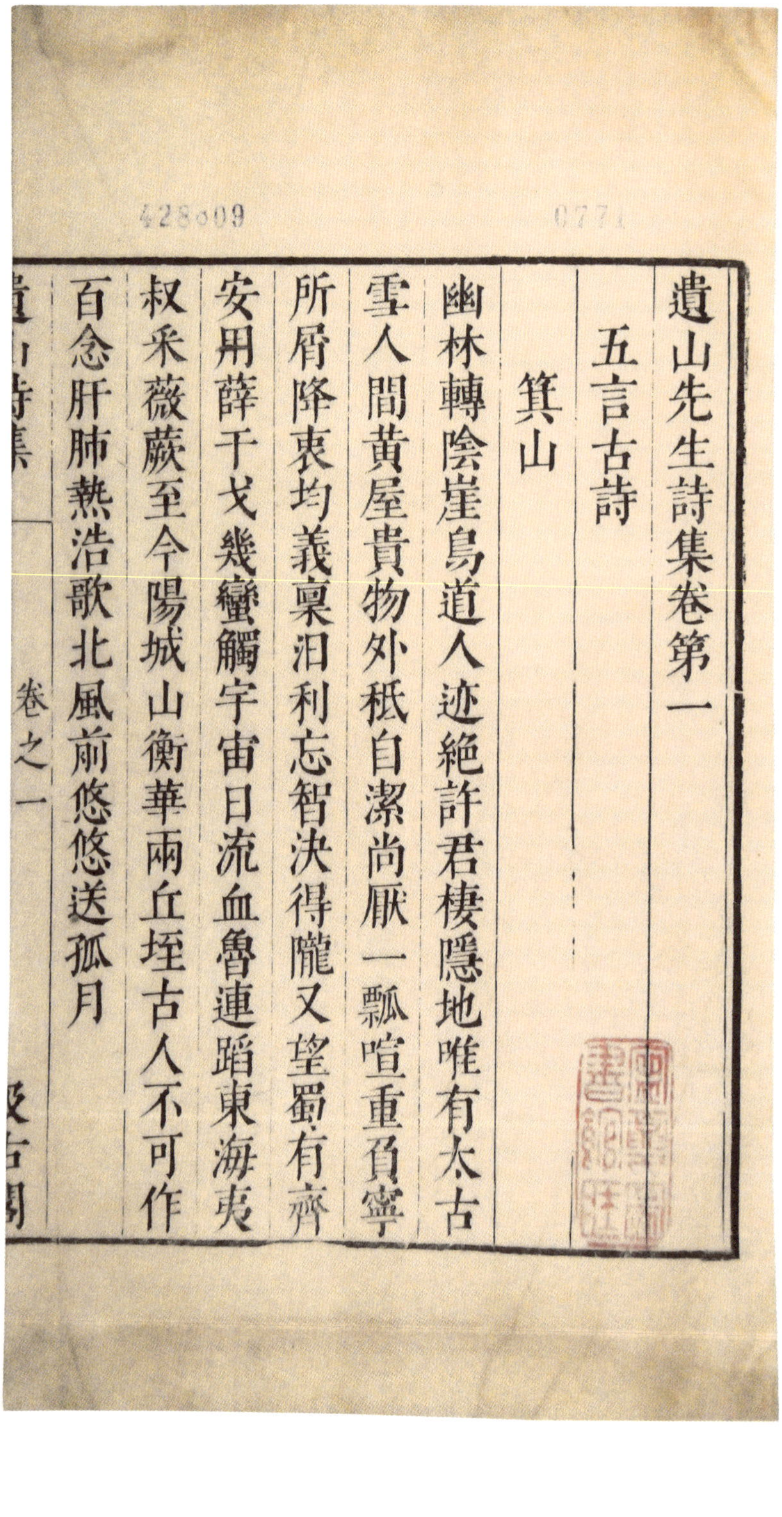
428609
0771
遺山先生詩集卷第一
五言古詩
箕山
幽林轉陰崖鳥道人迹絶許君棲隱地唯有太古
雪人間黄屋貴物外秖自潔尚厭一瓢喧重負寧
所屑降衷均義稟汩利忘智決得隴又望蜀有齊
安用薛干戈幾蠻觸宇宙日流血魯連蹈東海夷
叔采薇蕨至今陽城山衡華兩丘垤古人不可作
百念肝肺熱浩歌北風前悠悠送孤月
遺山詩集　卷之一　汲古閣

0045　元人十種詩　（明）毛晉輯　明崇禎十一年（1638）海虞毛氏汲古閣刻本　六函三十六册

半葉九行十九字，雙行小字同，白口，左右雙邊。版框18.8×14.3厘米，尺寸26.6×17.6厘米。

寧夏回族自治區圖書館藏。

朱子纂輯宋名
臣言行錄全集
一前集一後集一續集
一別集一外集
古吳聚錦堂梓
序
宋名臣言行錄

0046　宋朱晦菴先生名臣言行録前集十卷後集十四卷續集八卷別集二十六卷外集十七卷　（宋）朱熹辑　（宋）李幼武輯　（明）張采評閲　明崇禎十一年（1638）聚錦堂刻本　二函二十四册

半葉十行二十字，白口，左右雙邊。版框 20.3×14.9厘米，尺寸25.8×15.8厘米。

寧夏回族自治區圖書館藏。

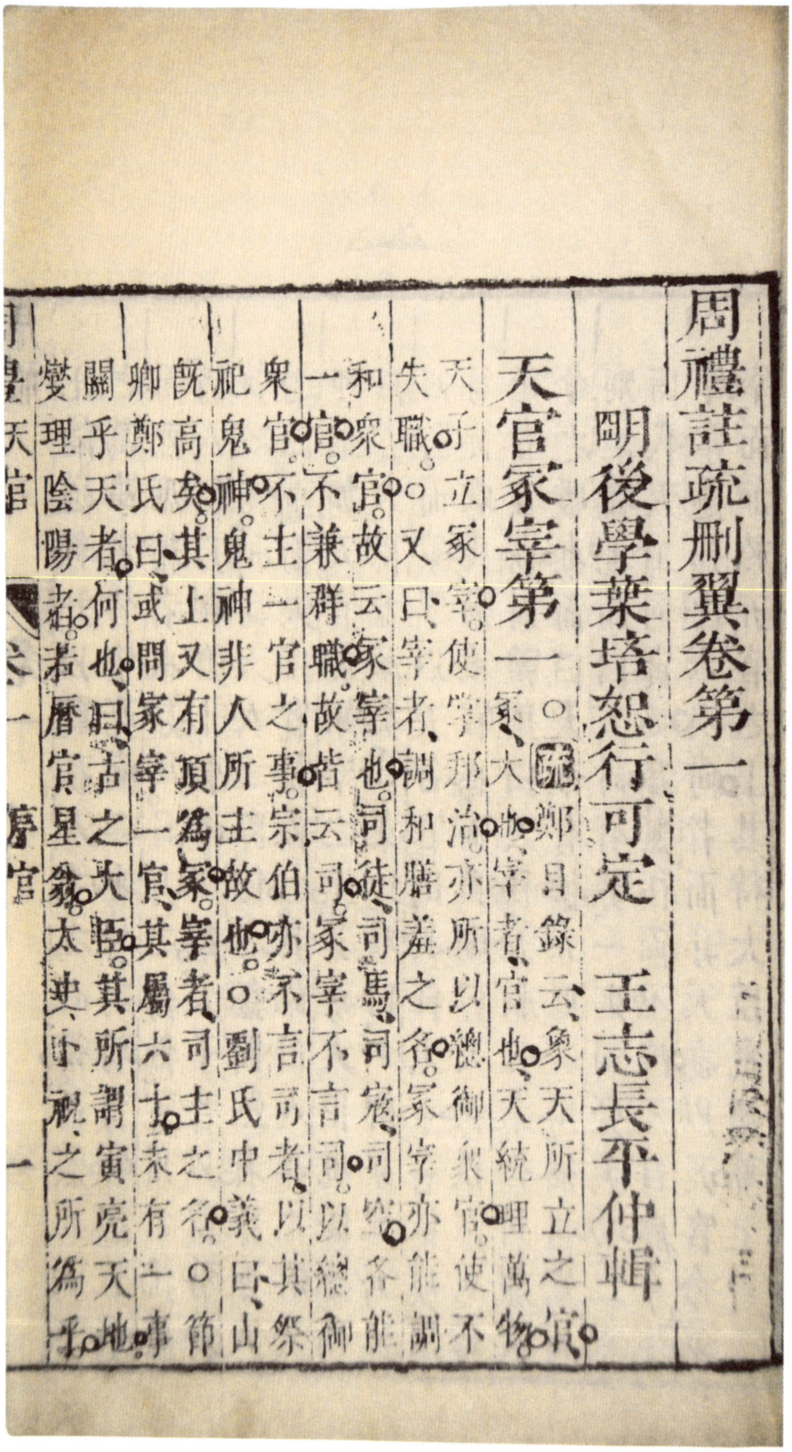

0047　周禮註疏刪翼三十卷　（明）王志長輯　（明）葉培恕定　明崇禎十二年（1639）天德堂刻本　二函十六册

半葉八行十九字，雙行小字同，白口，左右雙邊。版框19.1×14.0厘米，尺寸25.1×15.0厘米。

寧夏回族自治區圖書館藏。

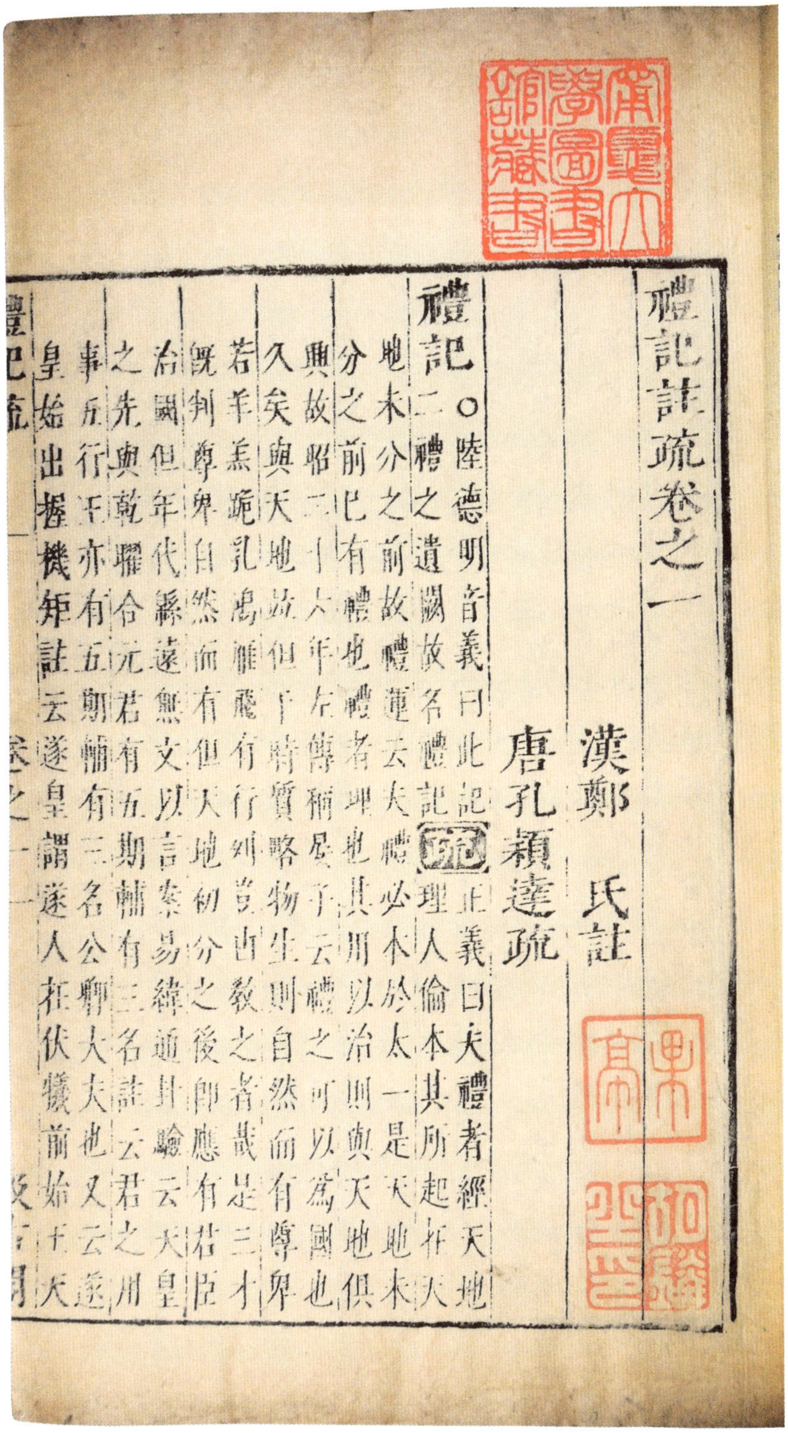
禮記註疏卷之一
漢鄭　氏註
唐孔穎達疏
禮記○陸德明音義曰此記二禮之遺闕故名禮記【疏】正義曰夫禮者經天地理人倫本其所起在天
地未分之前故禮運云夫禮必本於太一是天地未分之前已有禮也禮者理也其用以治則與天地俱
興故昭二十六年左傳稱晏子云禮之可以為國也久矣與天地並但于時質略物生則自然而有尊卑
若羊羔跪乳鴻鴈飛有行列豈由教之者哉是三才既判尊卑自然而有但天地初分之後即應有君臣
治國但年代緜遠無文以言案易緯通卦驗云天皇之先與乾曜合元君有五期輔有三名註云君之用
事五行王亦有五期輔有三名公卿大夫也又云遂皇始出握機矩註云遂皇謂遂人在伏犧前始王天
禮記疏　卷之一

0048　禮記註疏六十三卷　（漢）鄭玄注　（唐）孔穎達疏　明崇禎十二年（1639）毛氏汲古閣刻本　二十册

半葉九行二十一字，雙行小字同，白口，左右雙邊。版框18.3×12.4厘米，尺寸23.6×15.2厘米。

寧夏大學圖書館藏。

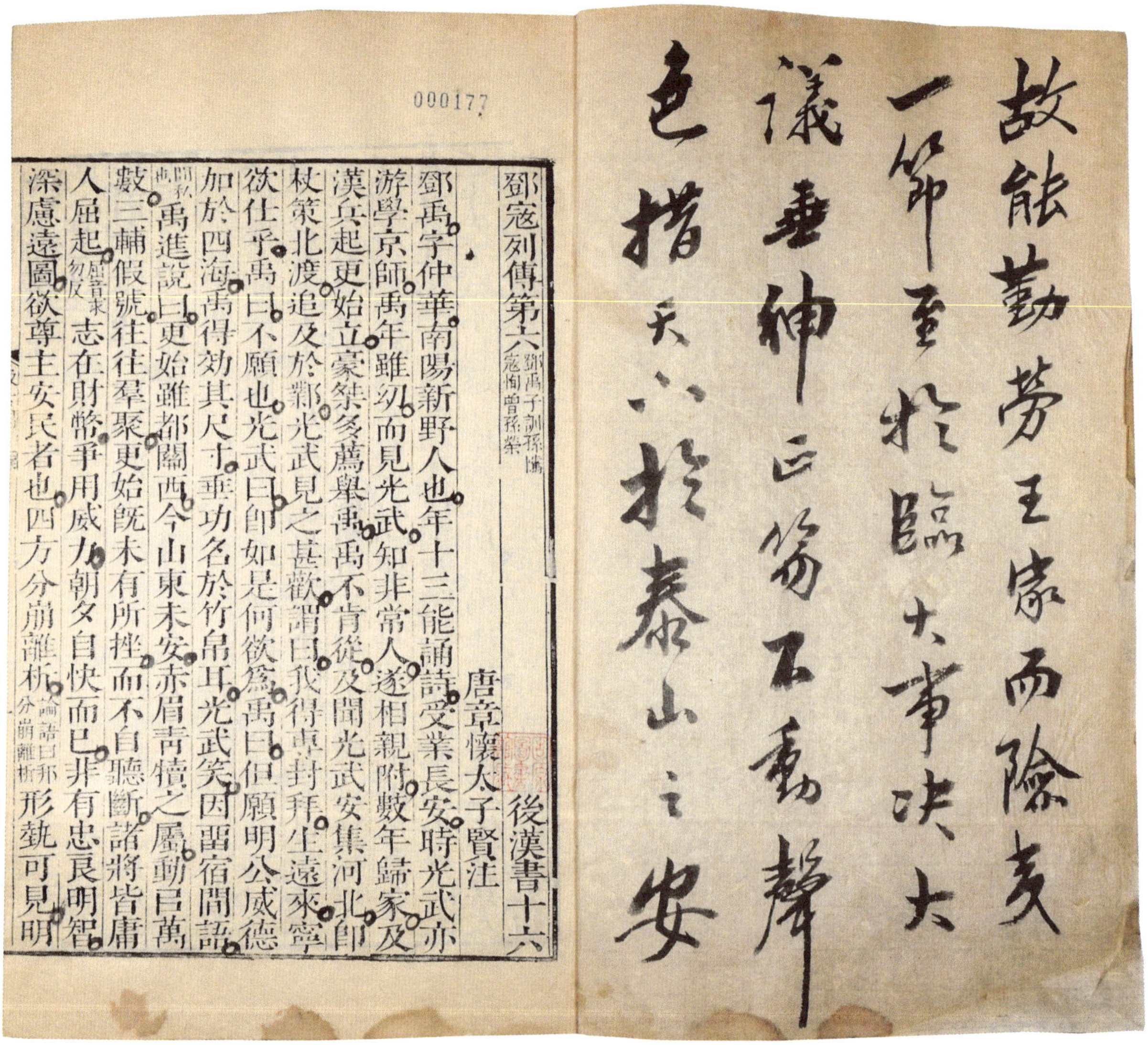

0049　後漢書一百三十卷　（南朝宋）范曄撰　（唐）李賢注　（南朝梁）劉昭補注　明崇禎十六年（1643）常熟毛晉汲古閣刻本　二十四册

半葉十二行二十五字，雙行小字三十七字，白口，左右雙邊。版框21.2 × 15.6厘米，尺寸27.5 × 17.7厘米。

寧夏回族自治區固原市原州區圖書館藏。

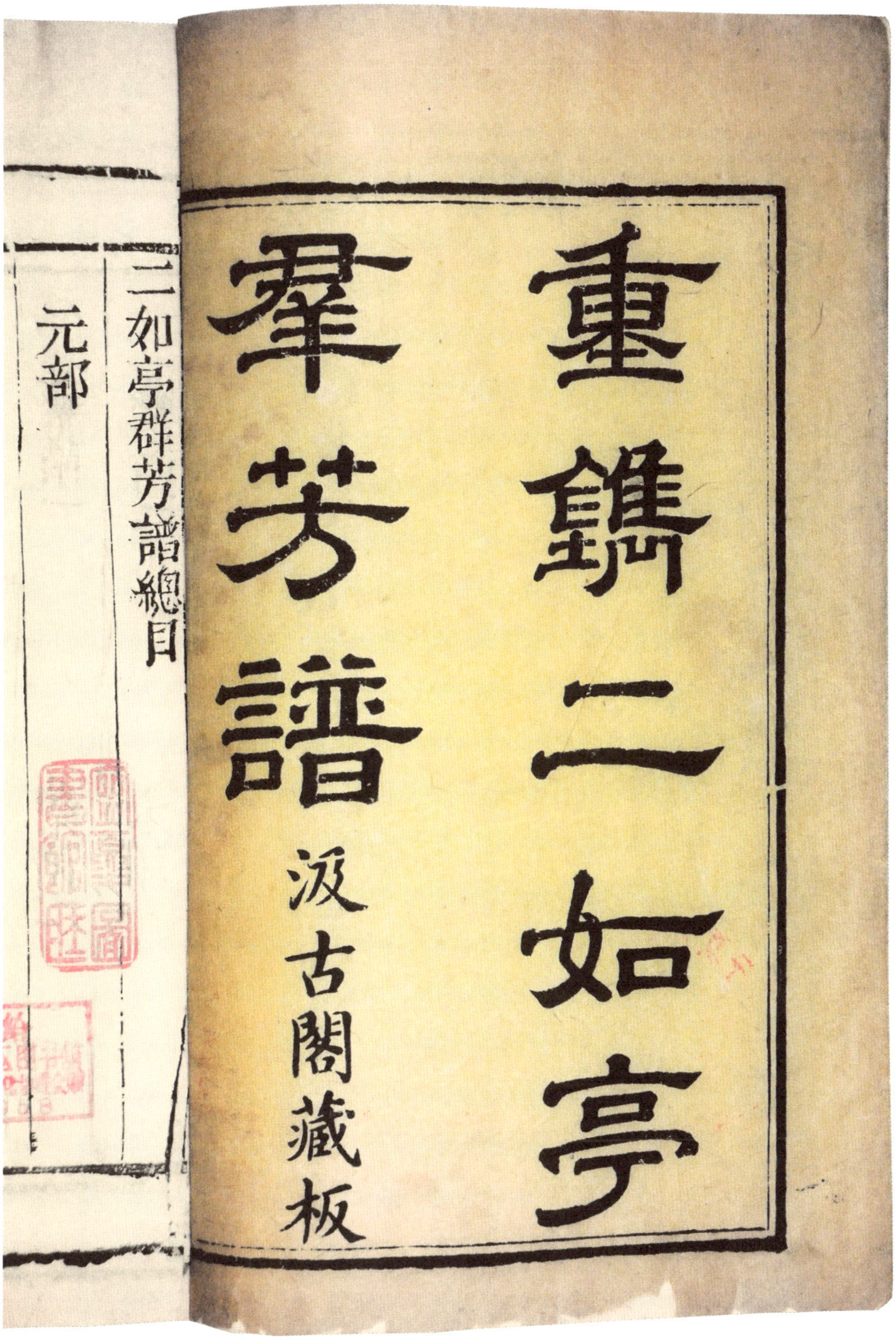
重鐫二如亭
羣芳譜
汲古閣藏板
二如亭群芳譜總目
元部

0050　（重鐫）二如亭群芳譜二十八卷首一卷　（明）王象晉輯　明汲古閣刻本　二函二十八册

三欄，半葉八行十八字，白口，左右雙邊。版框21.8×14.5厘米，尺寸28.2×18.1厘米。

寧夏回族自治區圖書館藏。

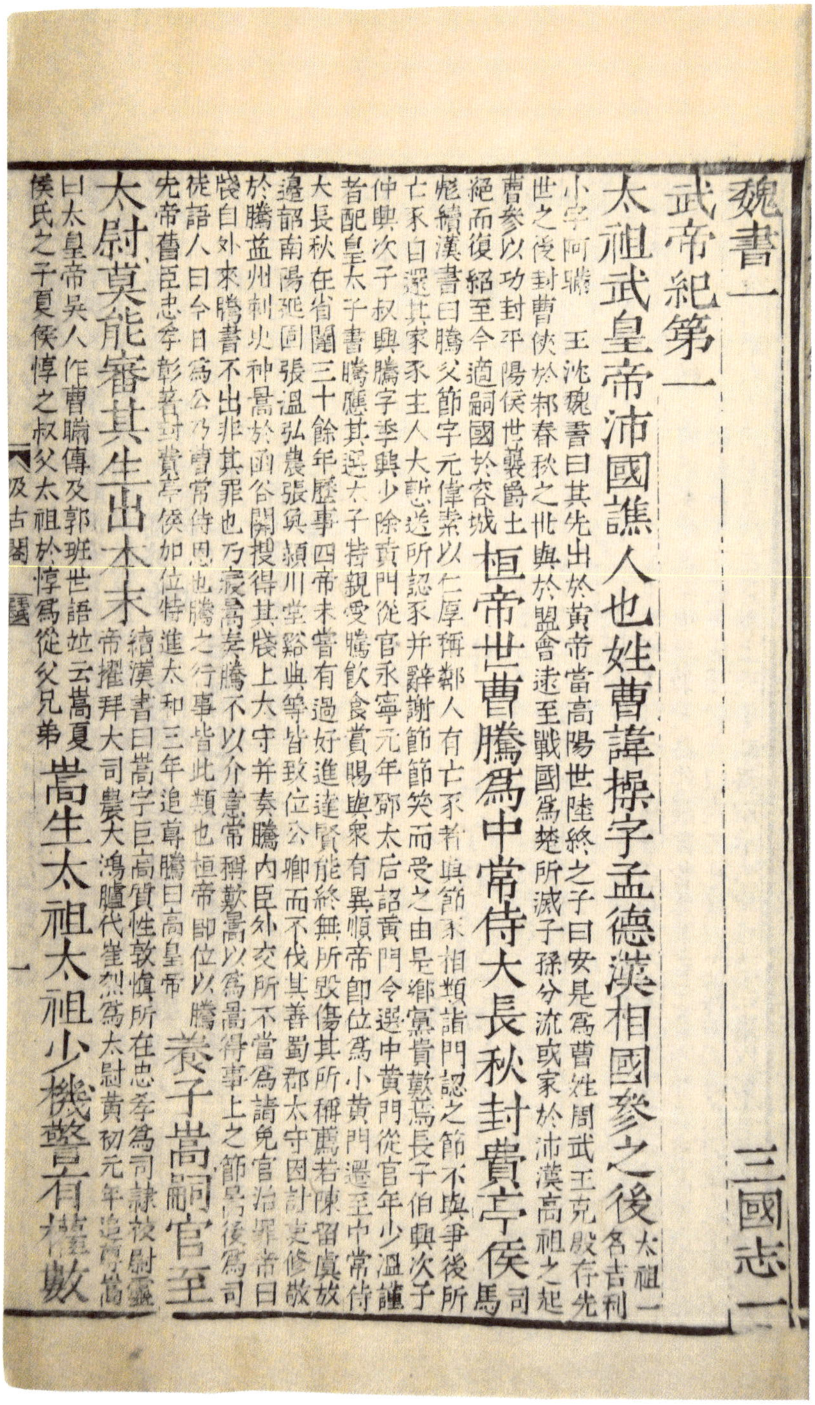

魏書一　　三國志一

武帝紀第一

太祖武皇帝沛國譙人也姓曹諱操字孟德漢相國參之後太祖一名吉利小字阿瞞　王沈魏書曰其先出於黃帝當高陽世陸終之子曰安是爲曹姓周武王克殷存先世之後封曹俠於邾春秋之世與於盟會逮至戰國爲楚所滅子孫分流或家於沛漢高祖之起曹參以功封平陽侯世襲爵土絕而復紹至今適嗣國於容城桓帝世曹騰爲中常侍大長秋封費亭侯司馬彪續漢書曰騰父節字元偉素以仁厚稱鄰人有亡豕者與節豕相類詣門認之節不與爭後所亡豕自還其家豕主人大慚送所認豕并辭謝節節笑而受之由是鄉黨貴歎焉長子伯興次子仲興次子叔興騰字季興少除黃門從官永寧元年鄧太后詔黃門令選中黃門從官年少溫謹者配皇太子書騰應其選太子特親愛騰飲食賞賜與衆有異順帝即位爲小黃門遷至中常侍大長秋在省闥三十餘年歷事四帝未嘗有過好進達賢能終無所毀傷其所稱薦若陳留虞放邊韶南陽延固張溫弘農張奐潁川堂谿典等皆致位公卿而不伐其善蜀郡太守因計吏修敬於騰益州刺史种暠於函谷關搜得其牋上太守并奏騰內臣外交所不當爲請免官治罪帝曰牋自外來騰書不出非其罪也乃寢暠奏騰不以介意常稱歎暠以爲暠得事上之節暠後爲司徒語人曰今日爲公乃曹常侍恩也騰之行事皆此類也桓帝即位以騰先帝舊臣忠孝彰著封費亭侯加位特進太和三年追尊騰曰高皇帝養子嵩嗣官至太尉莫能審其生出本末續漢書曰嵩字巨高質性敦慎所在忠孝爲司隸校尉靈帝擢拜大司農大鴻臚代崔烈爲太尉黃初元年追尊嵩曰太皇帝吳人作曹瞞傳及郭頒世語並云嵩夏侯氏之子夏侯惇之叔父太祖於惇爲從父兄弟嵩生太祖太祖少機警有權數

汲古閣　一

0051　三國志六十五卷　（晉）陳壽撰　明汲古閣刻本　二函十一册

半葉十二行二十五字，雙行小字三十七字，白口，左右雙邊。版框21.6×15.4厘米，尺寸25.7×17.2厘米。

寧夏回族自治區圖書館藏。

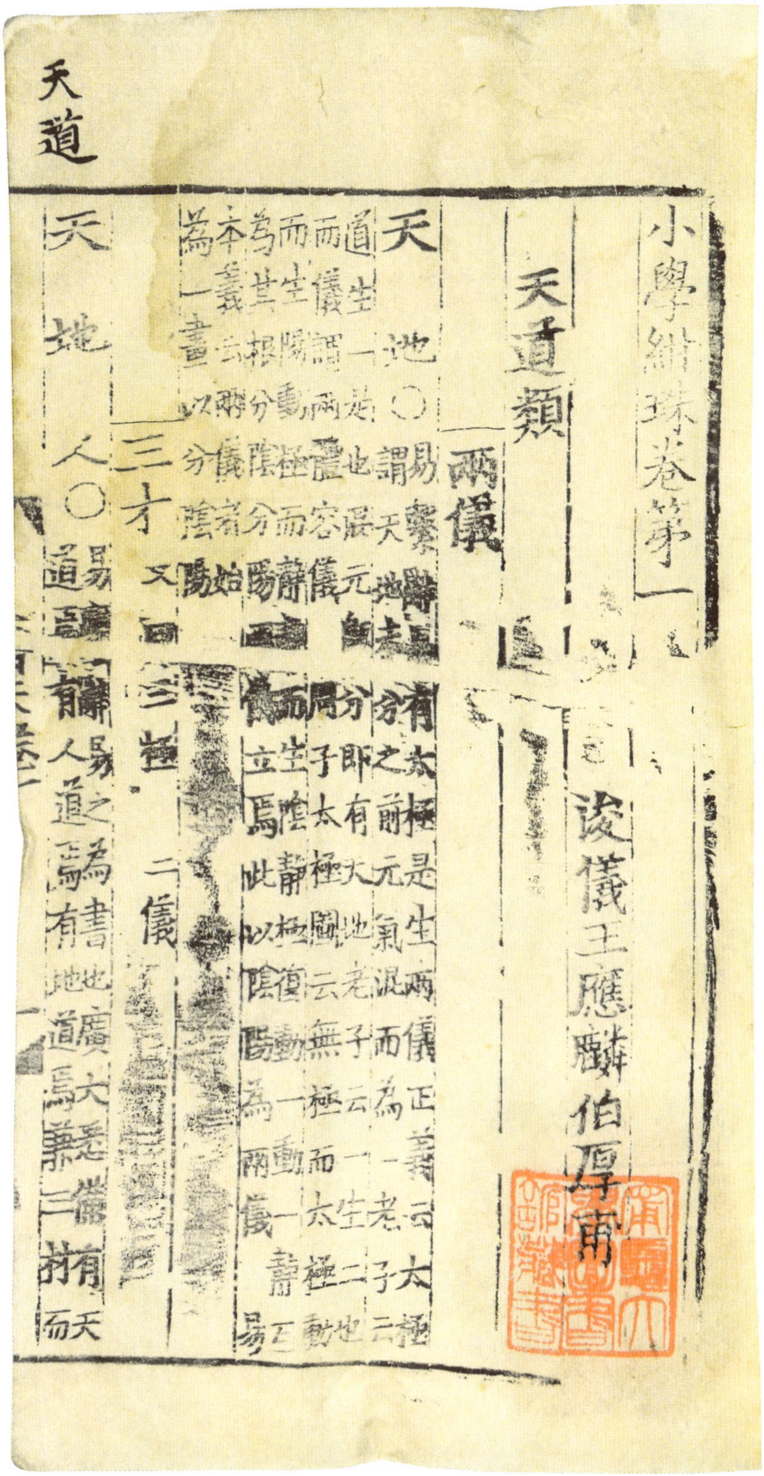

0052　小學紺珠十卷　（宋）王應麟輯　明崇禎虞山毛氏汲古閣刻本　十册（正德補刻十四葉，嘉靖補刻四十四葉，抄配二葉）

半葉十行二十字，雙行小字同，白口，四周雙邊。版框21.8×13.5厘米，尺寸27.2×17.0厘米。

寧夏大學圖書館藏。

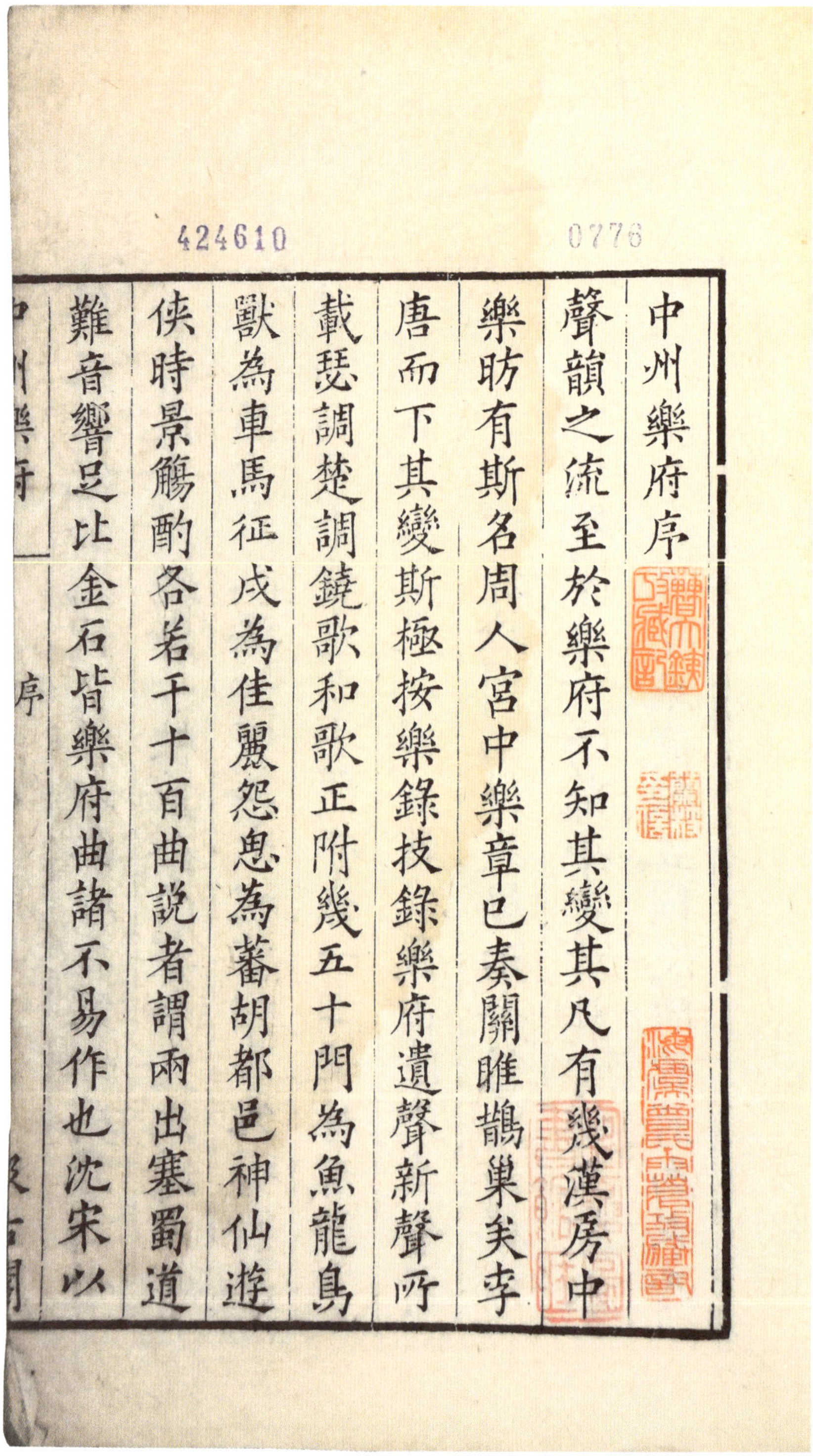

424610
0776
中州樂府序
聲韻之流至於樂府不知其變其凡有幾漢房中
樂昉有斯名周人宮中樂章巳奏關雎鵲巢矣李
唐而下其變斯極按樂錄技錄樂府遺聲新聲所
載瑟調楚調鐃歌和歌正附幾五十門為魚龍鳥
獸為車馬征戍為佳麗怨思為蕃胡都邑神仙遊
俠時景觴酌各若干十百曲說者謂兩出塞蜀道
難音響足比金石皆樂府曲諸不易作也沈宋以
中州樂府 序

0053　中州集十卷首一卷中州樂府集一卷　（金）元好問輯　明汲古閣刻本　一函十一册

半葉八行十九字，白口，左右雙邊。版框19.3×13.7厘米，尺寸26.0×16.8厘米。

寧夏回族自治區圖書館藏。

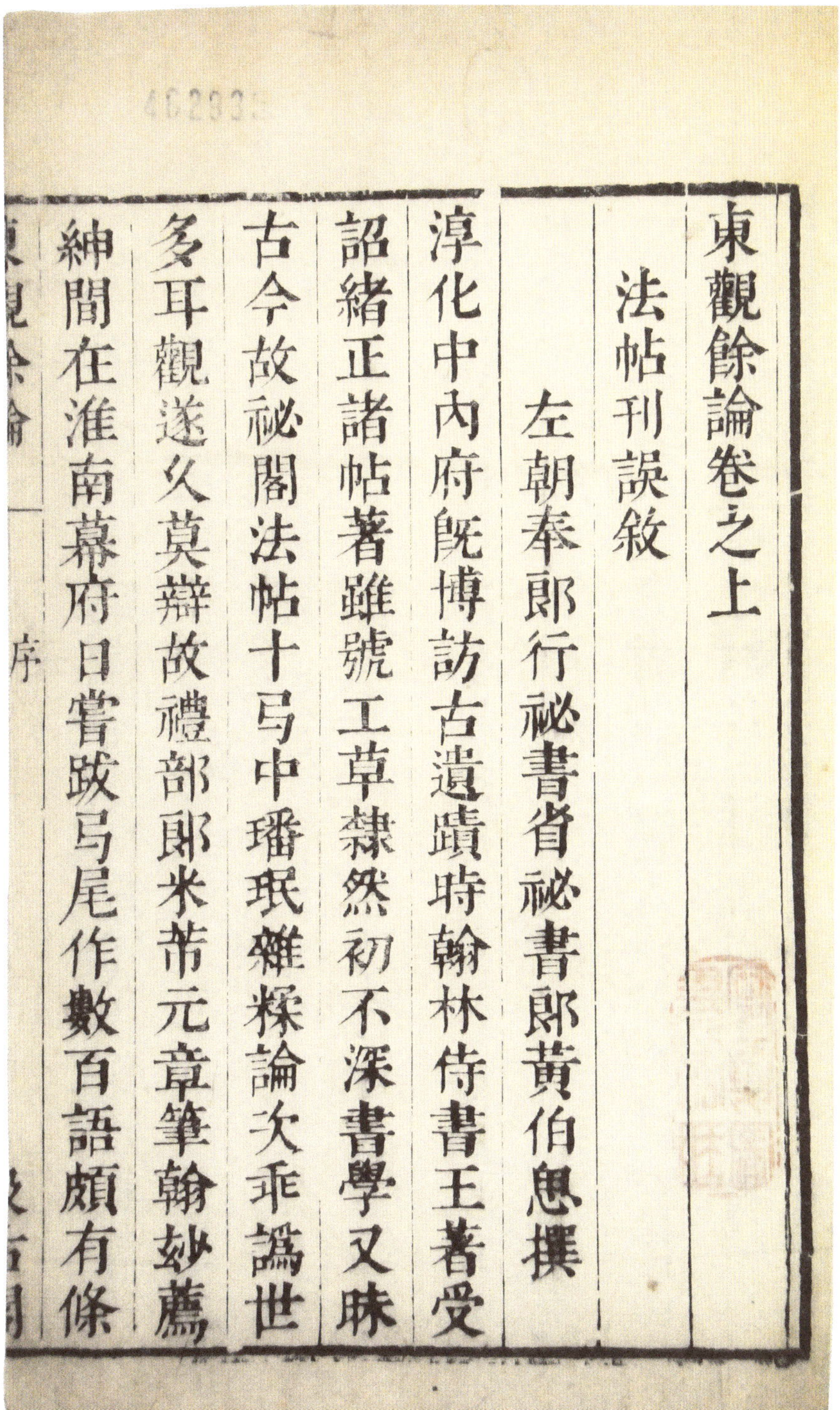
東觀餘論卷之上

法帖刊誤敘

左朝奉郎行祕書省祕書郎黃伯思撰

淳化中內府旣博訪古遺蹟時翰林侍書王著受詔緒正諸帖著雖號工草隸然初不深書學又昧古今故祕閣法帖十卷中璠珉雜糅論次乖譌世多耳觀遂久莫辯故禮部郎米芾元章筆翰妙薦紳間在淮南幕府日嘗跋卷尾作數百語頗有條

0054　東觀餘論二卷附録一卷　（宋）黄伯思撰　（明）毛晉訂　明汲古閣刻本　一函二册

半葉八行十九字，白口，左右雙邊。版框19.2×13.6厘米，尺寸23.5×16.0厘米。

寧夏回族自治區圖書館藏。

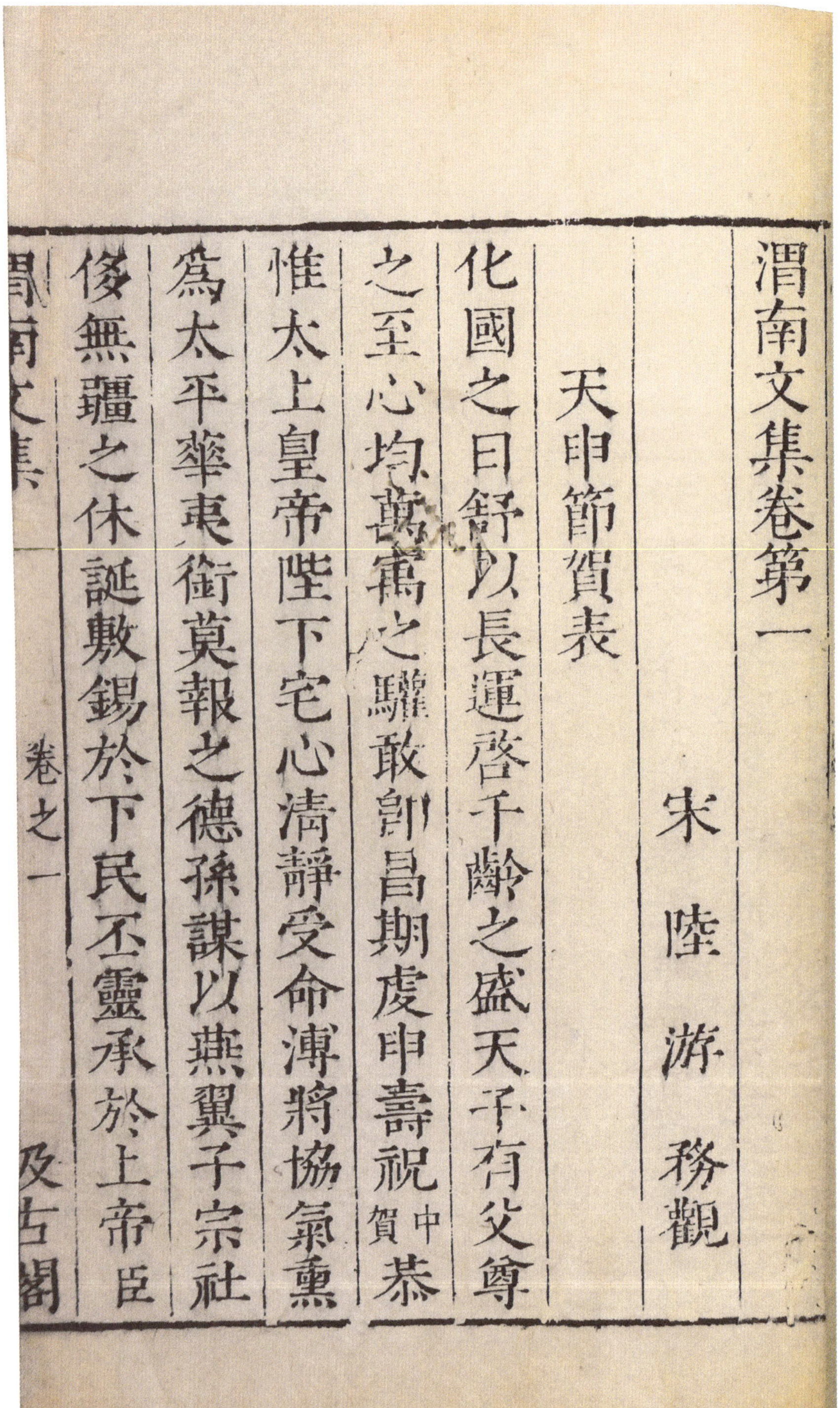

渭南文集卷第一

宋 陸游 務觀

天申節賀表

化國之日舒以長運啓千齡之盛天子有父尊之至心均萬壽之驩敢即昌期虔申壽祝中賀恭惟太上皇帝陛下宅心清靜受命溥將協氣熏爲太平華夷銜莫報之德孫謀以燕翼子宗社侈無疆之休誕敷錫於下民丕靈承於上帝臣

渭南文集 卷之一 汲古閣

0055　陸放翁全集六種一百五十七卷　（宋）陸游撰　明汲古閣刻本　十二函七十二册

半葉八行十八字，白口，左右雙邊。版框18.7×14.2厘米，尺寸24.1×15.8厘米。

寧夏回族自治區圖書館藏。

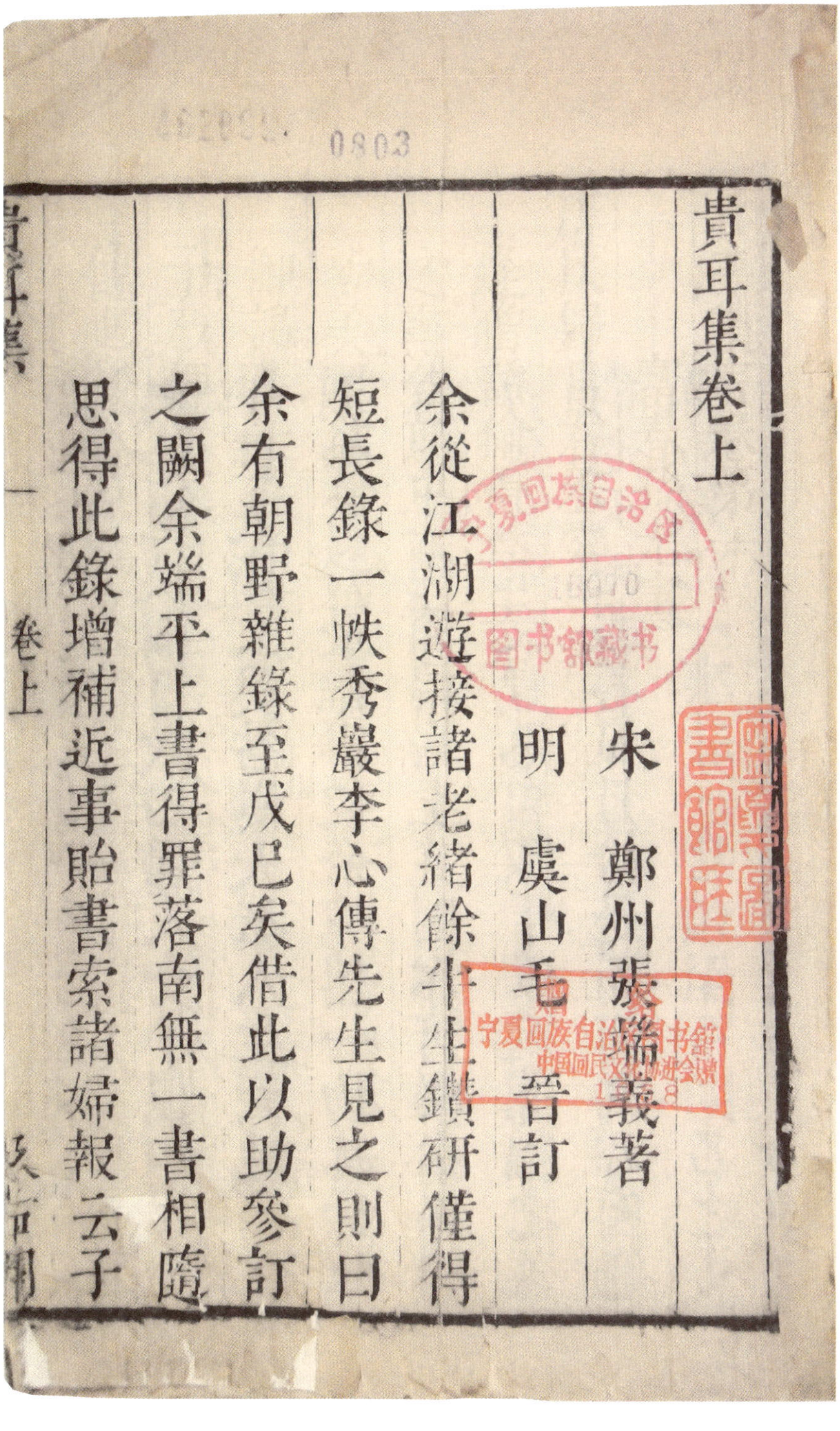

貴耳集卷上

宋　鄭州張端義著

明　虞山毛晉訂

余從江湖遊接諸老緒餘半生鑽研僅得
短長錄一帙秀巖李心傳先生見之則曰
余有朝野雜錄至戊巳矣借此以助參訂
之闕余端平上書得罪落南無一書相隨
思得此錄增補近事貽書索諸婦報云子

貴耳集　卷上　一　汲古閣

0056　貴耳集三卷　（宋）張端義撰　（明）毛晉訂　明汲古閣刻本　一函一册

半葉八行十九字，雙行小字不等，白口，左右雙邊。版框19.3×13.7厘米，尺寸23.3×15.8厘米。

寧夏回族自治區圖書館藏。

宋本重刊
漢隸字源
汲古閣藏板

0057　漢隸字源五卷碑目一卷　（宋）婁機撰　明虞山毛氏汲古閣刻本　六册

半葉五行字數不等，白口，左右雙邊。版框23.9×16.8厘米，尺寸28.6×18.6厘米。

寧夏回族自治區圖書館藏。

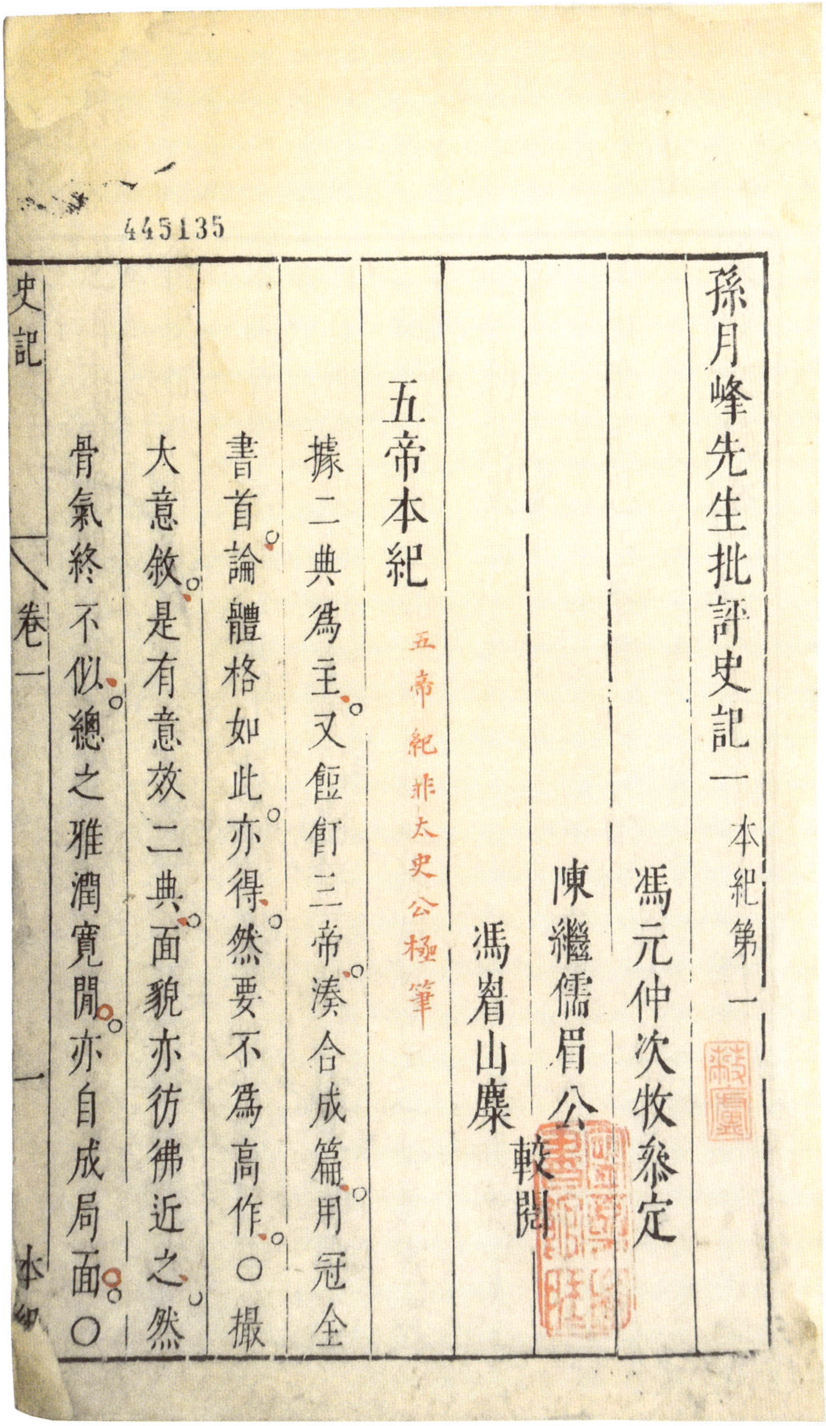
445135

孫月峰先生批評史記一　本紀第一

馮元仲次牧參定

陳繼儒眉公較閲

馮嵋山纂

五帝本紀

五帝紀非太史公極筆

據二典爲主又飽飣三帝湊合成篇用冠全書首論體格如此亦得然要不爲高作○撮大意敘是有意效二典面貌亦彷彿近之然骨氣終不似總之雅潤寬閒亦自成局面○

史記　卷一　一　本紀

0058　孫月峰先生批評史記一百三十七卷褚先生附餘一卷　（明）孫鑛評　（明）馮元仲參訂　明崇禎刻本　二函二十册

半葉九行二十字，白口，四周單邊。版框20.3×14.4厘米，尺寸26.1×16.7厘米。

寧夏回族自治區圖書館藏。

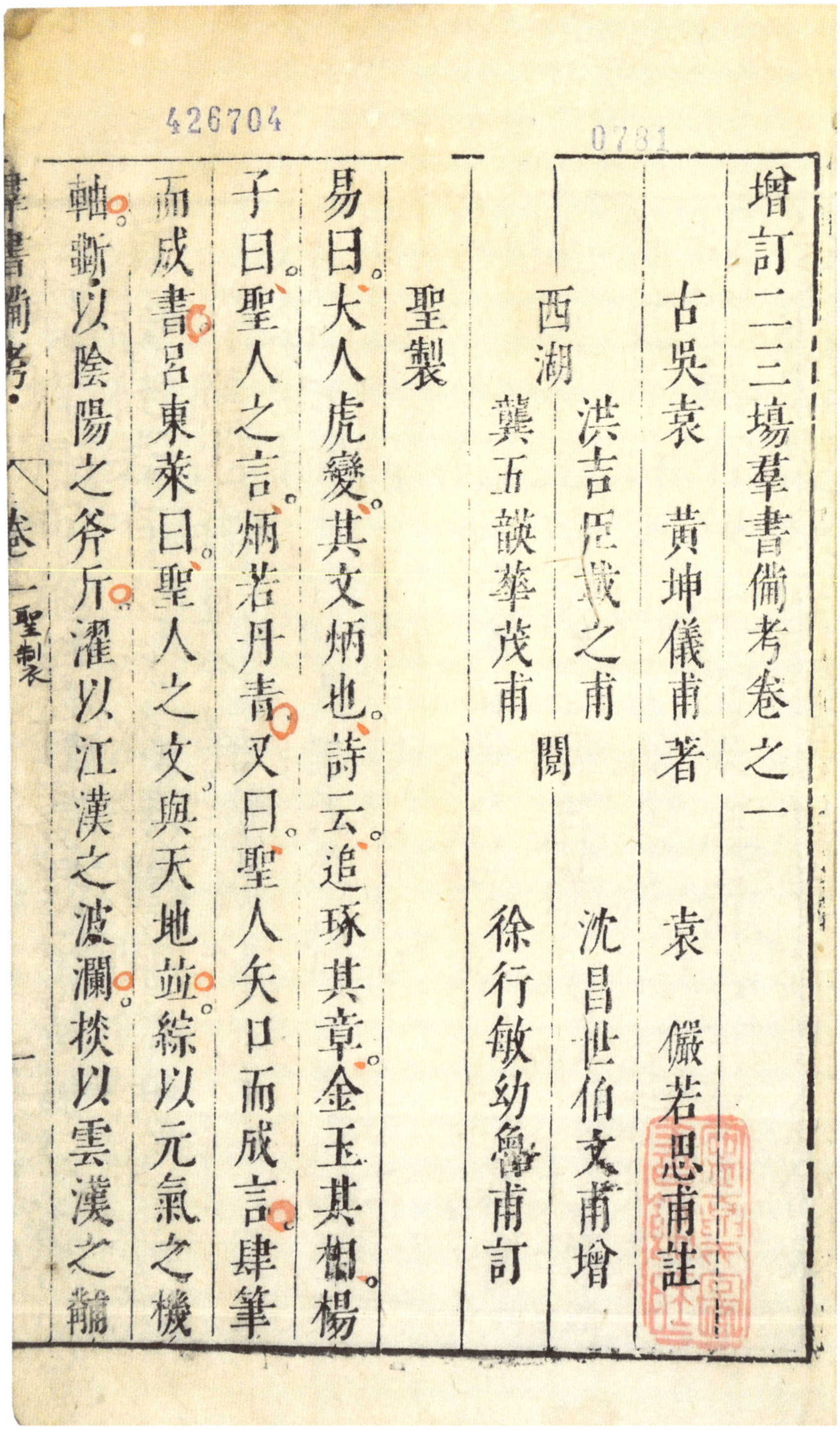
426704

0781

增訂二三場羣書備考卷之一

古吳袁　黃坤儀甫著　袁　儼若思甫註

西湖　洪吉臣載之甫　沈昌世伯文甫增

龔五韺華茂甫　閱　徐行敏幼魯甫訂

聖製

易曰大人虎變其文炳也詩云追琢其章金玉其相楊子曰聖人之言炳若丹青又曰聖人矢口而成言肆筆而成書呂東萊曰聖人之文與天地並綜以元氣之機軸斲以陰陽之斧斤濯以江漢之波瀾揉以雲漢之黼

羣書備考　卷一　聖製　一

0059　增訂二三場群書備考四卷　（明）袁黃撰　（明）袁儼注　（明）沈昌世增　明崇禎刻本　一函四册

半葉九行二十一字，雙行小字同，白口，四周單邊。版框20.9×14.2厘米，尺寸24.7×16.2厘米。

寧夏回族自治區圖書館藏。

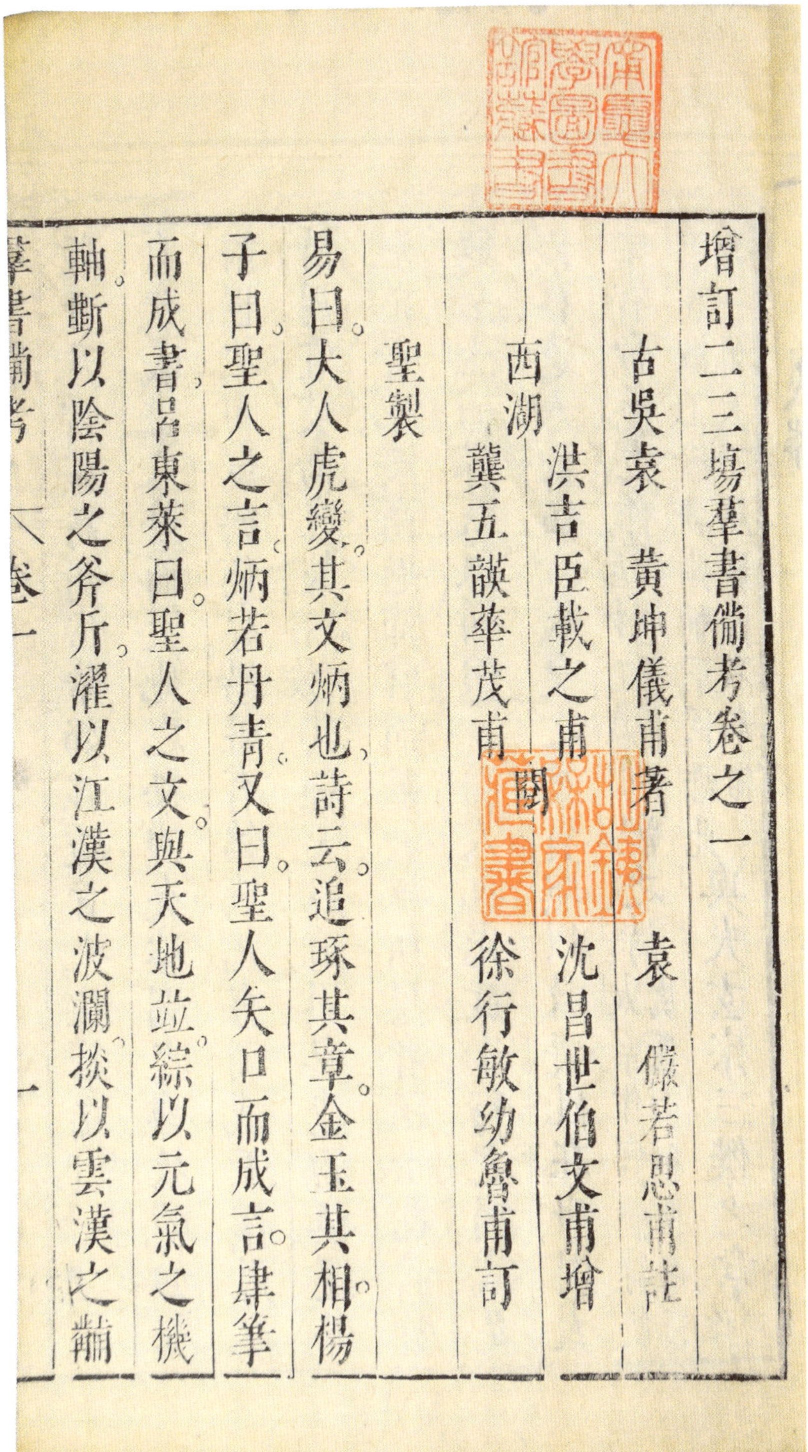
增訂二三場羣書備考卷之一
古吳袁　黄坤儀甫著　袁　儼若思甫註
洪吉臣載之甫閲　沈昌世伯文甫增
西湖　龔五韺華茂甫　徐行敏幼魯甫訂
聖製
易曰大人虎變其文炳也詩云追琢其章金玉其相楊
子曰聖人之言炳若丹青又曰聖人矢口而成言肆筆
而成書呂東萊曰聖人之文與天地並綜以元氣之機
軸斵以陰陽之斧斤濯以江漢之波瀾揆以雲漢之黼
羣書備考　卷一　一

0060　增訂二三場群書備考四卷　（明）袁黄撰　明崇禎沈氏刻本　四册

半葉九行二十一字，雙行小字同，白口，四周單邊。版框20.8×14.1厘米，尺寸26.5×16.2厘米。

寧夏大學圖書館藏。

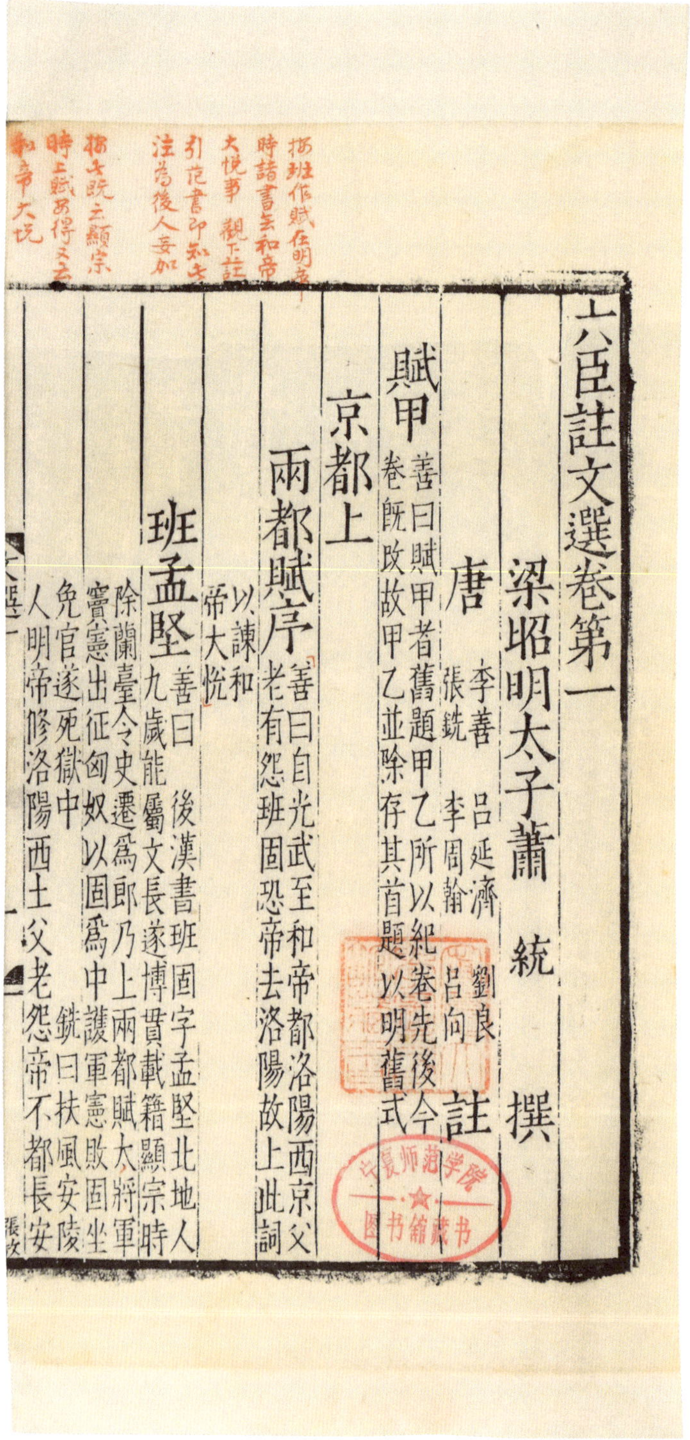

0061　六臣註文選六十卷　（南朝梁）蕭統輯　明茶陵陳氏古迂書院刻本　六十册（卷二十五第二十二、三十一、三十五葉，卷二十七第十二葉，卷六十第三十一至三十四葉係抄補）

半葉十行十八字，雙行小字二十三字，白口，四周單邊。版框20.9×14.1厘米，尺寸30.6×17.7厘米。

寧夏大學圖書館藏。

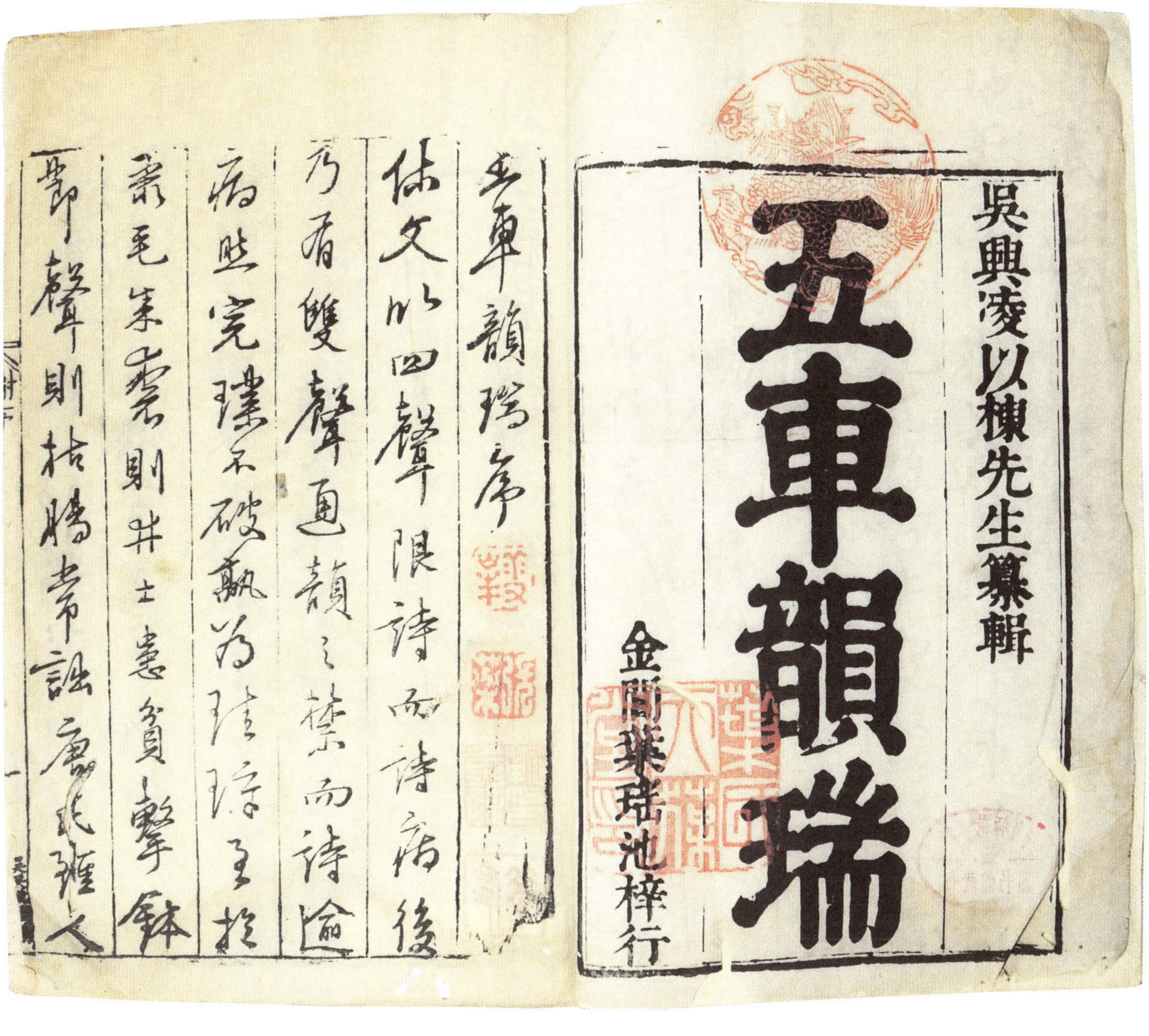

0062　五車韻瑞一百六十卷　（明）凌稚隆纂輯　明金閶葉瑤池刻本　三十二册

雙欄，半葉十行二十字，雙行小字二十七字，黑口，左右雙邊。版框22.2×16.0厘米，尺寸24.7×17.0厘米。

寧夏大學圖書館藏。

0063　古今逸史五十五種　（明）吴琯校　明吴琯刻本　一函四册（存十一種五十三卷）

半葉十行二十字，雙行小字同，白口，左右雙邊。版框20.2×14.0厘米，尺寸29.6×18.5厘米。

寧夏回族自治區圖書館藏。

山海經後序

明成都楊慎撰

左傳曰昔夏氏之方有德也遠方圖物貢金九牧鑄鼎象物物物而為之備使民知神姦入山林不逢不若魑魅魍魎莫能逢之此山海經之所由始也神禹既錫玄圭以成水功遂受舜禪以家天下於是乎收九牧之金以鑄鼎鼎之象則取遠方之圖山之奇水之奇草之奇木之奇禽之奇獸之奇說其形著其生別其性分其類其神奇殊彙駭世驚聽者或見或聞或恒有或特有或不必有皆一一書焉蓋其經而可守者具在禹貢

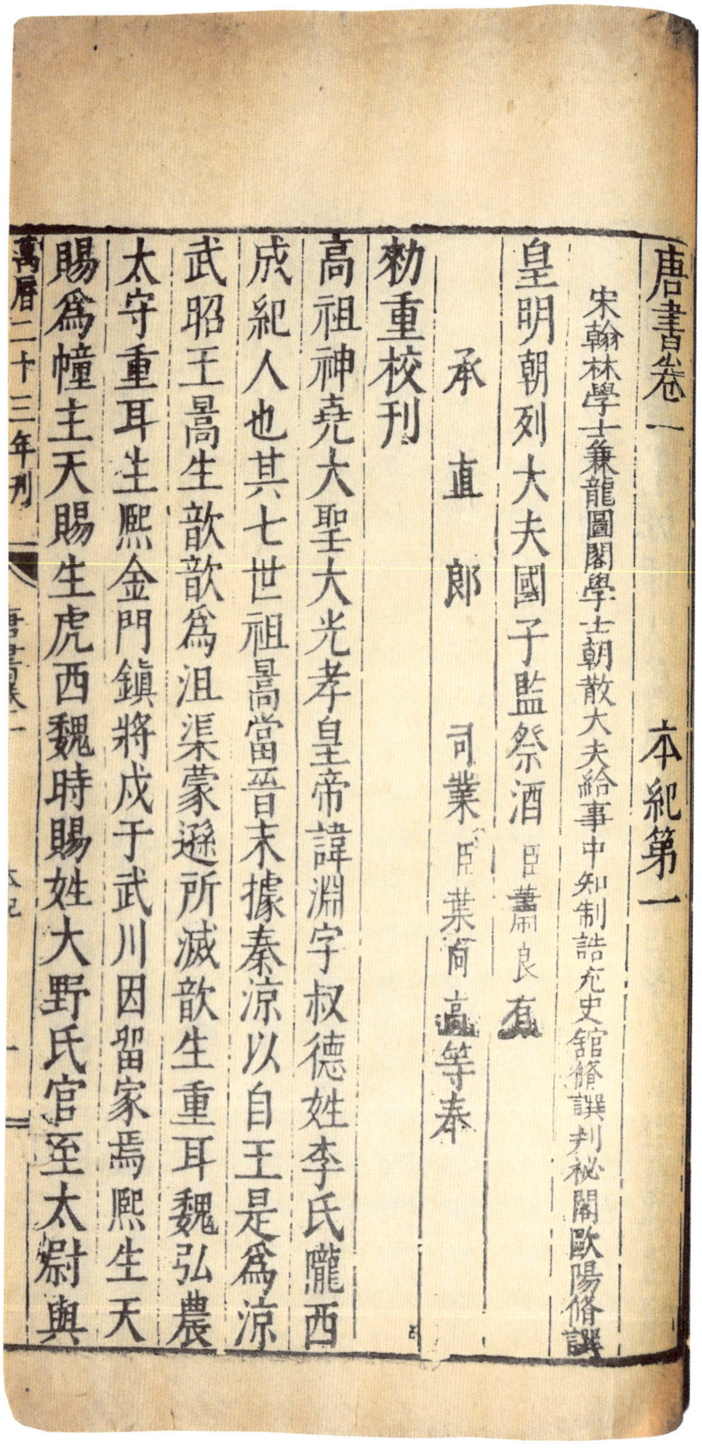

唐書卷一　本紀第一

宋翰林學士兼龍圖閣學士朝散大夫給事中知制誥充史館脩譔判秘閣歐陽脩譔

皇明朝列大夫國子監祭酒臣蕭良有

承直郎司業臣葉向高等奉

勑重校刊

高祖神堯大聖大光孝皇帝諱淵字叔德姓李氏隴西成紀人也其七世祖暠當晉末據秦涼以自王是爲涼武昭王暠生歆歆爲沮渠蒙遜所滅歆生重耳魏弘農太守重耳生熙金門鎮將戍于武川因留家焉熙生天賜爲幢主天賜生虎西魏時賜姓大野氏官至太尉與

萬曆二十三年刊　唐書卷一　本紀　一

0064　唐書一百五十卷　（宋）歐陽修撰　明永豐刻本　四十四册

半葉十行二十一字，白口，四周單邊。版框22.9×15.2厘米，尺寸28.5×17.0厘米。

寧夏社會科學院社科圖書資料中心藏。

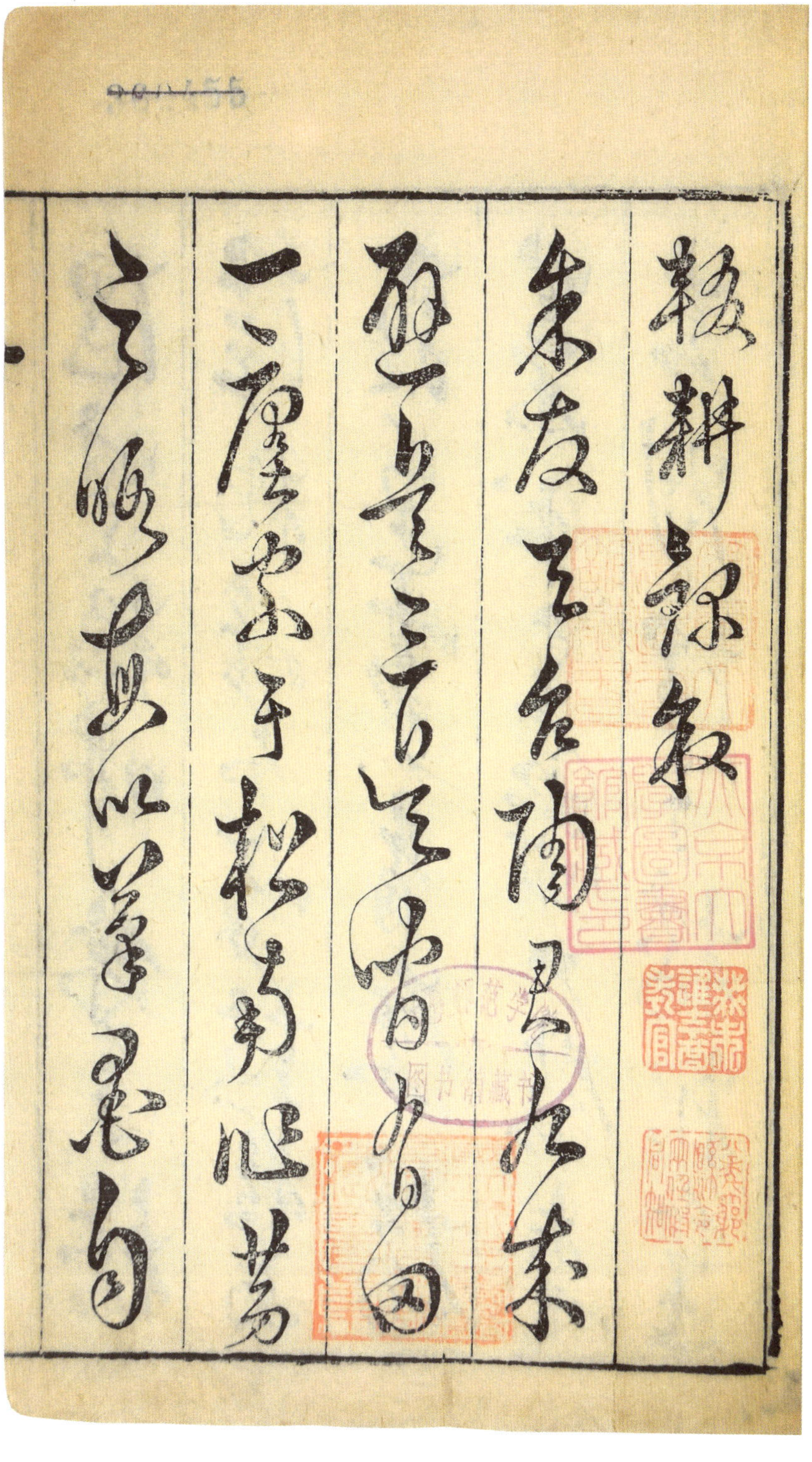

0065　輟耕録三十卷　（元）陶宗儀撰　明廣文堂刻本　一函十册

半葉十行二十一字，雙行小字同，白口，左右雙邊。版框20.0×13.3厘米，尺寸23.9×15.2厘米。

寧夏大學圖書館藏。

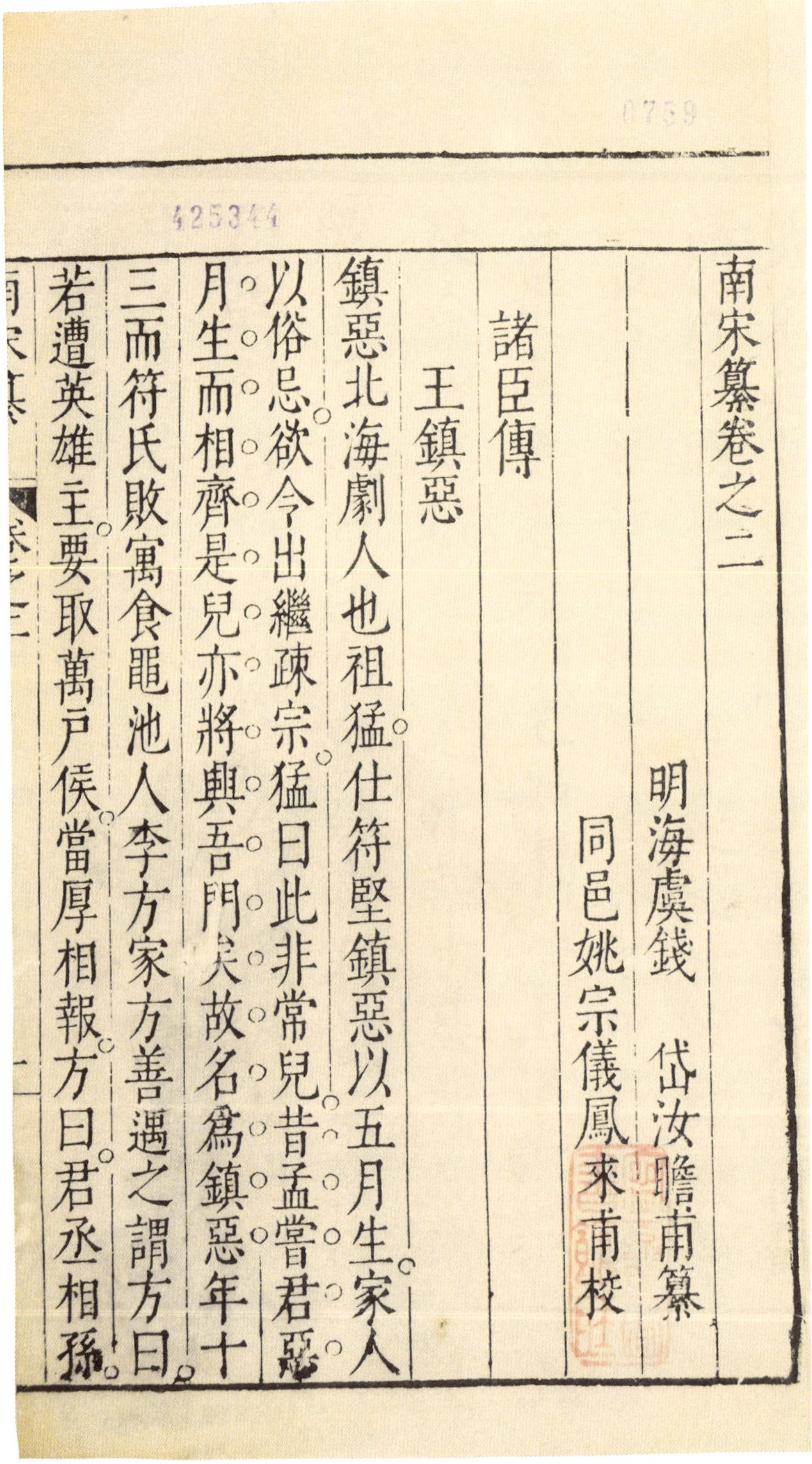
0759
425344
南宋纂卷之二
明海虞錢　岱汝瞻甫纂
同邑姚宗儀鳳來甫校
諸臣傳
王鎮惡
鎮惡北海劇人也祖猛仕符堅鎮惡以五月生家人
以俗忌欲令出繼疎宗猛曰此非常兒昔孟嘗君惡
月生而相齊是兒亦將興吾門矣故名爲鎮惡年十
三而符氏敗寓食黽池人李方家方善遇之謂方曰
若遭英雄主要取萬戶侯當厚相報方曰君丞相孫

0066　八代史纂二十四卷　（明）錢岱纂　（明）姚宗儀校　明刻本　二函二十四册

半葉十行二十字，白口，四周單邊。版框21.5×14.4厘米，尺寸26.3×16.5厘米。

寧夏回族自治區圖書館藏。

0067　三千諸佛名經三卷　（宋）畺良耶舍譯　明刻本　三册

經折裝。半葉六行字數不等，上下雙邊。框高23.7厘米，尺寸30.7×11.5厘米。

寧夏回族自治區同心縣博物館藏。

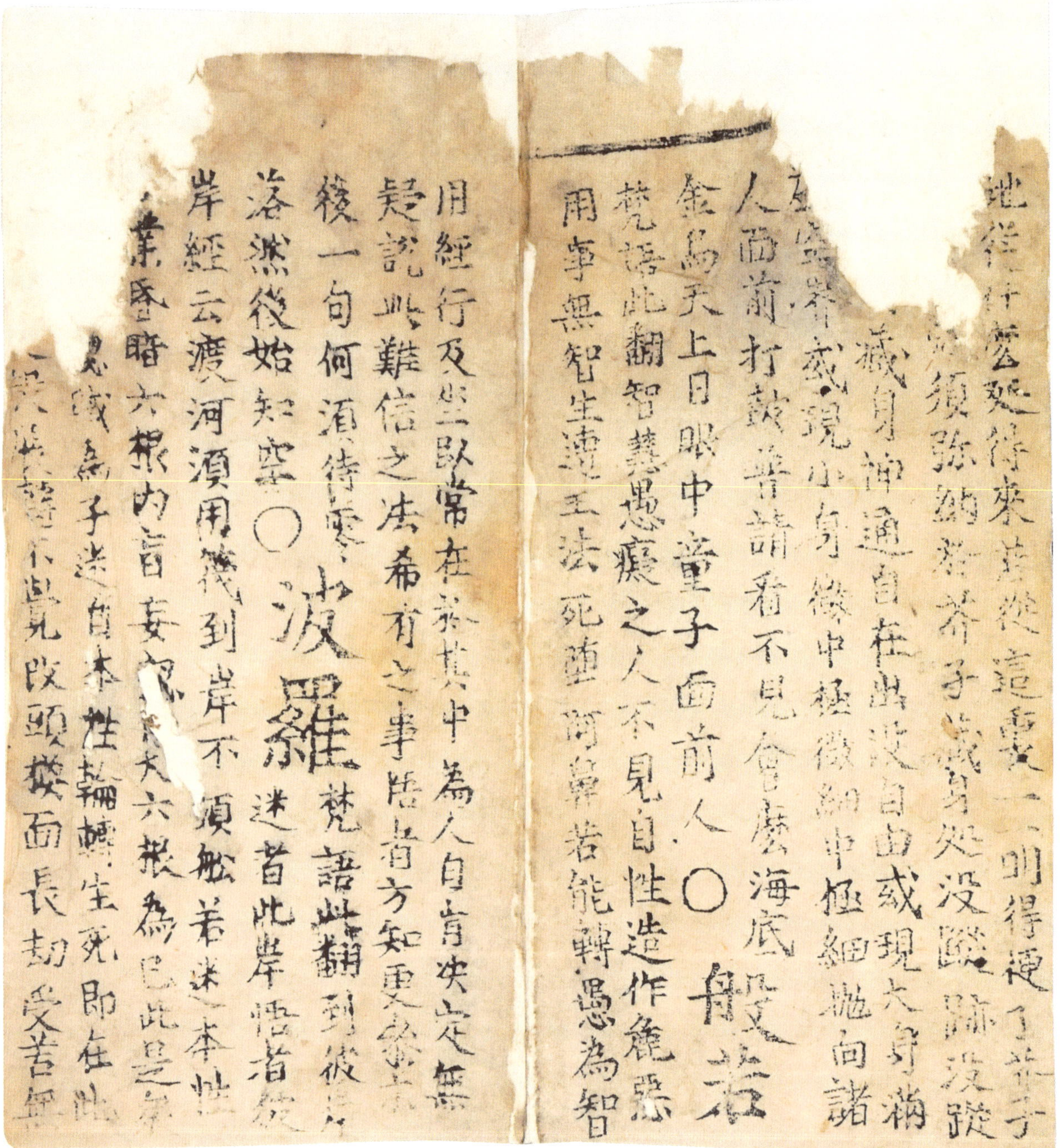

0068　大顛庵主註解心經一卷　明刻本　一册四十三折

經折裝。半葉四行八字，雙行小字十七字，上下單邊。框高16.1厘米，尺寸17.9 × 8.3厘米。

寧夏回族自治區同心縣博物館藏。

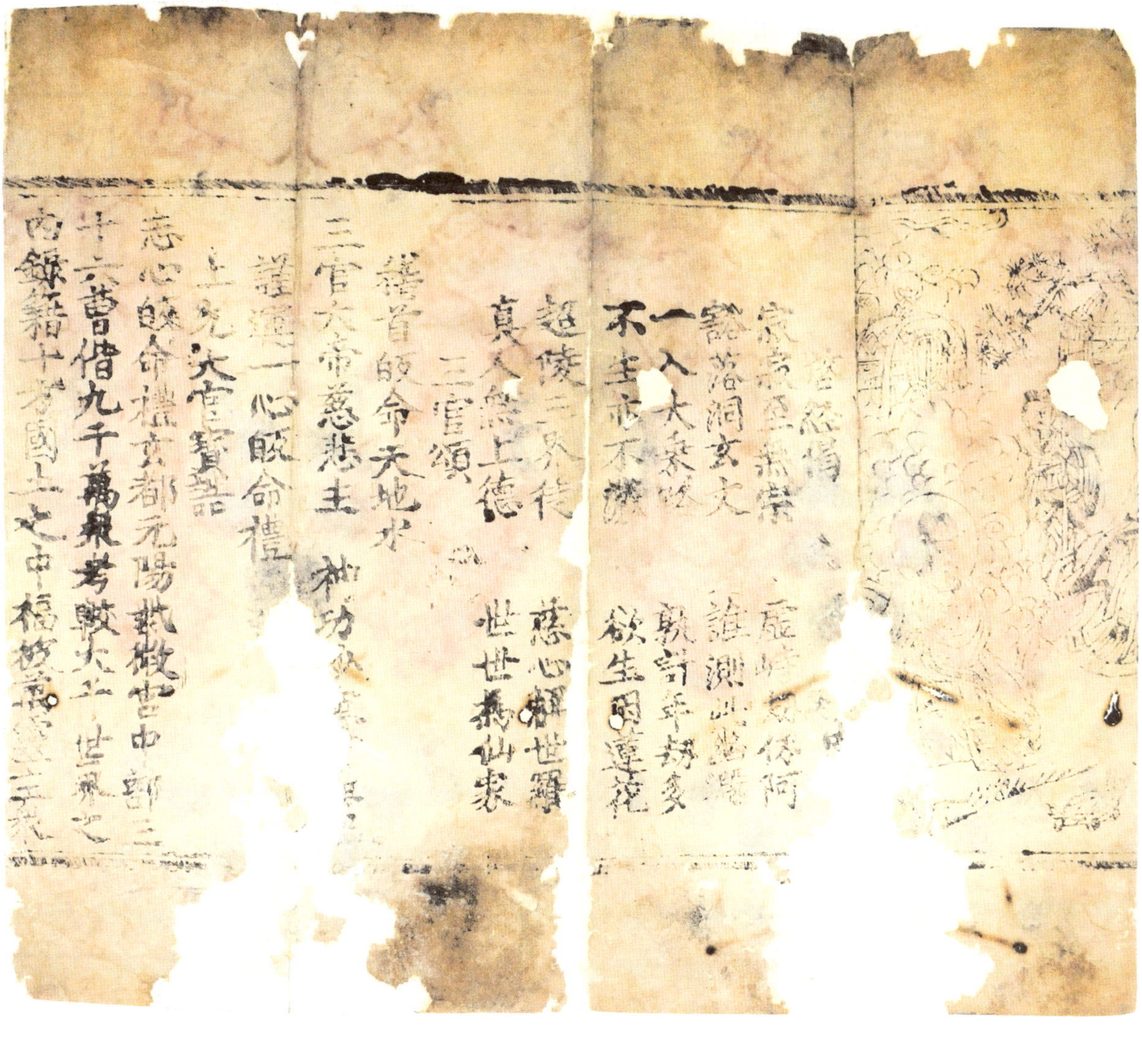

0069　太上三元賜福赦罪解厄延生經一卷　明刻本　一册三十九折

經折裝。半葉五行十五字，雙行小字不等，上下雙邊。框高19.2厘米，尺寸28.4×8.3厘米。

寧夏回族自治區同心縣博物館藏。

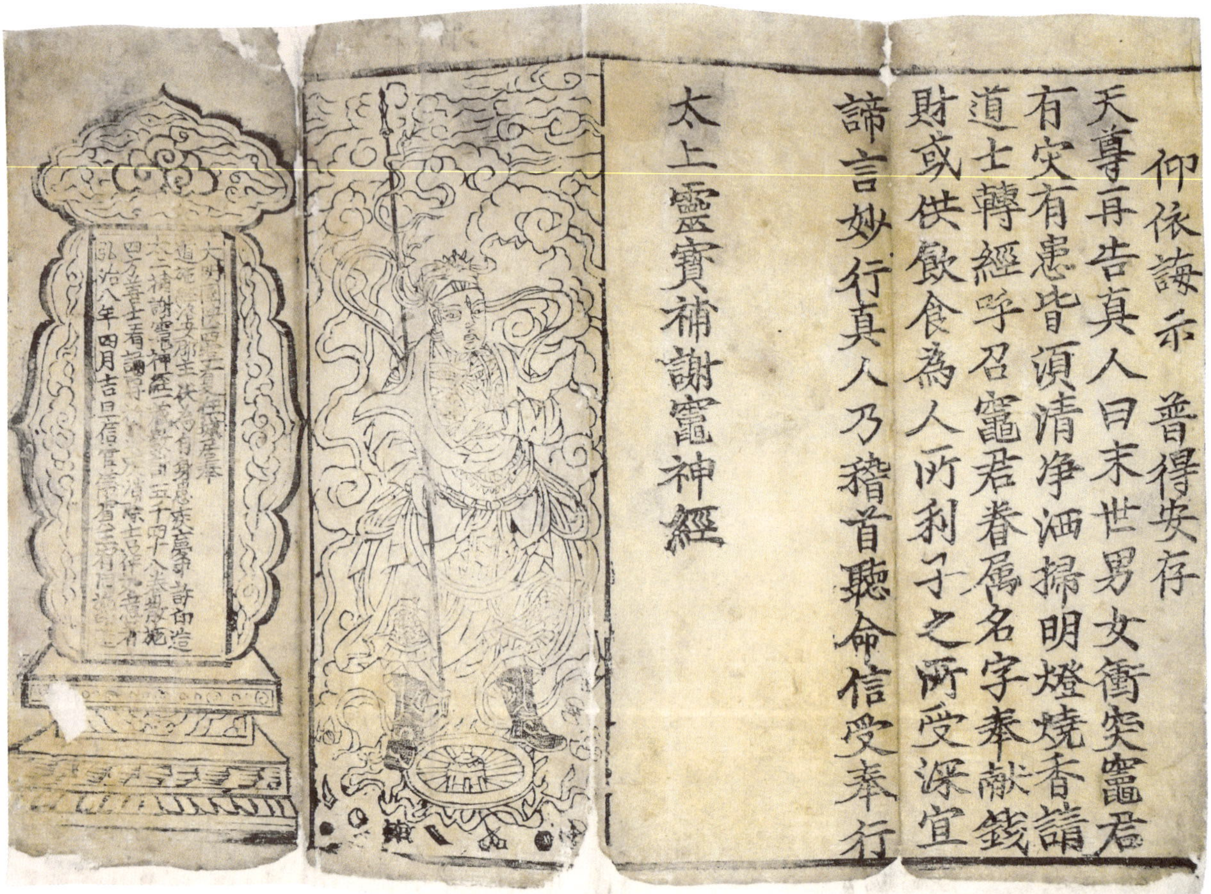

仰依誨示　普得安存
天尊再告真人曰末世男女脩奠竈君
有災有患皆須清淨洒掃明燈燒香請
道士轉經呼召竈君眷屬名字奉獻錢
財或供飲食為人所利子〻之所受深宜
諦言妙行真人乃稽首聽命信受奉行

太上靈寶補謝竈神經

0070　太上靈寶補謝竈神經一卷　明刻本　一册十折

經折裝。半葉五行十五字，上下單邊。框高25.5厘米，尺寸28.1×9.9厘米。

寧夏回族自治區同心縣博物館藏。

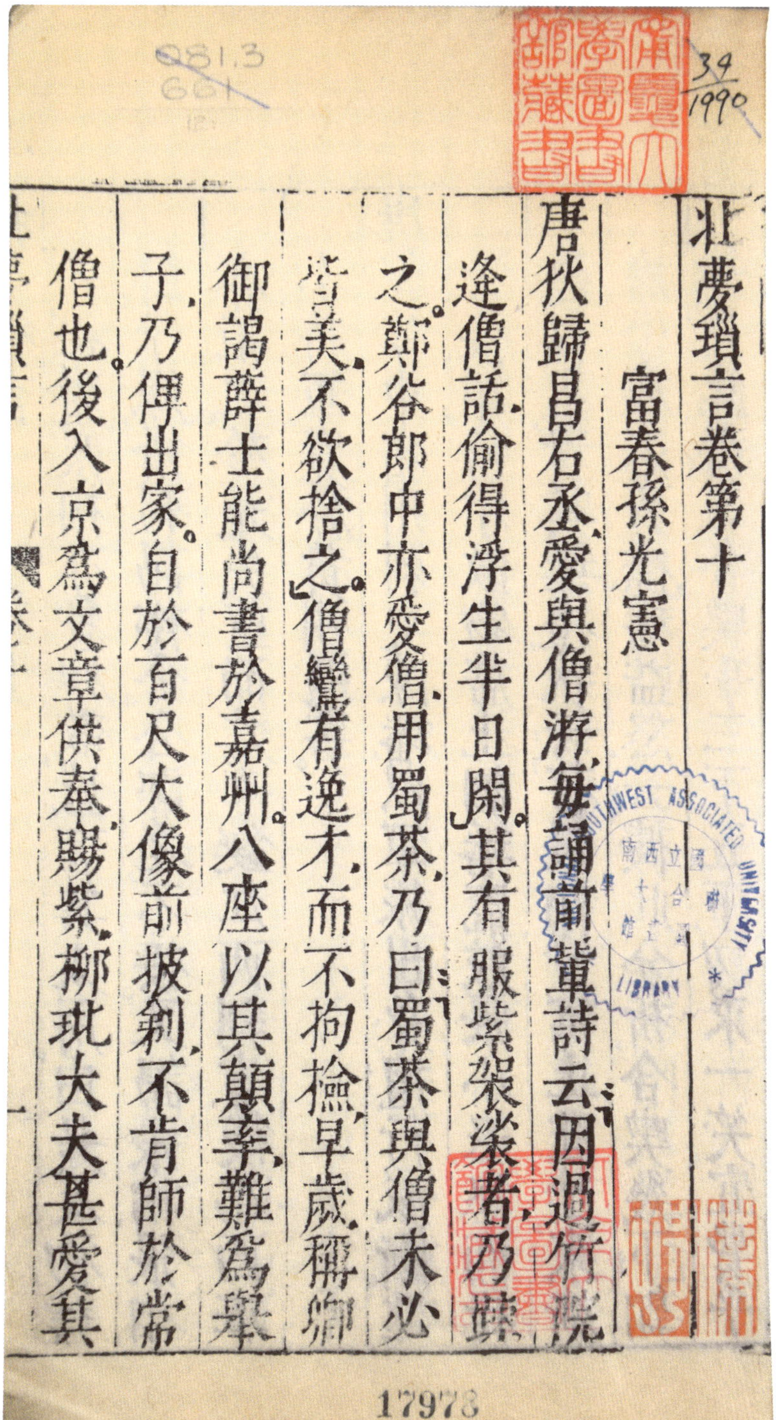

0071　北夢瑣言二十卷　（宋）孫光憲撰　明刻本　一册（存卷十至二十）

半葉九行二十字，白口，四周單邊。版框21.0×14.3厘米，尺寸26.1×16.2厘米。

寧夏大學圖書館藏。

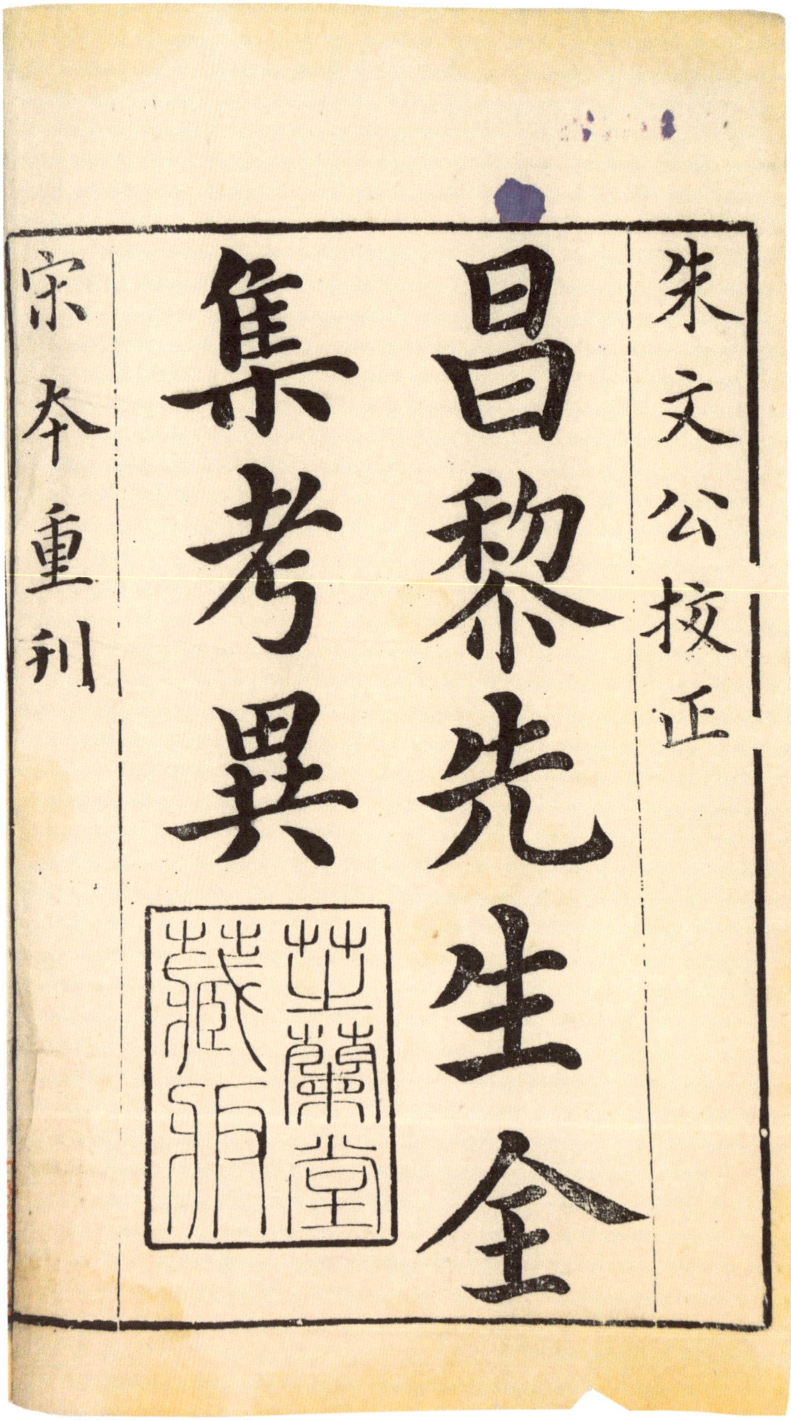
朱文公校正
昌黎先生全集考異
宋夲重刊

0072　朱文公校昌黎先生文集四十卷外集十卷附集傳一卷遺文一卷　（唐）韓愈撰　（唐）李漢編　（宋）朱熹考異　明刻本　一函十六册

半葉九行十八字，雙行小字同，白口，四周雙邊。版框22.2×15.0厘米，尺寸25.4×16.1厘米。

寧夏回族自治區圖書館藏。

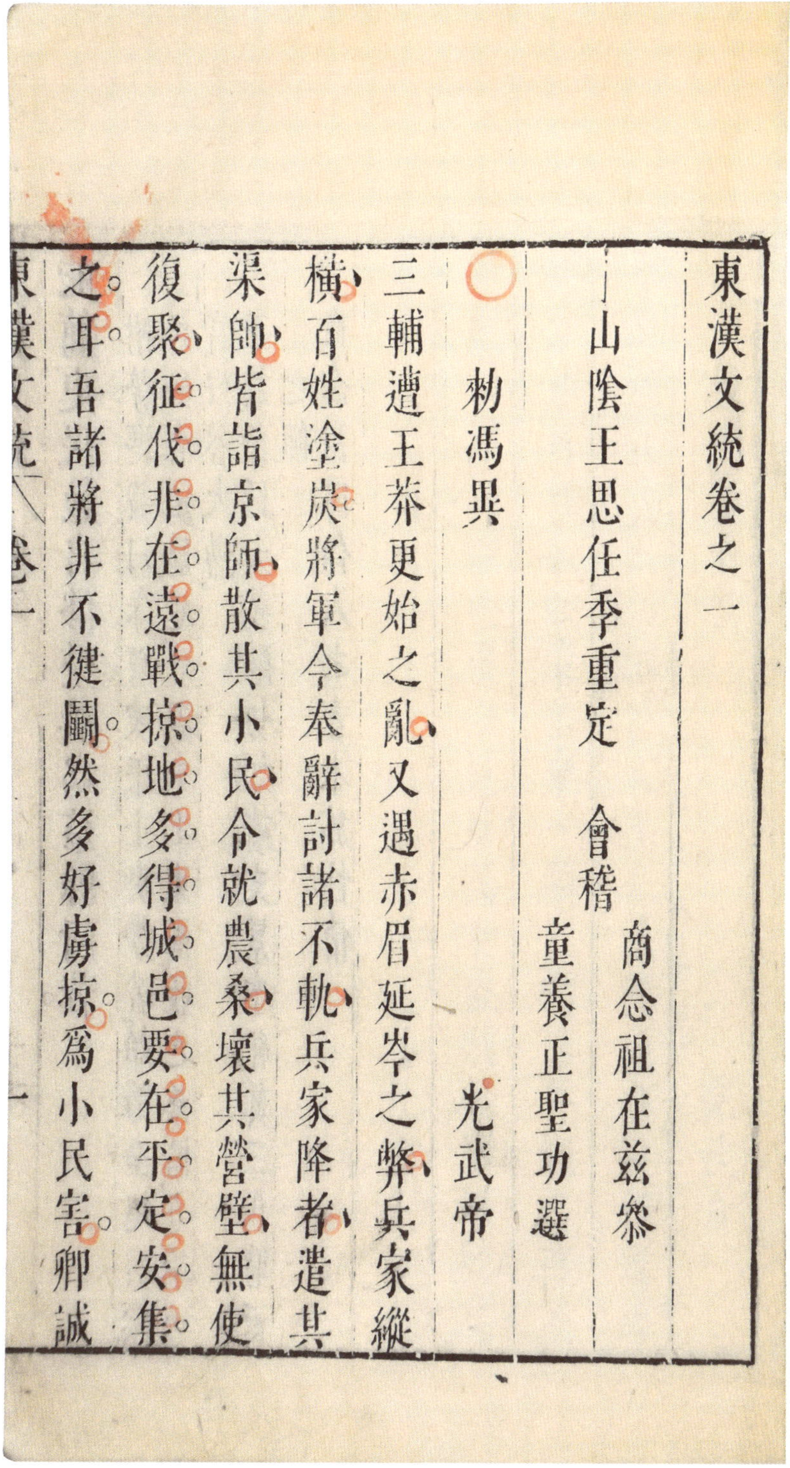

東漢文統卷之一

山陰王思任季重定　會稽　商念祖在茲叅

童養正聖功選

勑馮異　光武帝

三輔遭王莽更始之亂又遇赤眉延岑之弊兵家縱橫百姓塗炭將軍今奉辭討諸不軌兵家降者遣其渠帥皆詣京師散其小民令就農桑壞其營壁無使復聚征伐非在遠戰掠地多得城邑要在平定安集之耳吾諸將非不健鬬然多好虜掠爲小民害卿誠

東漢文統　卷一　一

0073　兩漢文統九卷　（明）王思任重訂　明刻本　六册

半葉九行二十字，雙行小字同，白口，四周單邊。版框20.5 × 14.1厘米，尺寸26.7 × 17.1厘米。

寧夏回族自治區圖書館藏。

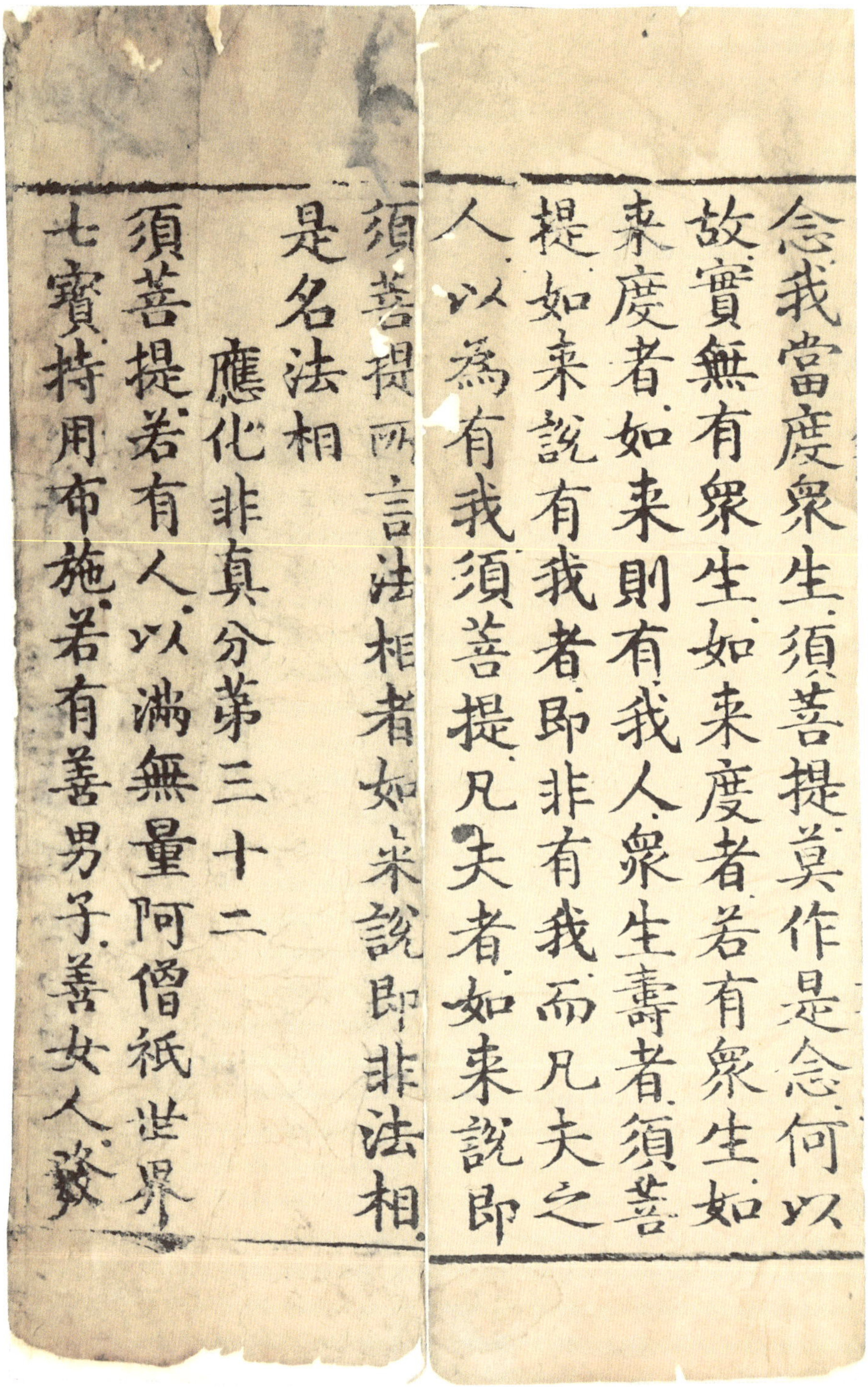
念我當度衆生須菩提莫作是念何以
故實無有衆生如来度者若有衆生如
来度者如来則有我人衆生壽者須菩
提如来說有我者即非有我而凡夫之
人以爲有我須菩提凡夫者如来說即
須菩提所言法相者如来說即非法相
是名法相
應化非真分第三十二
須菩提若有人以滿無量阿僧祇世界
七寶持用布施若有善男子善女人發

0074　金剛般若波羅蜜經一卷　（後秦）釋鳩摩羅什譯　明刻本　一册八折

經折裝。半葉五行十五字，上下單邊。框高19.5厘米，尺寸24.8×8.3厘米。

寧夏回族自治區同心縣博物館藏。

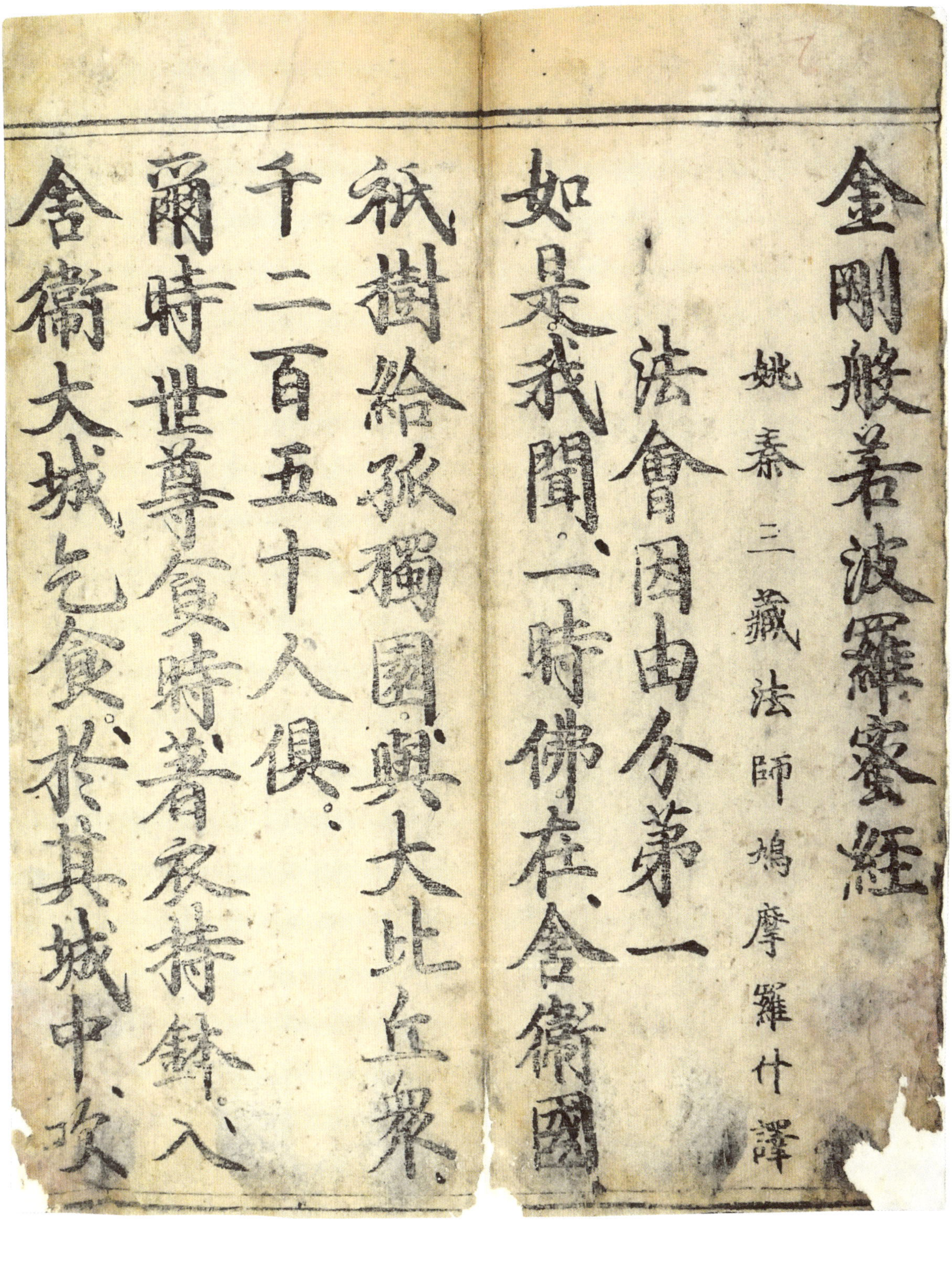

金剛般若波羅蜜經
姚秦三藏法師鳩摩羅什譯
法會因由分第一
如是我聞。一時佛在舍衛國
祇樹給孤獨園。與大比丘衆
千二百五十人俱。
爾時世尊食時著衣持鉢。入
舍衛大城乞食。於其城中次

0075　金剛般若波羅蜜經一卷　（後秦）釋鳩摩羅什譯　明刻本　一册六十六折

經折裝。半葉四行十一字，上下雙邊。框高26.2厘米，尺寸29.8×11.5厘米。

寧夏回族自治區同心縣博物館藏。

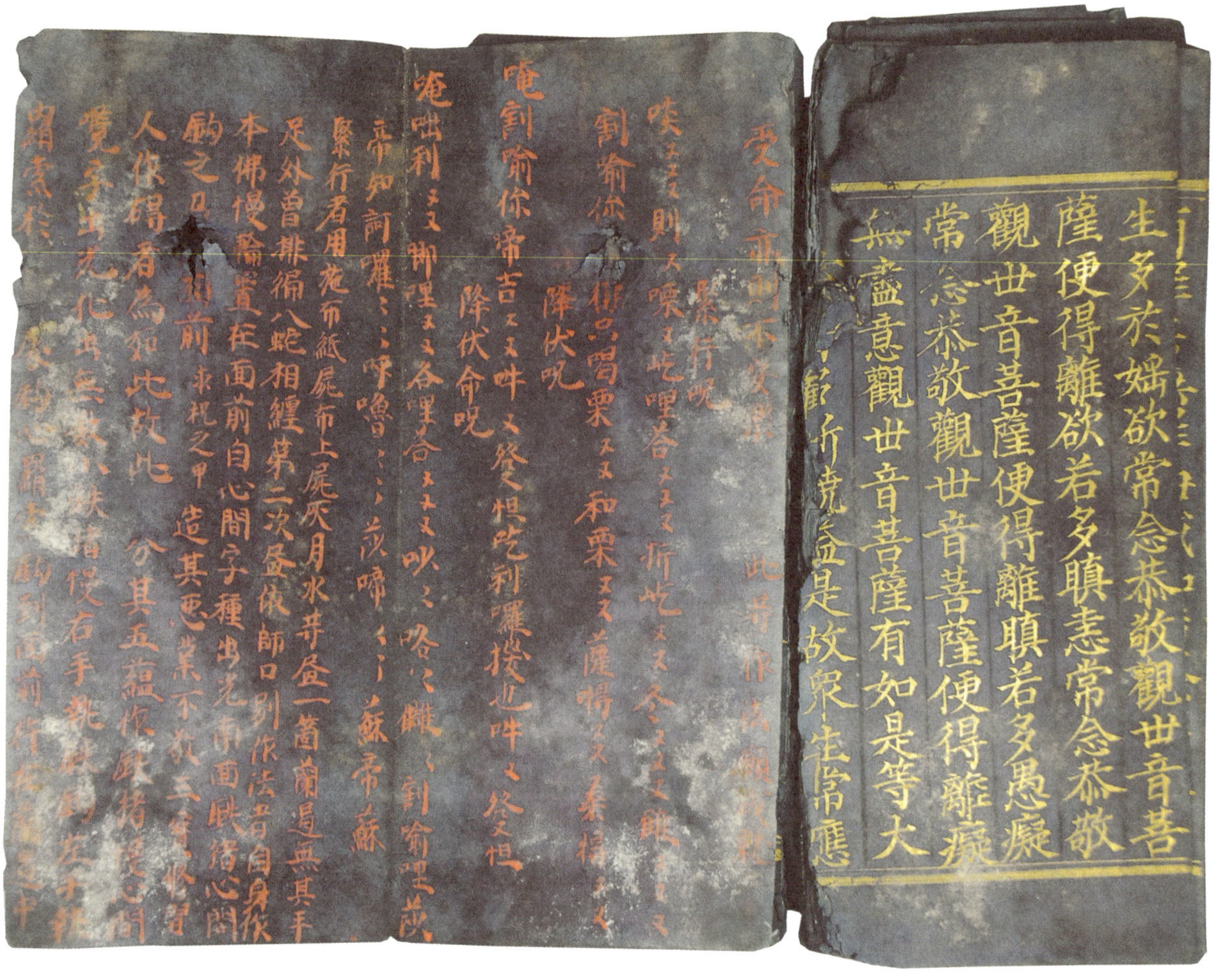

0076　金剛般若波羅蜜經一卷　（後秦）釋鳩摩羅什譯　明瀉金硃砂本　一册

經折裝。半葉六行十三字，上下雙邊。框高14.4厘米，尺寸18.8×8.2厘米。

寧夏回族自治區同心縣博物館藏。

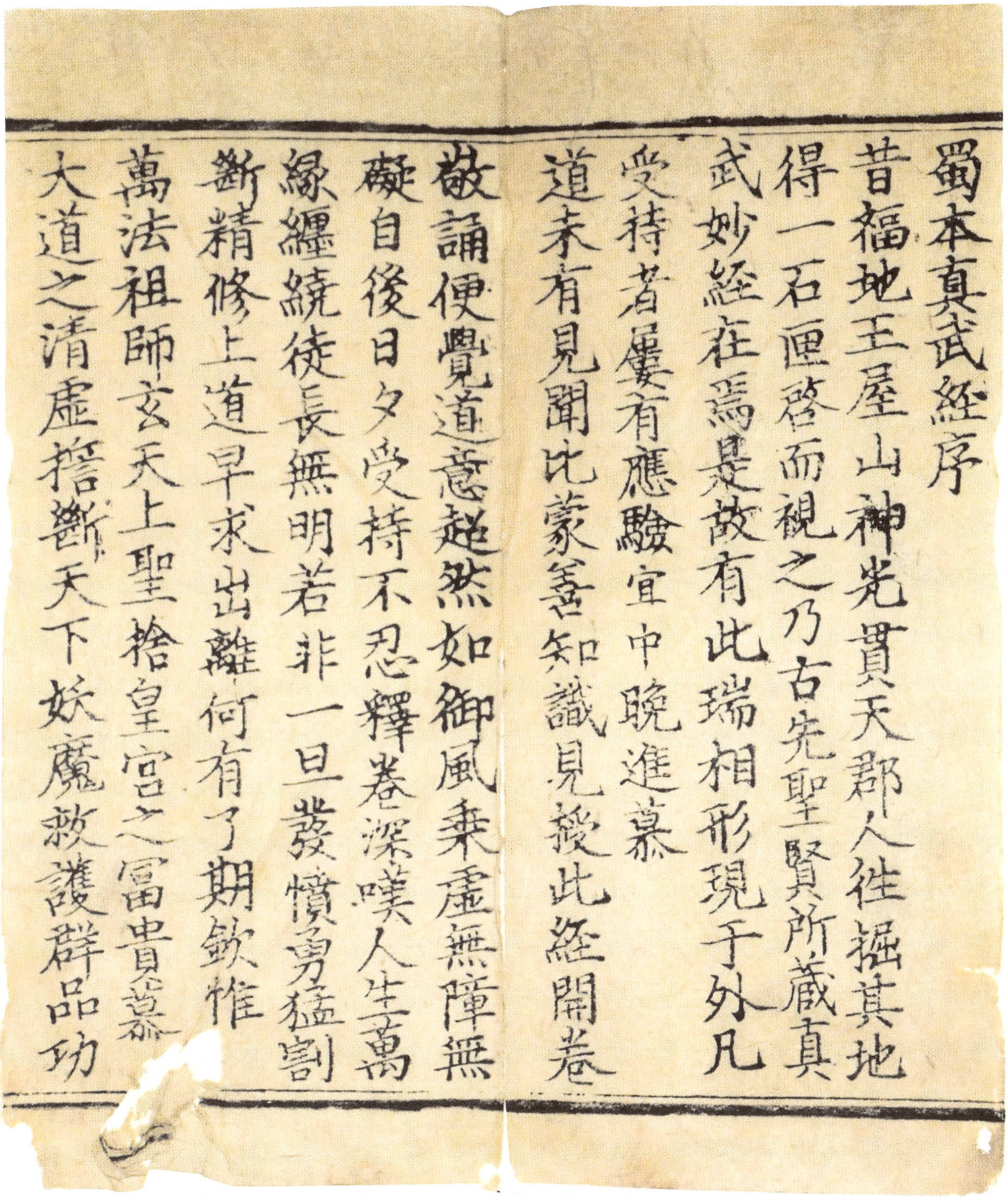

蜀本真武經序
昔福地王屋山神光貫天郡人徃掘其地
得一石匣啓而視之乃古先聖賢所藏真
武妙経在焉是故有此瑞相形現于外凡
受持者屢有應驗宜中曉進慕
道未有見聞比蒙善知識見授此經開卷
敬誦便覺道意超然如御風乘虛無障無
礙自後日夕受持不忍釋卷深嘆人生萬
緣纏繞徒長無明若非一旦發憤勇猛割
斷精修上道早求出離何有了期欽惟
萬法祖師玄天上聖捨皇宮之富貴慕
大道之清虛揞斷天下妖魔救護群品功

0077　真武說報父母恩經一卷　明刻本　一册三十七折

經折裝。半葉六行十六字，上下雙邊。框高16.1厘米，尺寸18.1×7.9厘米。

寧夏回族自治區同心縣博物館藏。

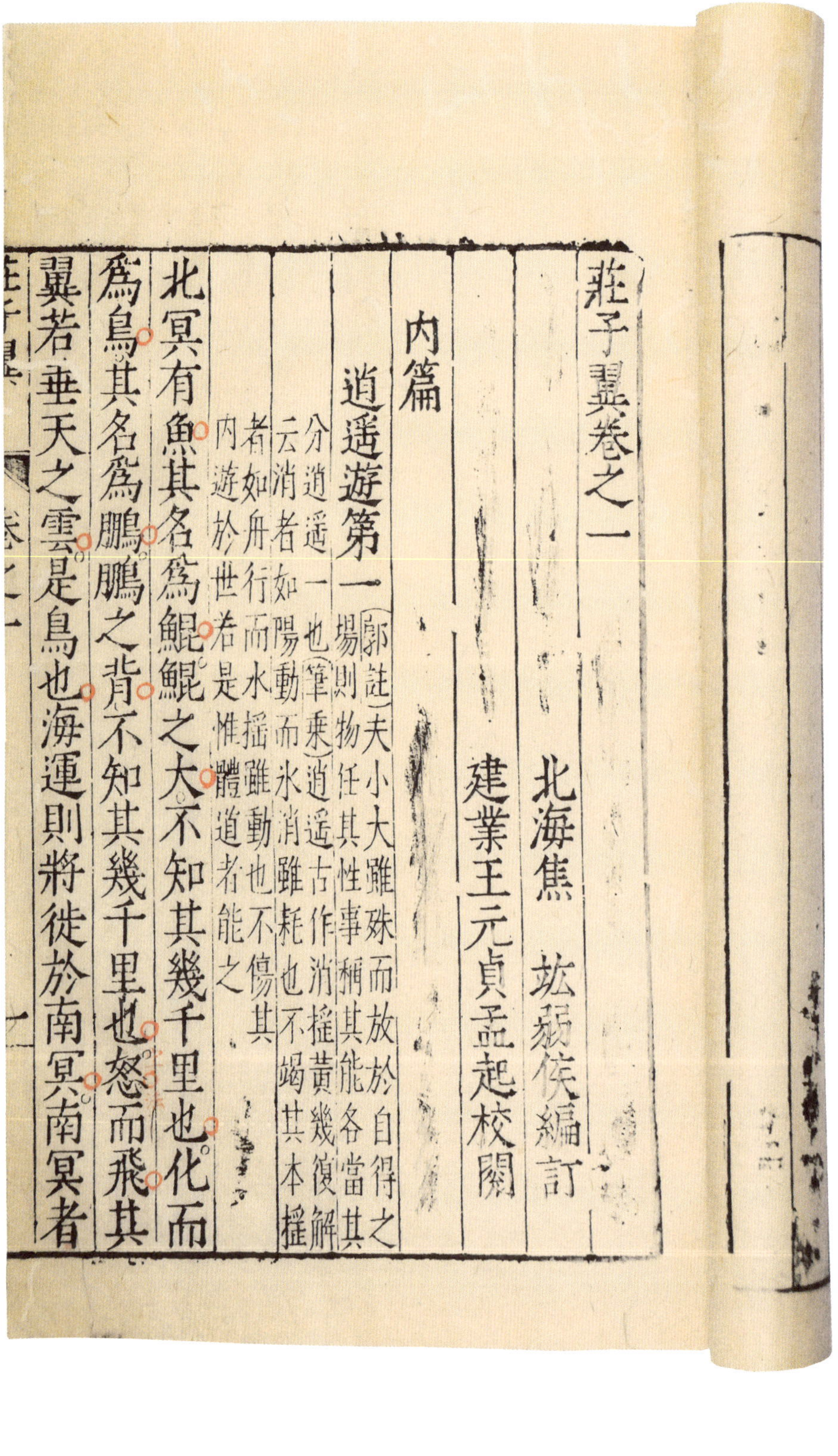
莊子翼卷之一

北海焦　竑弱侯編訂

建業王元貞孟起校閱

內篇

逍遙遊第一

郭註夫小大雖殊而放於自得之場則物任其性事稱其能各當其分逍遙一也筆乘逍遙古作消搖黃幾復解云消者如陽動而水消雖耗也不竭其本搖者如舟行而水搖雖動也不傷其內遊於世者若是惟體道者能之

北冥有魚其名爲鯤鯤之大不知其幾千里也化而爲鳥其名爲鵬鵬之背不知其幾千里也怒而飛其翼若垂天之雲是鳥也海運則將徙於南冥南冥者

0078　莊子翼八卷莊子闕誤一卷　（明）焦竑編　明刻本　一函八册

半葉十一行二十字，雙行小字同，白口，四周單邊。版框20.3×13.5厘米，尺寸26.5×16.4厘米。

寧夏回族自治區圖書館藏。

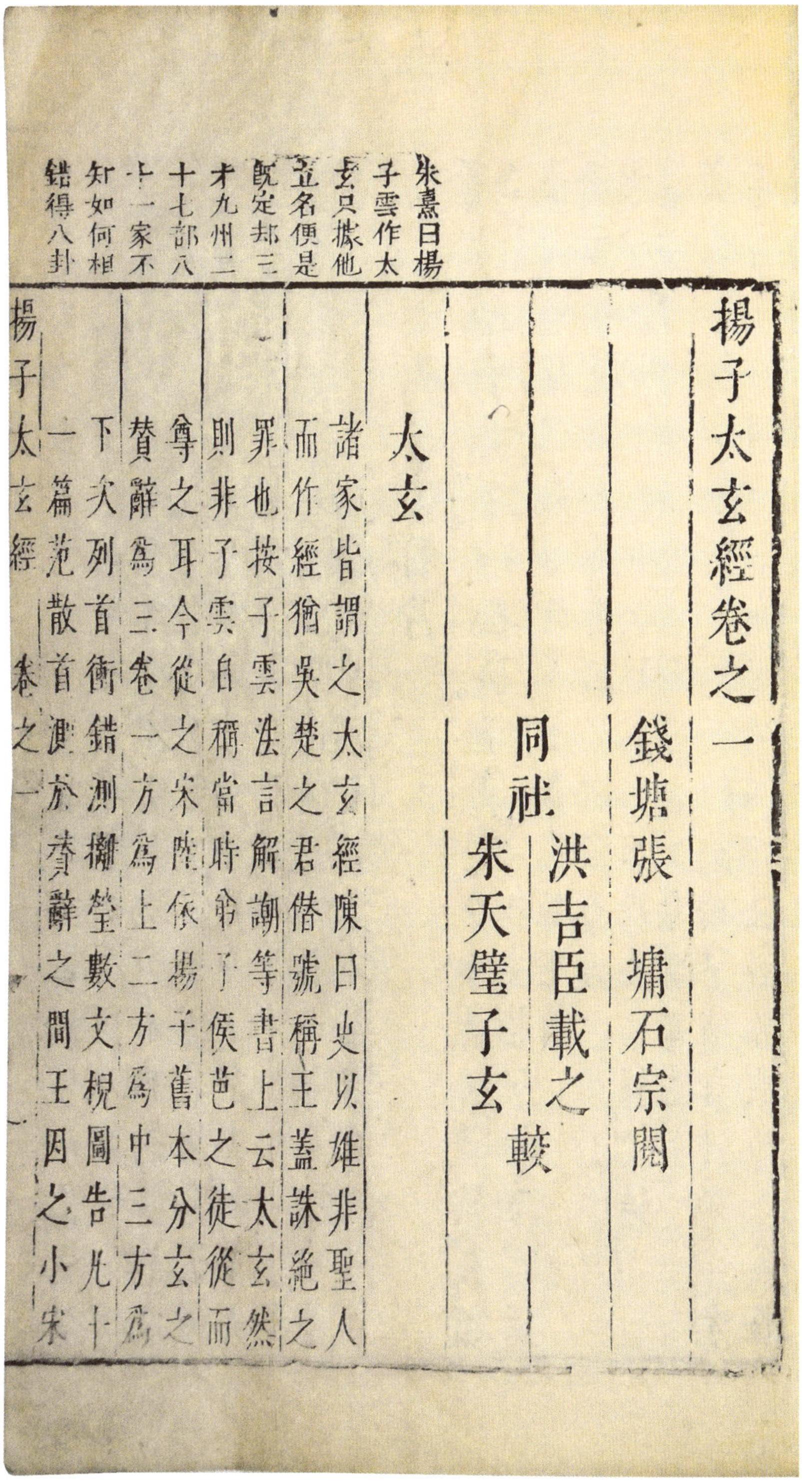
朱熹曰揚子雲作太玄只據他立名便是既定却三才九州二十七部八十一家不知如何相錯得八卦

揚子太玄經卷之一

錢塘張　墉石宗閱

同社　洪吉臣載之
　　　朱天璧子玄　較

太玄

諸家皆謂之太玄經陳曰史以雄非聖人而作經猶吳楚之君僭號稱王蓋誅絕之罪也按子雲法言解謿等書止云太玄然則非子雲自稱當時弟子侯芭之徒從而尊之耳今從之宋陸績揚子舊本分玄之贊辭爲三卷一方爲上二方爲中三方爲下次列首衝錯測攡瑩數文掜圖告凡十一篇范散首測於贊辭之間王因之小宋

揚子太玄經　卷之一

0079　揚子太玄經十卷　（漢）揚雄撰　（明）張墉等較閱　明刻本　一函二册

半葉九行十八字，雙行小字同，白口，四周單邊。版框19.7×14.4厘米，尺寸26.5×16.9厘米。

寧夏回族自治區圖書館藏。

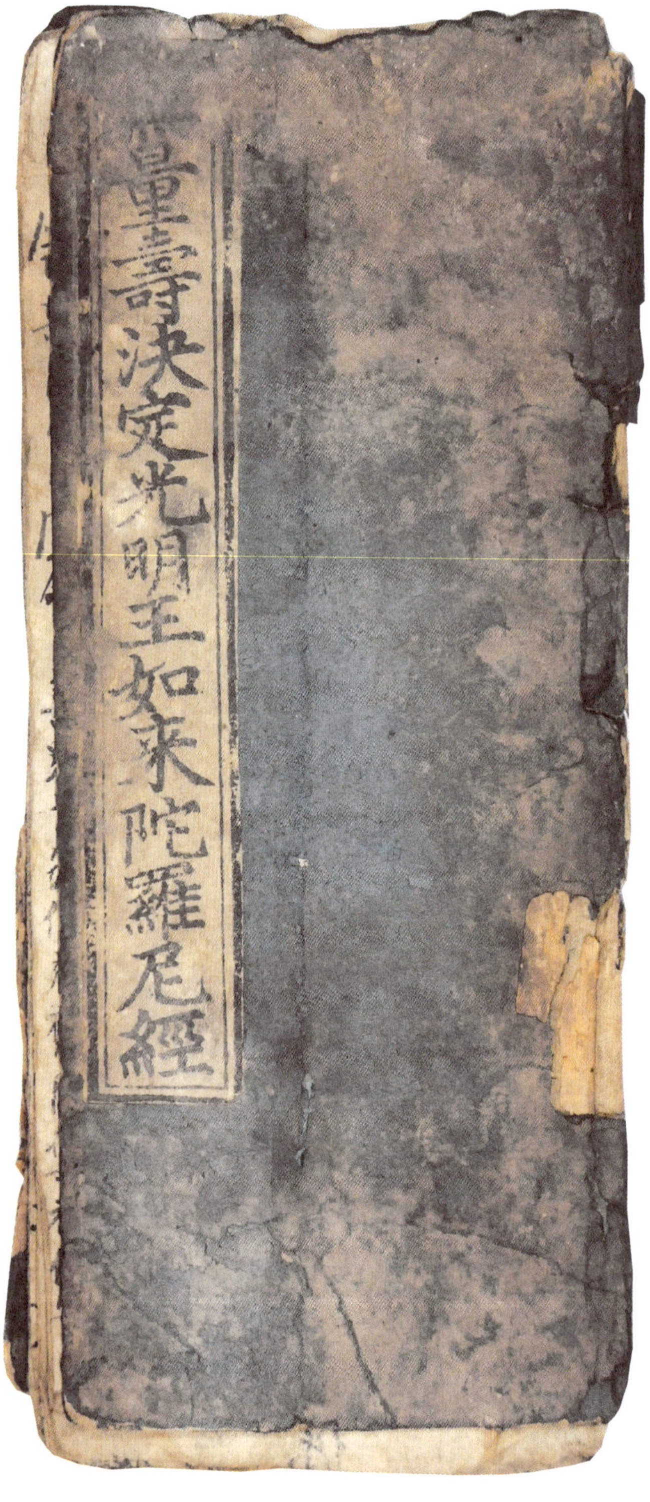

0080　無量壽決定光明王如來陀羅尼經一卷　（宋）釋法天譯　明手抄本　一册

旋風裝。行款字數不等。尺寸20.4×8.4厘米。

寧夏回族自治區同心縣博物館藏。

0081 無量壽決定光明王如來陀羅尼經一卷 （宋）釋法天譯 明刻本 一册十九折

經折裝。半葉五行十五字，上下雙邊。框高16.7厘米，尺寸20.0×8.1厘米。

寧夏回族自治區同心縣博物館藏。

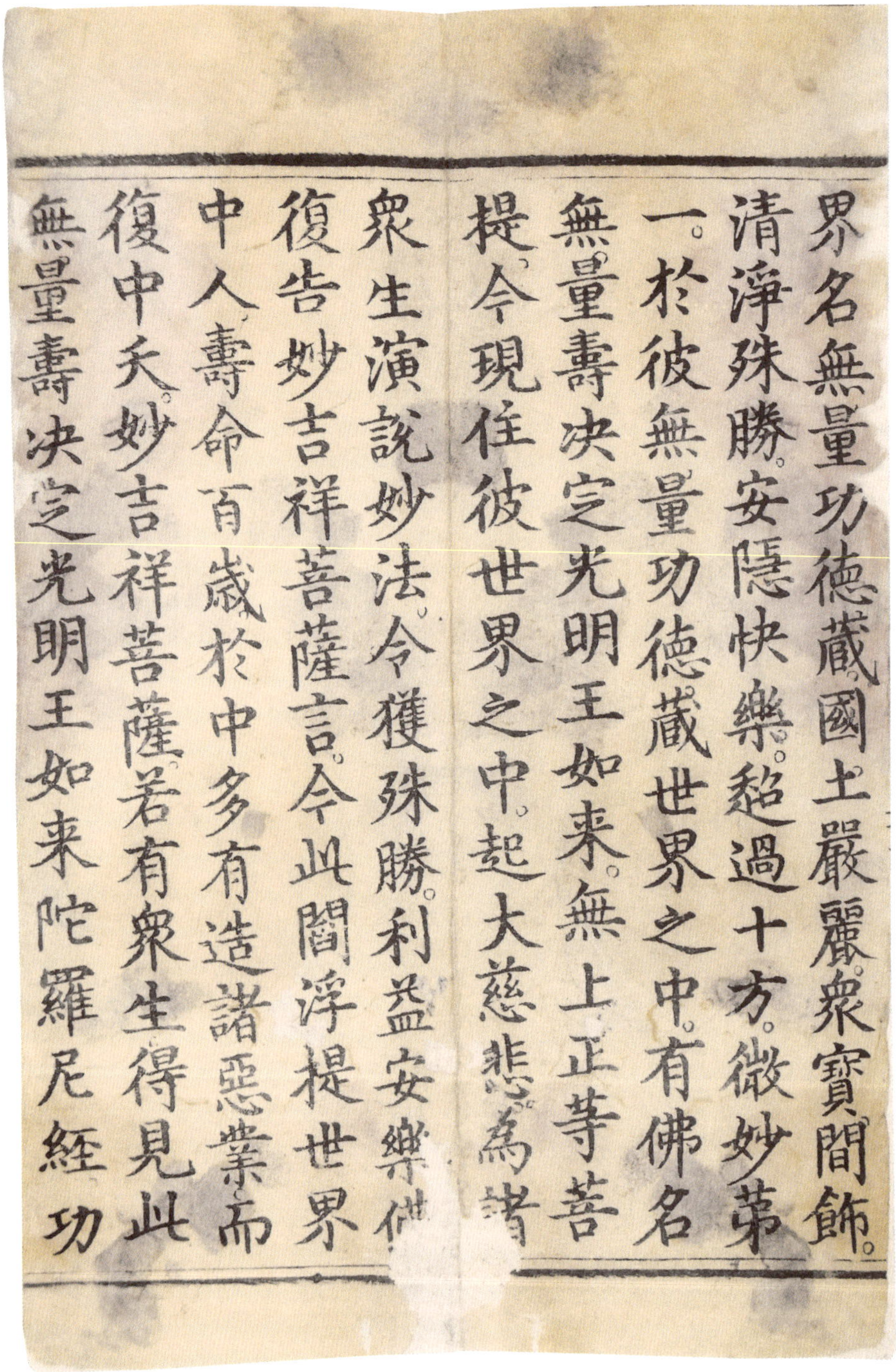
界名無量功德藏國土嚴麗衆寶間飾
清淨殊勝安隱快樂超過十方微妙第
一扵彼無量功德藏世界之中有佛名
無量壽決定光明王如来無上正等菩
提今現住彼世界之中起大慈悲為諸
衆生演說妙法令獲殊勝利益安樂佛
復告妙吉祥菩薩言今此閻浮提世界
中人壽命百歲扵中多有造諸惡業而
復中夭妙吉祥菩薩若有衆生得見此
無量壽決定光明王如来陀羅尼經功

0082　無量壽決定光明王如來陀羅尼經一卷　（宋）釋法天譯　明刻本　一册八折

經折裝。半葉五行十五字，上下雙邊。框高21.5厘米，尺寸25.7×8.9厘米。

寧夏回族自治區同心縣博物館藏。

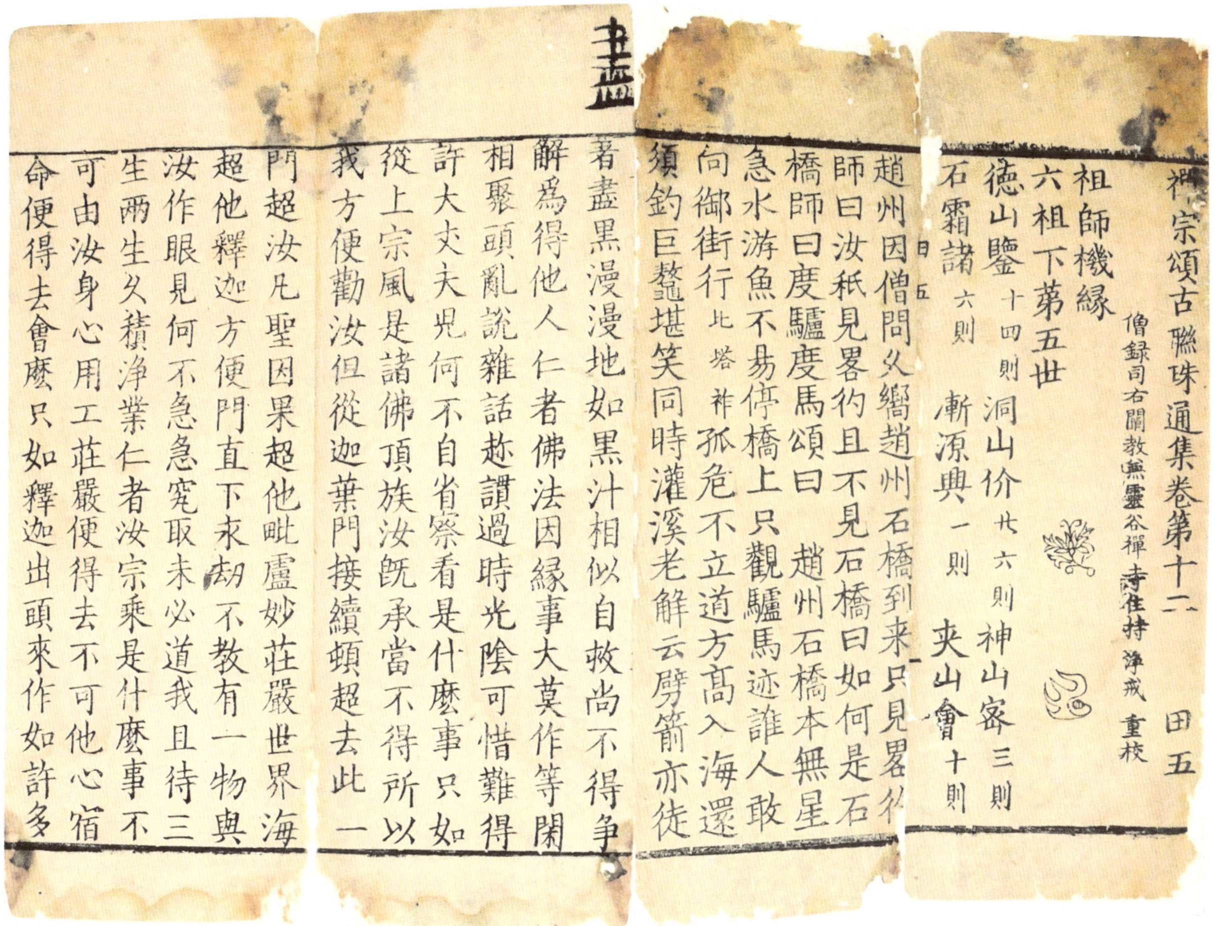

0083　禪宗頌古聯珠通集四十卷　（宋）釋法應集　（元）釋普會續集　（元）净戒重校　明刻本　一册二十九折（存卷十二）

經折裝。半葉六行十七字，雙行小字同，上下單邊。框高24.3厘米，尺寸31.3×11.1厘米。

寧夏回族自治區同心縣博物館藏。

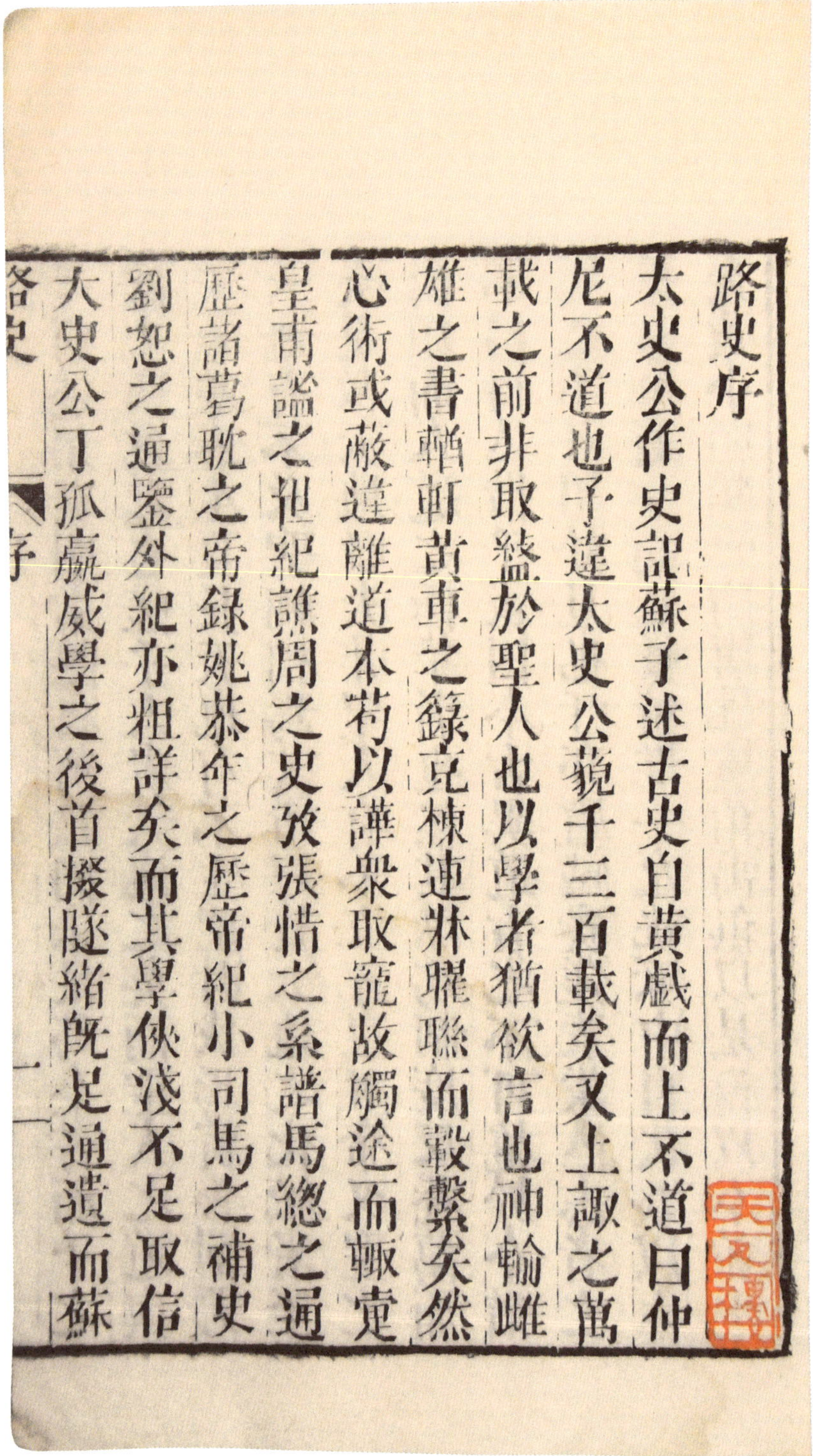

路史序

太史公作史記蘇子述古史自黄戲而上不道曰仲
尼不道也予違太史公藐千三百載矣又上遡之萬
載之前非敢盭於聖人也以學者猶欲言也神輪雖
雄之書輶軒黄車之錄克棟連牀曜聯而轂繫矣然
心術或蔽違離道本苟以譁衆取寵故觸途而輒躓
皇甫謐之世紀譙周之史攷張愔之系譜馬總之通
歷諸葛耽之帝録姚恭年之歷帝紀小司馬之補史
劉恕之通鑑外紀亦粗詳矣而其學俠淺不足取信
大史公丁孤嬴威學之後首掇隧緒旣足通遺而蘇

路史　序　一

0084　路史前紀九卷後紀十三卷餘論十卷發揮六卷國名紀七卷　（宋）羅泌纂　（宋）羅苹注
明後期刻本　十六册

半葉十行二十字，雙行小字同，白口，四周單邊。版框20.4×14.8厘米，尺寸26.4×17.6厘米。

寧夏回族自治區圖書館藏。

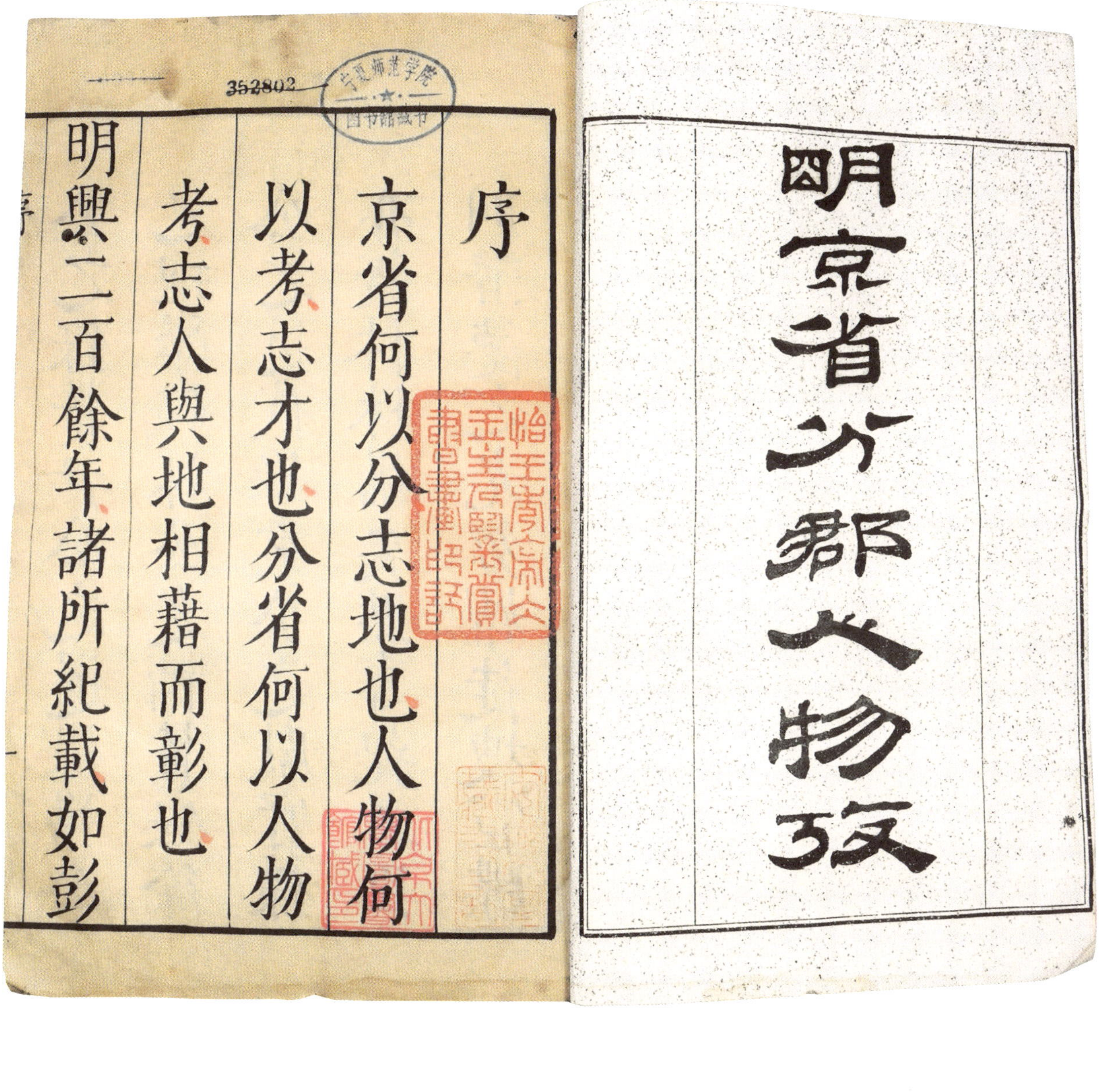

0085　本朝京省人物考一百十五卷　（明）過庭訓纂輯　明末刻本　四十册（存卷一至十、卷三十五至一百十五，有抄補）

半葉十行二十字，白口，四周單邊。版框22.2×15.5厘米，尺寸27.0×17.7厘米。

寧夏大學圖書館藏。

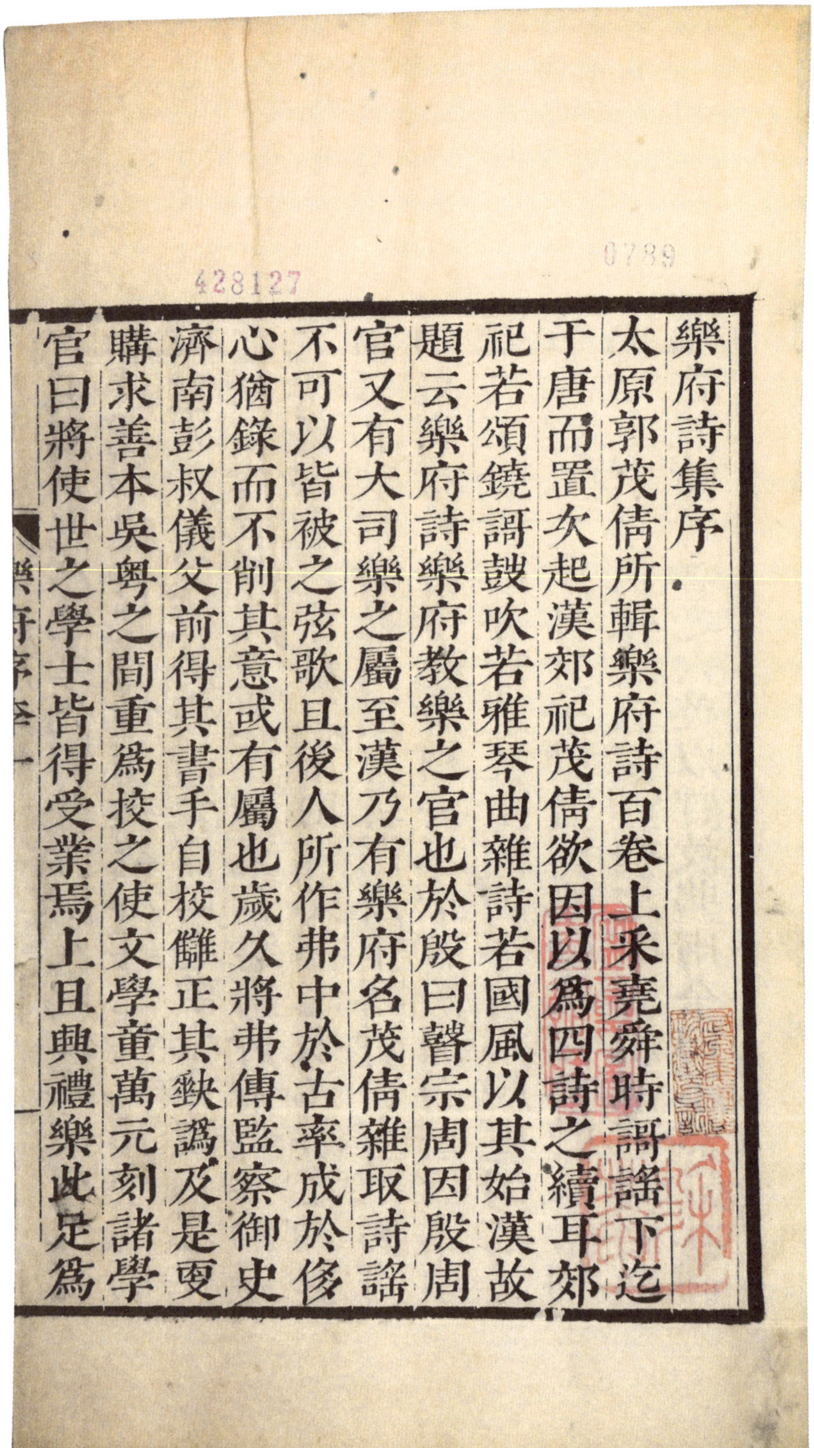
0789
428127
樂府詩集序
太原郭茂倩所輯樂府詩百卷上采堯舜時謌謠下迄
于唐而置次起漢郊祀茂倩欲因以爲四詩之續耳郊
祀若頌鐃謌鼓吹若雅琴曲雜詩若國風以其始漢故
題云樂府詩樂府教樂之官也於殷曰瞽宗周因殷周
官又有大司樂之屬至漢乃有樂府名茂倩雜取詩謠
不可以皆被之弦歌且後人所作弗中於古率成於修
心猶錄而不削其意或有屬也歲久將弗傳監察御史
濟南彭叔儀父前得其書手自校讎正其缺謬及是更
購求善本吳粤之間重爲校之使文學童萬元刻諸學
官曰將使世之學士皆得受業焉上且與禮樂此足爲

0086　樂府詩集一百卷目録二卷　（宋）郭茂倩編　明末清初（1621—1722）海虞毛氏汲古閣刻本　二函十二册

半葉十一行二十一字，雙行小字同，白口，左右雙邊。版框18.7×14.5厘米，尺寸27.1×17.7厘米。

寧夏回族自治區圖書館藏。

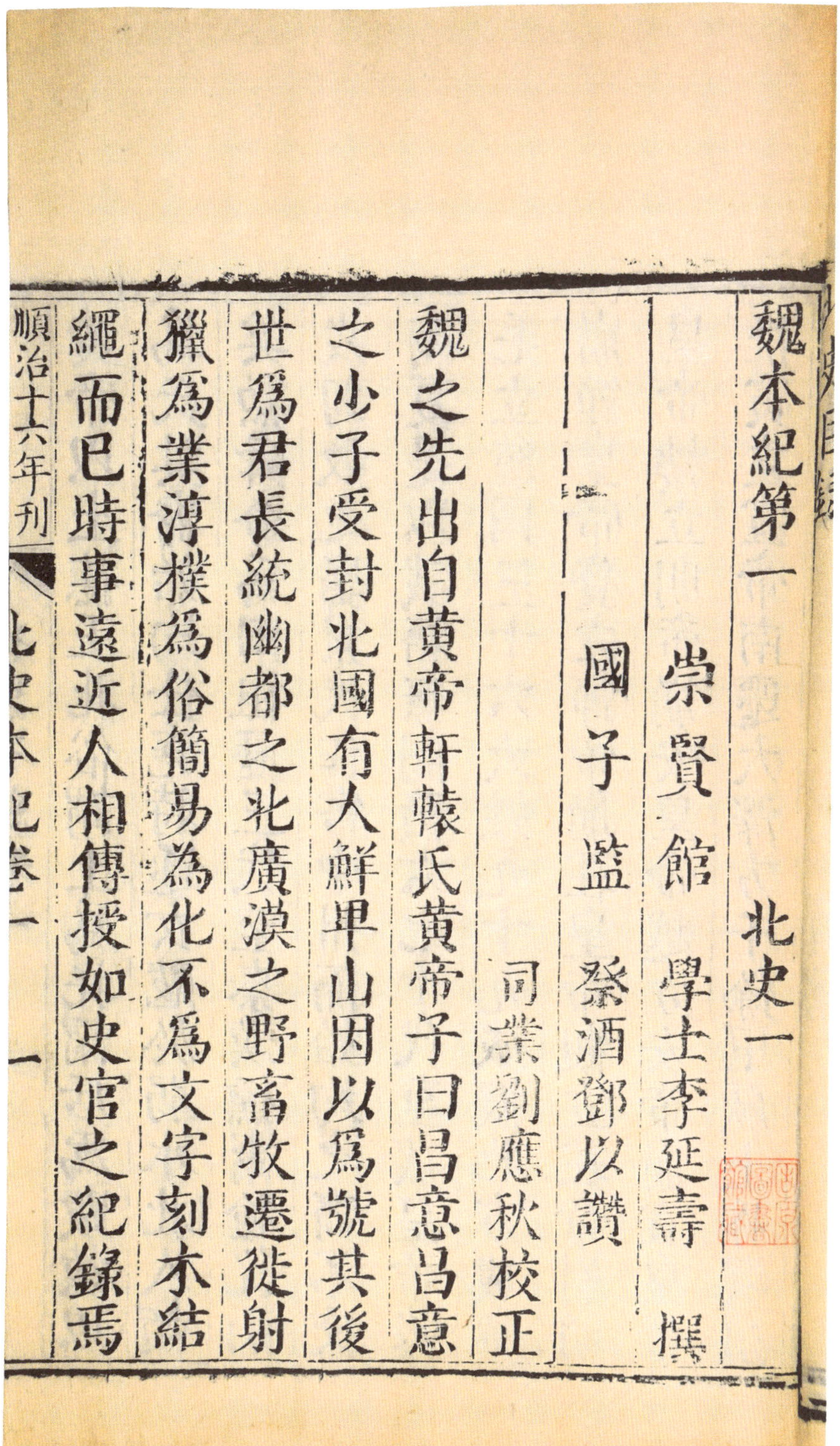

魏本紀第一　北史一

崇賢館　學士李延壽　撰

國子監　祭酒鄧以讚

司業劉應秋校正

魏之先出自黃帝軒轅氏黃帝子曰昌意昌意之少子受封北國有大鮮卑山因以爲號其後世爲君長統幽都之北廣漠之野畜牧遷徙射獵爲業淳樸爲俗簡易為化不爲文字刻木結繩而已時事遠近人相傳授如史官之紀錄焉

順治十六年刊　北史本紀卷一　一

0087　北史一百卷　（唐）李延壽撰　明刻明清南京國子監遞修本　二十册（存卷一至三十一、卷六十六至一百）

半葉九行十八字，白口，四周雙邊。版框19.5×14.9厘米，尺寸25.8×16.3厘米。

寧夏回族自治區固原市原州區圖書館藏。

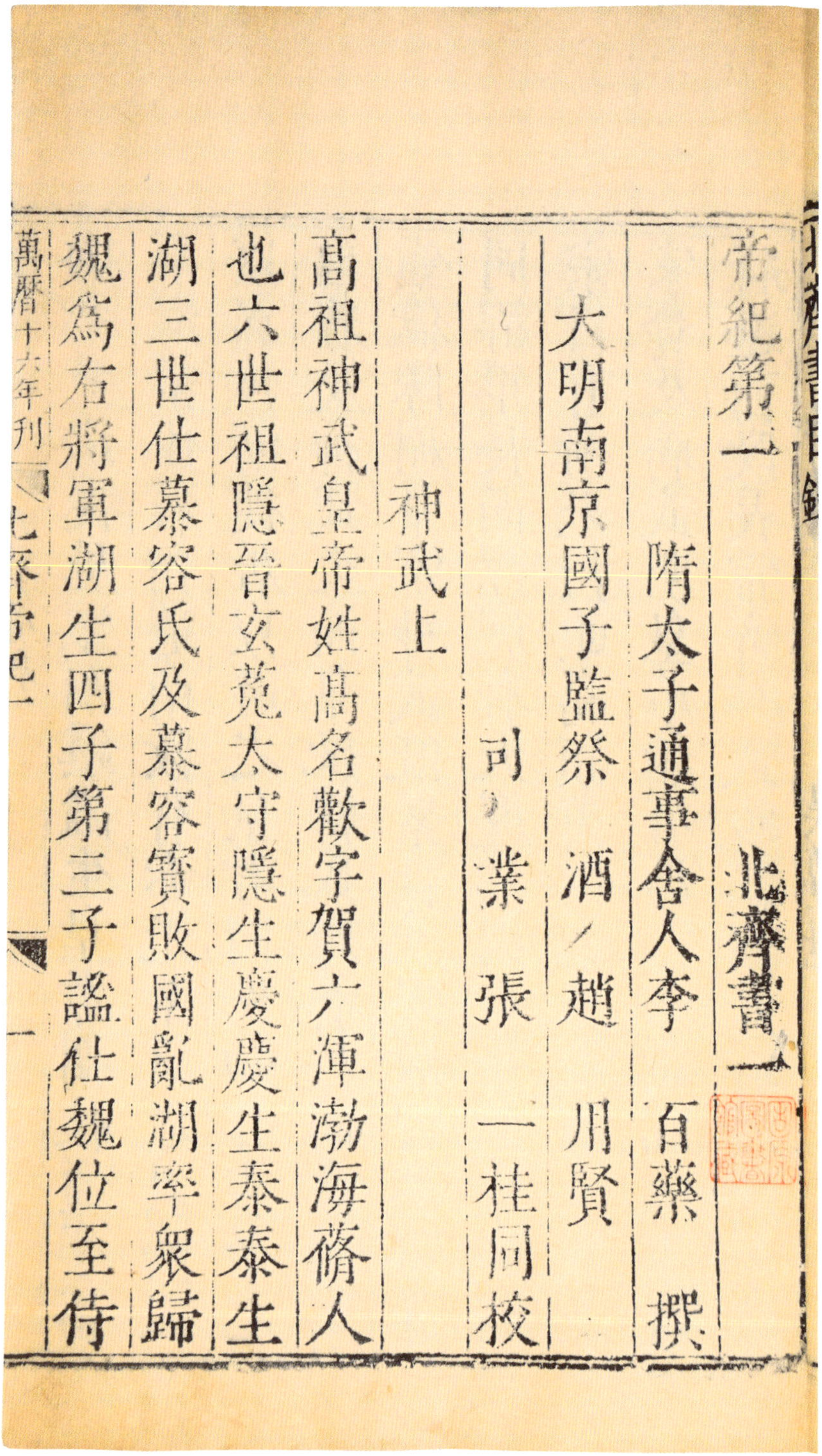

帝紀第一　北齊書一
隋太子通事舍人李　百藥　撰
大明南京國子監祭　酒　趙　用賢
司　業　張　一桂同校
神武上
高祖神武皇帝姓高名歡字賀六渾渤海蓨人
也六世祖隱晉玄菟太守隱生慶慶生泰泰生
湖三世仕慕容氏及慕容寶敗國亂湖率衆歸
魏爲右將軍湖生四子第三子謐仕魏位至侍
萬曆十六年刊　北齊帝紀一　一

0088　北齊書五十卷　（隋）李百藥撰　明萬曆至清康熙南京國子監遞修本　八册

半葉九行十八字，白口，四周雙邊。版框20.6×15.1厘米，尺寸25.8×16.4厘米。

寧夏回族自治區固原市原州區圖書館藏。

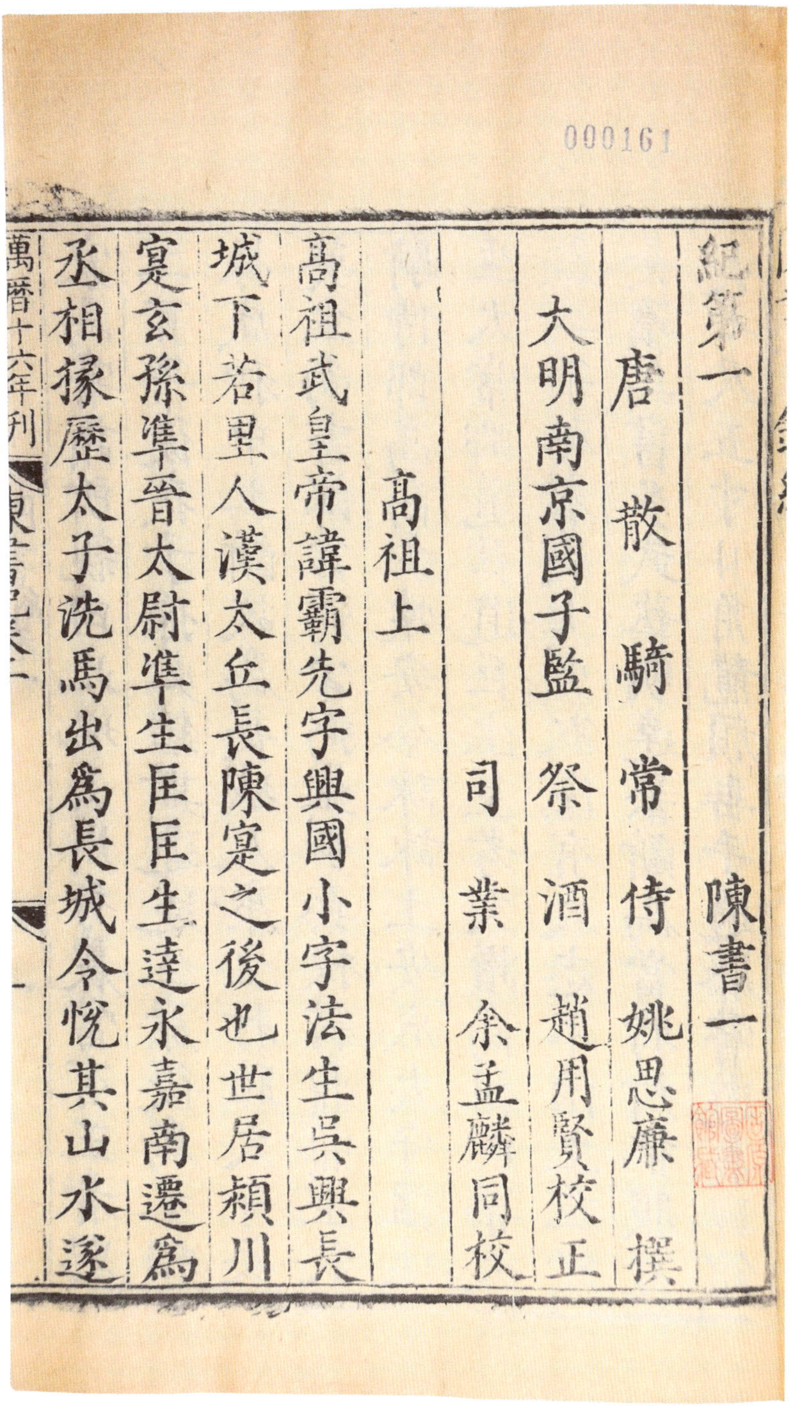
000161

紀第一　　陳書一

唐　散騎常侍　姚思廉　撰

大明南京國子監　祭酒　趙用賢校正

司業　余孟麟同校

高祖上

高祖武皇帝諱霸先字興國小字法生吳興長
城下若里人漢太丘長陳寔之後也世居潁川
寔玄孫準晉太尉準生匡匡生達永嘉南遷爲
丞相掾歷太子洗馬出爲長城令悅其山水遂

萬曆十六年刊　陳書卷一

0089　陳書三十六卷　（唐）姚思廉撰　明刻明萬曆至清康熙南京國子監遞修本　四册

半葉九行十八字，白口，四周雙邊。版框20×14.7厘米，尺寸25.5×15.9厘米。

寧夏回族自治區固原市原州區圖書館藏。

清　代

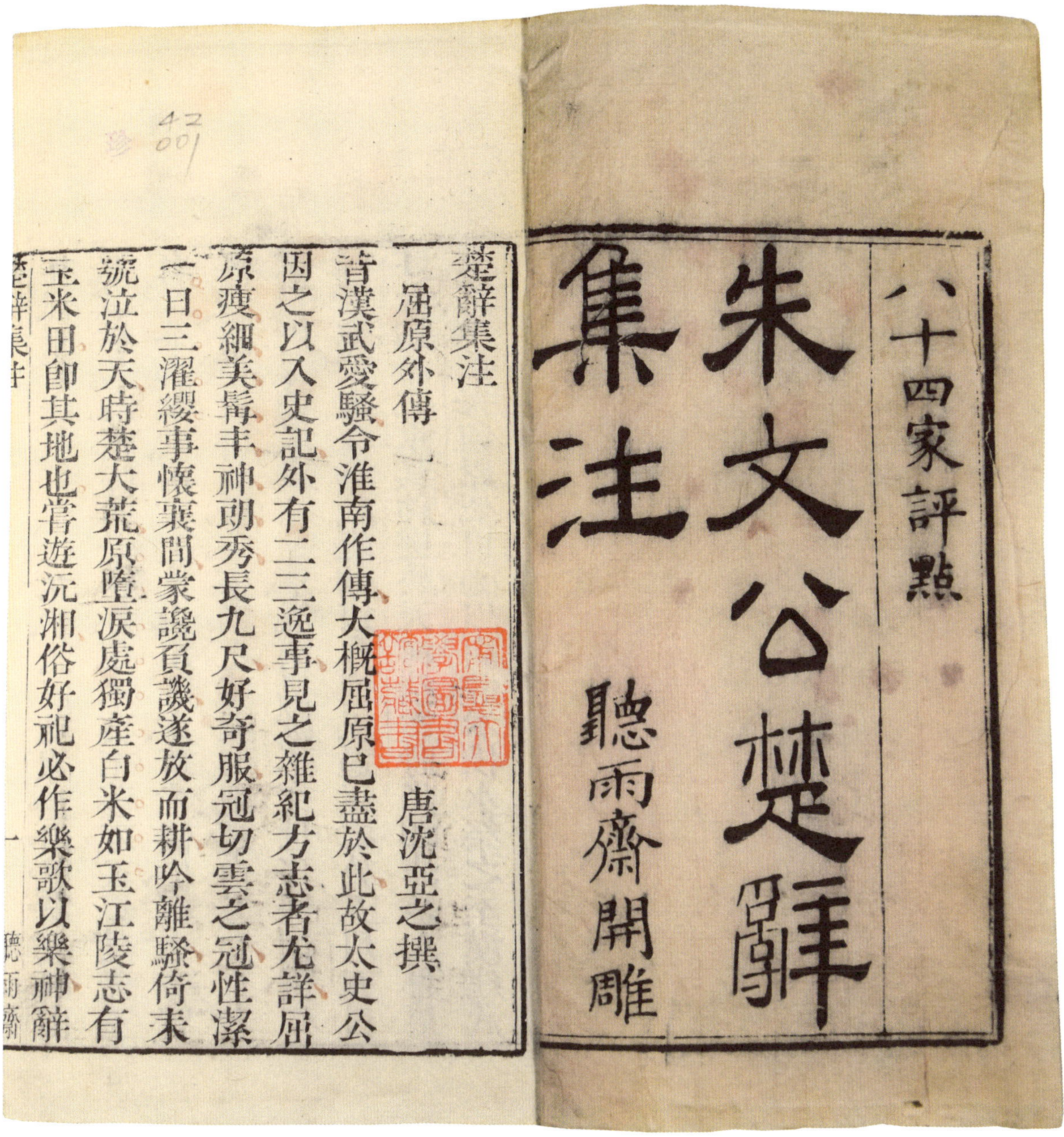
八十四家評點

朱文公楚辭

集注

聽雨齋開雕

楚辭集注

屈原外傳　唐沈亞之撰

昔漢武愛騷令淮南作傳大槩屈原已盡於此故太史公因之以入史記外有二三逸事見之雜紀方志者尤詳屈原瘦細美髯丰神朗秀長九尺好奇服冠切雲之冠性潔一日三濯纓事懷襄間常讒負譏遂放而耕吟離騷倚耒號泣於天時楚大荒原隨淚處獨產白米如玉江陵志有玉米田即其地也嘗遊沅湘俗好祀必作樂歌以樂神辭

楚辭集注　一　聽雨齋

0090　楚辭集注八卷　（宋）朱熹集注　清初聽雨齋朱墨套印本　一函四册

半葉八行二十二字，白口，左右雙邊。版框19.5×13.0厘米，尺寸27.1×14.7厘米。

寧夏大學圖書館藏。

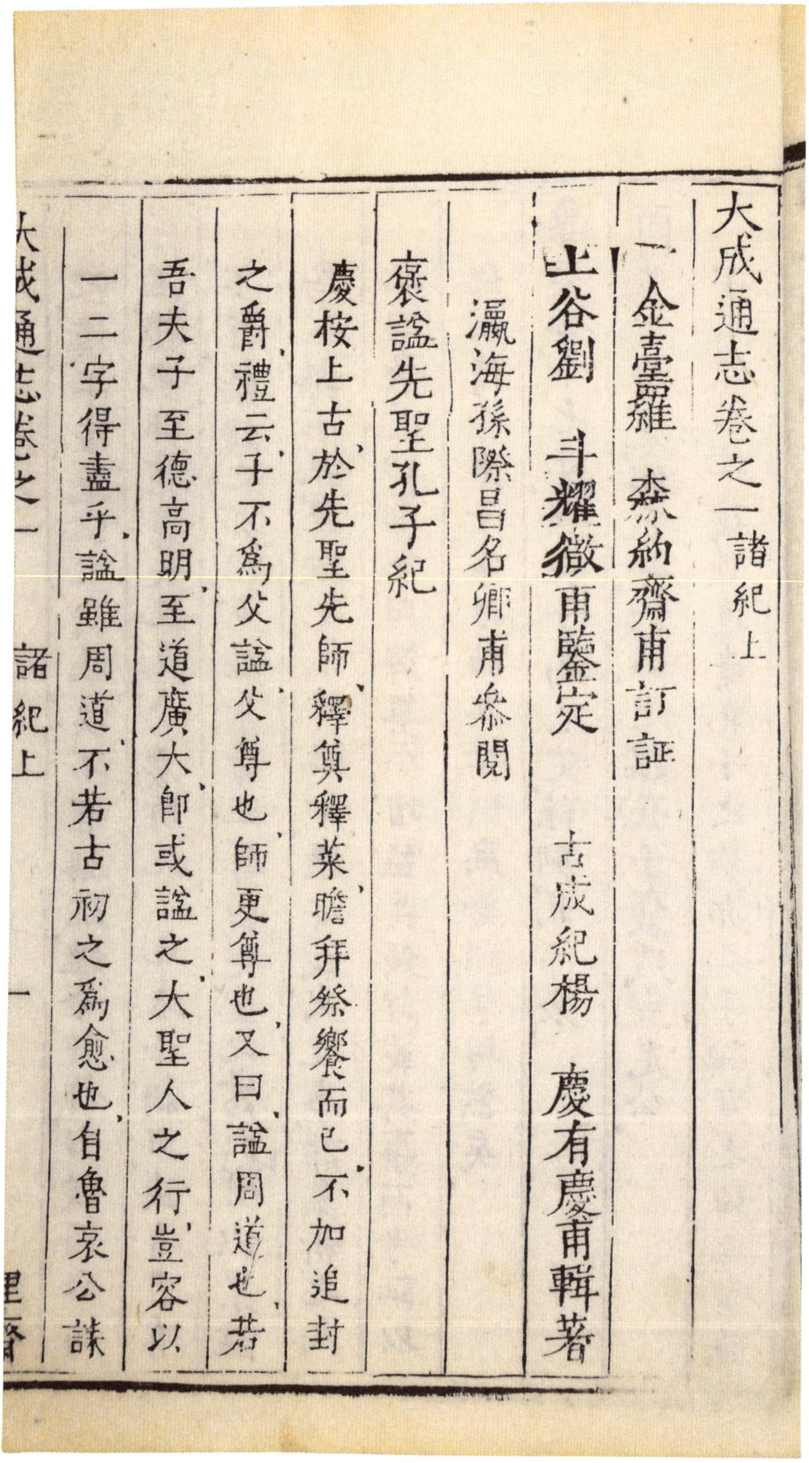
大成通志卷之一　諸紀上
金臺羅　森約齋甫訂証
上谷劉　斗耀徵甫鑒定　古成紀楊　慶有慶甫輯著
瀛海孫際昌名卿甫參閱
褒謚先聖孔子紀
慶桉上古於先聖先師釋奠釋菜瞻拜祭饗而已不加追封
之爵禮云子不爲父謚父尊也師更尊也又曰謚周道也若
吾夫子至德高明至道廣大郎或謚之大聖人之行豈容以
一二字得盡乎謚雖周道不若古初之爲愈也自魯哀公誄
大成通志卷之一　諸紀上　一

0091　大成通志十八卷首二卷　（清）楊慶撰　清康熙八年（1669）刻本　二函二十册

半葉九行二十四字，白口，四周雙邊。版框21.1×14.4厘米，尺寸25.1×15.6厘米。

寧夏回族自治區圖書館藏。

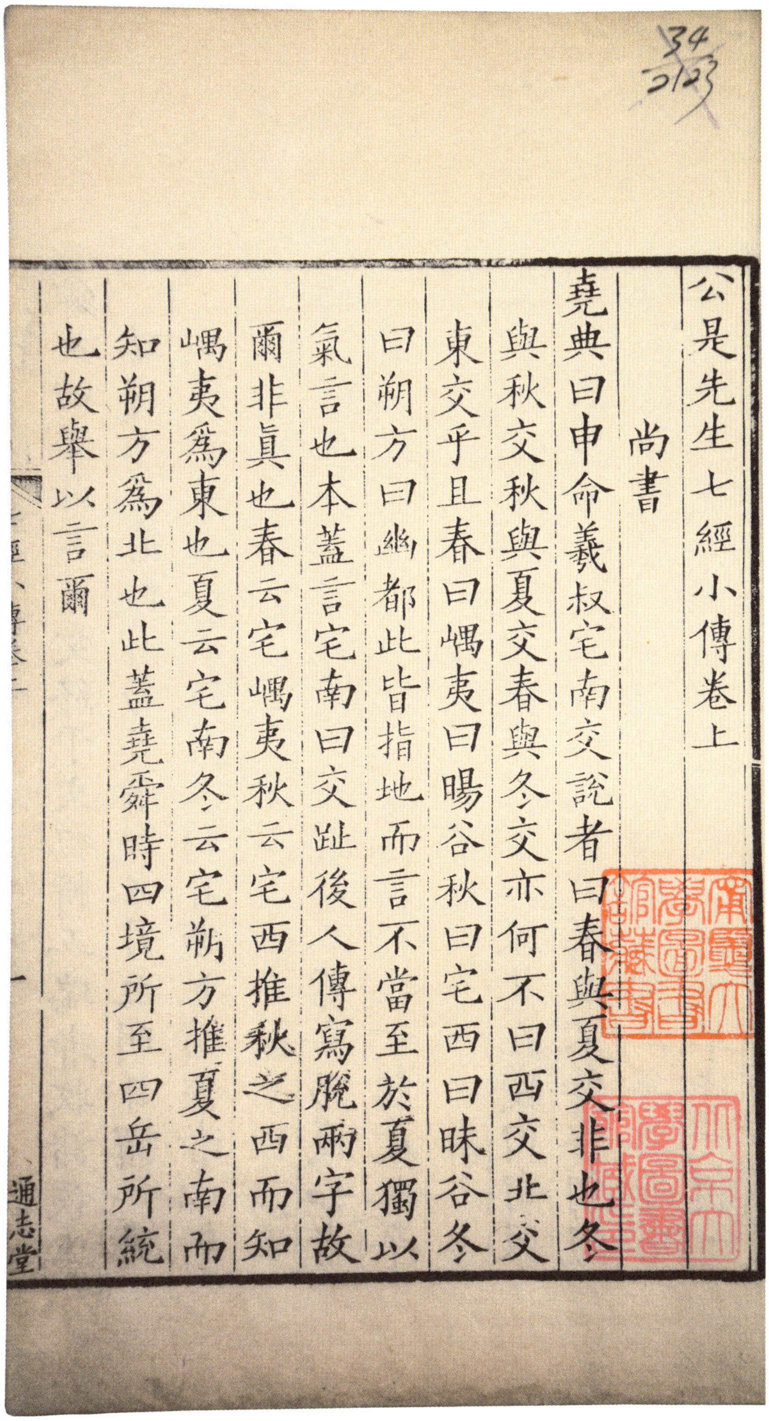
公是先生七經小傳卷上

尚書

堯典曰申命羲叔宅南交説者曰春與夏交非也冬與秋交秋與夏交春與冬交亦何不曰西交北交東交乎且春曰嵎夷曰暘谷秋曰宅西曰昧谷冬曰朔方曰幽都此皆指地而言不當至於夏獨以氣言也本蓋言宅南曰交趾後人傳寫脱兩字故爾非眞也春云宅嵎夷秋云宅西推秋之西而知嵎夷爲東也夏云宅南冬云宅朔方推夏之南而知朔方爲北也此蓋堯舜時四境所至四岳所統也故舉以言爾

七經小傳卷上　一　通志堂

0092　公是先生七經小傳三卷　（宋）劉敞撰　清康熙十九年（1680）通志堂刻本　一册

半葉十一行二十字，雙行小字三十二字，白口，左右雙邊。版框20.1×15.1厘米，尺寸27.2×17.8厘米。

寧夏大學圖書館藏。

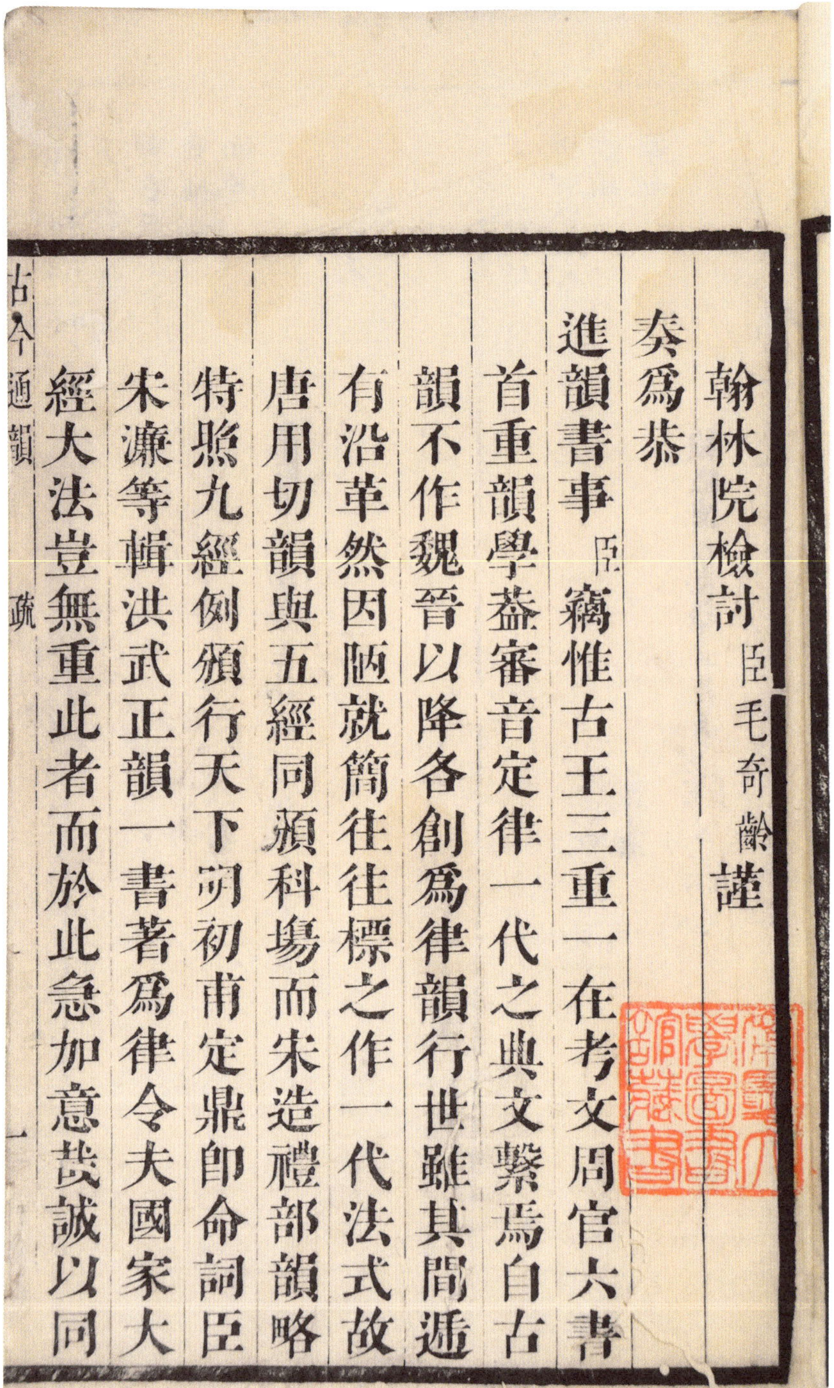

翰林院檢討臣毛奇齡謹

奏爲恭

進韻書事臣竊惟古王三重一在考文周官六書

首重韻學蓋審音定律一代之典文繫焉自古

韻不作魏晉以降各創爲律韻行世雖其間遞

有沿革然因陋就簡往往標之作一代法式故

唐用切韻與五經同頒科場而宋造禮部韻略

特照九經例頒行天下明初甫定鼎即命詞臣

宋濂等輯洪武正韻一書著爲律令夫國家大

經大法豈無重此者而於此急加意甚誠以同

古今通韻　疏　一

0093　古今通韻十二卷　（清）毛奇齡撰　清康熙二十四年（1685）學者堂刻本　一夾六册

半葉十行二十字，雙行小字同，白口，四周單邊。版框20.1×14.1厘米，尺寸25.1×16.2厘米。

寧夏大學圖書館藏。

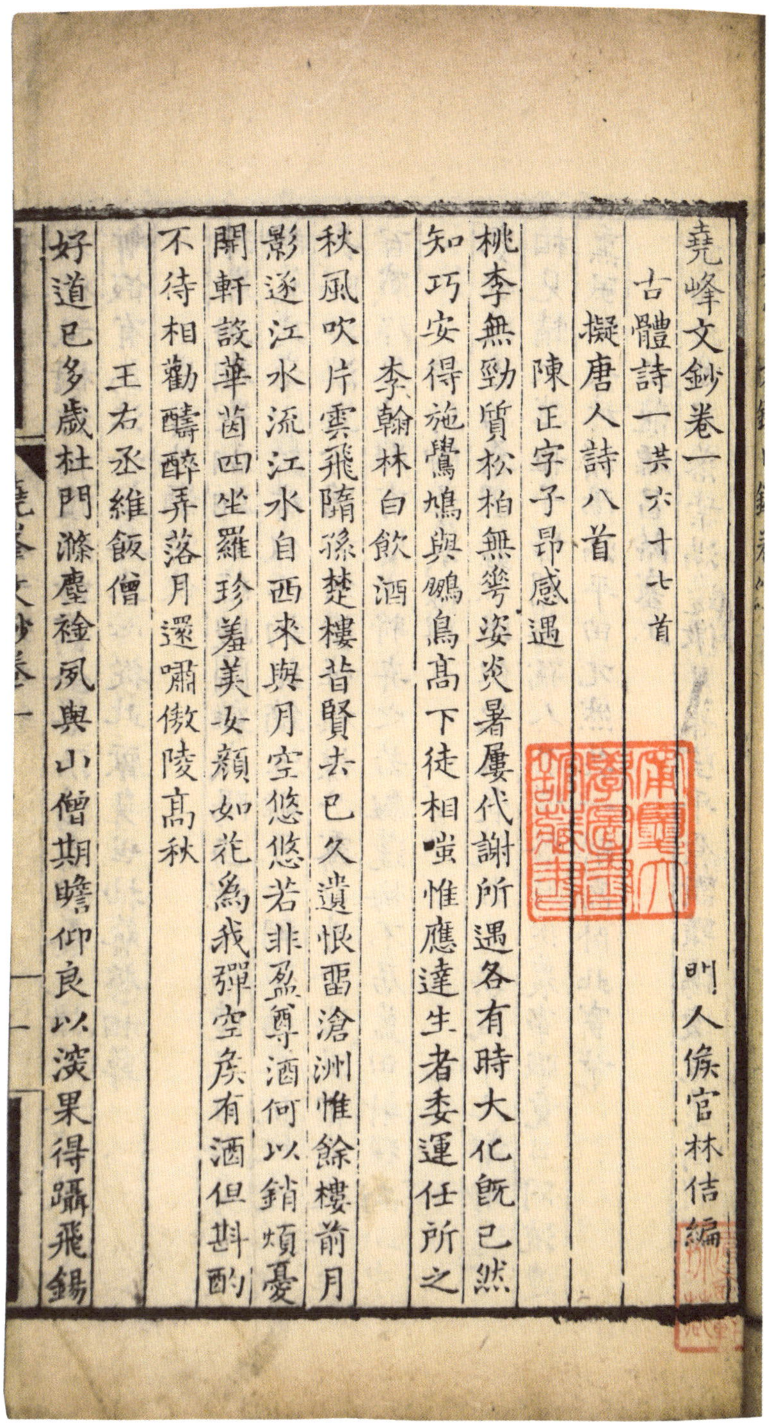
堯峰文鈔卷一
古體詩一 共六十七首　門人候官林佶編
擬唐人詩八首
陳正字子昂感遇
桃李無勁質松柏無孥姿炎暑屢代謝所遇各有時大化既已然
知巧安得施鸒鳩與鵩鳥高下徒相嗤惟應達生者委運任所之
李翰林白飲酒
秋風吹片雲飛隨孫楚樓昔賢去已久遺恨畱滄洲惟餘樓前月
影逐江水流江水自西來與月空悠悠若非盈尊酒何以銷煩憂
開軒談華茵四坐羅珍羞美女顏如花爲我彈空矦有酒但斟酌
不待相勸醻醉弄落月還嘯傲陵高秋
王右丞維飯僧
好道已多歲杜門滌塵襟夙與山僧期瞻仰良以深果得躡飛錫

0094　堯峰文鈔四十卷詩十卷　（清）汪琬撰　清康熙三十二年（1693）林佶寫刻本　一函六册
半葉十三行二十五字，雙行小字同，黑口，左右雙邊。版框20.7 × 14.2厘米，尺寸26.2 × 16.3厘米。
寧夏大學圖書館藏。

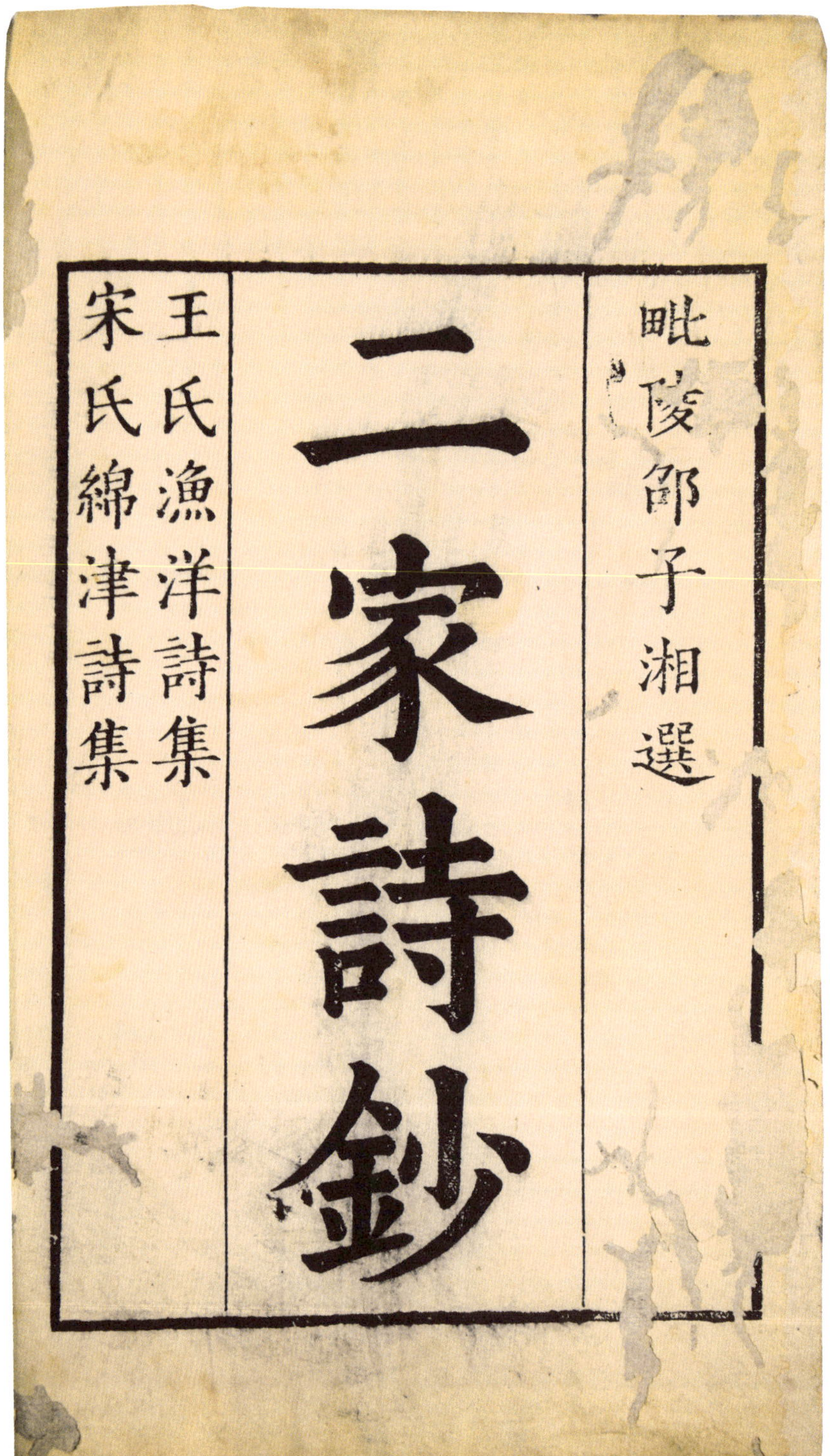

0095　二家詩鈔二種二十卷　（清）邵長蘅編　清康熙三十四年（1695）刻本　五册

半葉十行二十一字，黑口，四周單邊。版框18.3×13.5厘米，尺寸26.7×17.5厘米。

寧夏大學圖書館藏。

王氏漁洋詩鈔卷一

寄趙子

日落揚子江江上丹青樹寒雁下蕪城遙山隱瓜步天末懷佳人前期邈煙霧

寄任同年

陽羨六斑茶蘭陵十千酒古來佳麗區遙當五湖口君家罨畫溪花竹使人迷牕內溪流滿雲中煙樹齊我家東海澨不識吳中路昨日懷佳人夜夢江南渡彷彿渡江船見子滬湖邊飄搖碧雲裏嘯傲青峰巔憶昔燕山別楊柳花如雪望遠抱遙悲傷離紛暮節邇聞顧丹陽

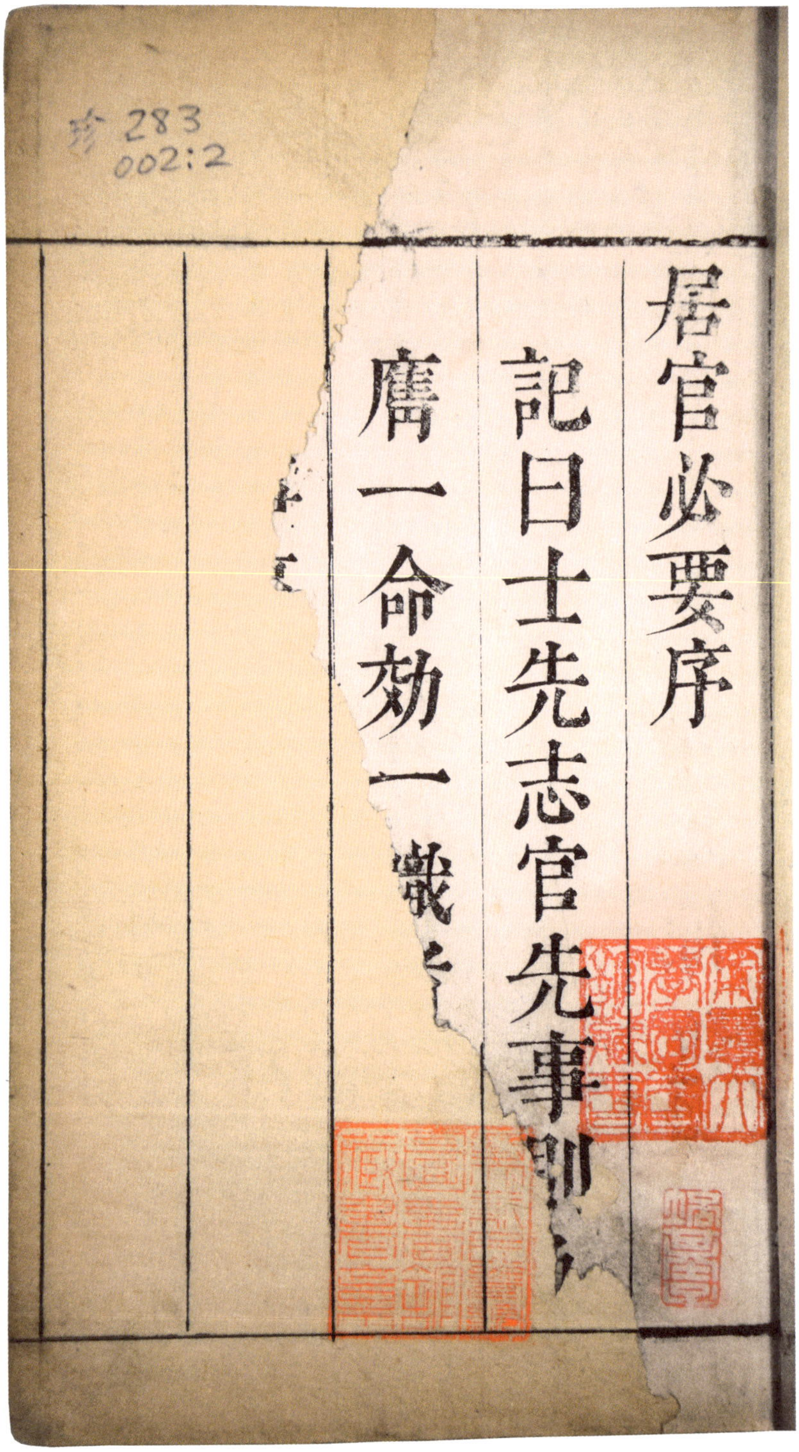

居官必要序
記曰士先志官先事
膺一命効一

0096　居官必要八卷　（明）吕坤撰　清康熙三十五年（1696）兖州府陳于豫刻本　一函六册

半葉九行十九字，白口，左右雙邊。版框18.1×13.5厘米，尺寸23.6×14.5厘米。

寧夏大學圖書館藏。

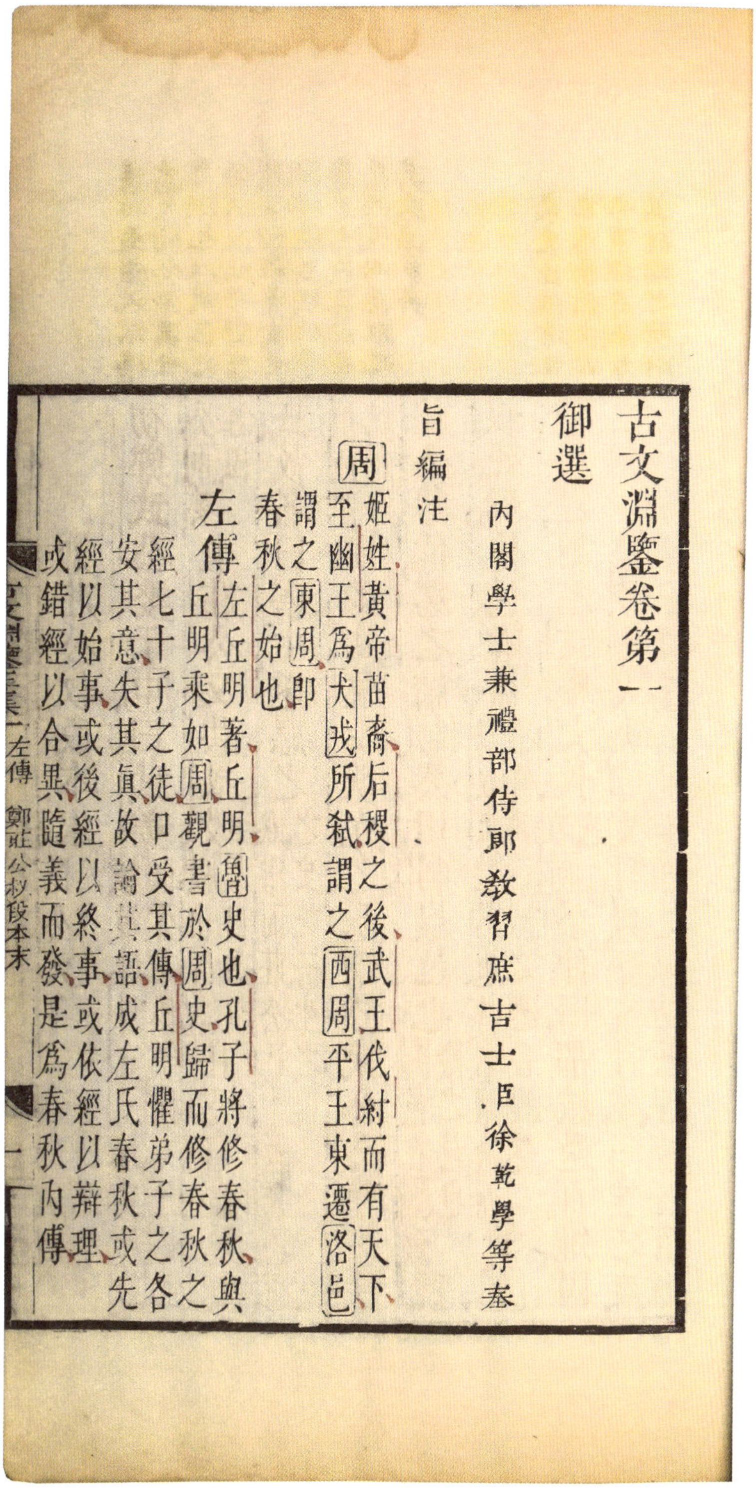
古文淵鑒卷第一

御選

內閣學士兼禮部侍郎教習庶吉士臣徐乾學等奉

旨編注

周姬姓黃帝苗裔后稷之後武王伐紂而有天下至幽王爲犬戎所弑謂之西周平王東遷洛邑謂之東周即春秋之始也

左傳左丘明著丘明魯史也孔子將修春秋與丘明乘如周觀書於周史歸而修春秋之經七十子之徒口受其傳丘明懼弟子之各安其意失其眞故論其語成左氏春秋或先經以始事或後經以終事或依經以辯理或錯經以合異隨義而發是爲春秋內傳

古文淵鑒卷一 左傳 鄭莊公叔段本末 一

0097　古文淵鑒六十四卷　（清）徐乾學等編　清康熙四十九年（1710）五色套印本　十六册（存卷一至十六、卷三十三至四十八）

半葉九行二十字，雙行小字同，四周單邊。版框18.3×14.2厘米，尺寸29.6×18.0厘米。

寧夏回族自治區博物館藏。

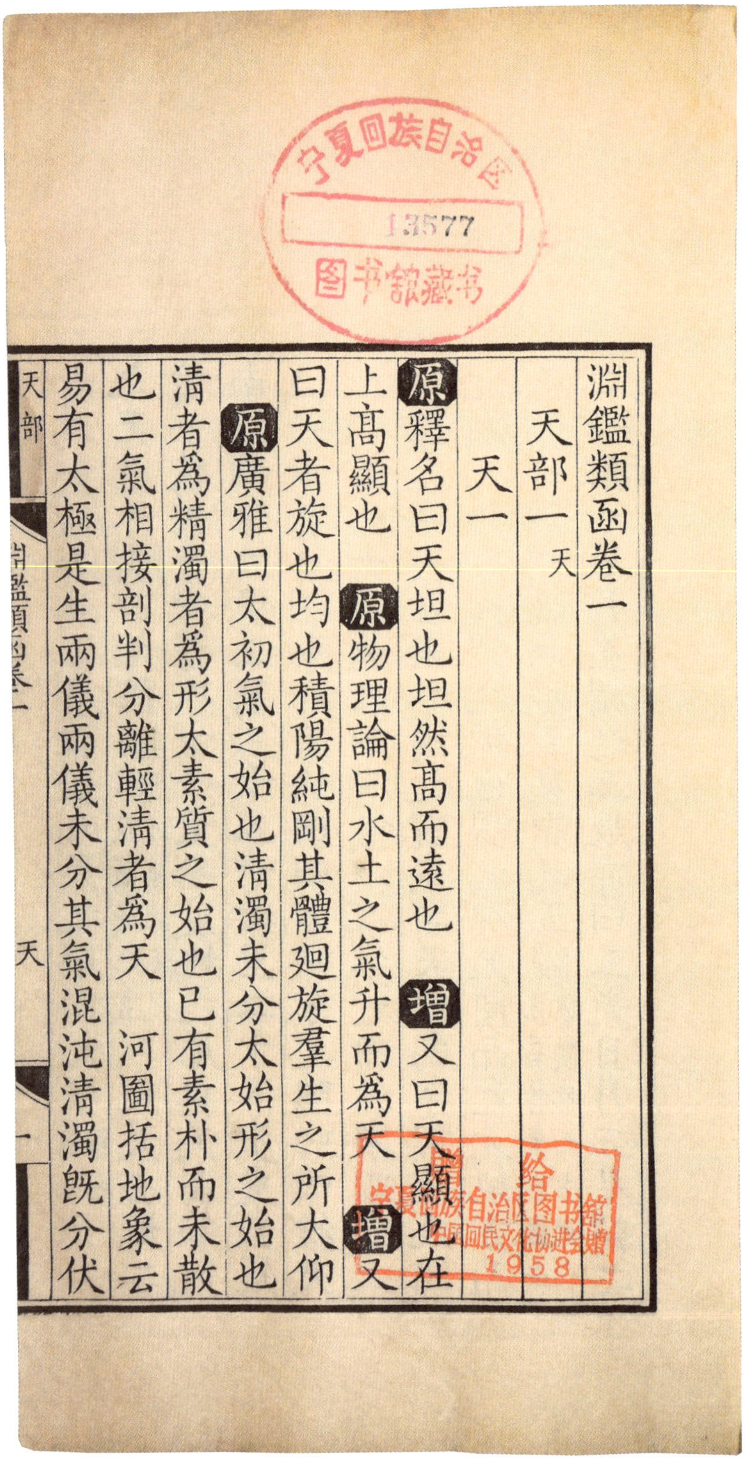

淵鑑類函卷一

天部一 天

天一

原 釋名曰天坦也坦然高而遠也 增 又曰天顯也在上高顯也 原 物理論曰水土之氣升而爲天 增 又曰天者旋也均也積陽純剛其體廻旋羣生之所大仰 原 廣雅曰太初氣之始也清濁未分太始形之始也清者爲精濁者爲形太素質之始也已有素朴而未散也二氣相接剖判分離輕清者爲天 河圖括地象云易有太極是生兩儀兩儀未分其氣混沌清濁既分伏

天部　淵鑑類函卷一　天　一

0098　淵鑑類函四百五十卷目録四卷　（清）張英等纂　清康熙四十九年（1710）内府刻本　三十五函一百四十册

半葉十行二十一字，雙行小字同，黑口，四周雙邊。版框17.1×11.7厘米，尺寸25.5×15.5厘米。

寧夏回族自治區圖書館藏。

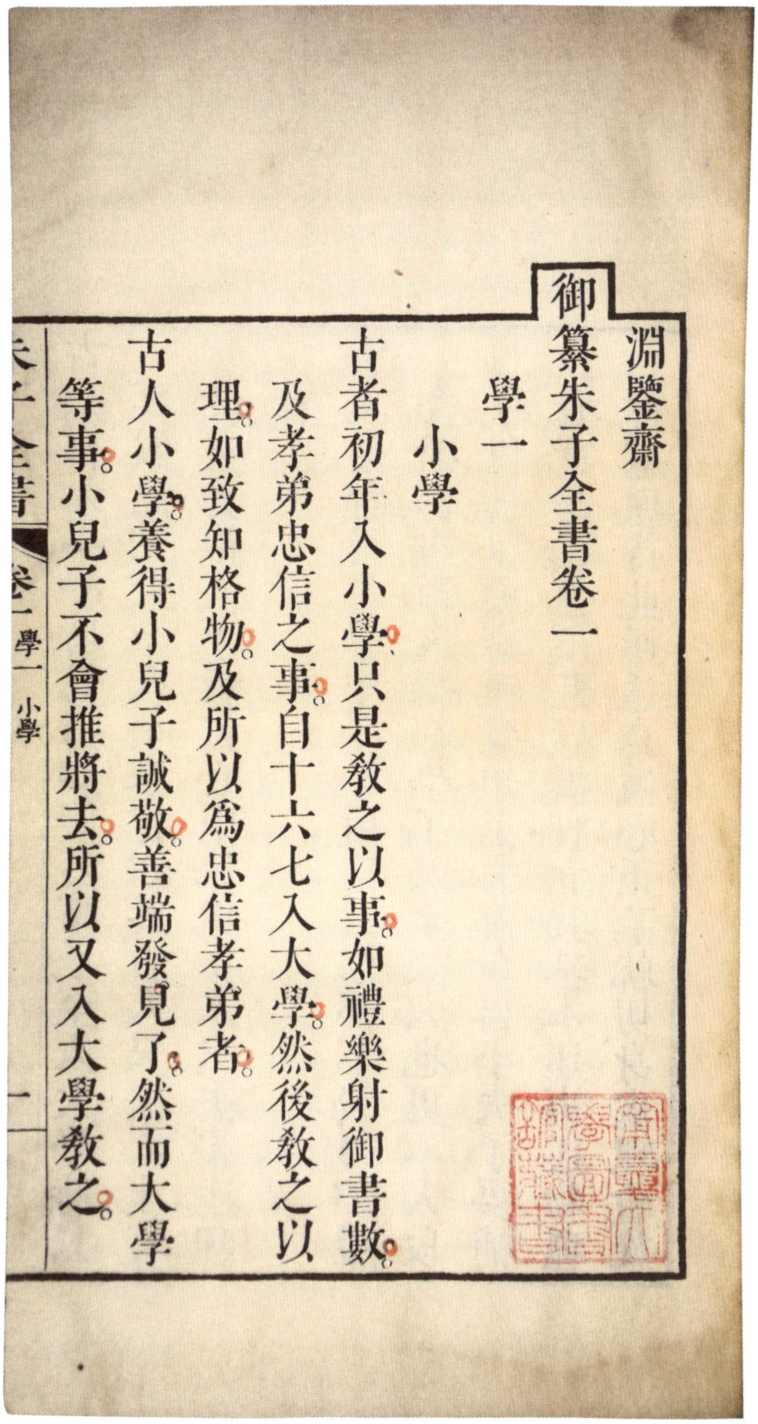

淵鑒齋

御纂朱子全書卷一

學一

小學

古者初年入小學只是教之以事如禮樂射御書數及孝弟忠信之事自十六七入大學然後教之以理如致知格物及所以爲忠信孝弟者

古人小學養得小兒子誠敬善端發見了然而大學等事小兒子不會推將去所以又入大學教之

朱子全書　卷一　學一　小學　一

0099　御纂朱子全書六十六卷　（清）李光地等撰　清康熙五十二年（1713）內府刻本　二十四册

半葉九行二十字，白口，四周單邊。版框19.1 × 14.0厘米，尺寸27.7 × 17.1厘米。

寧夏大學圖書館藏。

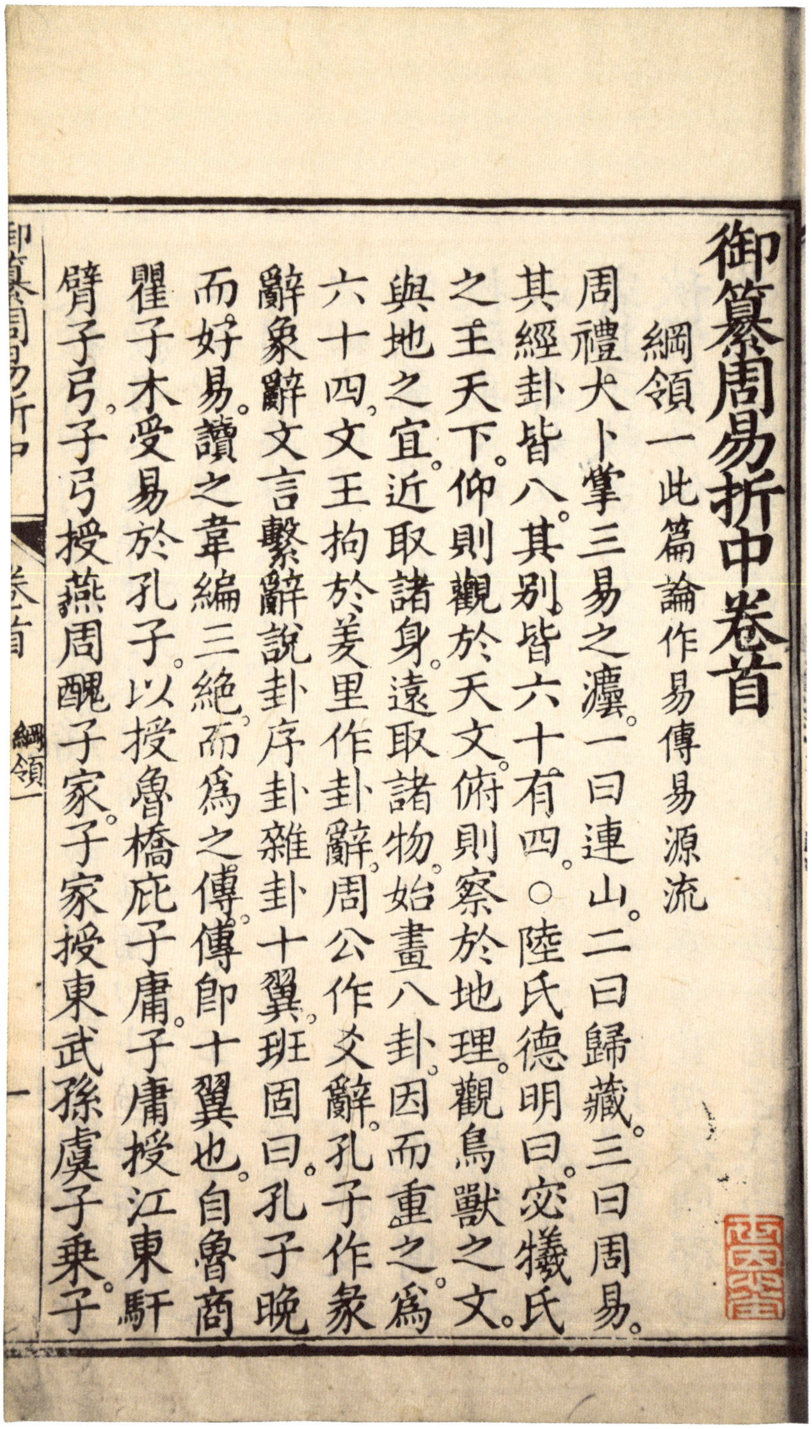
御纂周易折中卷首
綱領一 此篇論作易傳易源流
周禮大卜掌三易之灋。一曰連山。二曰歸藏。三曰周易。
其經卦皆八。其别皆六十有四。○陸氏德明曰。宓羲氏
之王天下。仰則觀於天文。俯則察於地理。觀鳥獸之文。
與地之宜。近取諸身。遠取諸物。始畫八卦。因而重之爲
六十四。文王拘於羑里作卦辭。周公作爻辭。孔子作彖
辭象辭文言繫辭說卦序卦雜卦十翼。班固曰。孔子晚
而好易。讀之韋編三絕。而爲之傳。傳卽十翼也。自魯商
瞿子木受易於孔子。以授魯橋庇子庸。子庸授江東馯
臂子弓。子弓授燕周醜子家。子家授東武孫虞子乘。子
御纂周易折中 卷首 綱領一 一

0100　御纂周易折中二十二卷首一卷　（清）李光地等撰　清康熙五十四年（1715）武英殿刻本　二函十册

半葉八行十八字，雙行小字二十二字，白口，四周雙邊。版框22.5×16.2厘米，尺寸27.3×18.4厘米。

寧夏大學圖書館藏。

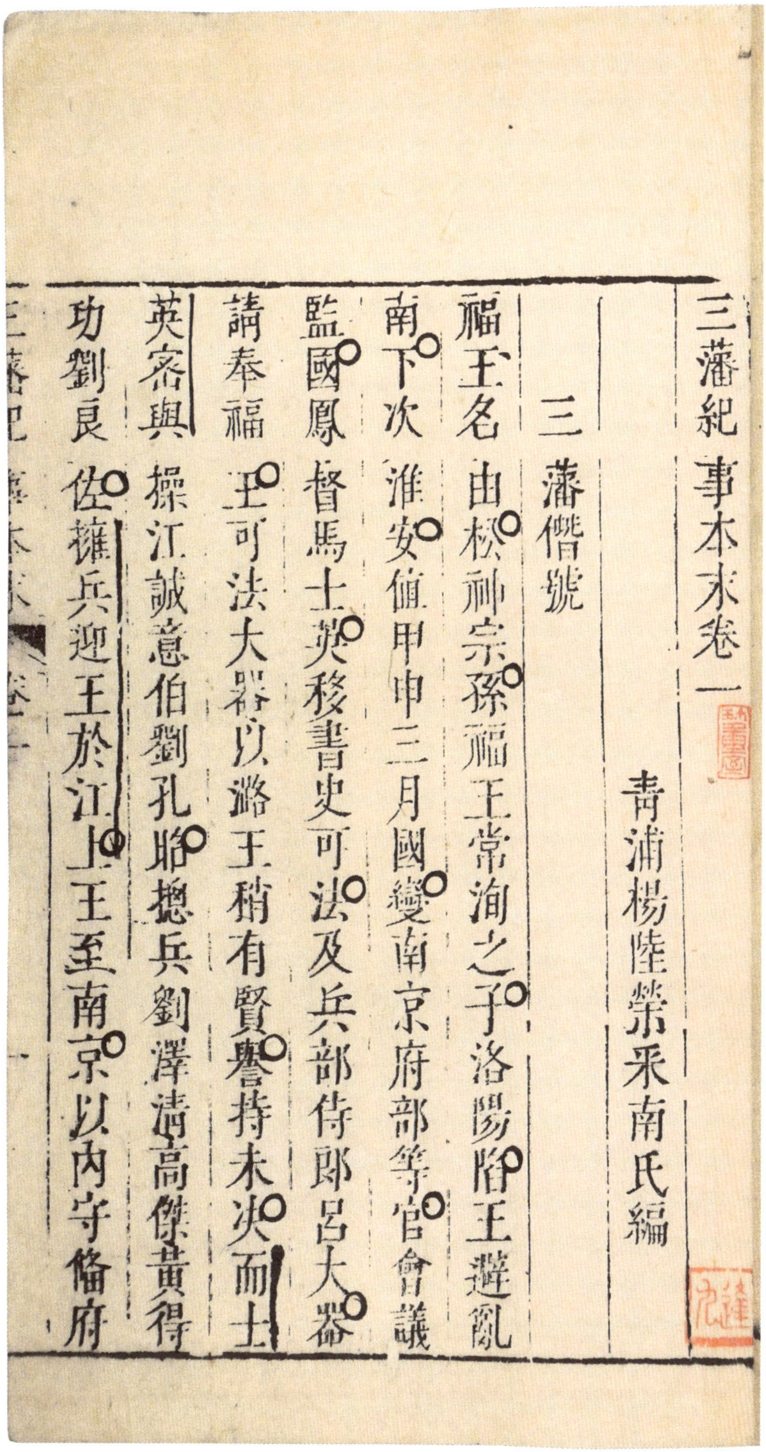

三藩紀事本末卷一

青浦楊陸榮采南氏編

三藩僭號

福王名由崧神宗孫福王常洵之子洛陽陷王避亂南下次淮安值甲申三月國變南京府部等官會議監國鳳督馬士英移書史可法及兵部侍郎呂大器請奉福王可法大器以潞王稍有賢譽持未決而士英密與操江誠意伯劉孔昭總兵劉澤清高傑黃得功劉良佐擁兵迎王於江上王至南京以內守備府

0101　三藩紀事本末四卷　（清）楊陸榮撰　清康熙五十六年（1717）刻本　一函三册

半葉九行二十字，白口，左右雙邊。版框18.8×13.8厘米，尺寸24.9×15.5厘米。

寧夏回族自治區圖書館藏。

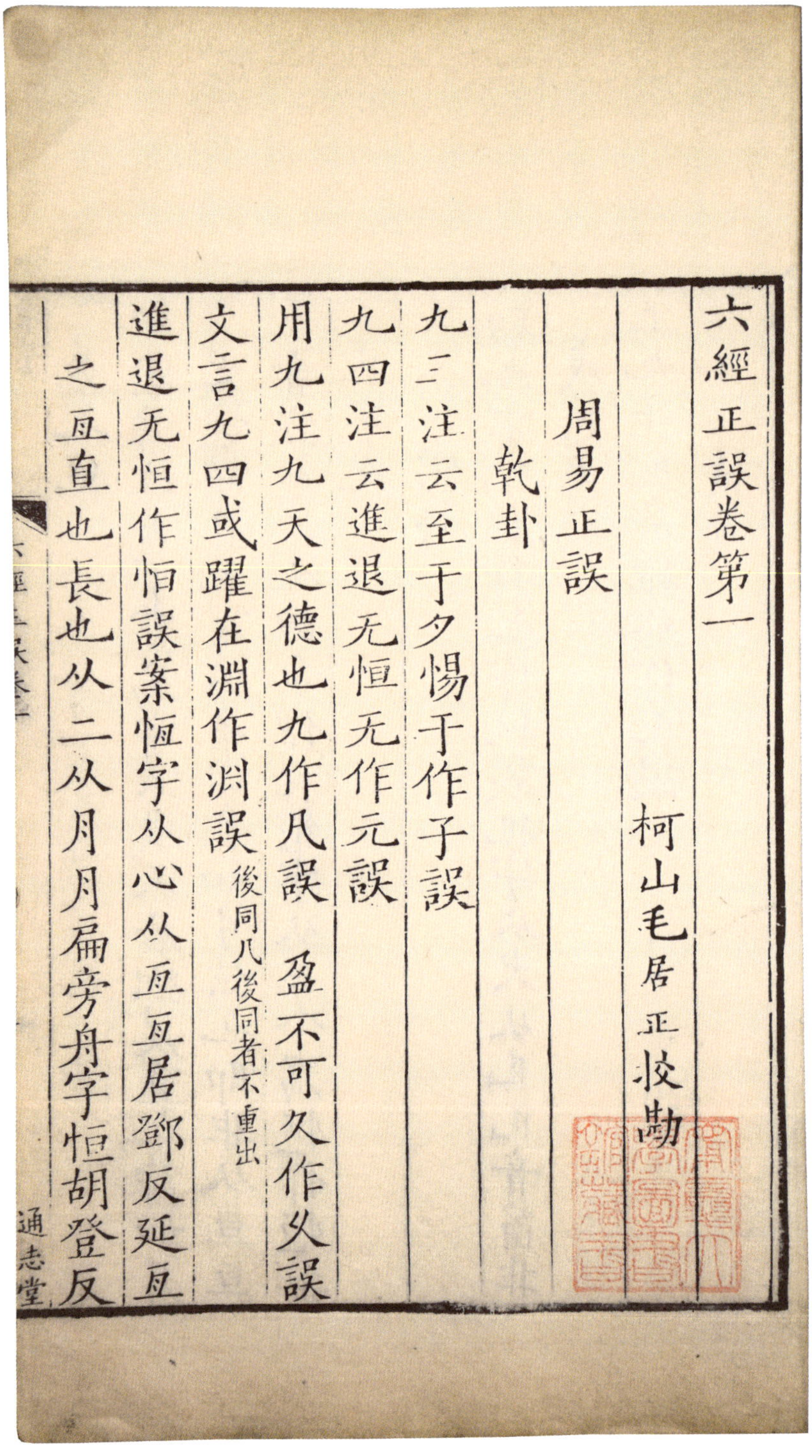

六經正誤卷第一

柯山毛居正校勘

周易正誤

乾卦

九三注云至于夕惕于作子誤

九四注云進退无恒无作元誤

用九注九天之德也九作凡誤　盈不可久作夂誤

文言九四或躍在淵作渕誤後同凡後同者不重出

進退无恒作恒誤案恒字从心从亘亘居鄧反延亘之亘直也長也从二从月月扁旁舟字恒胡登反

通志堂

0102　六經正誤六卷　（宋）毛居正撰　清康熙通志堂刻本　二册

半葉十行二十字，白口，左右雙邊。版框19.9×15.0厘米，尺寸27.2×17.8厘米。寧夏大學圖書館藏。

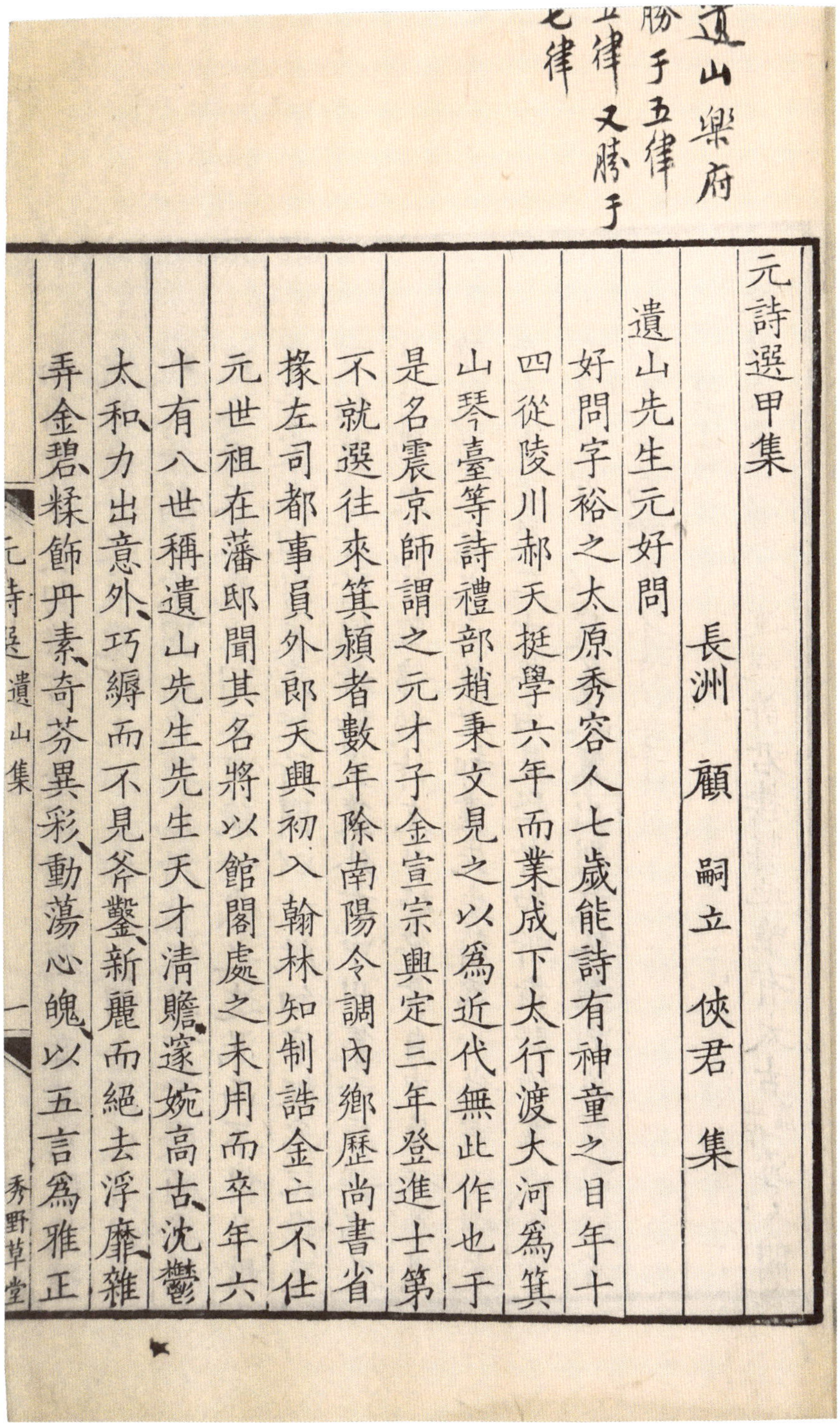
遺山樂府勝于五律五律又勝于七律

元詩選甲集

長洲　顧　嗣立　俠君　集

遺山先生元好問

好問字裕之太原秀容人七歲能詩有神童之目年十四從陵川郝天挺學六年而業成下太行渡大河爲箕山琴臺等詩禮部趙秉文見之以爲近代無此作也于是名震京師謂之元才子金宣宗興定三年登進士第不就選往來箕潁者數年除南陽令調內鄉歷尚書省掾左司都事員外郎天興初入翰林知制誥金亡不仕元世祖在藩邸聞其名將以館閣處之未用而卒年六十有八世稱遺山先生先生天才清贍邃婉高古沈鬱太和力出意外巧縟而不見斧鑿新麗而絕去浮靡雜弄金碧糅飾丹素奇芬異彩動蕩心魄以五言爲雅正

元詩選　遺山集　一　秀野草堂

0103　元詩選三集三百二十卷　（清）顧嗣立輯　清康熙長洲顧氏秀野草堂刻本　九函四十六册

半葉十三行二十三字，雙行小字不等，白口，左右雙邊。版框19.3×14.8厘米，尺寸25.2×16.9厘米。

寧夏回族自治區圖書館藏。

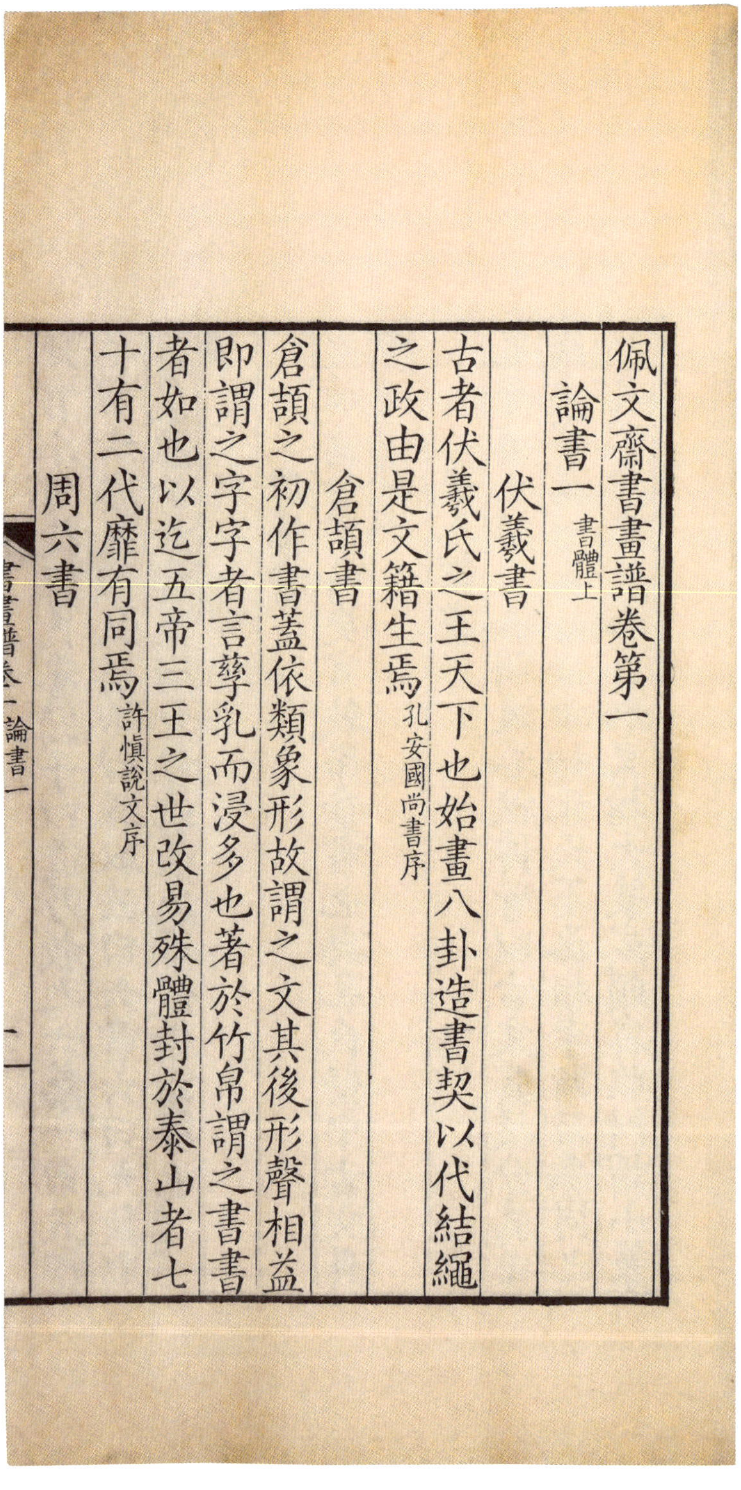
佩文齋書畫譜卷第一

論書一 書體上

伏羲書

古者伏羲氏之王天下也始畫八卦造書契以代結繩之政由是文籍生焉 孔安國尚書序

倉頡書

倉頡之初作書蓋依類象形故謂之文其後形聲相益即謂之字字者言孳乳而浸多也著於竹帛謂之書書者如也以迄五帝三王之世改易殊體封於泰山者七十有二代靡有同焉 許慎說文序

周六書

書畫譜卷一 論書一 一

0104　**佩文齋書畫譜一百卷**　（清）孫岳頒等纂　清康熙內府刻本　四函四十册

半葉十一行二十一字，雙行小字不等，白口，左右雙邊。版框17.0×11.7厘米，尺寸25.2×16.1厘米。

寧夏回族自治區圖書館藏。

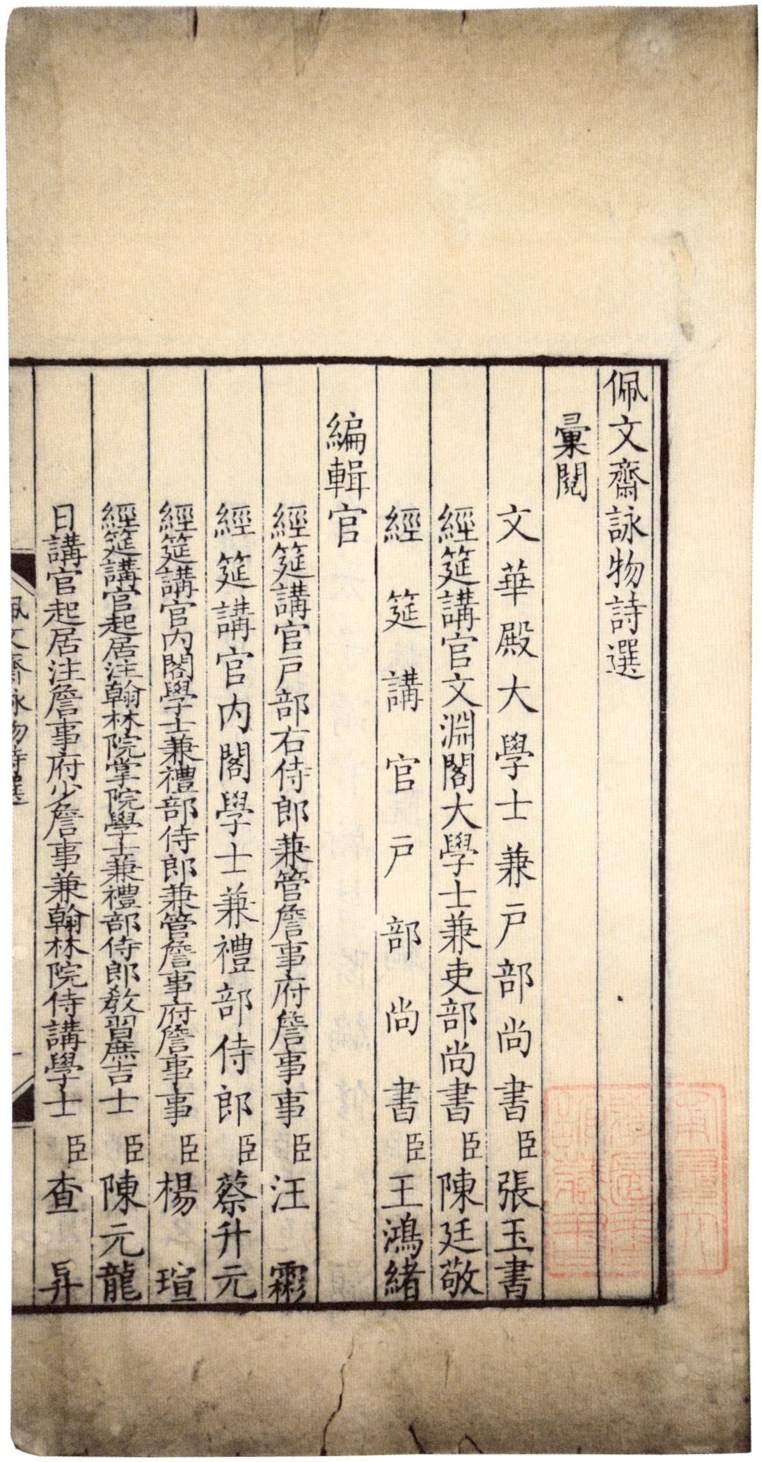

佩文齋詠物詩選

彙閱

文華殿大學士兼戶部尚書臣張玉書

經筵講官文淵閣大學士兼吏部尚書臣陳廷敬

經筵講官戶部尚書臣王鴻緒

編輯官

經筵講官戶部右侍郎兼管詹事府詹事事臣汪霦

經筵講官內閣學士兼禮部侍郎臣蔡升元

經筵講官內閣學士兼禮部侍郎兼管詹事府詹事事臣楊瑄

經筵講官起居注翰林院掌院學士兼禮部侍郎教習庶吉士臣陳元龍

日講官起居注詹事府少詹事兼翰林院侍講學士臣查昇

0105　佩文齋詠物詩選四百八十六卷　（清）汪霦等編　清康熙內府刻本　六十册

半葉十一行二十一字，白口，左右雙邊。版框16.5×11.6厘米，尺寸24.6×14.9厘米。

寧夏大學圖書館藏。

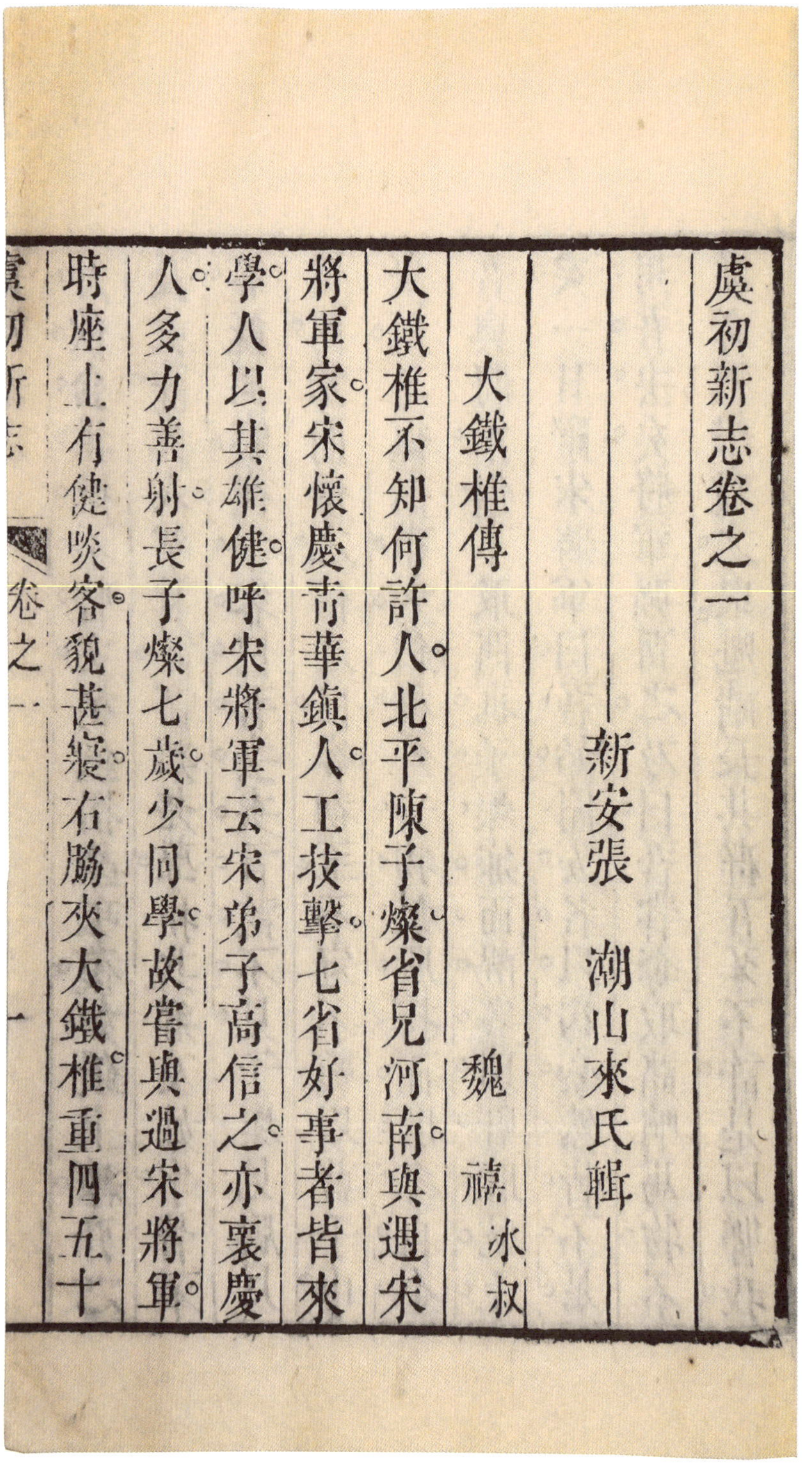
虞初新志卷之一
新安張　潮山來氏輯
魏　禧　冰叔
大鐵椎傳
大鐵椎不知何許人北平陳子燦省兄河南與遇宋
將軍家宋懷慶青華鎮人工技擊七省好事者皆來
學人以其雄健呼宋將軍云宋弟子高信之亦懷慶
人多力善射長子燦七歲少同學故嘗與過宋將軍
時座上有健啖客貌甚寢右脇夾大鐵椎重四五十
虞初新志　卷之一　一

0106　虞初新志二十卷　（清）張潮輯　清康熙刻本　二函八册

半葉九行二十字，白口，四周單邊。版框18.7×13.6厘米，尺寸24.6×15.7厘米。

寧夏回族自治區圖書館藏。

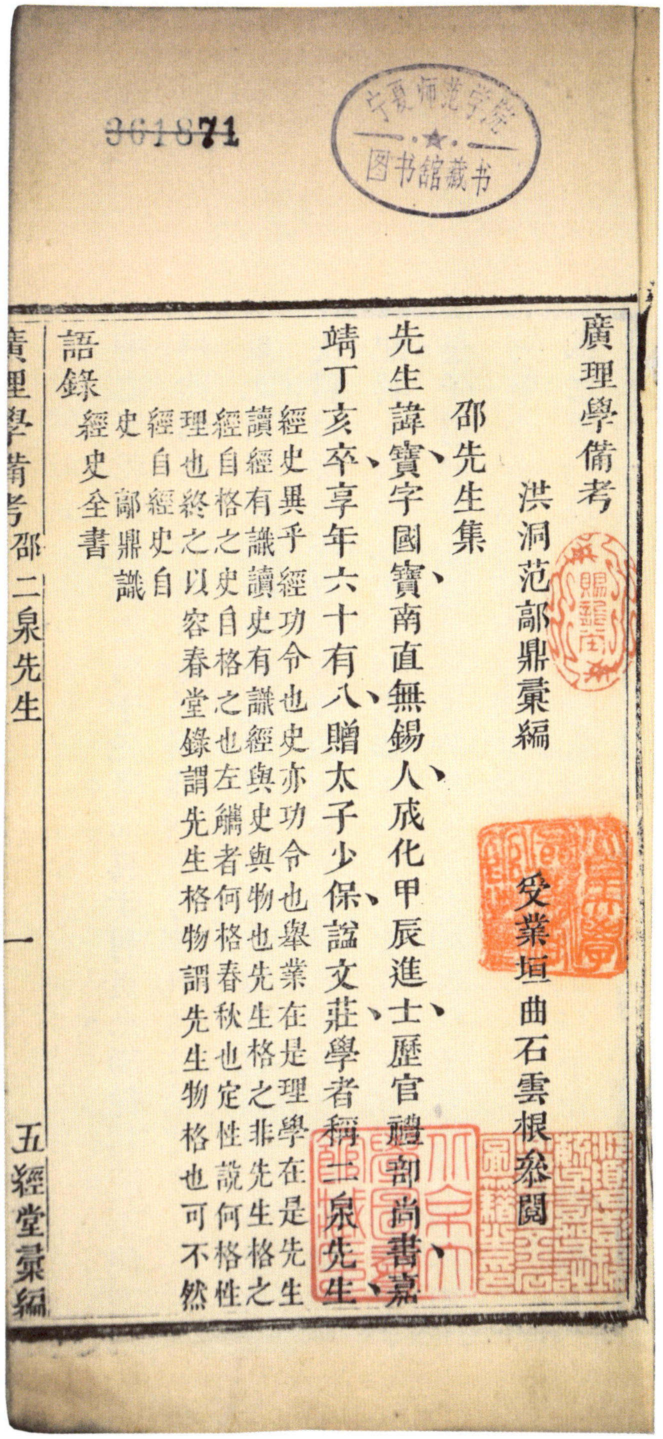

廣理學備考　洪洞范鄗鼎彙編　受業垣曲石雲根參閱

邵先生集

先生諱寶字國寶南直無錫人成化甲辰進士歷官禮部尚書嘉靖丁亥卒享年六十有八贈太子少保謚文莊學者稱二泉先生

經史異乎經功令也史亦功令也舉業在是理學在是先生讀經有識讀史有識經與史與物也先生格之非先生格之經自格之史自格之也左袒者何格春秋也定性說何格性理也終之以容春堂錄謂先生格物謂先生物格也可不然經自經史自史鄗鼎識

語錄　經史全書

廣理學備考　邵二泉先生　一　五經堂彙編

0107　廣理學備考不分卷　（清）范鄗鼎彙編　清康熙范氏五經堂刻本　三十二册

半葉九行二十五字，雙行小字同，白口，四周雙邊。版框18.9×11.7厘米，尺寸26.1×14.4厘米。

寧夏大學圖書館藏。

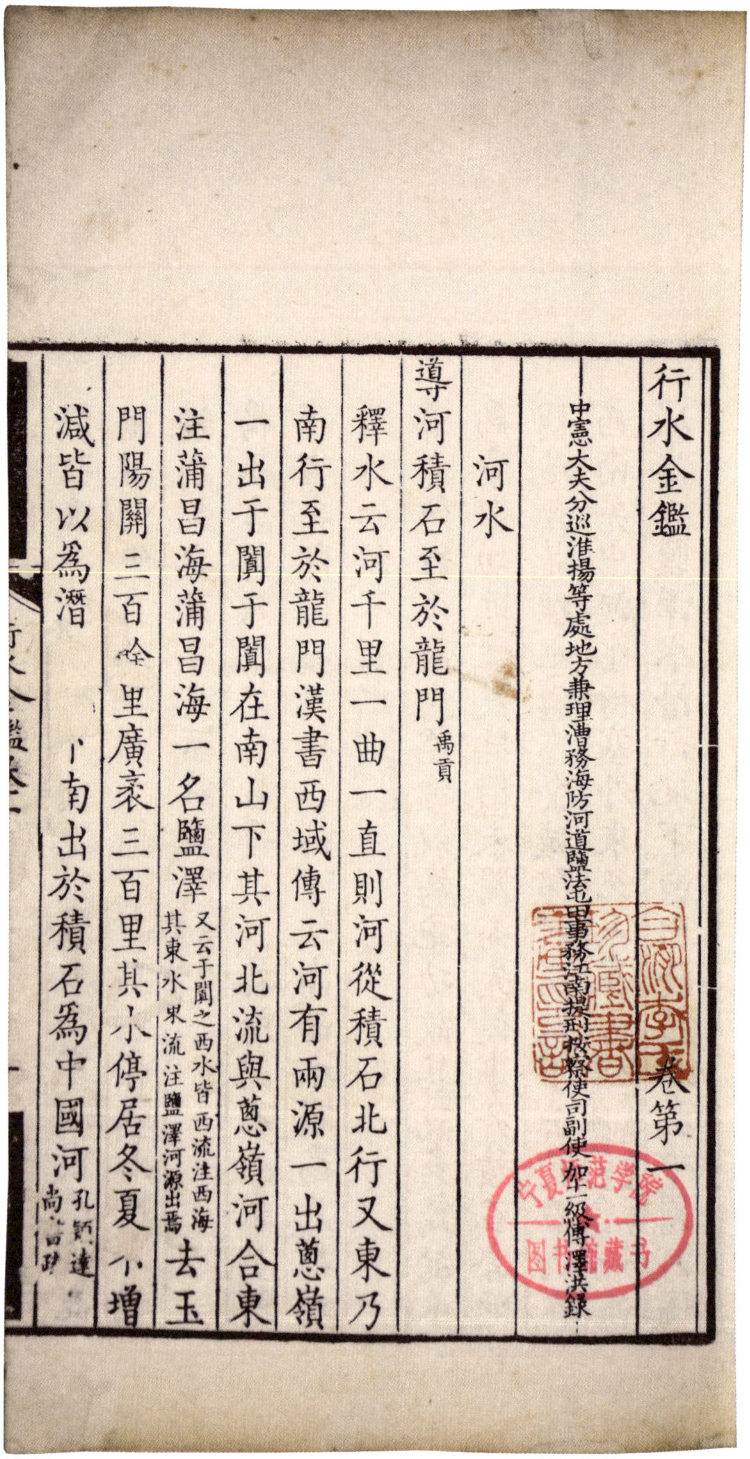
行水金鑑卷第一

中憲大夫分巡淮揚等處地方兼理漕務海防河道驛鹽屯田事務江南按察使司副使加一級傅澤洪錄

河水

導河積石至於龍門禹貢

釋水云河千里一曲一直則河從積石北行又東乃南行至於龍門漢書西域傳云河有兩源一出葱嶺一出于闐于闐在南山下其河北流與葱嶺河合東注蒲昌海蒲昌海一名鹽澤又云于闐之西水皆西流注西海其東水東流注鹽澤河源出焉去玉門陽關三百餘里廣袤三百里其水停居冬夏不增減皆以爲潛行南出於積石爲中國河孔穎達尚書

0108　行水金鑑一百七十五卷　（清）傅澤洪撰　清雍正三年（1725）刻本　四函三十六册

半葉十一行二十一字，雙行小字三十三字，黑口，左右雙邊。版框18.0×13.5厘米，尺寸26.1×15.7厘米。

寧夏大學圖書館藏。

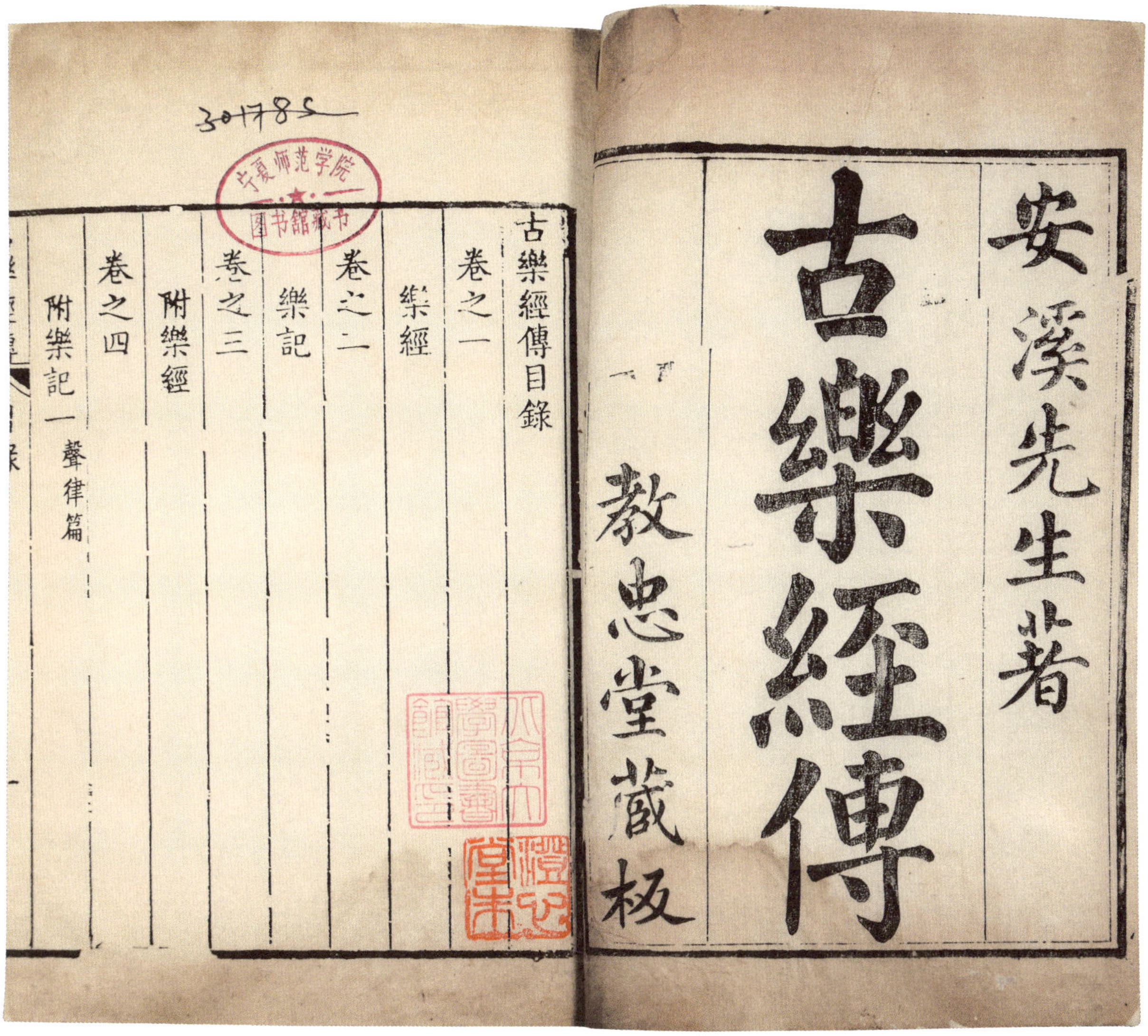

0109　古樂經傳五卷　（清）李光地撰　清雍正五年（1727）教忠堂刻本　一函四册

半葉九行二十字，白口，左右雙邊。版框17.5×13.7厘米，尺寸23.8×15.2厘米。

寧夏大學圖書館藏。

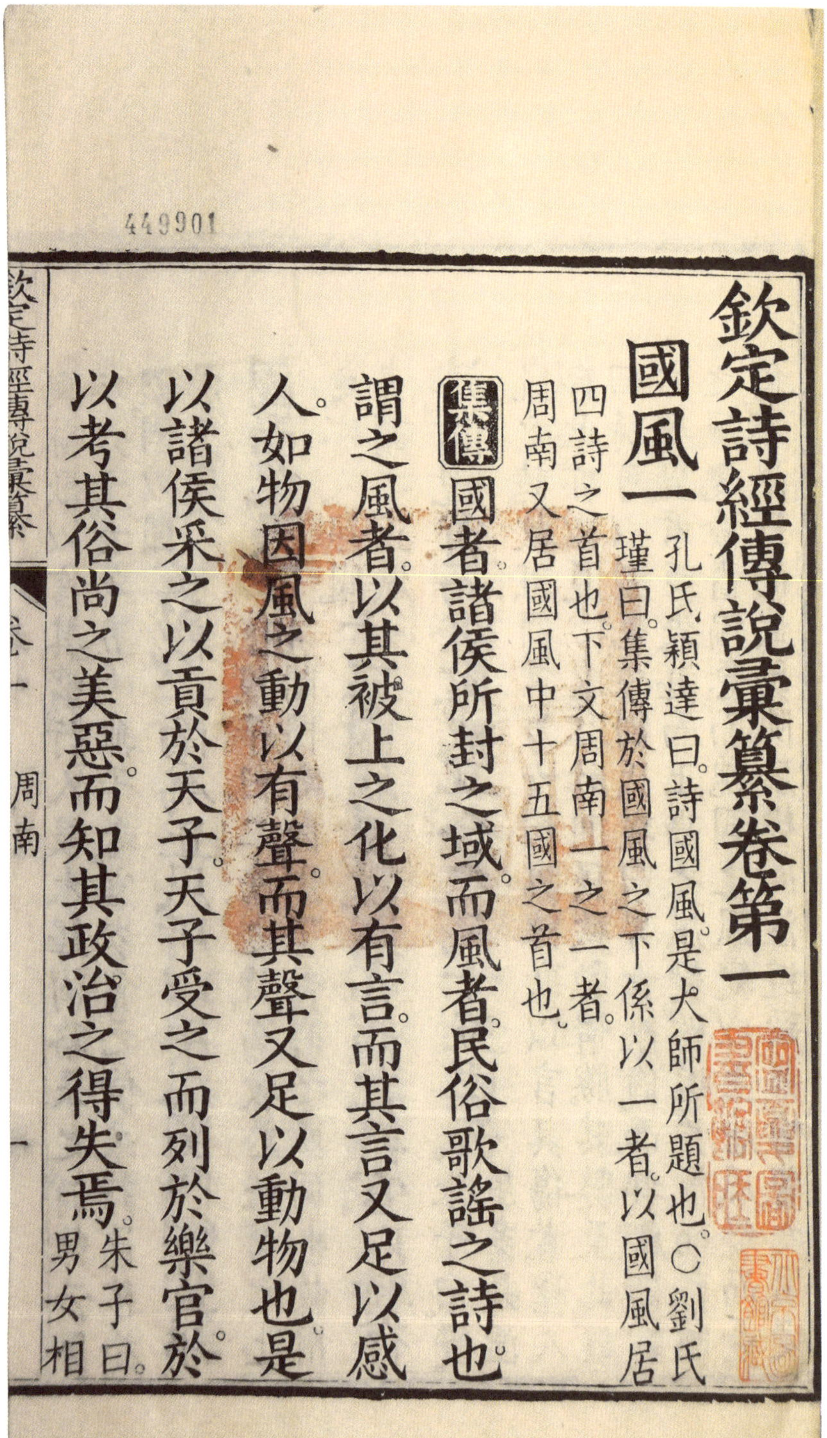

欽定詩經傳說彙纂卷第一

國風一　孔氏穎達曰詩國風是大師所題也○劉氏瑾曰集傳於國風之下係以一者以國風居四詩之首也下文周南一之一者周南又居國風中十五國之首也

集傳　國者諸侯所封之域而風者民俗歌謠之詩也謂之風者以其被上之化以有言而其言又足以感人如物因風之動以有聲而其聲又足以動物也是以諸侯采之以貢於天子天子受之而列於樂官於以考其俗尚之美惡而知其政治之得失焉　朱子曰男女相

欽定詩經傳說彙纂　卷一　周南　一

0110　欽定詩經傳說彙纂二十一卷首二卷詩序二卷　（清）王鴻緒等纂　清雍正五年（1727）刻本　三函十六册

半葉八行二十二字，雙行小字同，白口，四周雙邊。版框21.7×16.2厘米，尺寸27.7×17.5厘米。

寧夏回族自治區圖書館藏。

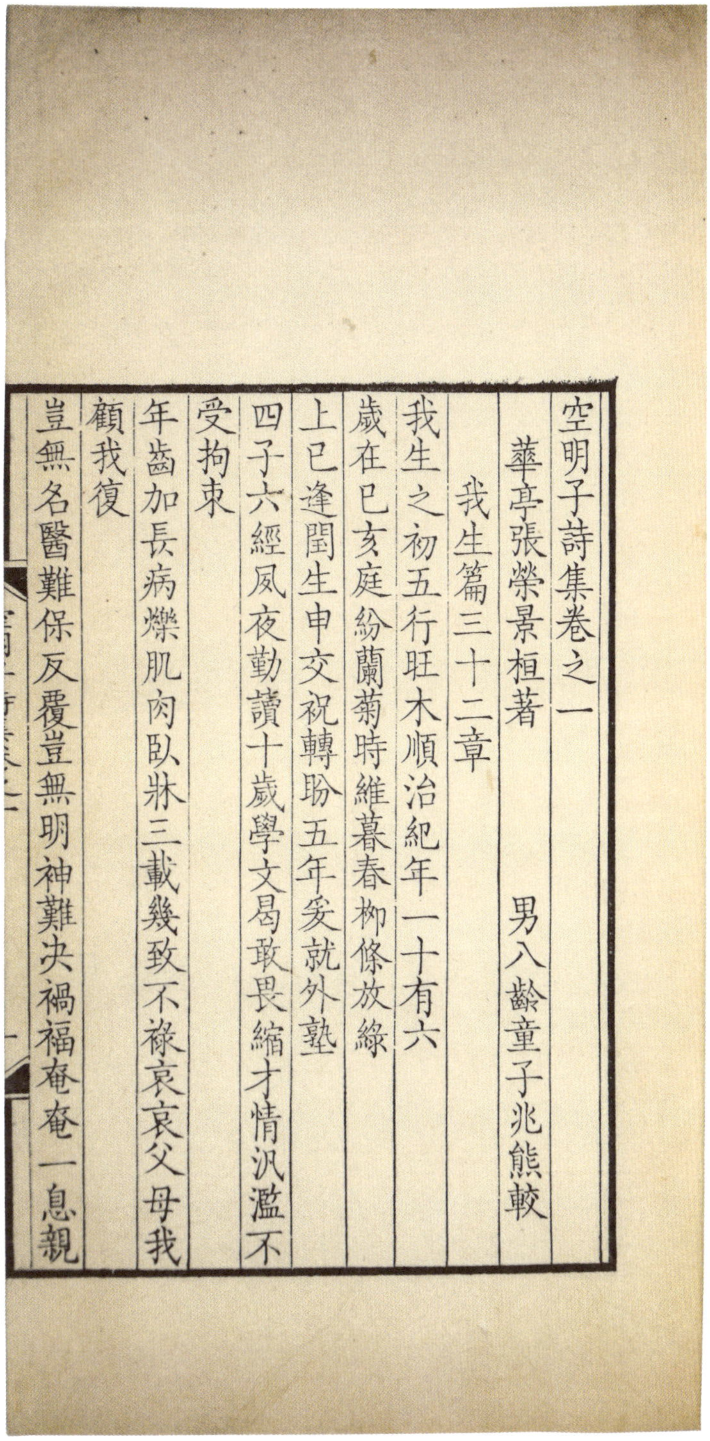
空明子詩集卷之一
華亭張榮景桓著　男八齡童子兆熊較
我生篇三十二章
我生之初五行旺木順治紀年一十有六
歲在已亥庭紛蘭菊時維暮春柳條放綠
上巳逢閏生申交祝轉盼五年爰就外塾
四子六經夙夜勤讀十歲學文曷敢畏縮才情汎濫不
受拘束
年齒加長病爍肌肉臥牀三載幾致不祿哀哀父母我
顧我復
豈無名醫難保反覆豈無明神難決禍福奄奄一息親

0111　空明子集十五卷　（清）張榮撰　清雍正六年（1728）謙益堂刻本　一函八册

半葉十一行二十一字，黑口，左右雙邊。版框16.7×11.7厘米，尺寸26.6×17.0厘米。

寧夏大學圖書館藏。

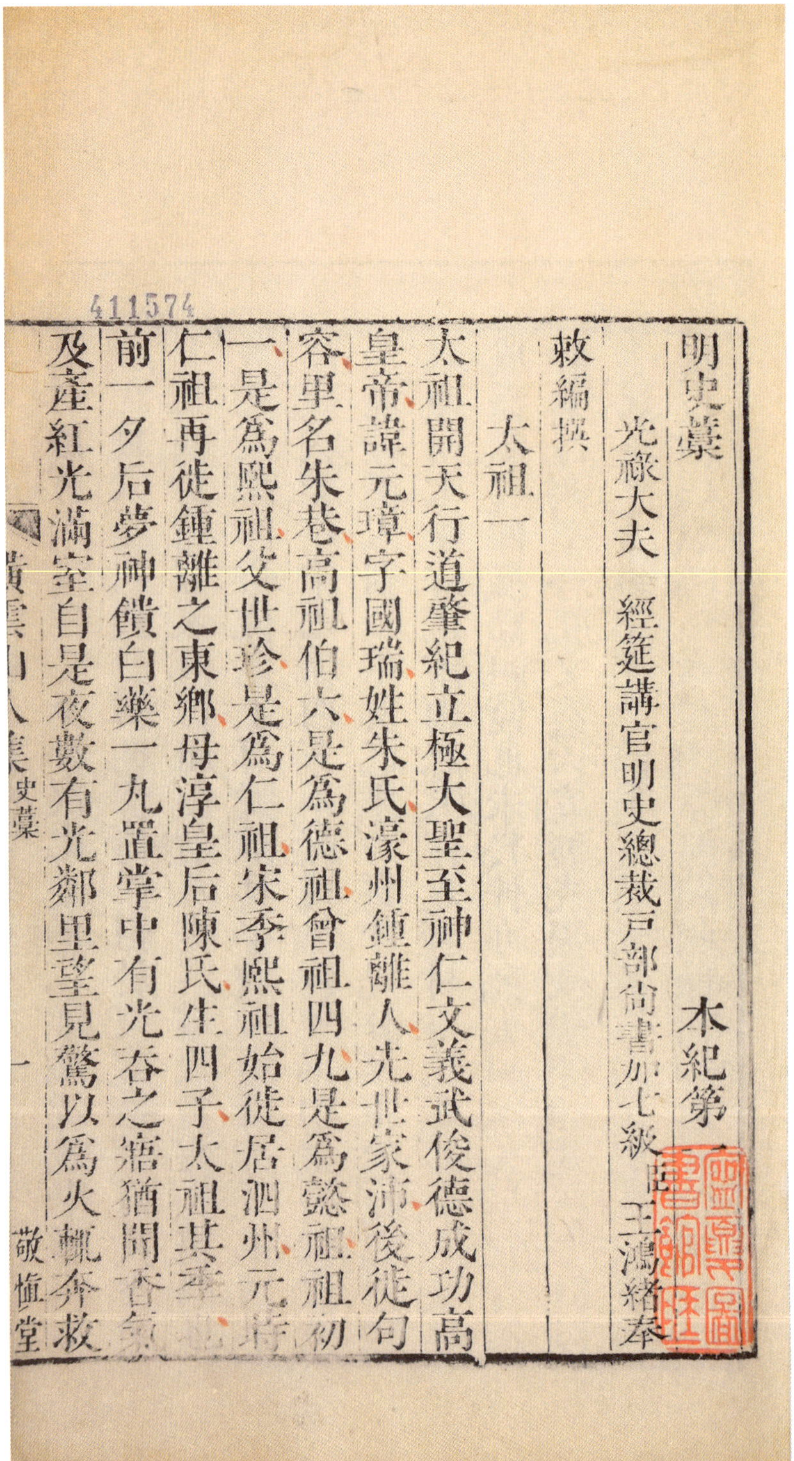

明史藁　本紀第一

光祿大夫　經筵講官明史總裁戶部尚書加七級臣王鴻緒奉

敕編撰

太祖一

太祖開天行道肇紀立極大聖至神仁文義武俊德成功高

皇帝諱元璋字國瑞姓朱氏濠州鍾離人先世家沛後徙句

容單名朱巷高祖伯六是爲德祖曾祖四九是爲懿祖祖初

一是爲熙祖父世珍是爲仁祖宋季熙祖始徙居泗州元時

仁祖再徙鍾離之東鄉母淳皇后陳氏生四子太祖其季也

前一夕后夢神饋白藥一丸置掌中有光吞之寤猶聞香氣

及產紅光滿室自是夜數有光鄰里望見驚以爲火輒奔救

橫雲山人集　史藁　一　敬慎堂

0112　明史藁三百十卷目録三卷　（清）王鴻緒纂　清雍正敬慎堂刻本　八十册

半葉十一行二十三字，雙行小字同，白口，左右雙邊。版框19.9 × 14.6厘米，尺寸28.0 × 17.5厘米。

寧夏回族自治區圖書館藏。

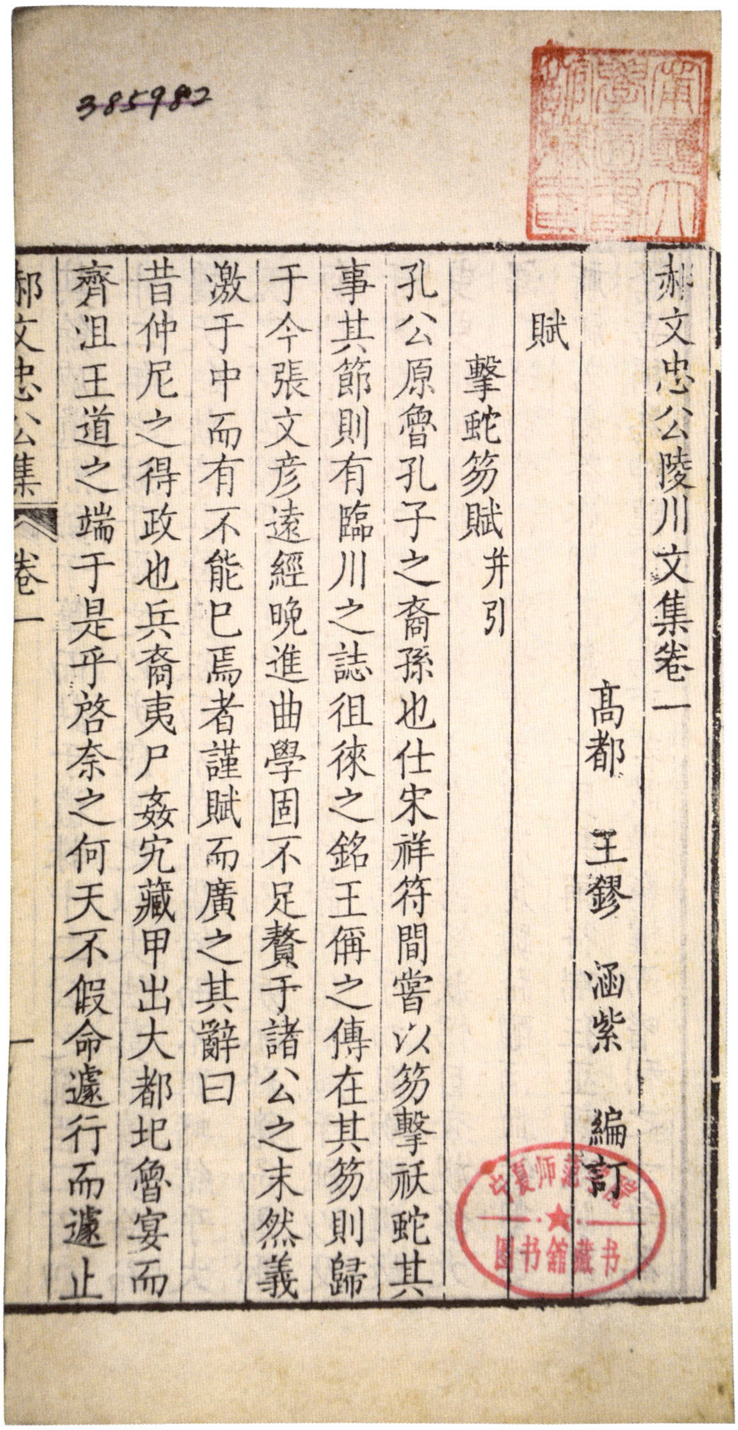

郝文忠公陵川文集卷一

高都　王鏐　涵紫　編訂

賦

擊蛇笏賦并引

孔公原魯孔子之裔孫也仕宋祥符間嘗以笏擊祆蛇其事其節則有臨川之誌徂徠之銘王偁之傳在其笏則歸于今張文彥遠經晚進曲學固不足贅于諸公之末然義激于中而有不能已焉者謹賦而廣之其辭曰

昔仲尼之得政也兵裔夷尸姦宄藏甲出大都圮魯宴而齊沮王道之端于是乎啓奈之何天不假命遽行而遽止

郝文忠公集　卷一　一

0113　郝文忠公陵川文集三十九卷附録一卷　（元）郝經撰　（清）王鏐編　清乾隆三年（1738）王鏐刻本　一函十册

半葉十行二十二字，白口，左右雙邊。版框18.8×13.1厘米，尺寸24.9×15.1厘米。

寧夏大學圖書館藏。

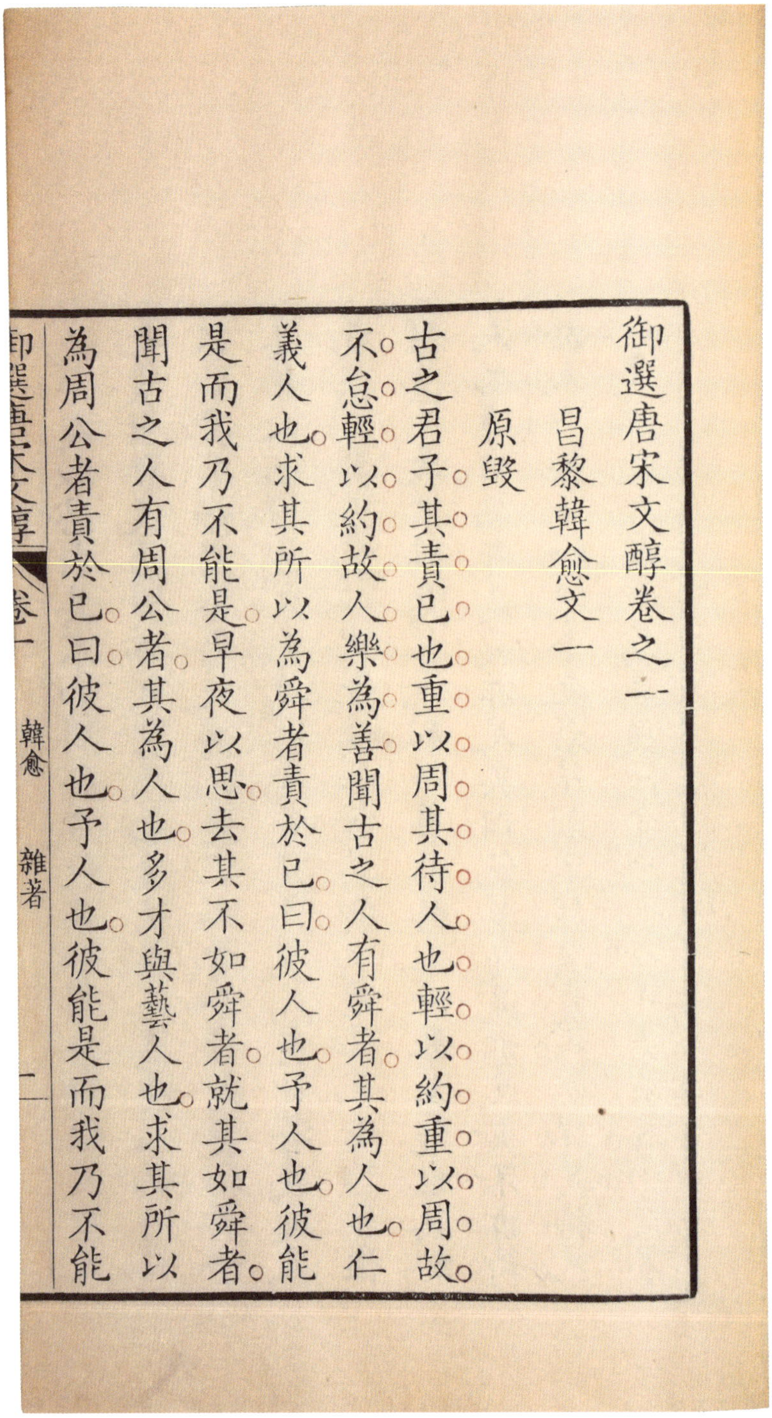
御選唐宋文醇卷之一

昌黎韓愈文一

原毁

古之君子其責己也重以周其待人也輕以約重以周故不怠輕以約故人樂為善聞古之人有舜者其為人也仁義人也求其所以為舜者責於己曰彼人也予人也彼能是而我乃不能是早夜以思去其不如舜者就其如舜者聞古之人有周公者其為人也多才與藝人也求其所以為周公者責於己曰彼人也予人也彼能是而我乃不能

御選唐宋文醇　卷一　韓愈　雜著　二

0114　御選唐宋文醇五十八卷　（清）高宗弘曆選　清乾隆三年（1738）武英殿內府四色套印本　二十册

半葉九行二十二字，白口，四周單邊。版框19.7×14.3厘米，尺寸27.6×18.2厘米。

寧夏回族自治區圖書館藏。

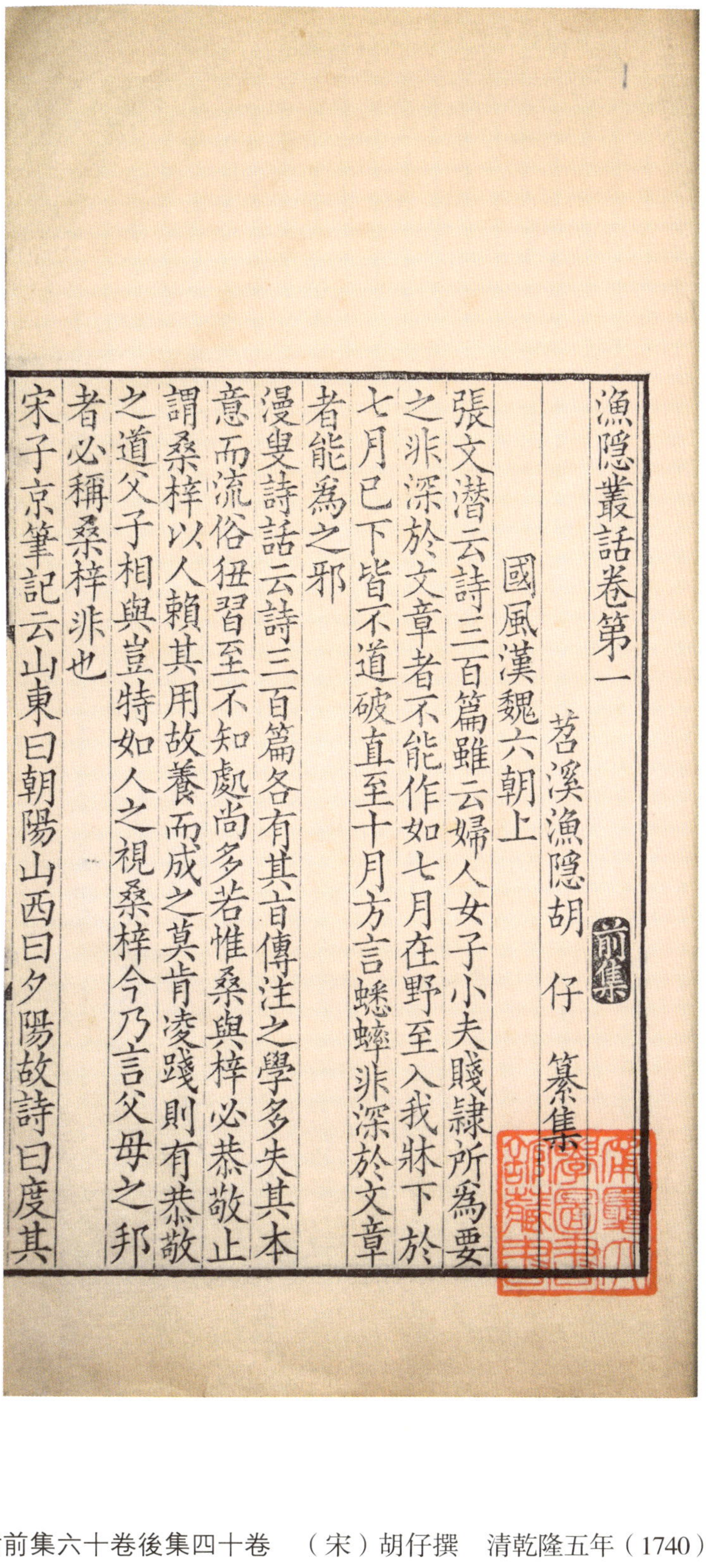

漁隱叢話卷第一 前集
苕溪漁隱胡　仔　纂集
國風漢魏六朝上
張文潛云詩三百篇雖云婦人女子小夫賤隷所爲要之非深於文章者不能作如七月在野至入我牀下於七月已下皆不道破直至十月方言蟋蟀非深於文章者能爲之邪
漫叟詩話云詩三百篇各有其旨傳注之學多失其本意而流俗狃習至不知處尚多若惟桑與梓必恭敬止謂桑梓以人賴其用故養而成之莫肯淩踐則有恭敬之道父子相與豈特如人之視桑梓今乃言父母之邦者必稱桑梓非也
宋子京筆記云山東曰朝陽山西曰夕陽故詩曰度其

0115　漁隱叢話前集六十卷後集四十卷　（宋）胡仔撰　清乾隆五年（1740）楊佑耘經樓重刻宋本一函十册

半葉十三行二十一字，黑口，左右雙邊。版框18.4×13.1厘米，尺寸28.1×17.8厘米。

寧夏大學圖書館藏。

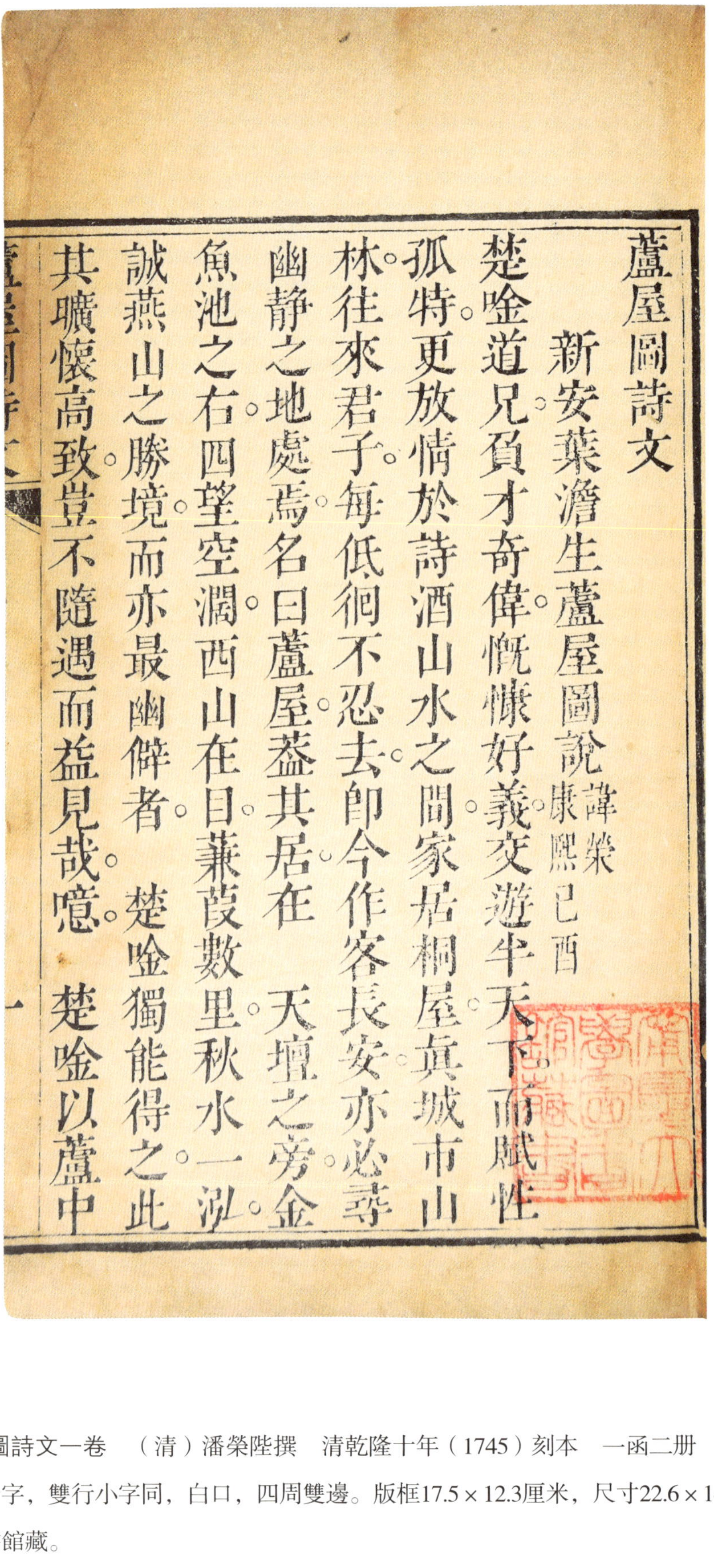
蘆屋圖詩文
新安葉澹生蘆屋圖說諱榮康熙己酉
楚崟道兄負才奇偉慨慷好義交遊半天下而賦性
孤特更放情於詩酒山水之間家居桐屋眞城市山
林往來君子每低徊不忍去卽今作客長安亦必尋
幽靜之地處焉名曰蘆屋蓋其居在 天壇之旁金
魚池之右四望空濶西山在目蒹葭數里秋水一泓
誠燕山之勝境而亦最幽僻者 楚崟獨能得之此
其曠懷高致豈不隨遇而益見哉噫 楚崟以蘆中
蘆屋圖詩文 一

0116　蘆屋圖詩文一卷　（清）潘榮陛撰　清乾隆十年（1745）刻本　一函二册

半葉九行二十字，雙行小字同，白口，四周雙邊。版框17.5×12.3厘米，尺寸22.6×14.4厘米。

寧夏大學圖書館藏。

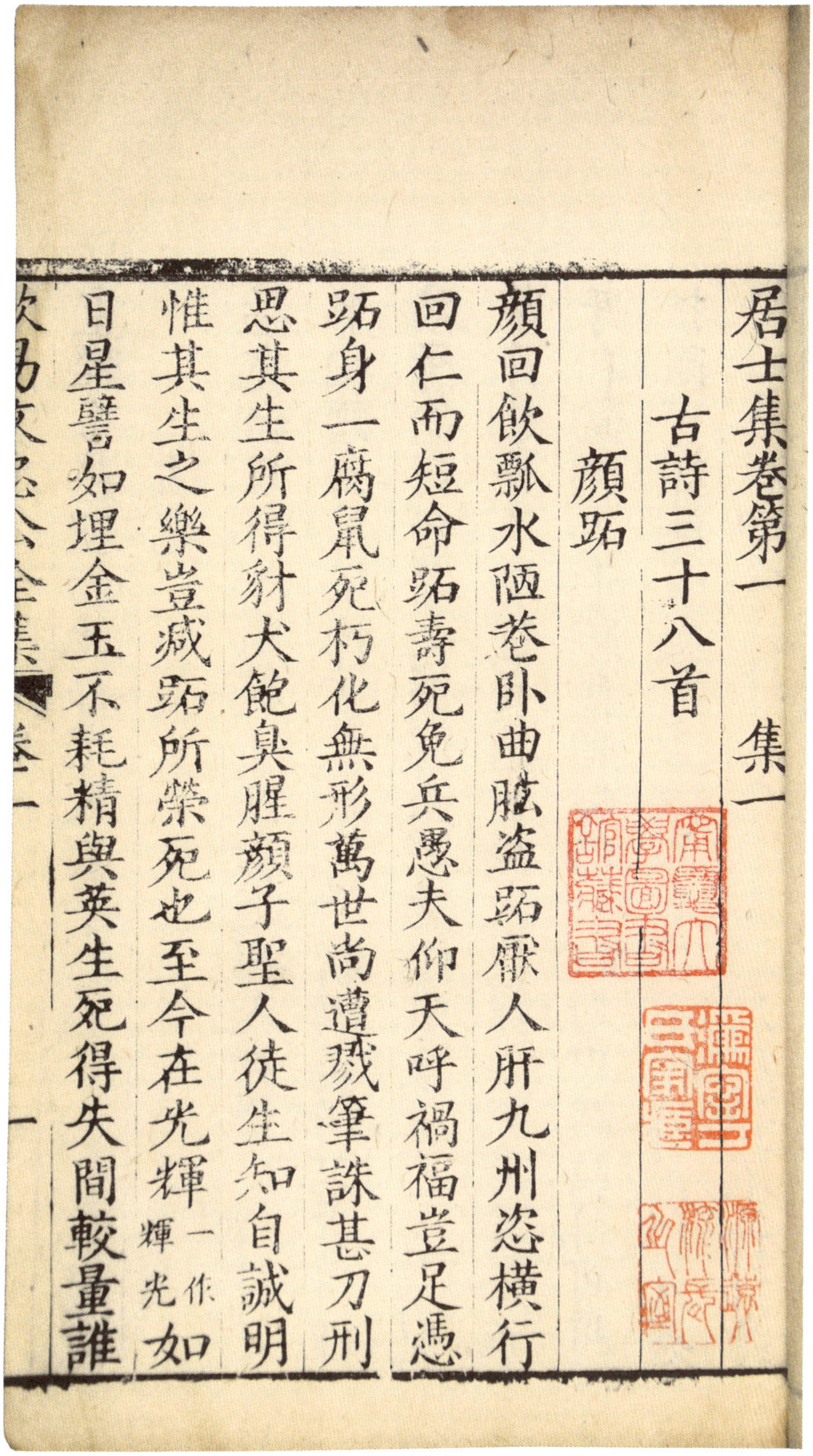
居士集卷第一　集一
古詩三十八首
顔跖
顔回飲瓢水陋巷卧曲肱盜跖饜人肝九州恣橫行
回仁而短命跖壽死免兵愚夫仰天呼禍福豈足憑
跖身一腐鼠死朽化無形萬世尚遭戮筆誅甚刀刑
思其生所得豺犬飽臭腥顔子聖人徒生知自誠明
惟其生之樂豈減跖所榮死也至今在光輝一作輝光如
日星譬如埋金玉不耗精與英生死得失間較量誰
歐陽文忠公全集　卷一　一

0117　歐陽文忠公居士集一百五卷　（宋）歐陽修撰　清乾隆十一年（1746）孝思堂刻本　二十册

半葉九行二十字，雙行小字同，白口，左右雙邊。版框22.0×16.6厘米，尺寸28.7×18.6厘米。

寧夏大學圖書館藏。

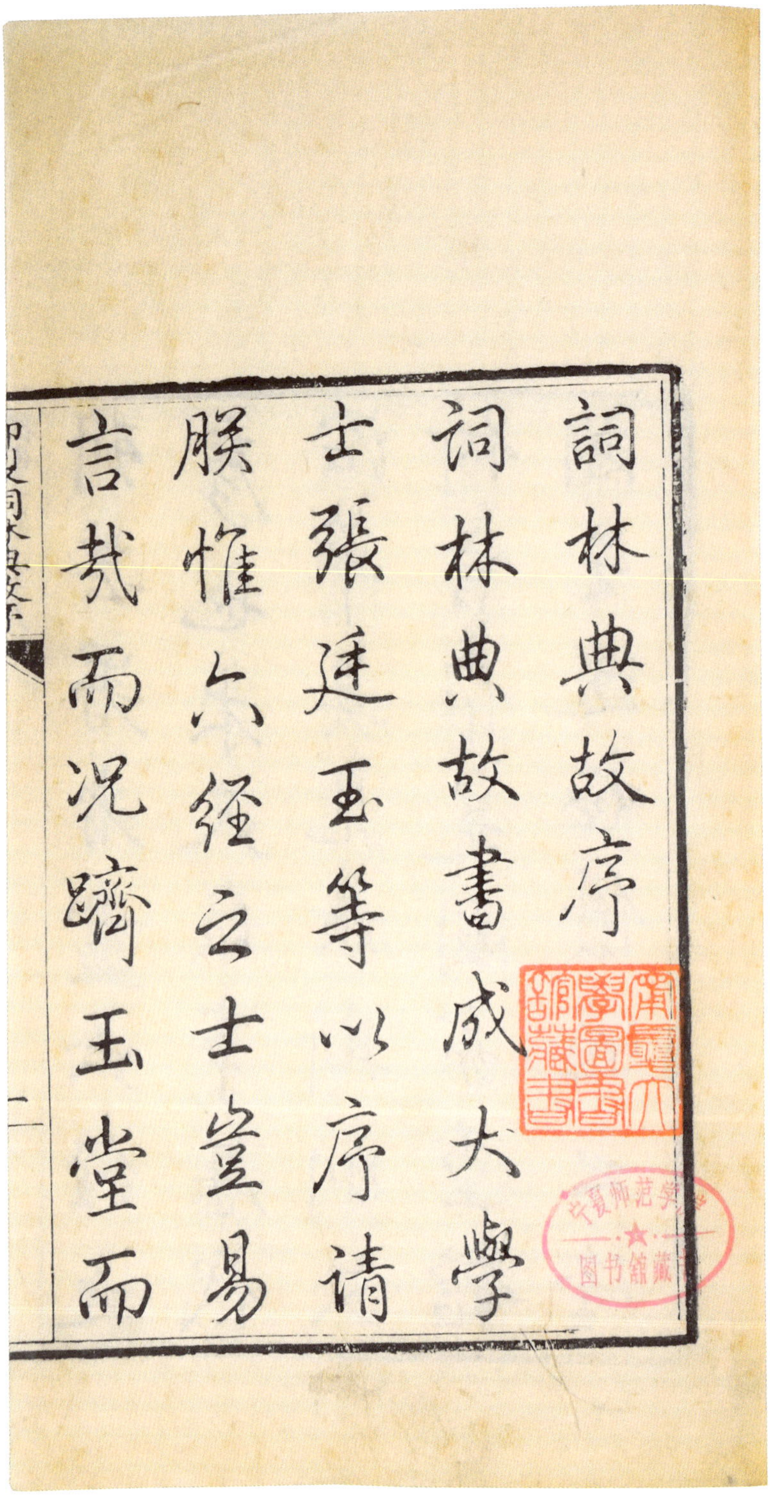
詞林典故序
詞林典故書成大學
士張廷玉等以序請
朕惟六經之士豈易
言哉而況躋玉堂而

0118　詞林典故八卷　（清）鄂爾泰纂修　清乾隆十三年（1748）武英殿刻本　一函八册

半葉七行十八字，雙行小字同，白口，四周雙邊。版框18.9×13.7厘米，尺寸28.9×17.9厘米。

寧夏大學圖書館藏。

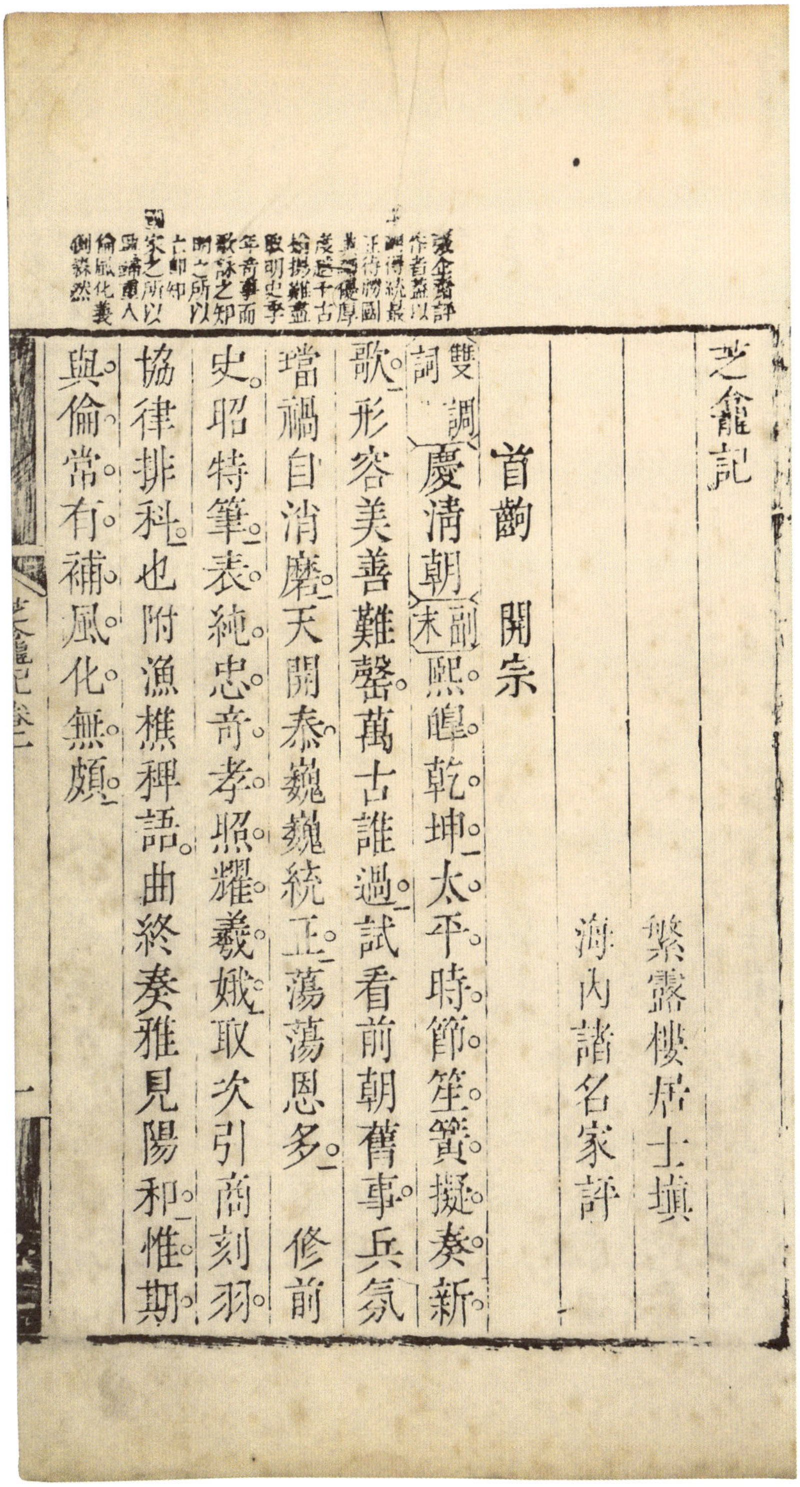
芝龕記
繁露樓居士塡
海內諸名家評
首齣 開宗
雙調詞 慶清朝 副末 熙皞乾坤。太平時節。笙簧擬奏新
歌。形容美善難罄。萬古誰過。試看前朝舊事兵氛
璫禍自消磨。天開泰。巍巍統正。蕩蕩恩多。 修前
史。昭特筆。表純忠奇孝。照耀羲娥。取次引商刻羽
協律排科。也附漁樵稗語。曲終奏雅見陽和。惟期
與倫常有補。風化無頗。

0119 芝龕記六卷 （清）董榕撰 清乾隆十六年（1751）刻本 一函四册

半葉十行十九字，雙行小字同，黑口，四周單邊。版框17.4×13.7厘米，尺寸25.0×16.4厘米。

寧夏回族自治區圖書館藏。

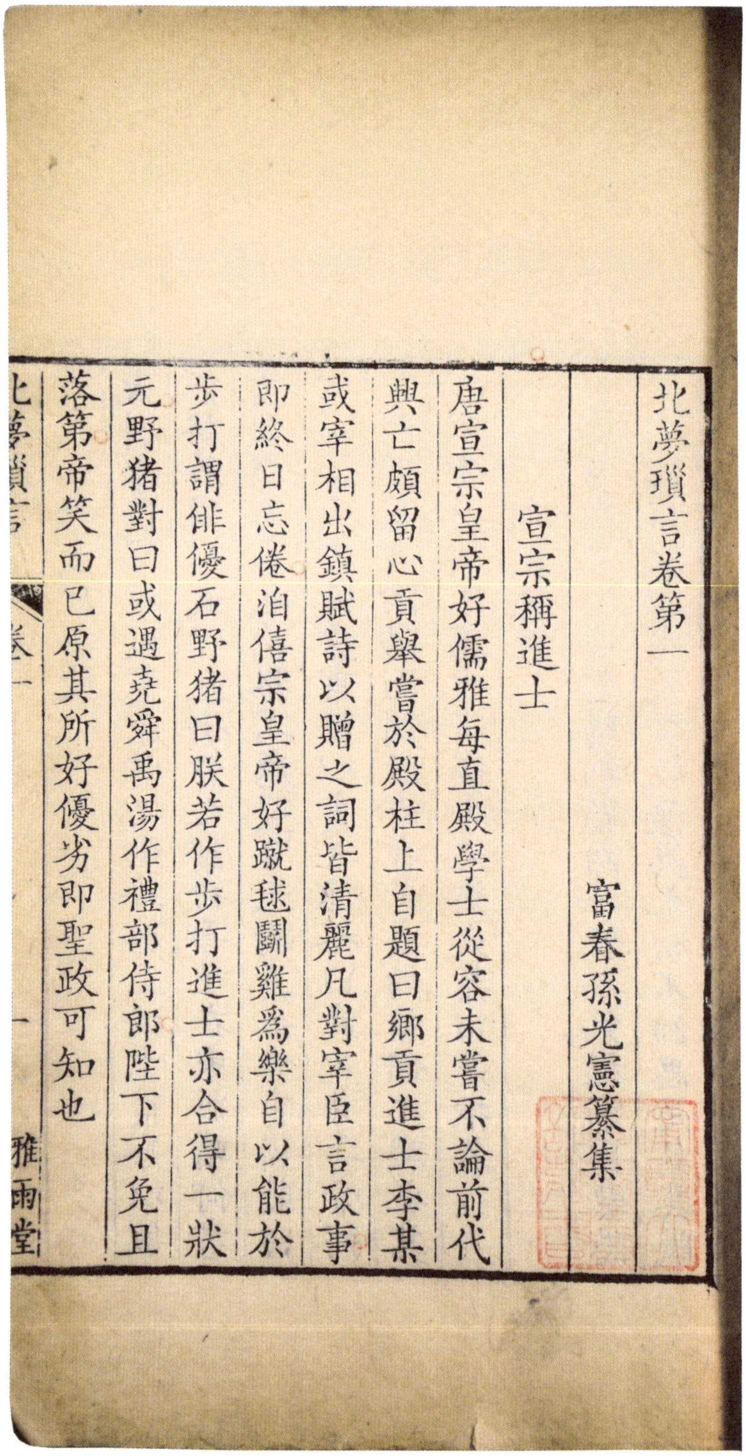
北夢瑣言卷第一
富春孫光憲纂集
宣宗稱進士
唐宣宗皇帝好儒雅每直殿學士從容未嘗不論前代興亡頗留心貢舉嘗於殿柱上自題曰鄉貢進士李某或宰相出鎮賦詩以贈之詞皆清麗凡對宰臣言政事即終日忘倦洎僖宗皇帝好蹴毬鬬雞爲樂自以能於步打謂俳優石野猪曰朕若作步打進士亦合得一狀元野猪對曰或遇堯舜禹湯作禮部侍郎陛下不免且落第帝笑而已原其所好優劣即聖政可知也
北夢瑣言　卷一　一　雅雨堂

0120　北夢瑣言二十卷　（宋）孫光憲撰　清乾隆二十一年（1756）盧氏雅雨堂刻本　二册

半葉十行二十一字，雙行小字同，白口，四周單邊。版框18.0×14.6厘米，尺寸28.4×17.1厘米。

寧夏大學圖書館藏。

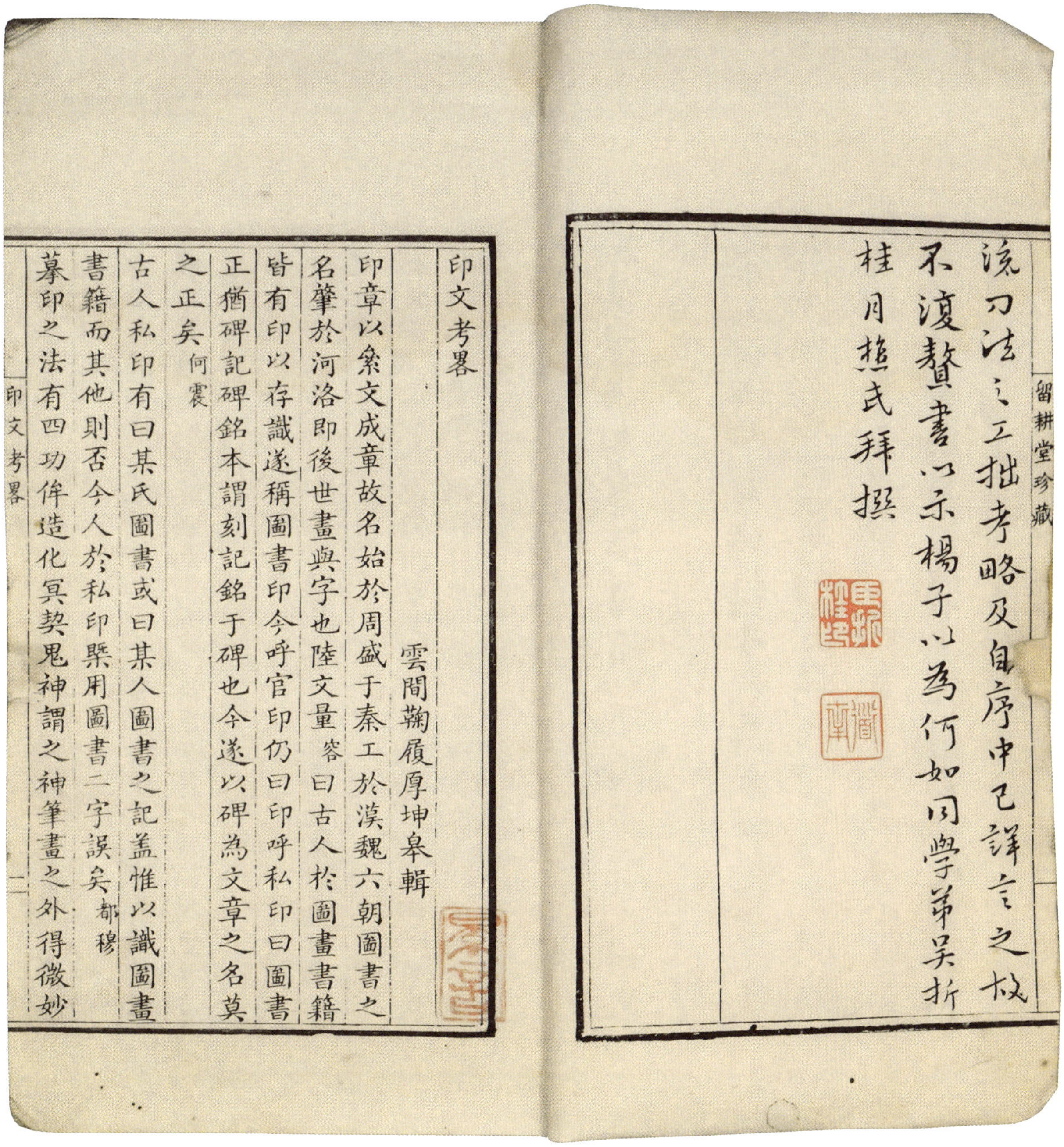
留耕堂珍藏
該刀法之工拙考略及自序中已詳言之故
不復贅書以示楊子以為何如同學弟吳折
印文考畧
雲間鞠履厚坤皋輯
印章以篆文成章故名始於周盛于秦工於漢魏六朝圖書之
名肇於河洛即後世畫與字也陸文量容曰古人於圖畫書籍
皆有印以存識遂稱圖書印今呼官印仍曰印呼私印曰圖書
正猶碑記碑銘本謂刻記銘于碑也今遂以碑為文章之名莫
之正矣 何震
古人私印有曰某氏圖書或曰某人圖書之記蓋惟以識圖畫
書籍而其他則否今人於私印槩用圖書二字誤矣 都穆
摹印之法有四功侔造化冥契鬼神謂之神筆畫之外得微妙
印文考畧 二

0121　印文考畧一卷　（清）鞠履厚輯　清乾隆二十一年（1756）留耕堂刻本　一函一册

半葉九行二十四字，雙行小字同，白口，四周雙邊。版框19.7×12.3厘米，尺寸27.6×15.5厘米。

寧夏回族自治區圖書館藏。

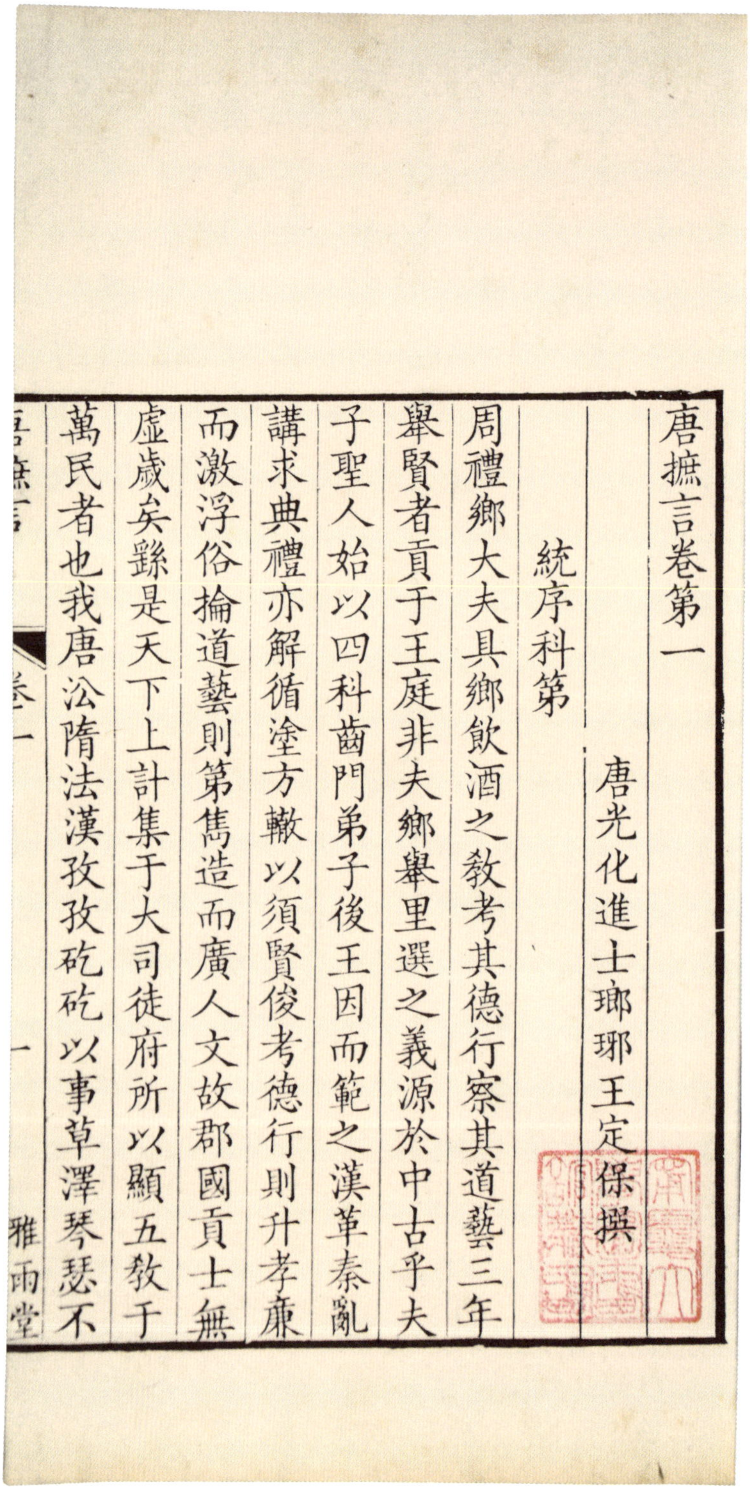

唐摭言卷第一

唐光化進士瑯琊王定保撰

統序科第

周禮鄉大夫具鄉飲酒之教考其德行察其道藝三年舉賢者貢于王庭非夫鄉舉里選之義源於中古乎夫子聖人始以四科齒門弟子後王因而範之漢革秦亂講求典禮亦解循塗方轍以須賢俊考德行則升孝廉而激浮俗掄道藝則第雋造而廣人文故郡國貢士無虛歲矣繇是天下上計集于大司徒府所以顯五教于萬民者也我唐沿隋法漢孜孜矻矻以事草澤琴瑟不

唐摭言　卷一　一　雅雨堂

0122　唐摭言十五卷　（五代）王定保撰　清乾隆二十一年（1756）雅雨堂刻本　一函六册

半葉十行二十一字，雙行小字同，白口，四周單邊。版框18.4×14.3厘米，尺寸28.3×18.0厘米。

寧夏大學圖書館藏。

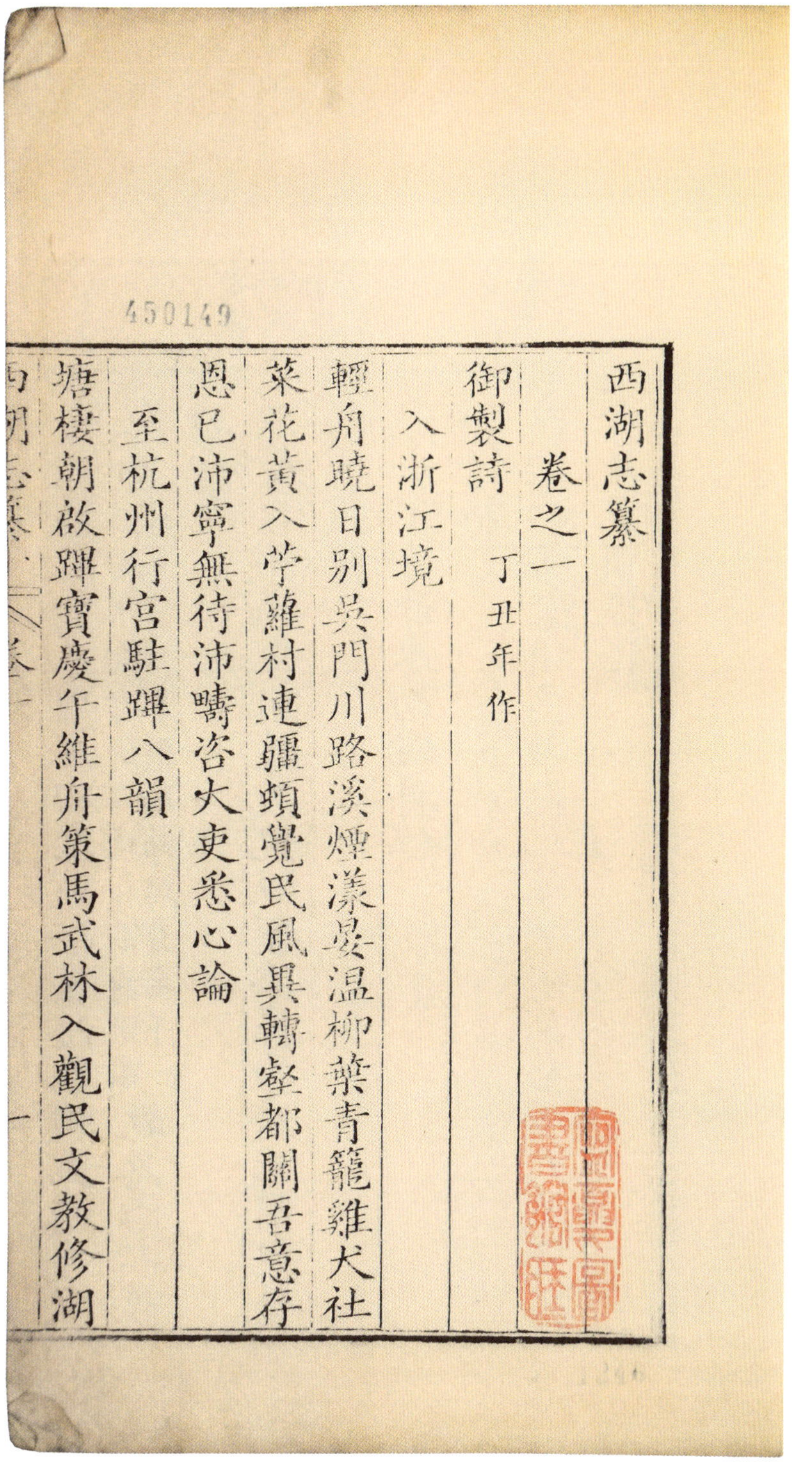

西湖志纂　卷之一

御製詩　丁丑年作

入浙江境

輕舟曉日別吴門川路溪煙漾晏温柳葉青籠雞犬社

菜花黄入苧蘿村連疆蹟覺民風異轉輦都關吾意存

恩已沛寧無待沛疇咨大吏悉心論

至杭州行宫駐蹕八韻

塘棲朝啟蹕寶慶午維舟策馬武林入觀民文教修湖

西湖志纂　卷一

0123　西湖志纂十五卷首一卷　（清）沈德潛輯　清乾隆二十七年（1762）刻本　五册

半葉九行二十一字，雙行小字同，白口，四周雙邊。版框17.8×12.1厘米，尺寸25.7×16.7厘米。

寧夏回族自治區圖書館藏。

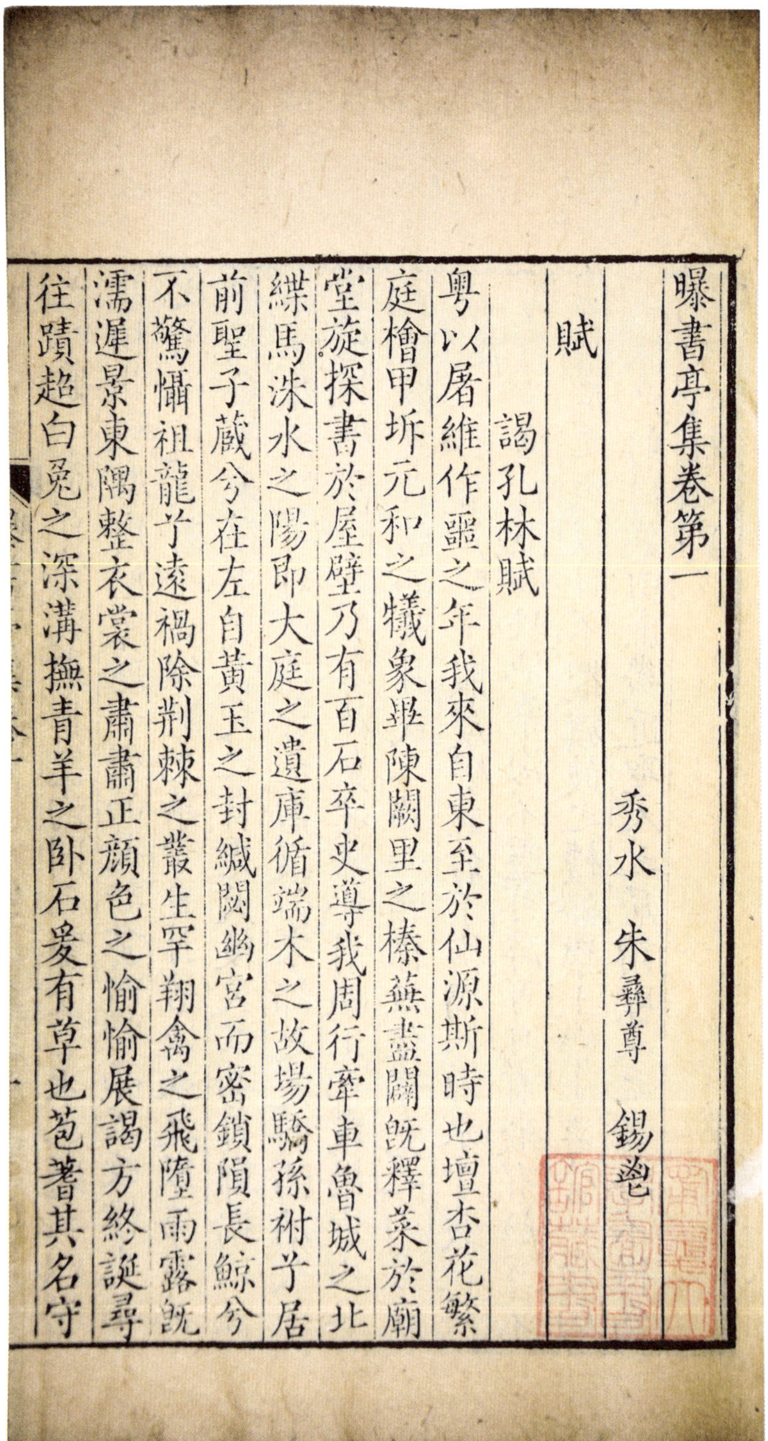

曝書亭集卷第一

秀水　朱彝尊　錫鬯

賦

謁孔林賦

粵以屠維作噩之年我來自東至於仙源斯時也壇杏花繁庭檜甲坼元和之犧象畢陳闕里之榛蕪盡闢既釋菜於廟堂旋探書於屋壁乃有百石卒史導我周行牽車魯城之北緤馬洙水之陽即大庭之遺庫循端木之故場驕孫祔乎居前聖子藏兮在左自黃玉之封緘閟幽宮而密鎖隕長鯨兮不驚懾祖龍乎遠禍除荊棘之叢生罕翔禽之飛墮雨露既濡遲景東隅整衣裳之肅肅正顏色之愉愉展謁方終誕尋往蹟趨白兔之深溝撫青羊之卧石爰有草也苞著其名守

0124　曝書亭詩録箋注十二卷　（清）朱彝尊撰　（清）江浩然箋注　（清）朱塤校　清乾隆三十年（1765）惇裕堂刻本　一函六册

半葉十二行二十三字，白口，左右雙邊。版框19.4×13.3厘米，尺寸25.8×16.0厘米。

寧夏大學圖書館藏。

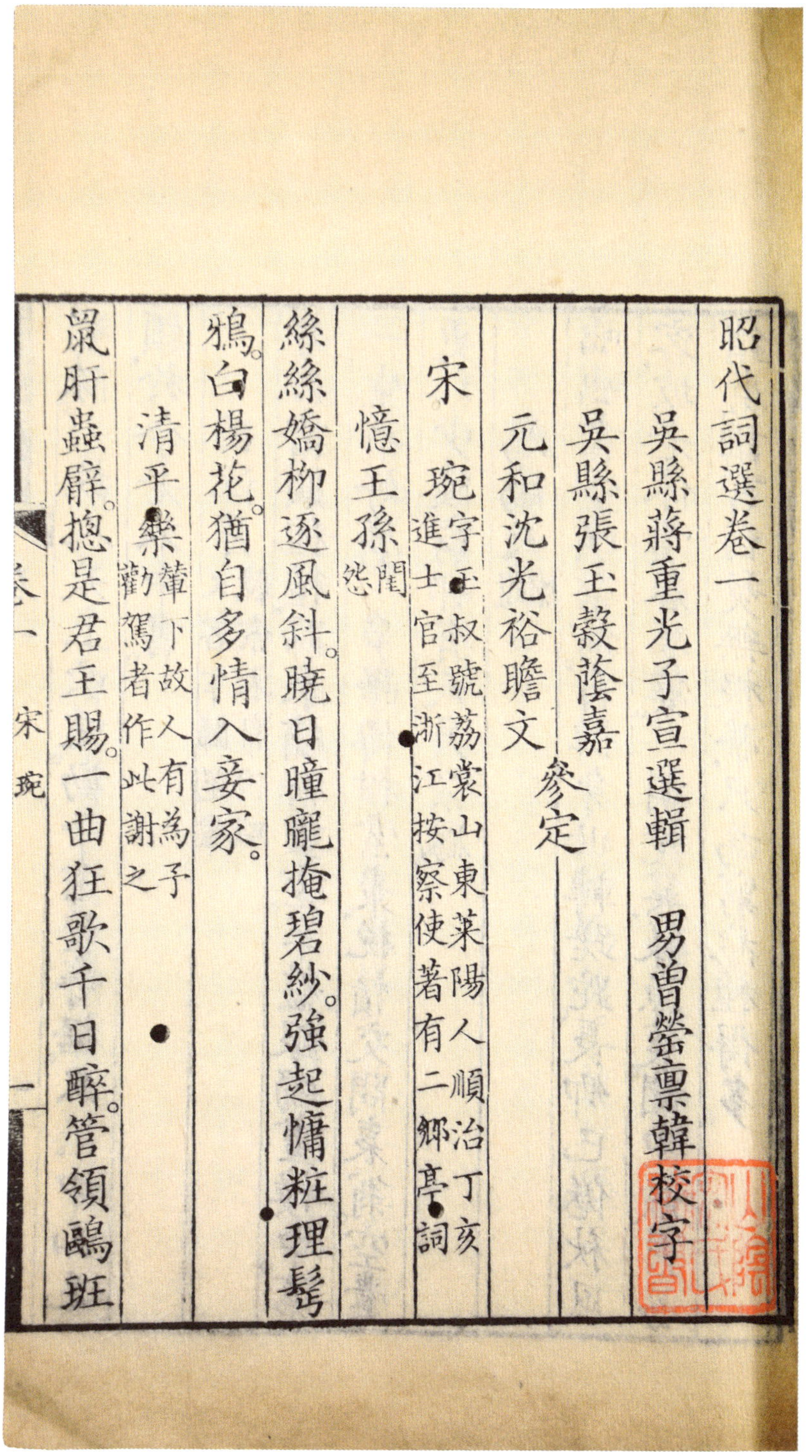
昭代詞選卷一
吳縣蔣重光子宣選輯　男曾塋禀韓校字
吳縣張玉穀蔭嘉
元和沈光裕瞻文　參定
宋
琬字玉叔號荔裳山東萊陽人順治丁亥進士官至浙江按察使著有二鄉亭詞
憶王孫 閨怨
絲絲嬌柳逐風斜。曉日曈曨掩碧紗。強起慵粧理鬢鴉。白楊花。猶自多情入妾家。
清平樂 輦下故人有為子勸駕者作此謝之
鼠肝蟲臂。總是君王賜。一曲狂歌千日醉。管領鷗班
卷一　宋琬　一

0125　昭代詞選三十八卷　（清）蔣重光選輯　清乾隆三十二年（1767）經鉏堂刻本　十三册

半葉十行二十字，雙行小字同，黑口，左右雙邊。版框17.1×13.1厘米，尺寸23.6×15.2厘米。

寧夏大學圖書館藏。

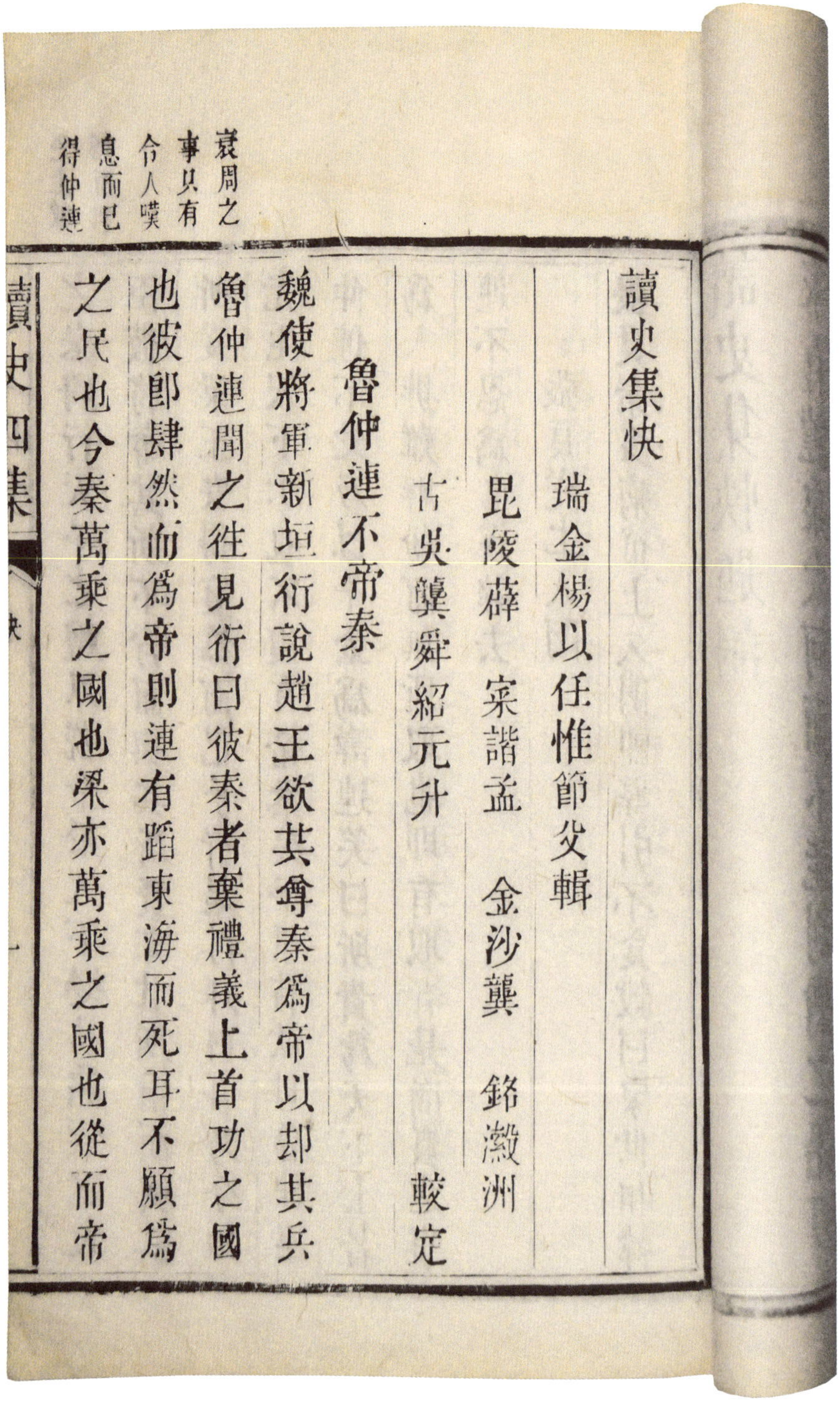

衰周之事只有令人嘆息而已得仲連

讀史集快

瑞金楊以任惟節父輯

毘陵薛寀諧孟　金沙龔　銘瀫洲

古吳龔舜紹元升　較定

魯仲連不帝秦

魏使將軍新垣衍說趙王欲共尊秦爲帝以却其兵魯仲連聞之往見衍曰彼秦者棄禮義上首功之國也彼卽肆然而爲帝則連有蹈東海而死耳不願爲之民也今秦萬乘之國也梁亦萬乘之國也從而帝

讀史四集　快　一

0126　讀史四集四卷　（清）楊以任纂　清乾隆四十二年（1777）木活字本　一函四册

半葉九行二十字，白口，四周雙邊。版框20.8×14.7厘米，尺寸24.9×16.2厘米。

寧夏回族自治區圖書館藏。

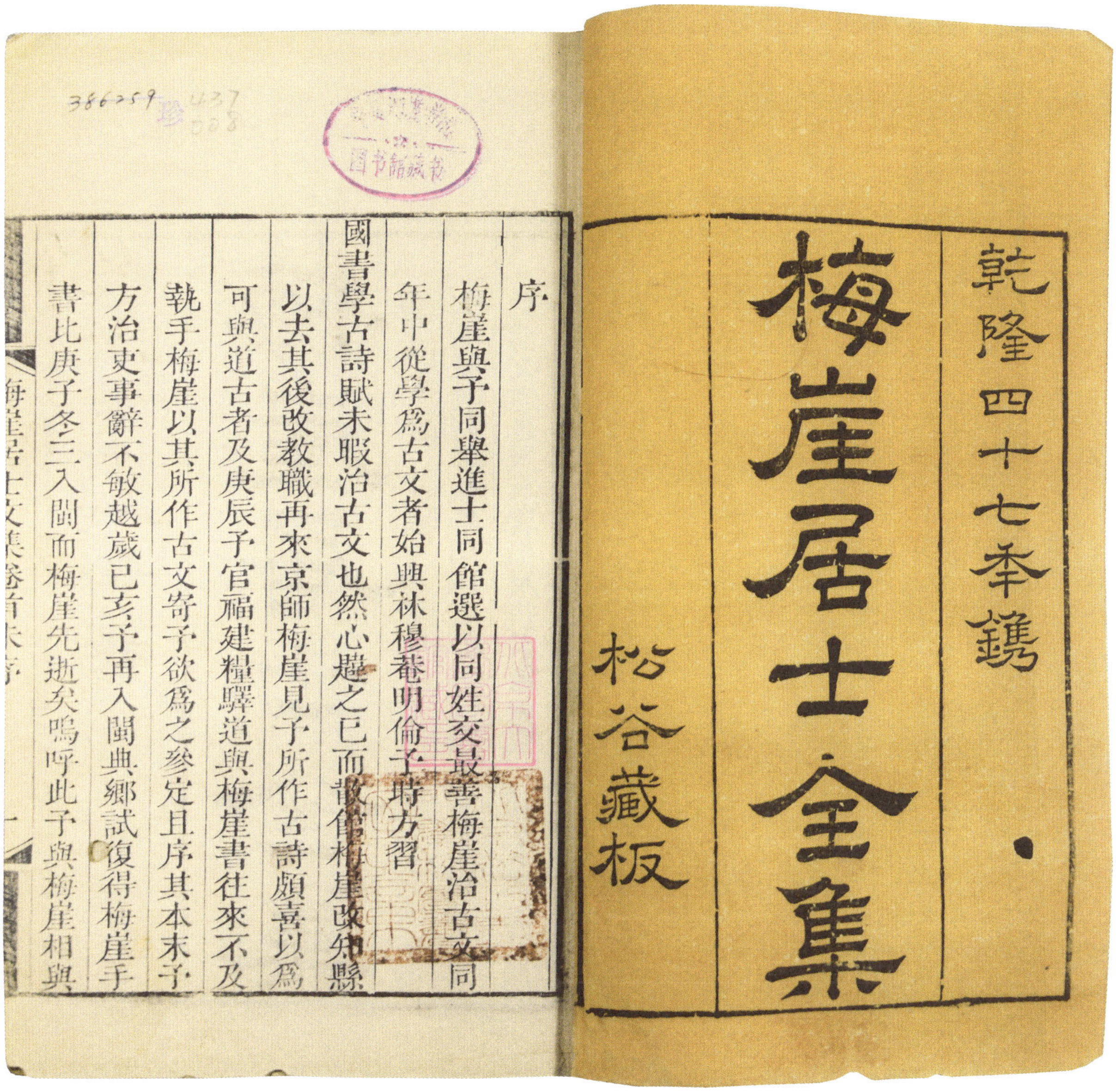
乾隆四十七年鐫
梅崖居士全集
松谷藏板
序
梅崖與予同舉進士同館選以同姓交最善梅崖治古文同
年中從學爲古文者始與林穆菴明倫予時方習
國書學古詩賦未暇治古文也然心韙之已而散館梅崖改知縣
以去其後改教職再來京師梅崖見予所作古詩頗喜以爲
可與道古者及庚辰予官福建糧驛道與梅崖書往來不及
執手梅崖以其所作古文寄予欲爲之參定且序其本末予
方治吏事辭不敏越歲已亥予再入閩典鄉試復得梅崖手
書比庚子冬三入閩而梅崖先逝矣嗚呼此予與梅崖相與

0127　梅崖居士文集三十卷外集八卷　（清）朱仕琇撰　清乾隆四十七年（1782）松谷刻本　二函十二册

半葉九行二十五字，黑口，左右雙邊。版框19.5×14.1厘米，尺寸26.4×16.9厘米。

寧夏大學圖書館藏。

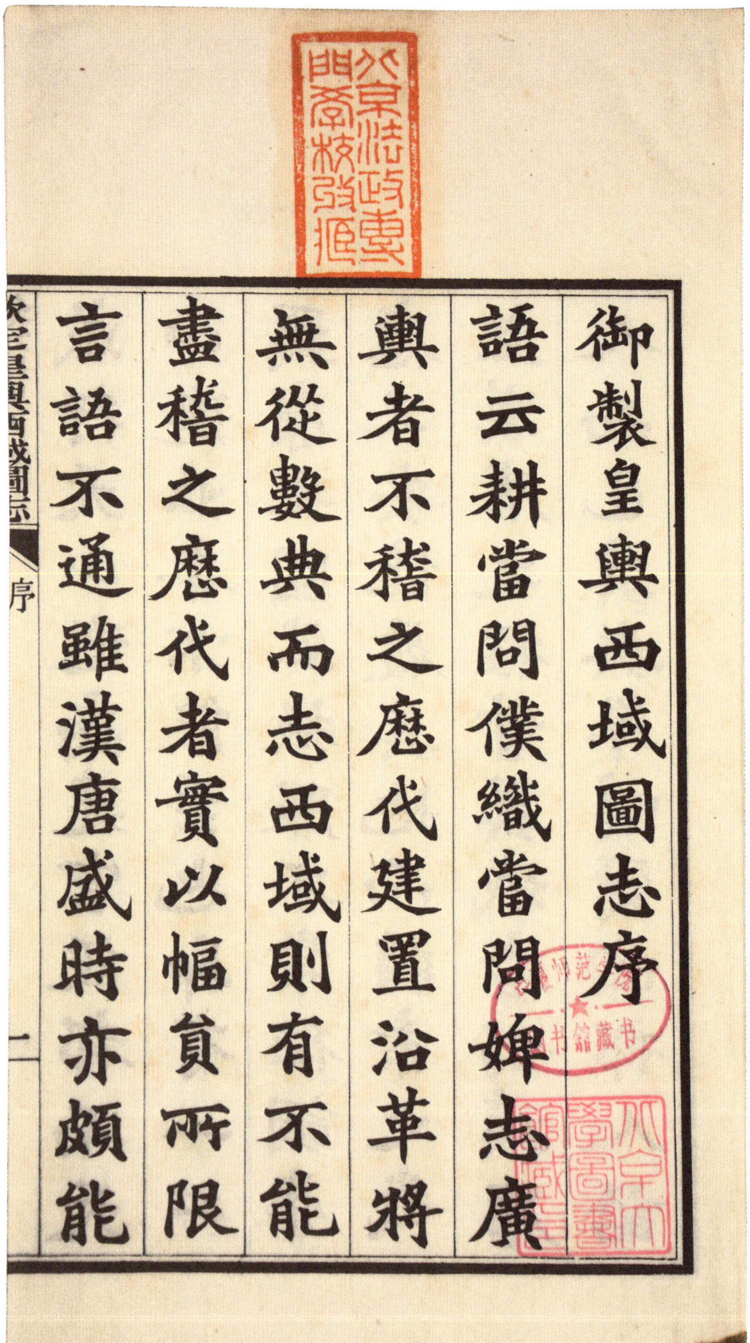
御製皇輿西域圖志序
語云耕當問僕織當問婢志廣
輿者不稽之歷代建置沿革將
無從數典而志西域則有不能
盡稽之歷代者實以幅員所限
言語不通雖漢唐盛時亦頗能
欽定皇輿西域圖志 序 一

0128　欽定皇輿西域圖志四十八卷　（清）傅恒等纂修　清乾隆四十七年（1782）武英殿木活字本　四函二十四册

半葉九行二十字，雙行小字同，白口，四周雙邊。版框21.1×14.7厘米，尺寸29.7×17.9厘米。

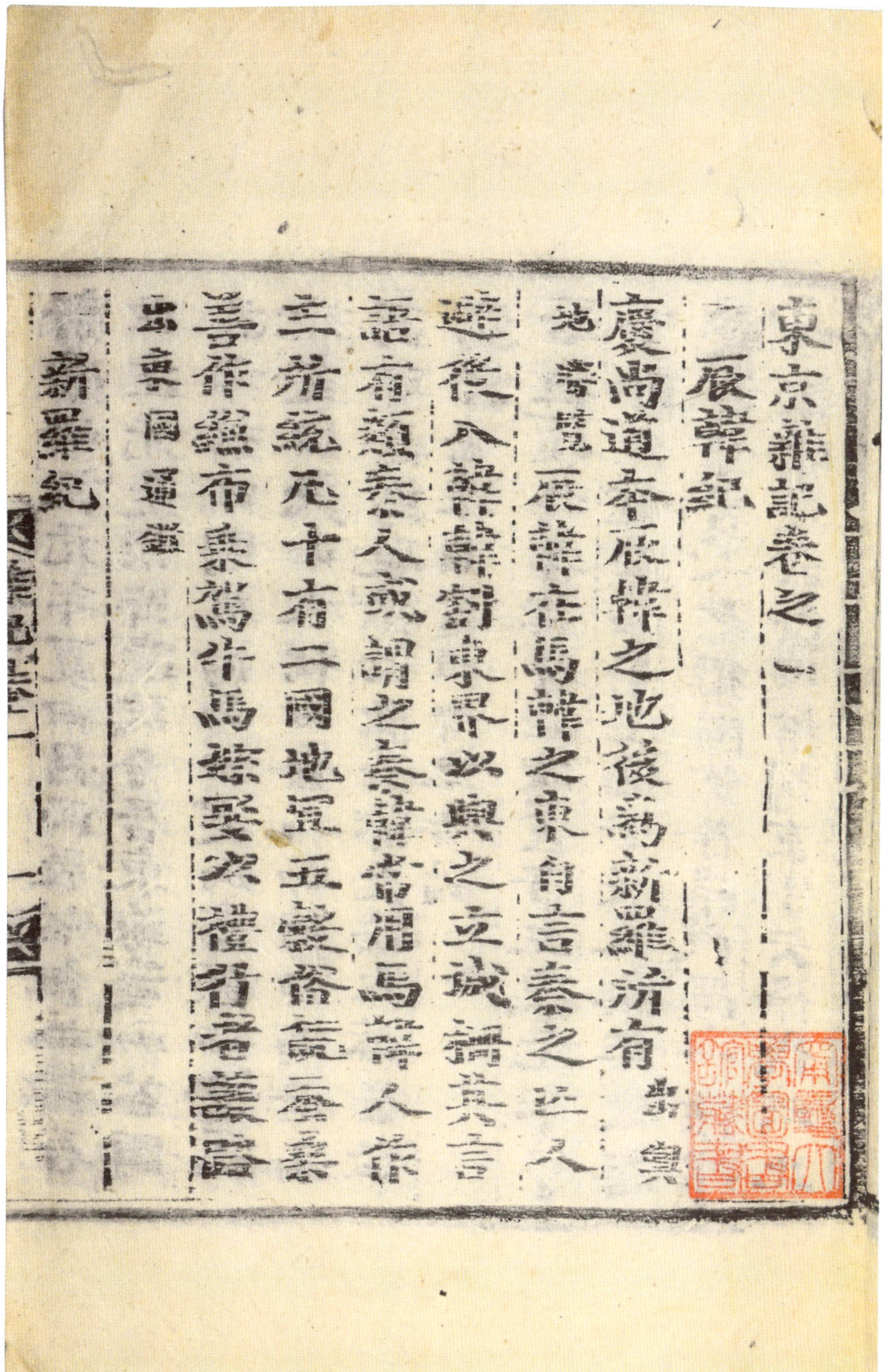

東京雜記卷之一

辰韓紀

慶尚道本辰韓之地後爲新羅所有輿

地勝覽辰韓在馬韓之東自言秦之亡人

避役入韓韓割東界以與之立城栅其言

語有類秦人或謂之秦韓皆用馬韓人作

主有號凡十有二國地宜五穀蠶桑

善作縑布乘駕牛馬嫁娶以禮行者讓路

出東國通鑑

新羅紀

0129　東京雜記三卷　（朝鮮）成原默撰　1785年朝鮮刻本　一函三册

半葉十行十六字，白口，四周雙邊。版框20.2×17.9厘米，尺寸27.5×19.5厘米。

寧夏大學圖書館藏。

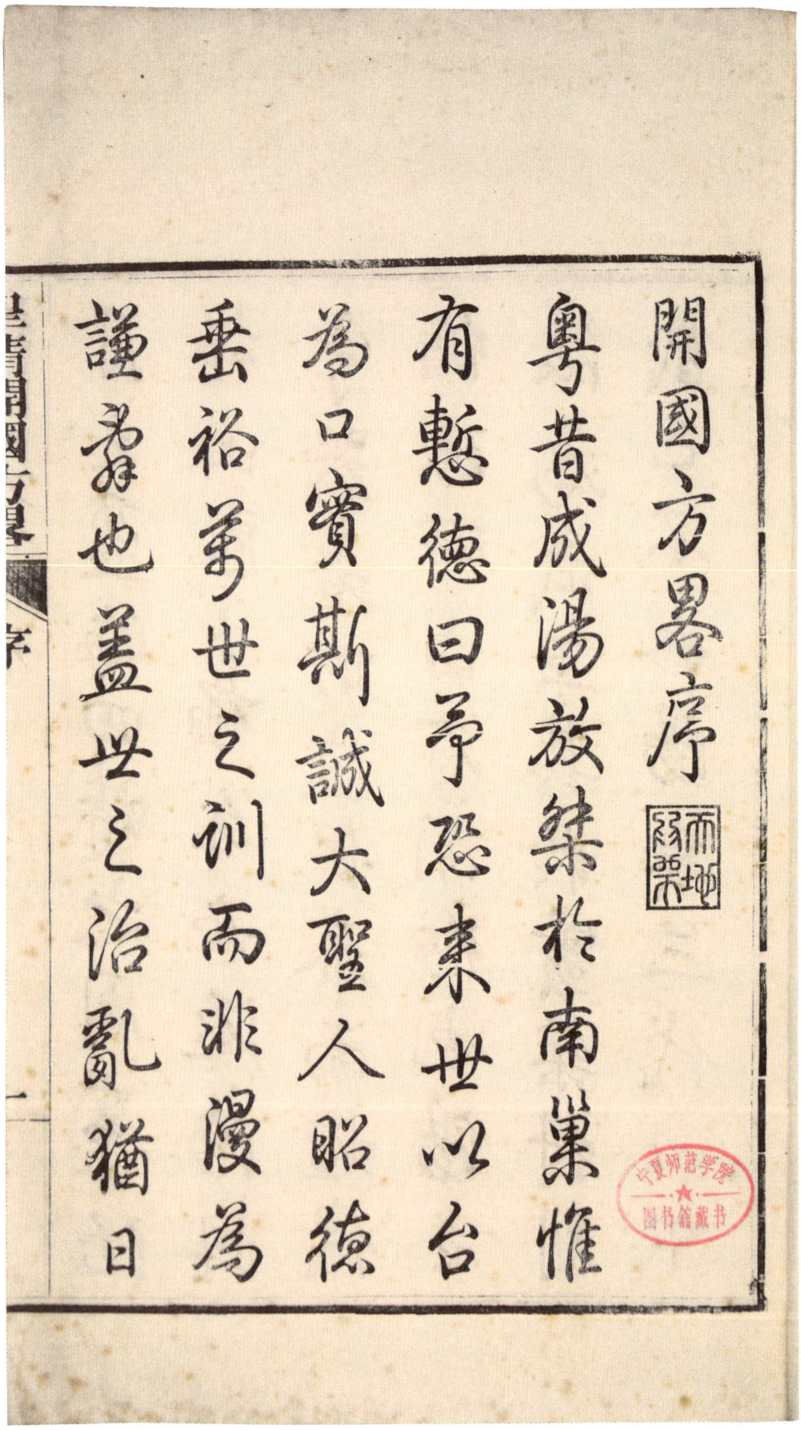
開國方畧序

粵昔成湯放桀於南巢惟
有慙德曰予恐來世以台
為口實斯誠大聖人昭德
垂裕萬世之訓而非漫為
謹毖也葢世之治亂猶日

皇清開國方畧　序　一

0130　皇清開國方畧三十二卷首一卷　（清）高宗乾隆敕撰　清乾隆五十一年（1786）內府刻本　二函八册

半葉八行二十一字，雙行小字同，白口，四周雙邊。版框27.7×20.4厘米，尺寸38.1×25.6厘米。

寧夏大學圖書館藏。

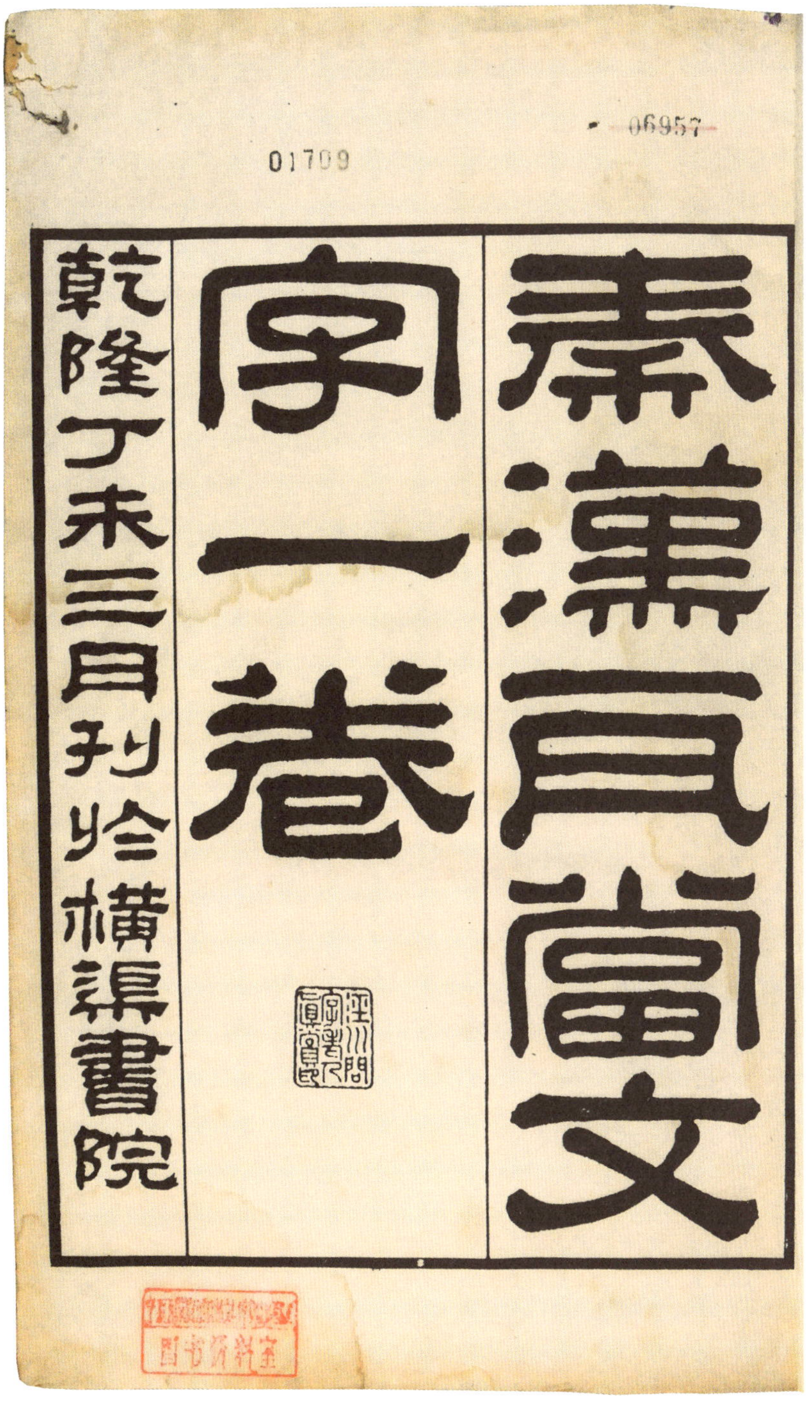
秦漢瓦當文字一卷
乾隆丁未三月刊於横渠書院

0131　秦漢瓦當文字二卷續一卷　（清）程敦撰　清乾隆五十二年（1787）横渠書院刻本　一函三冊

半葉十一行二十五字，黑口，四周單邊。版框21.3×16.6厘米，尺寸29.9×19.5厘米。

寧夏回族自治區博物館藏。

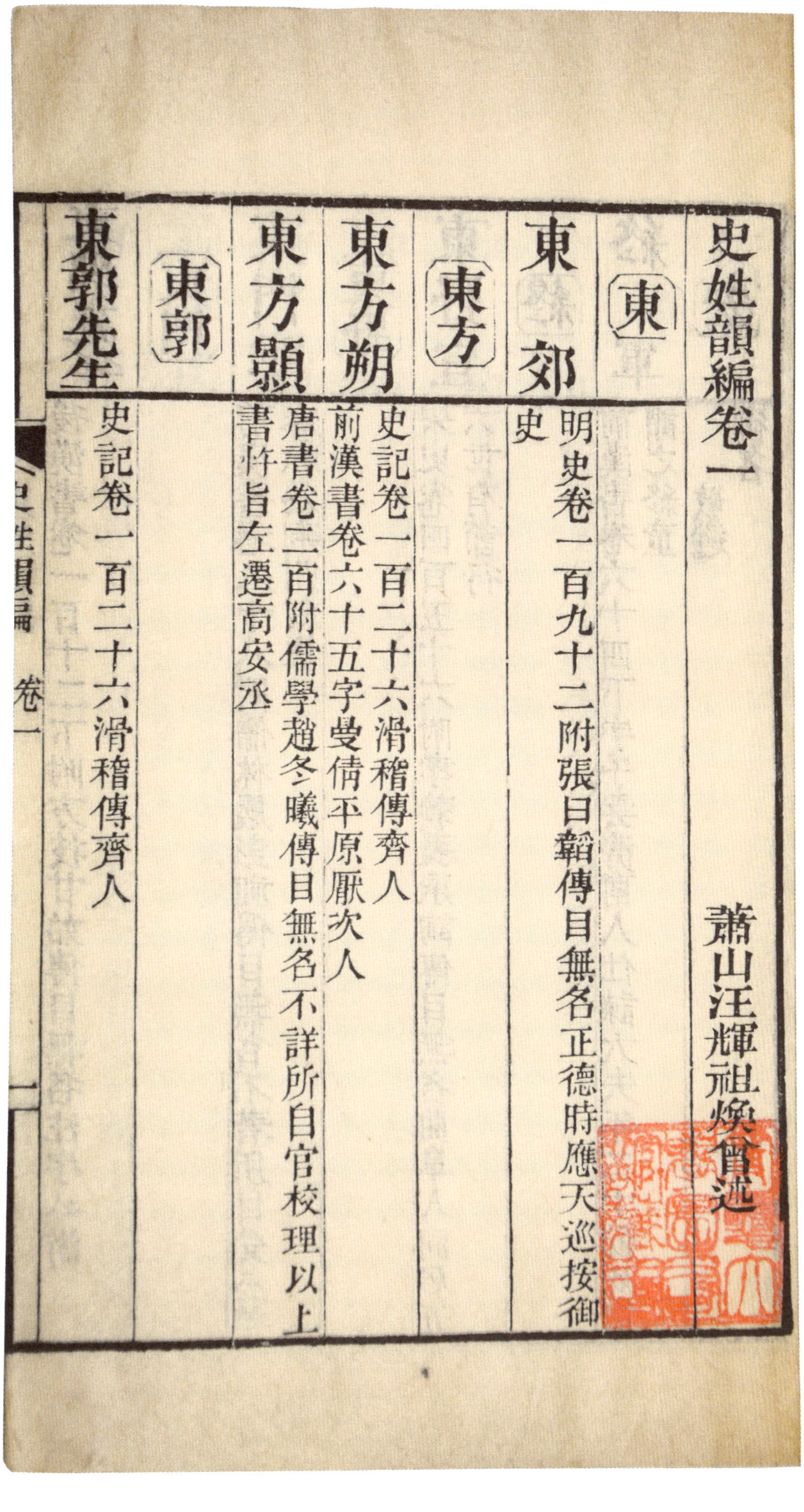

史姓韻編卷一

蕭山汪輝祖煥曾述

東

東郊　明史卷一百九十二附張曰韜傳目無名正德時應天巡按御史

東方

東方朔　史記卷一百二十六滑稽傳齊人　前漢書卷六十五字曼倩平原厭次人

東方顥　唐書卷二百附儒學趙冬曦傳目無名不詳所自官校理以上書忤旨左遷高安丞

東郭

東郭先生　史記卷一百二十六滑稽傳齊人

0132　史姓韻編六十四卷　（清）汪輝祖述　清乾隆五十五年（1790）雙節堂初刻本　四函十六册

雙欄，上欄半葉八行三、四字不等，下欄半葉八行雙行小字二十四字，黑口，四周單邊。版框19.1×13.3厘米，尺寸24.2×15.5厘米。

寧夏大學圖書館藏。

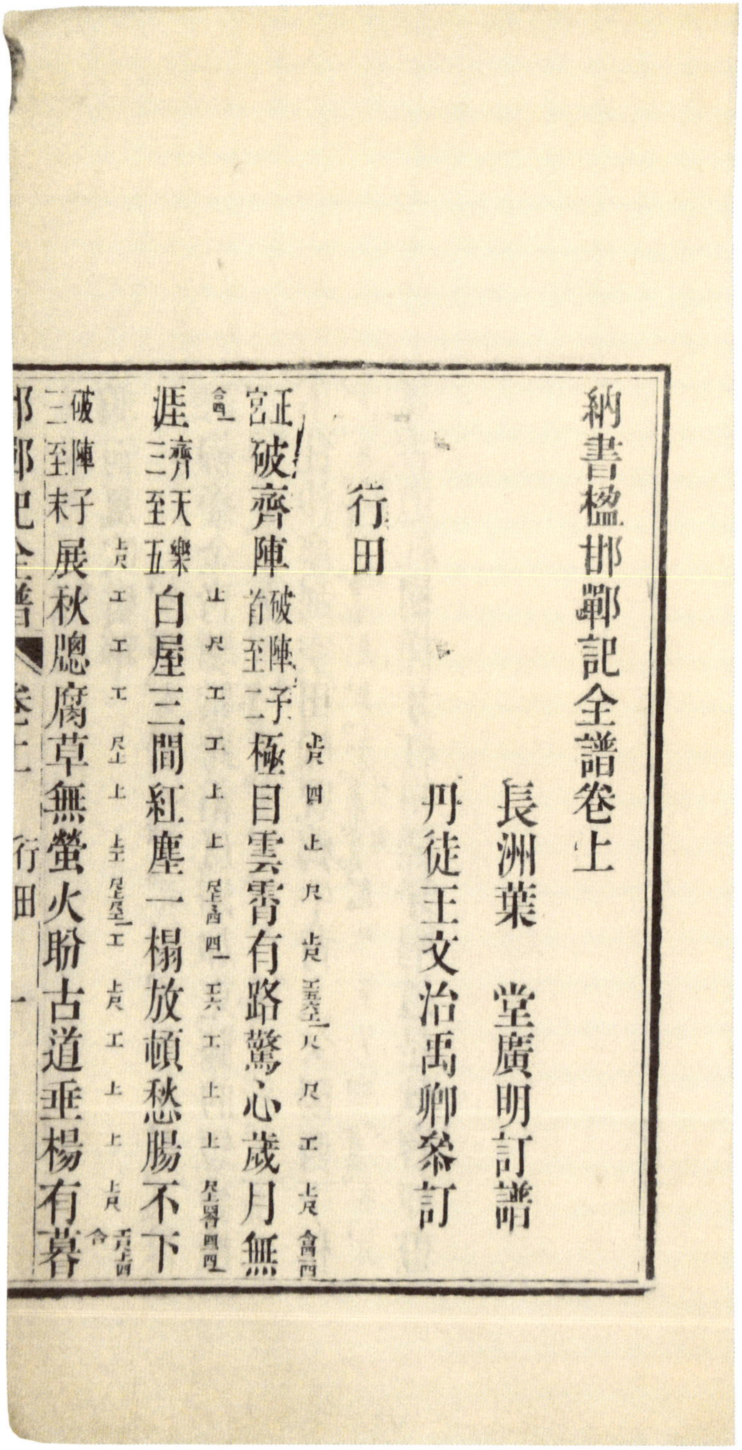

0133　納書楹邯鄲記全譜二卷　（清）葉堂訂譜　（清）王文治參訂　清乾隆五十七年（1792）刻本　二册

半葉十二行十八字，雙行小字不等，白口，四周雙邊。版框19.1×14.1厘米，尺寸29.3×18.1厘米。

寧夏回族自治區圖書館藏。

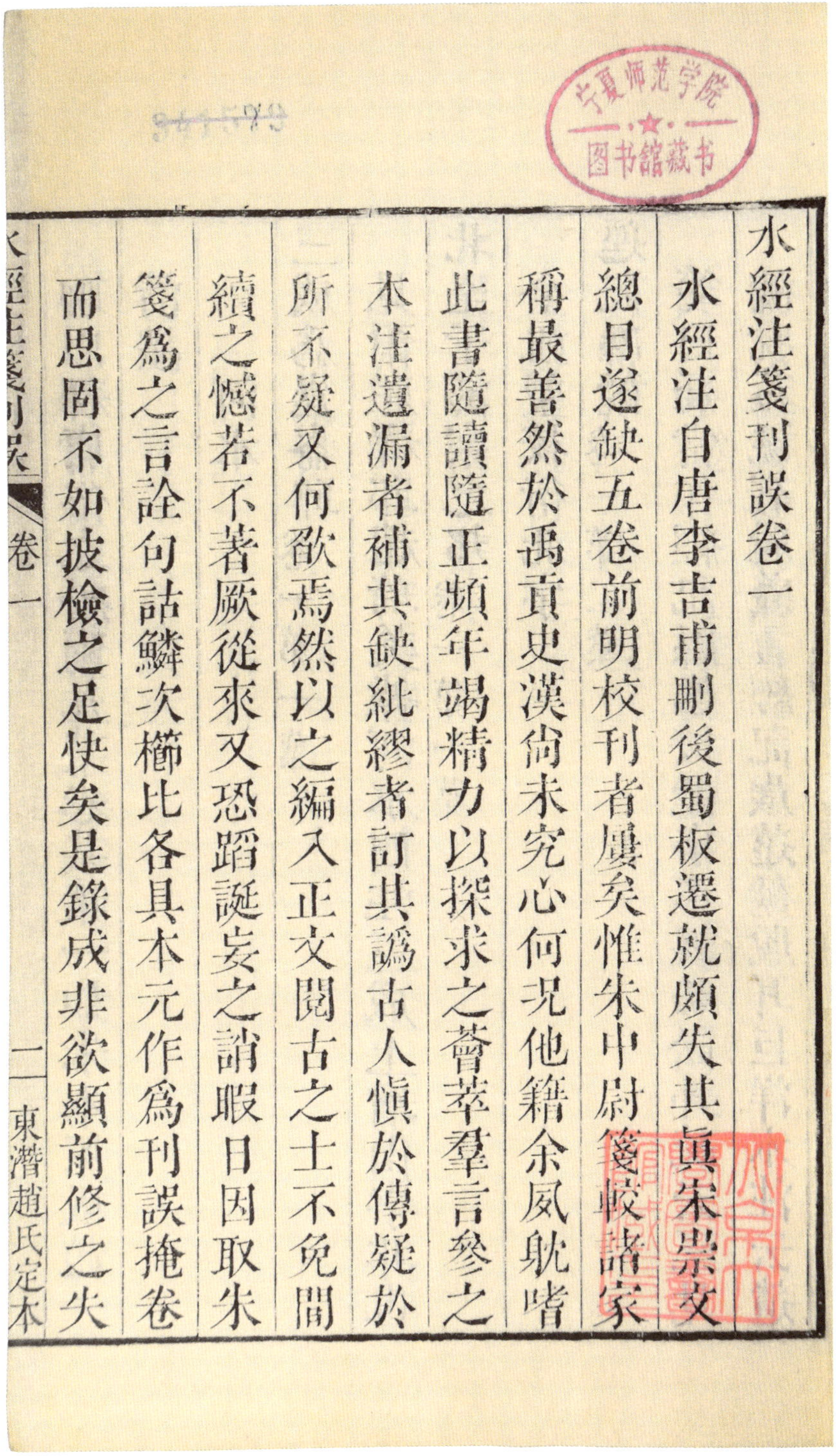
宁夏师范学院
图书馆藏书
水經注箋刊誤卷一
水經注自唐李吉甫刪後蜀板遷就頗失其眞宋崇文
總目遂缺五卷前明校刊者屢矣惟朱中尉箋較諸家
稱最善然於禹貢史漢尚未究心何況他籍余夙躭嗜
此書隨讀隨正頻年竭精力以探求之薈萃羣言參之
本注遺漏者補其缺紕繆者訂其譌古人愼於傳疑於
所不疑又何欲焉然以之編入正文閱古之士不免間
續之憾若不著厥從來又恐蹈誕妄之誚暇日因取朱
箋爲之言詮句詁鱗次櫛比各具本元作爲刊誤掩卷
而思固不如披檢之足快矣是錄成非欲顯前修之失
水經注箋刊誤　卷一　一　東潛趙氏定本

0134　水經注釋四十卷附録二卷刊誤十二卷　（北魏）酈道元注　（清）趙一清釋　清乾隆五十九年（1794）東潛趙氏小山堂刻本　十三册

半葉十行二十二字，雙行小字同，白口，左右雙邊。版框20.0×14.6厘米，尺寸25.2×16.1厘米。

寧夏大學圖書館藏。

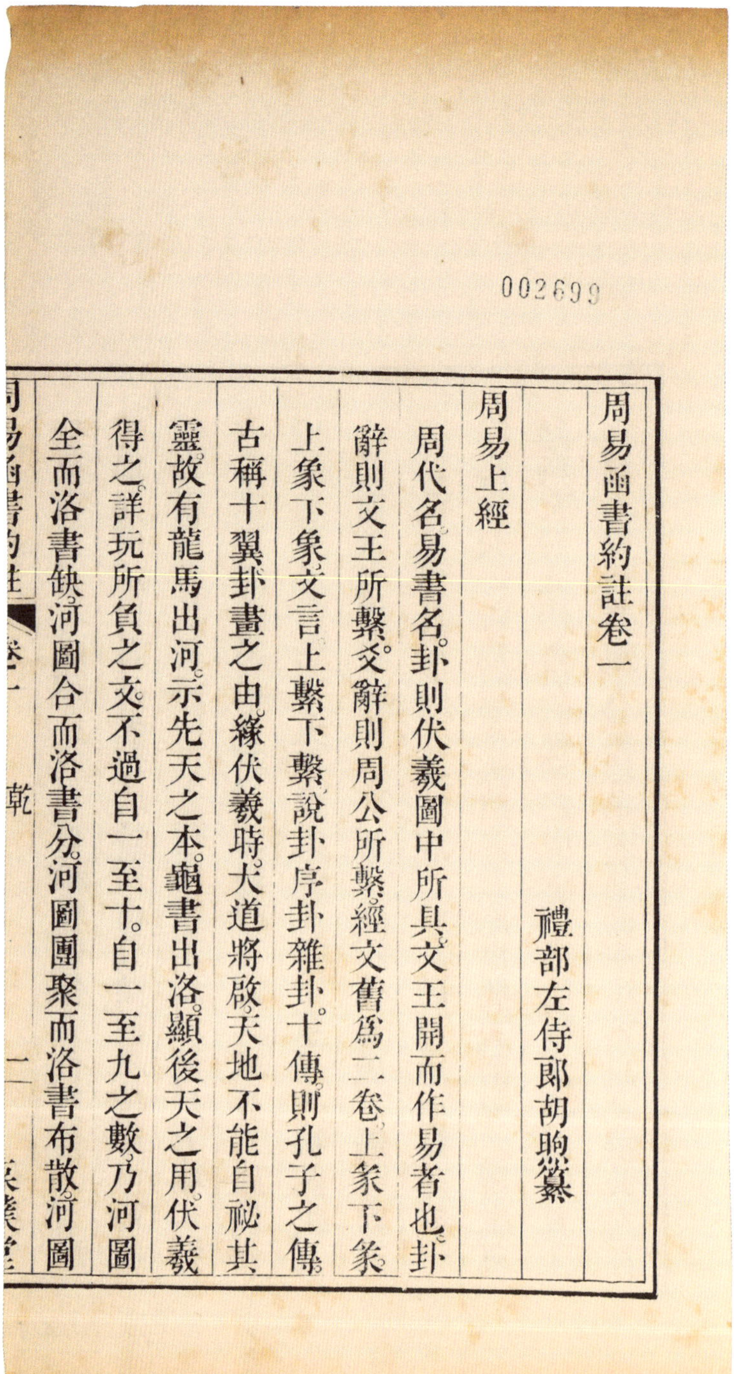

周易函書約註卷一

禮部左侍郎胡煦纂

周易上經

周代名易書名卦則伏羲圖中所具文王開而作易者也卦辭則文王所繫爻辭則周公所繫經文舊爲二卷上彖下彖上象下象文言上繫下繫說卦序卦雜卦十傳則孔子之傳古稱十翼卦畫之由緣伏羲時大道將啟天地不能自祕其靈故有龍馬出河示先天之本龜書出洛顯後天之用伏羲得之詳玩所負之文不過自一至十自一至九之數乃河圖全而洛書缺河圖合而洛書分河圖圓聚而洛書布散河圖

周易函書約註　卷一　乾　一　葆璞堂

0135　周易函書約存十八卷首三卷約註十八卷别集十六卷　（清）胡煦述　清乾隆五十九年（1794）葆璞堂刻本　三十册

半葉十行二十四字，雙行小字同，白口，四周雙邊。版框18.7×13.9厘米，尺寸29.3×17.8厘米。

寧夏回族自治區固原市原州區圖書館藏。

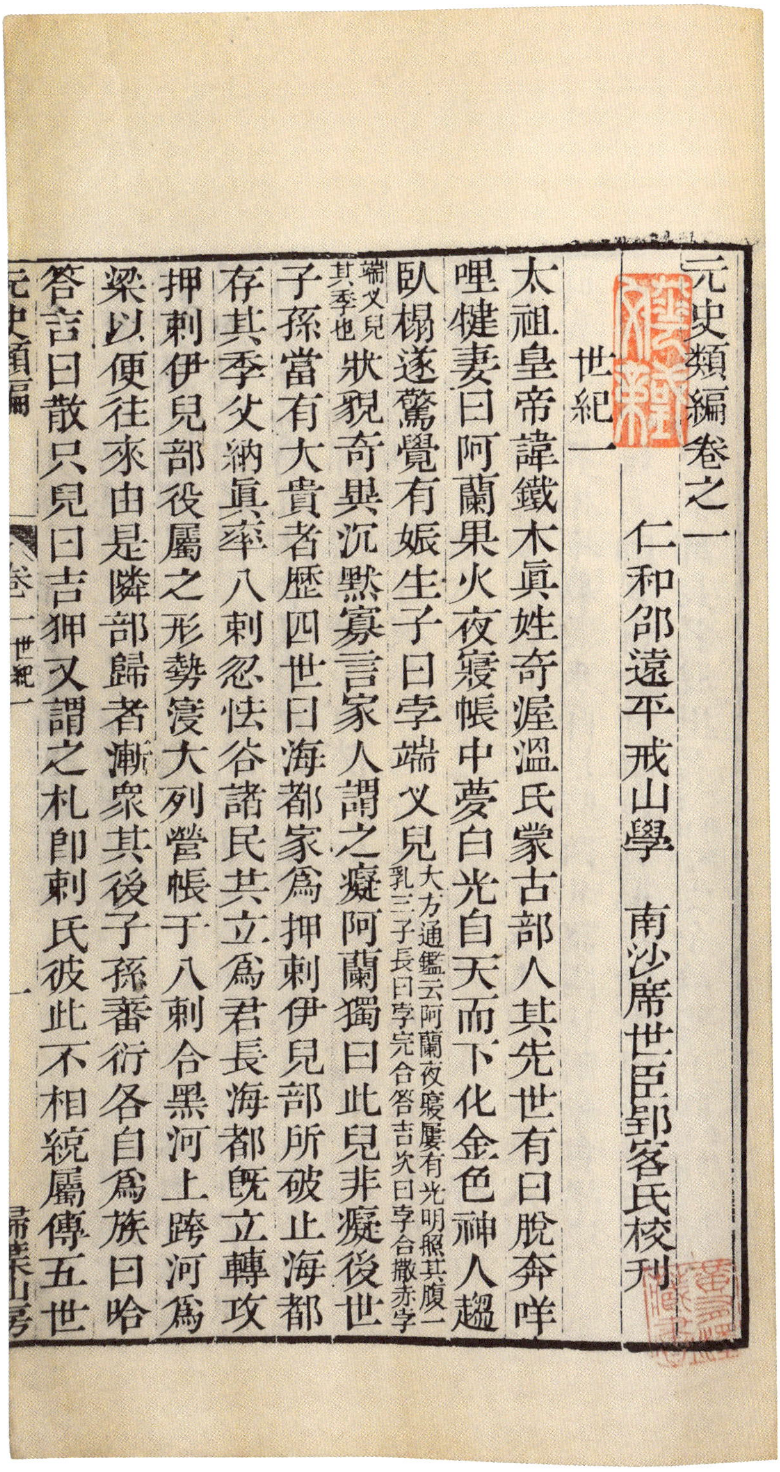
元史類編卷之一

世紀一　　仁和邵遠平戒山學　南沙席世臣郢客氏校刊

太祖皇帝諱鐵木眞姓奇渥溫氏蒙古部人其先世有曰脫奔咩哩犍妻曰阿蘭果火夜寢帳中夢白光自天而下化金色神人趨臥榻遂驚覺有娠生子曰孛端乂兒大方通鑑云阿蘭夜寢屢有光明照其腹一乳三子長曰孛完合答吉次曰孛合撒赤孛端乂兒其季也狀貌奇異沉默寡言家人謂之癡阿蘭獨曰此兒非癡後世子孫當有大貴者歷四世曰海都家爲押剌伊兒部所破止海都存其季父納眞率八剌忽怯谷諸民共立爲君長海都既立轉攻押剌伊兒部役屬之形勢寖大列營帳于八剌合黑河上跨河爲梁以便往來由是隣部歸者漸衆其後子孫蕃衍各自爲族曰哈答吉曰散只兒曰吉押又謂之札即剌氏彼此不相統屬傳五世

元史類編　卷一世紀一　一　掃葉山房

0136　元史類編四十二卷　（清）邵遠平撰　清乾隆六十年（1795）掃葉山房刻本　二函十二册

半葉十二行二十五字，雙行小字三十七字，白口，左右雙邊。版框21.4×15.1厘米，尺寸28.3×17.5厘米。

寧夏回族自治區圖書館藏。

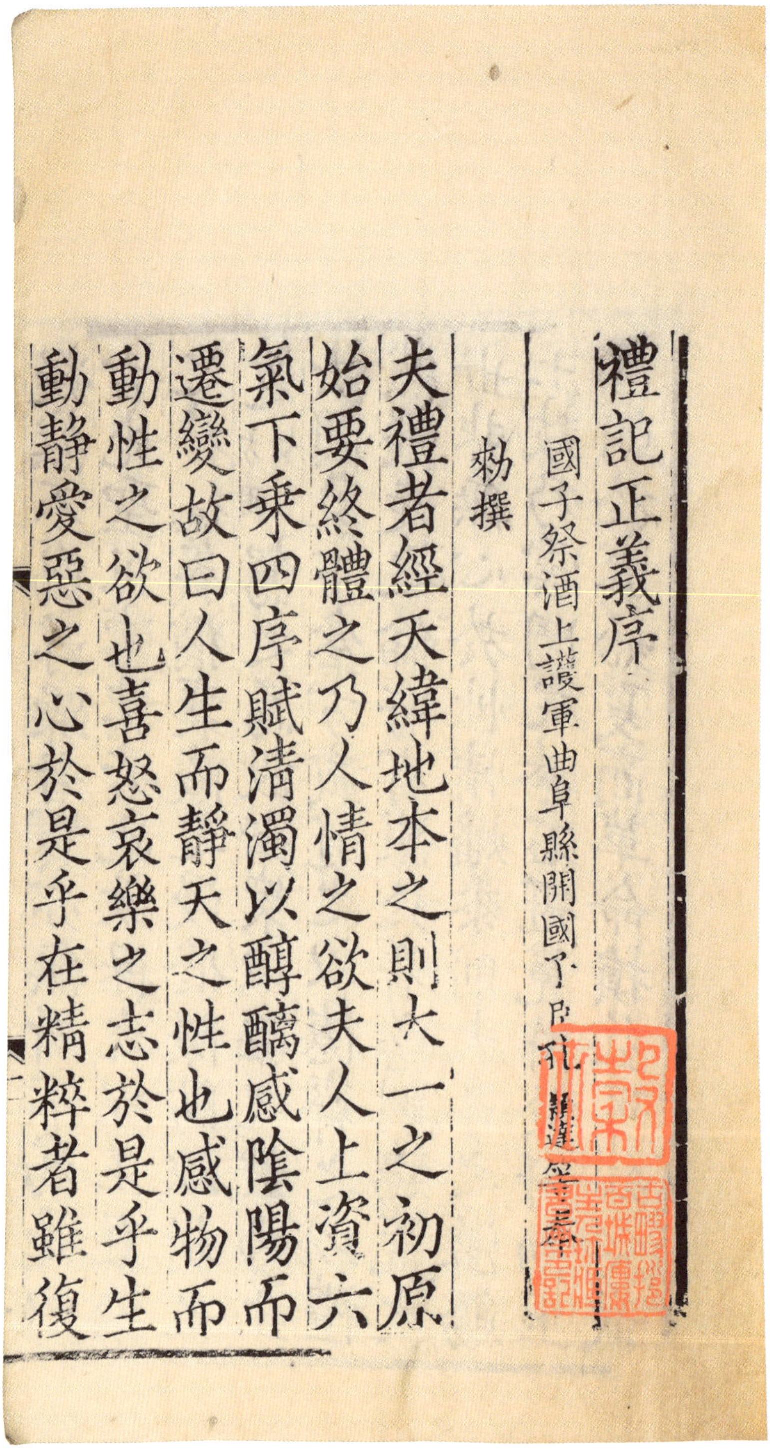
禮記正義序

國子祭酒上護軍曲阜縣開國子臣孔穎達等奉

勑撰

夫禮者經天緯地本之則大一之初原始要終體之乃人情之欲夫人上資六氣下乘四序賦清濁以醇醨感陰陽而遷變故曰人生而靜天之性也感物而動性之欲也喜怒哀樂之志於是乎生動靜愛惡之心於是乎在精粹者雖復

0137　附釋音禮記註疏六十三卷　（漢）鄭玄注　（唐）孔穎達等疏　（唐）陸德明音義　清乾隆六十年（1795）刻本　十六册

半葉十行十七字，雙行小字二十三字，白口，左右雙邊。版框19.9×13.4厘米，尺寸27.4×17.2厘米。

寧夏大學圖書館藏。

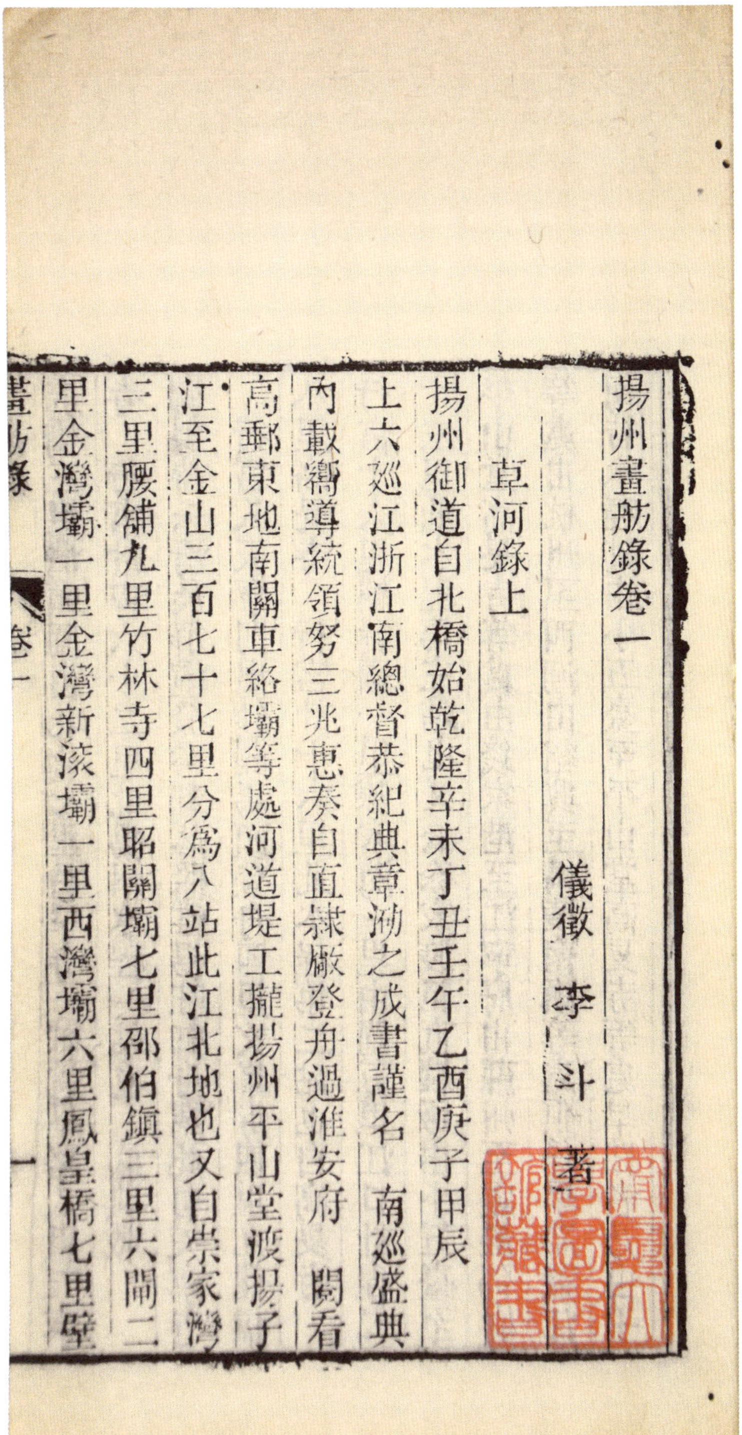

揚州畫舫錄卷一

儀徵 李斗 著

草河錄上

揚州御道自北橋始乾隆辛未丁丑壬午乙酉庚子甲辰
上六巡江浙江南總督恭紀典章勅之成書謹名 南巡盛典
內載嚮導統領努三兆惠奏自直隸廠登舟過淮安府 閱看
高郵東地南關車絡壩等處河道堤工攏揚州平山堂渡揚子
江至金山三百七十七里分爲八站此江北地也又自崇家灣
三里腰鋪九里竹林寺四里昭關壩七里邵伯鎮三里六閘二
里金灣壩一里金灣新滚壩一里西灣壩六里鳳凰橋七里壁

畫舫錄 卷一 一

0138 揚州畫舫録十八卷 （清）李斗著 清乾隆六十年（1795）自然盦刻本 八册

半葉十行二十四字，雙行小字同，白口，左右雙邊。版框16.8×11.6厘米，尺寸22.8×15.6厘米。

寧夏大學圖書館藏。

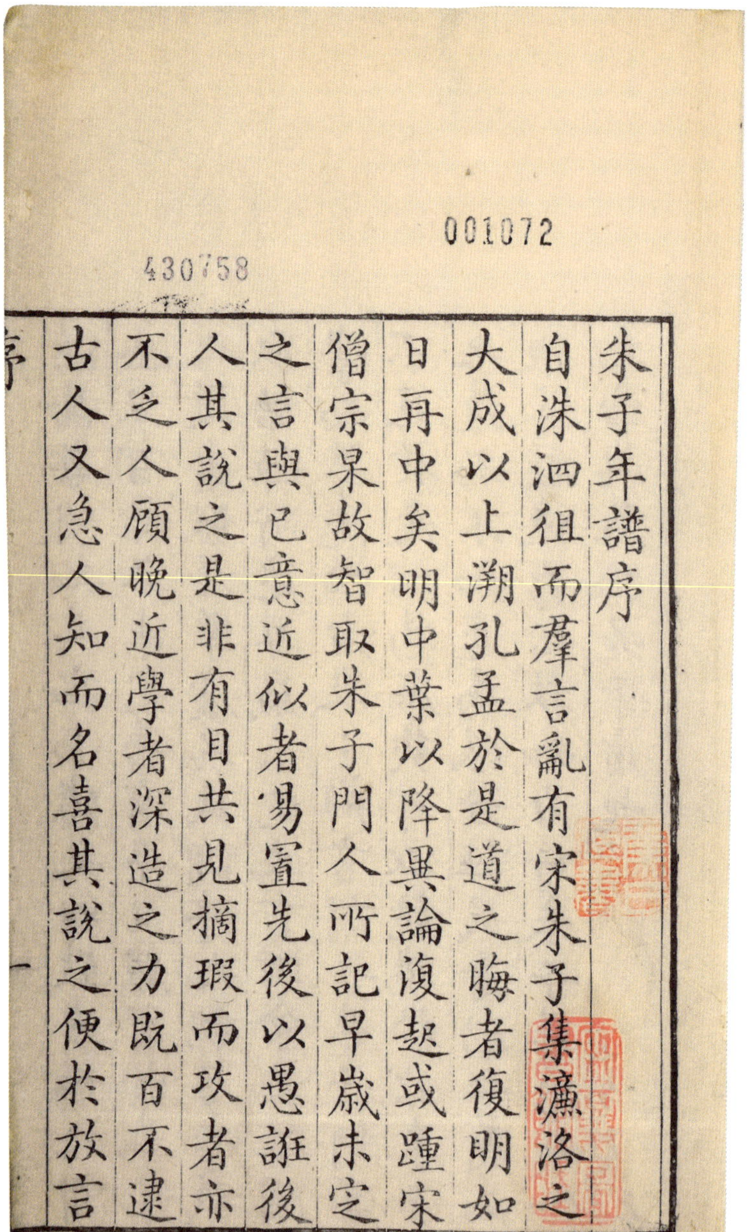
朱子年譜序
自洙泗徂而羣言亂有宋朱子集濂洛之
大成以上溯孔孟於是道之晦者復明如
日再中矣明中葉以降異論復起或踵宋
僧宗杲故智取朱子門人所記早歲未定
之言與已意近似者易置先後以愚誑後
人其說之是非有目共見摘瑕而攻者亦
不乏人顧晚近學者深造之力既百不逮
古人又急人知而名喜其說之便於放言
序　一

0139　朱子年譜四卷考異四卷附録二卷　（清）王懋竑纂訂　清乾隆寶應王氏白田草堂刻本　一函四册

半葉八行二十字，雙行小字同，白口，四周雙邊。版框17.8×12.5厘米，尺寸25.6×16.5厘米。鈐有“焦氏藏書”等印章。國家名録號03978。

寧夏回族自治區圖書館藏。

浣高郵宗後學安國謹序

朱子之論陸氏也曰空腹高心妄自尊大乃近世之學朱子者正蹈此八字之病得非以陸氏認為朱子乎朱子之學全在讀書窮理今乃不讀書不窮理也庚申閏月望日江都焦循記

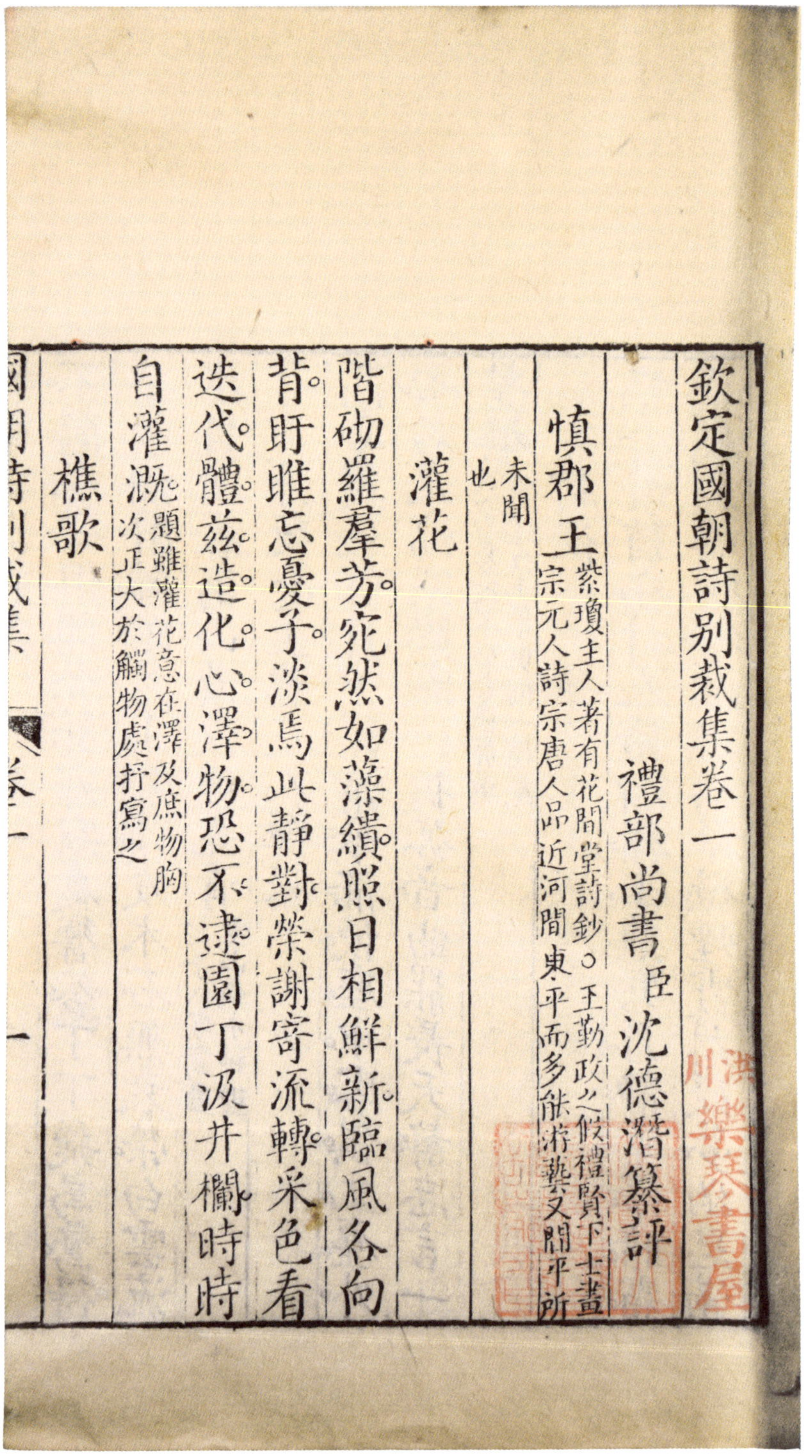
欽定國朝詩別裁集卷一
禮部尚書臣沈德潛纂評
愼郡王紫瓊主人著有花間堂詩鈔。王勤政之暇禮賢下士畫宗元人詩宗唐人品近河間東平而多能游藝又閒平所未聞也
灌花
階砌羅羣芳。宛然如藻繢。照日相鮮新。臨風各向背。盱睢忘憂子。淡焉此靜對。榮謝寄流轉。采色看迭代。體玆造化心。澤物恐不逮。園丁汲井欄。時時自灌溉。題灌花意在澤及庶物胸次正大於觸物處抒寫之
樵歌
國朝詩別裁集　卷一　一

0140　國朝詩別裁集三十二卷　（清）沈德潛輯　清乾隆刻本　十二册

半葉十行十九字，白口，左右雙邊。版框17.0×13.5厘米，尺寸24.8×15.9厘米。

寧夏大學圖書館藏。

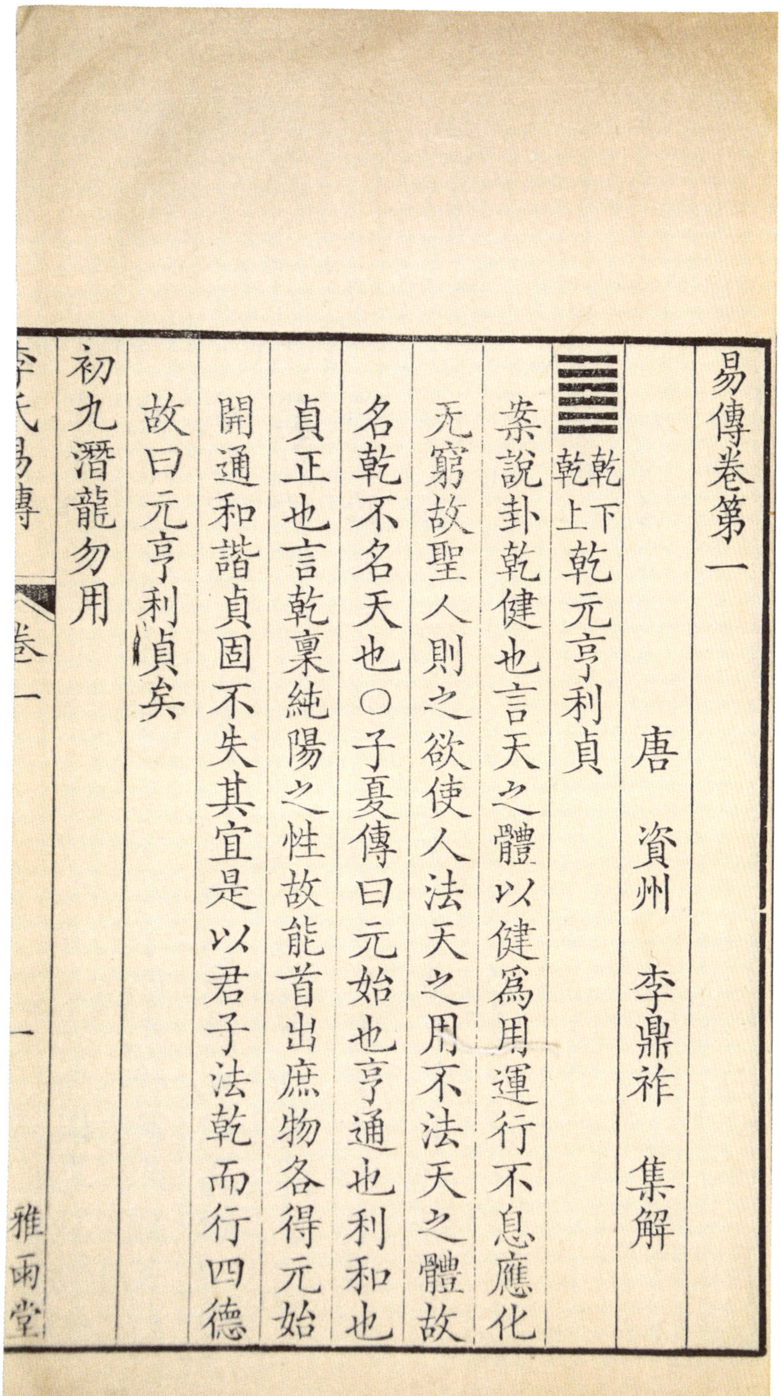
易傳卷第一
唐　資州　李鼎祚　集解
☰乾下乾上　乾元亨利貞
彖說卦乾健也言天之體以健爲用運行不息應化
无窮故聖人則之欲使人法天之用不法天之體故
名乾不名天也○子夏傳曰元始也亨通也利和也
貞正也言乾稟純陽之性故能首出庶物各得元始
開通和諧貞固不失其宜是以君子法乾而行四德
故曰元亨利貞矣
初九潛龍勿用
李氏易傳　卷一　一　雅雨堂

0141　雅雨堂叢書十三種一百三十八卷　（清）盧見曾輯　清乾隆盧氏刻本　四函二十八册

半葉十行二十一字，雙行小字同，白口，四周單邊。版框18.6×14.5厘米，尺寸26.6×17.2厘米。

寧夏大學圖書館藏。

雅雨堂叢書爲清乾隆年間德州盧見曾先生輯刊所收各書甚精善近年流行多晚印斷板之本初印極難得也癸未冬承濟南王育伏先生讓饋一部雖欠整齊然尚屬初印用誌數語以示不忘云爾

癸未冬月記於小書巢

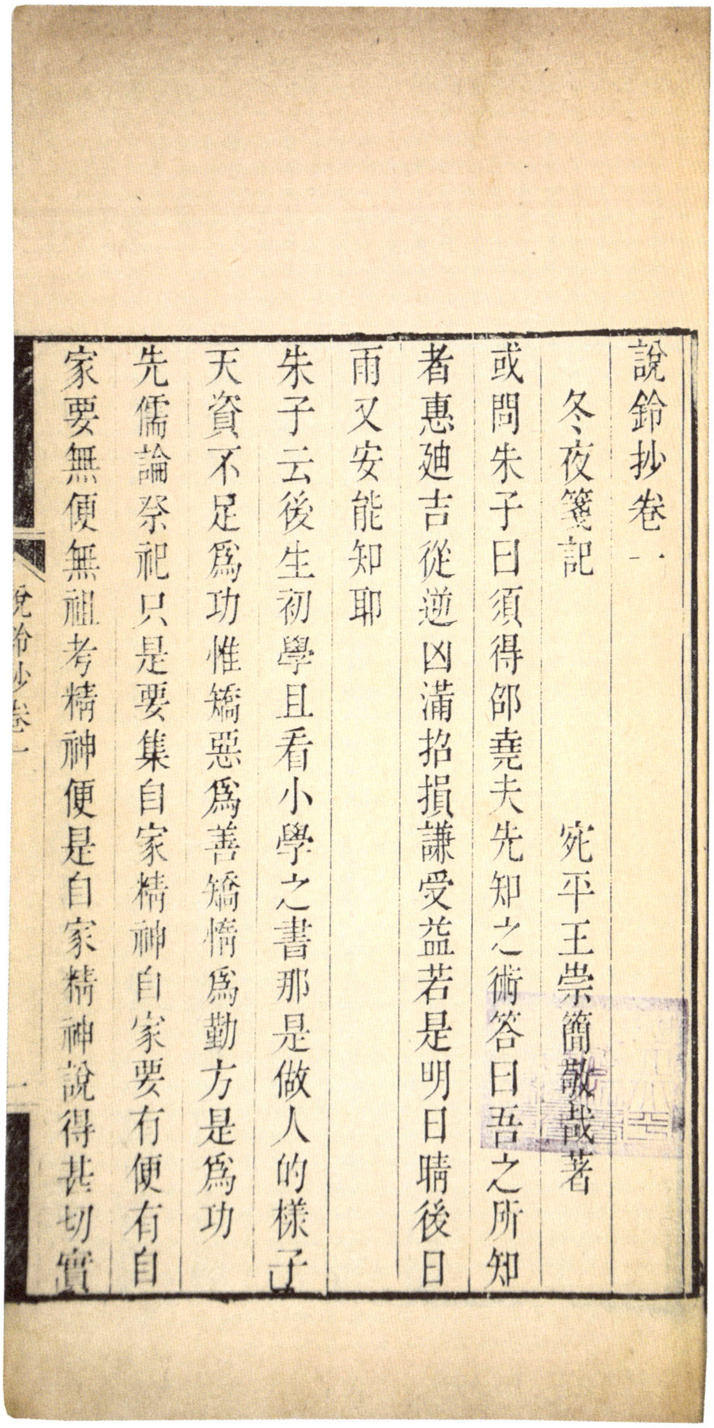

說鈴抄卷一

冬夜箋記　宛平王崇簡敬哉著

或問朱子曰須得邵堯夫先知之術答曰吾之所知者惠廸吉從逆凶滿招損謙受益若是明日晴後日雨又安能知耶

朱子云後生初學且看小學之書那是做人的樣子

天資不足爲功惟矯惡爲善矯惰爲勤方是爲功

先儒論祭祀只是要集自家精神自家要有便有自家要無便無祖考精神便是自家精神說得甚切實

說鈴抄卷一

0142　說鈴抄八卷　（清）華繼輯　清乾隆保元堂刻本　一函六册

半葉九行二十字，黑口，左右雙邊。版框17.9×13.3厘米，尺寸26.0×15.6厘米。

寧夏大學圖書館藏。

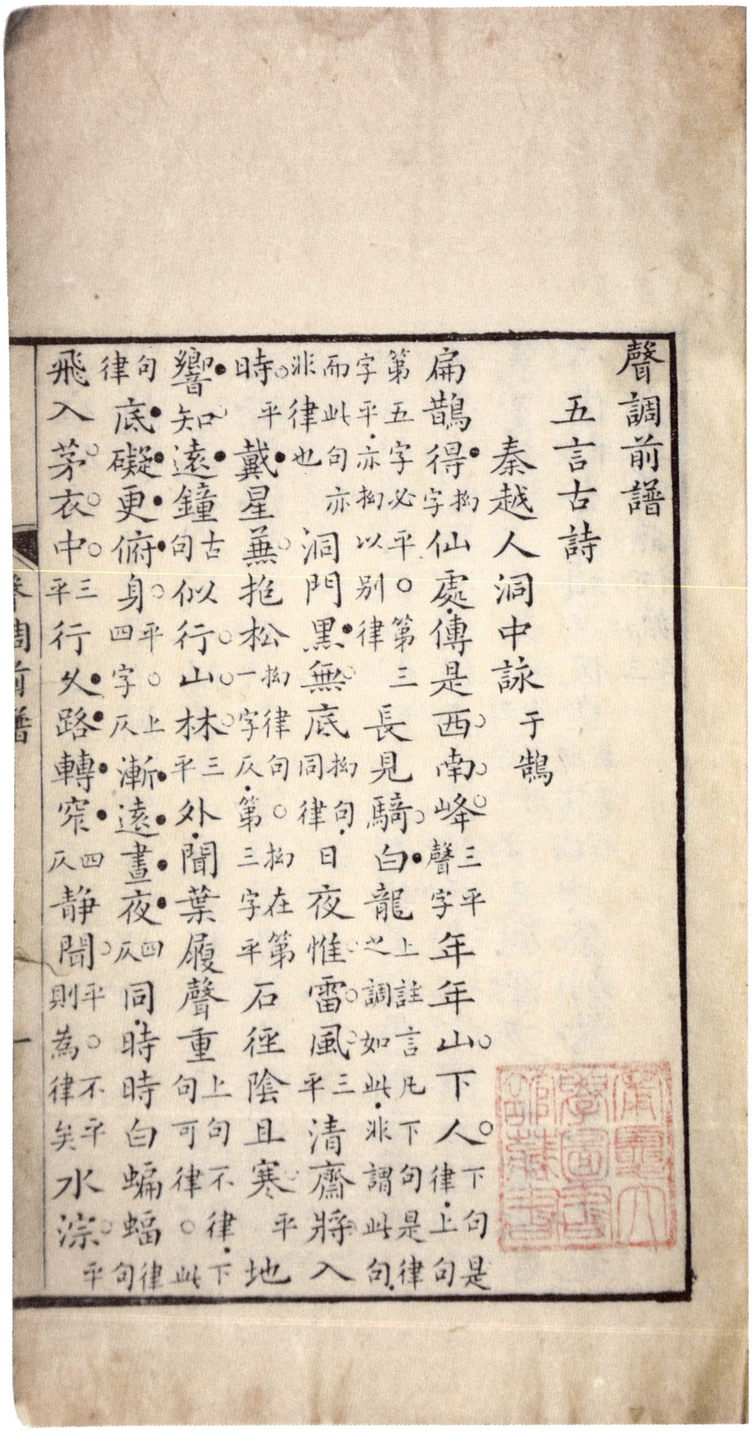
聲調前譜
五言古詩
秦越人洞中詠　于鵠
扁鵲得（拗字）仙處傳是西南峰（三平聲字）年年山下人（下句是律上句
第五字必平第三字平亦拗以別律）長見騎白龍（上註言凡下句是律之調如此非謂此句
而此句亦非律也）洞門黑無底（拗句同律）日夜惟雷風（三平）清齋將入
時（平）戴星蕪拖松（拗律句拗在第一字仄第三字平）石徑陰且寒（平）地
響知遠鐘（古句）似行山林（三平）外闇葉履聲重（上句不律下句可律此
句律）底礙更俯身（平上四字仄）漸遠晝夜（四仄）同時時白蝙蝠（律句）
飛入茅衣中（三平）行久路轉窣（四仄）靜闇（平不平則為律矣）水淙（平）

0143　聲調譜三卷附談龍録一卷　（清）趙執信撰　清乾隆刻本　一册

半葉十行二十一字，白口，四周單邊。版框17.5×12.7厘米，尺寸25.5×16.1厘米。

寧夏大學圖書館藏。

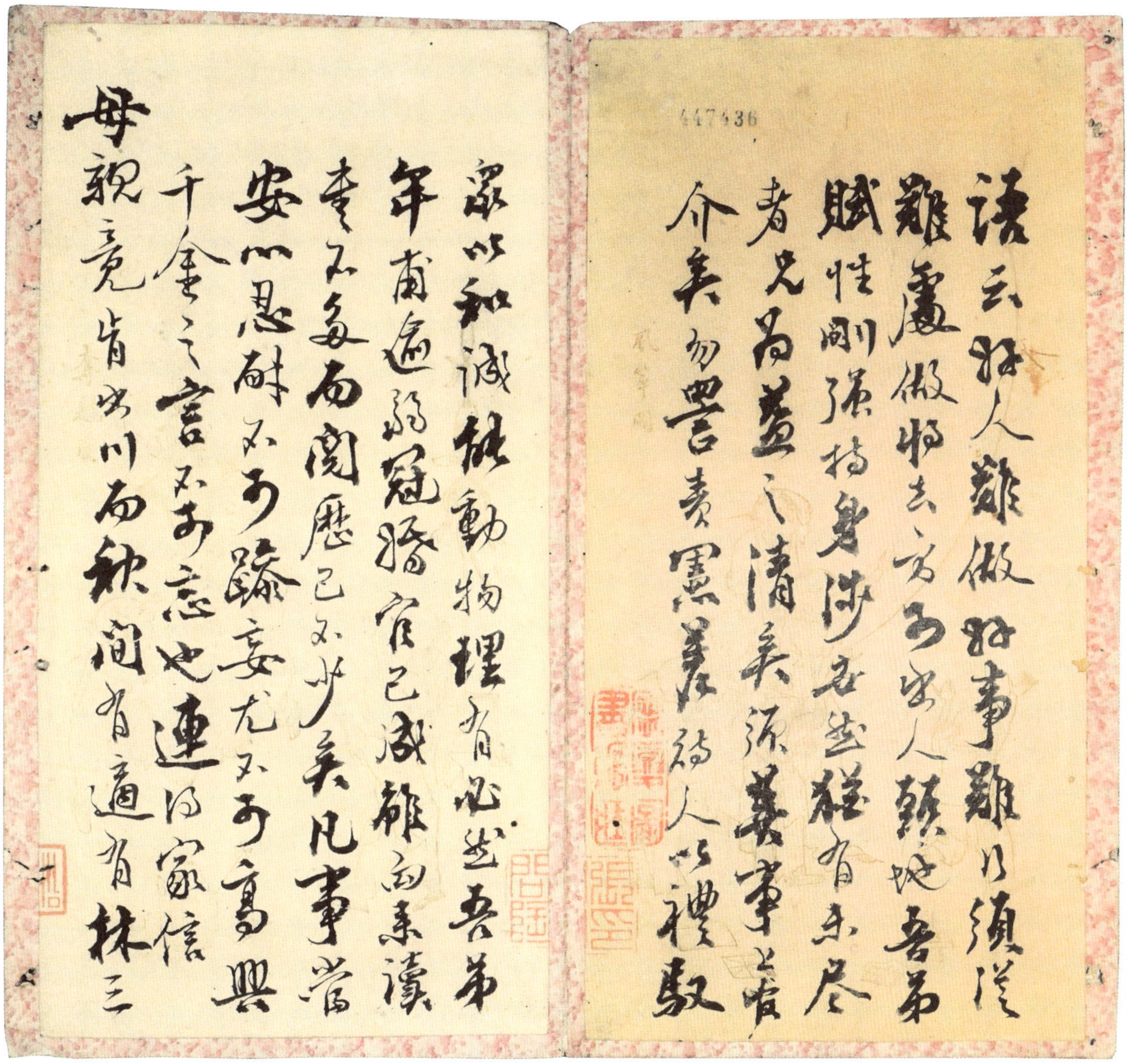

0144　張船山太史墨蹟册　（清）張船山撰　清嘉慶九年（1804）寫本　一册

經折裝。行款字數不等。尺寸24.6×13.5厘米。

寧夏回族自治區圖書館藏。

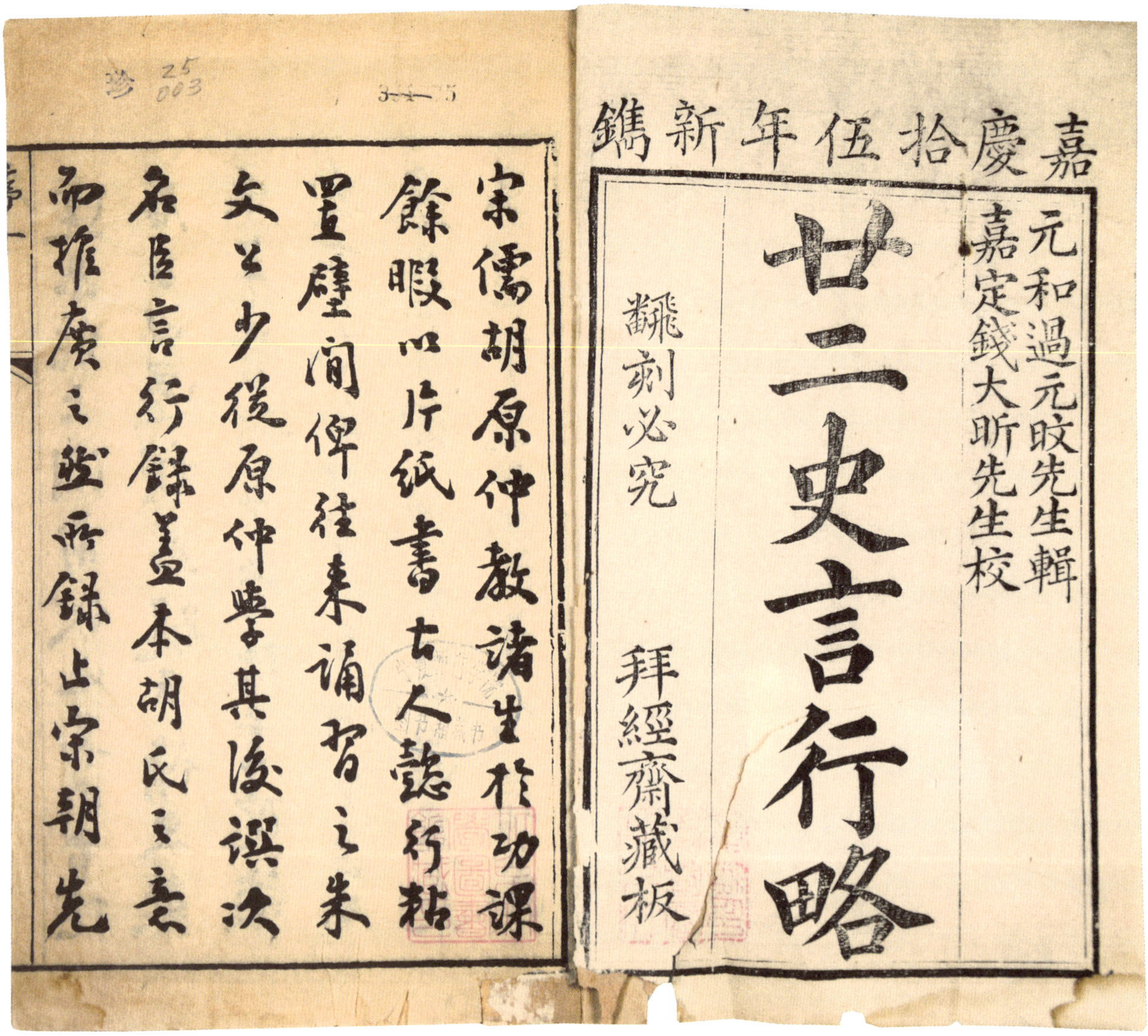

0145　廿二史言行略四十二卷　（清）過元晈輯　清嘉慶十五年（1810）拜經齋刻本　四函二十四册

半葉十行二十四字，白口，左右雙邊。版框19.8×13.5厘米，尺寸24.3×15.5厘米。

寧夏大學圖書館藏。

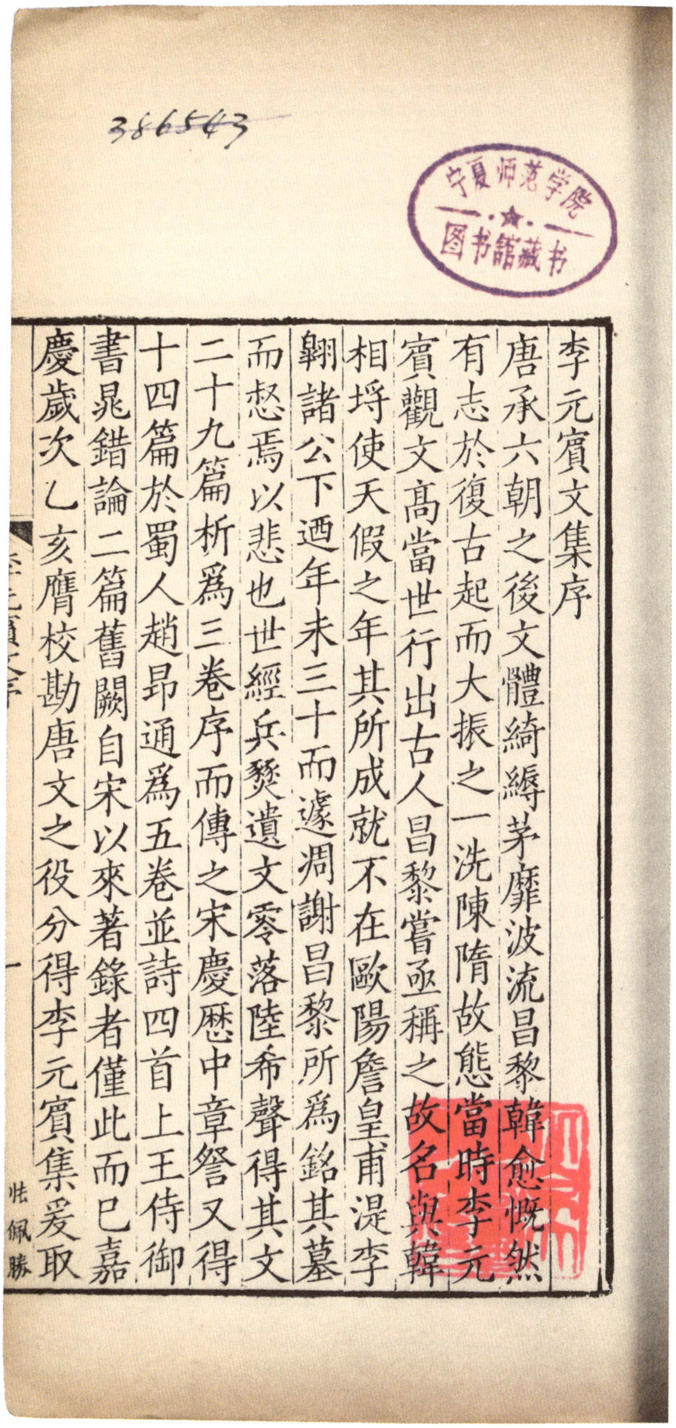

李元賓文集序
唐承六朝之後文體綺縟茅靡波流昌黎韓愈慨然
有志於復古起而大振之一洗陳隋故態當時李元
賓觀文高當世行出古人昌黎嘗亟稱之故名與韓
相埒使天假之年其所成就不在歐陽詹皇甫湜李
翺諸公下迺年未三十而遽凋謝昌黎所爲銘其墓
而惄焉以悲也世經兵燹遺文零落陸希聲得其文
二十九篇析爲三卷序而傳之宋慶歷中章詧又得
十四篇於蜀人趙昂通爲五卷並詩四首上王侍御
書晁錯論二篇舊闕自宋以來著錄者僅此而已嘉
慶歲次乙亥膺校勘唐文之役分得李元賓集爰取

0146　李元賓文集六卷　（唐）李觀撰　清嘉慶二十三年（1818）石研齋刻本　二册

半葉十一行二十字，白口，左右雙邊。版框17.9×11.1厘米，尺寸25.9×15.2厘米。

寧夏大學圖書館藏。

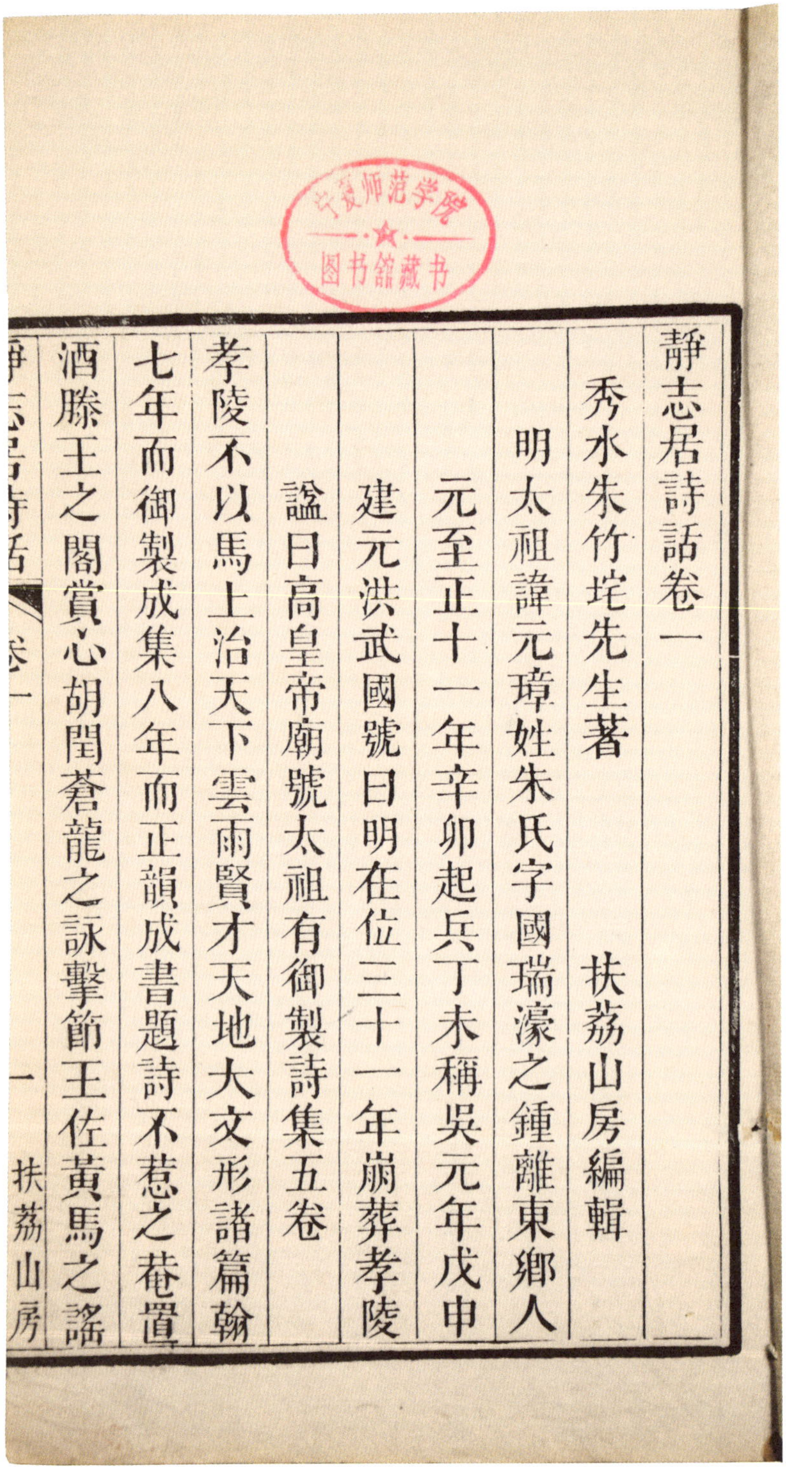

靜志居詩話卷一

秀水朱竹垞先生著　扶荔山房編輯

明太祖諱元璋姓朱氏字國瑞濠之鍾離東鄉人元至正十一年辛卯起兵丁未稱吳元年戊申建元洪武國號曰明在位三十一年崩葬孝陵謚曰高皇帝廟號太祖有御製詩集五卷

孝陵不以馬上治天下雲雨賢才天地大文形諸篇翰七年而御製成集八年而正韻成書題詩不惹之菴置酒滕王之閣賞心胡閏蒼龍之詠擊節王佐黃馬之謠

靜志居詩話　卷一　一　扶荔山房

0147　靜志居詩話二十四卷目録一卷　（清）朱彝尊撰　清嘉慶二十四年（1819）錢塘姚氏扶荔山房刻本　六函三十六册

半葉九行二十一字，白口，四周雙邊。版框18.6×13.4厘米，尺寸25.6×15.1厘米。

寧夏大學圖書館藏。

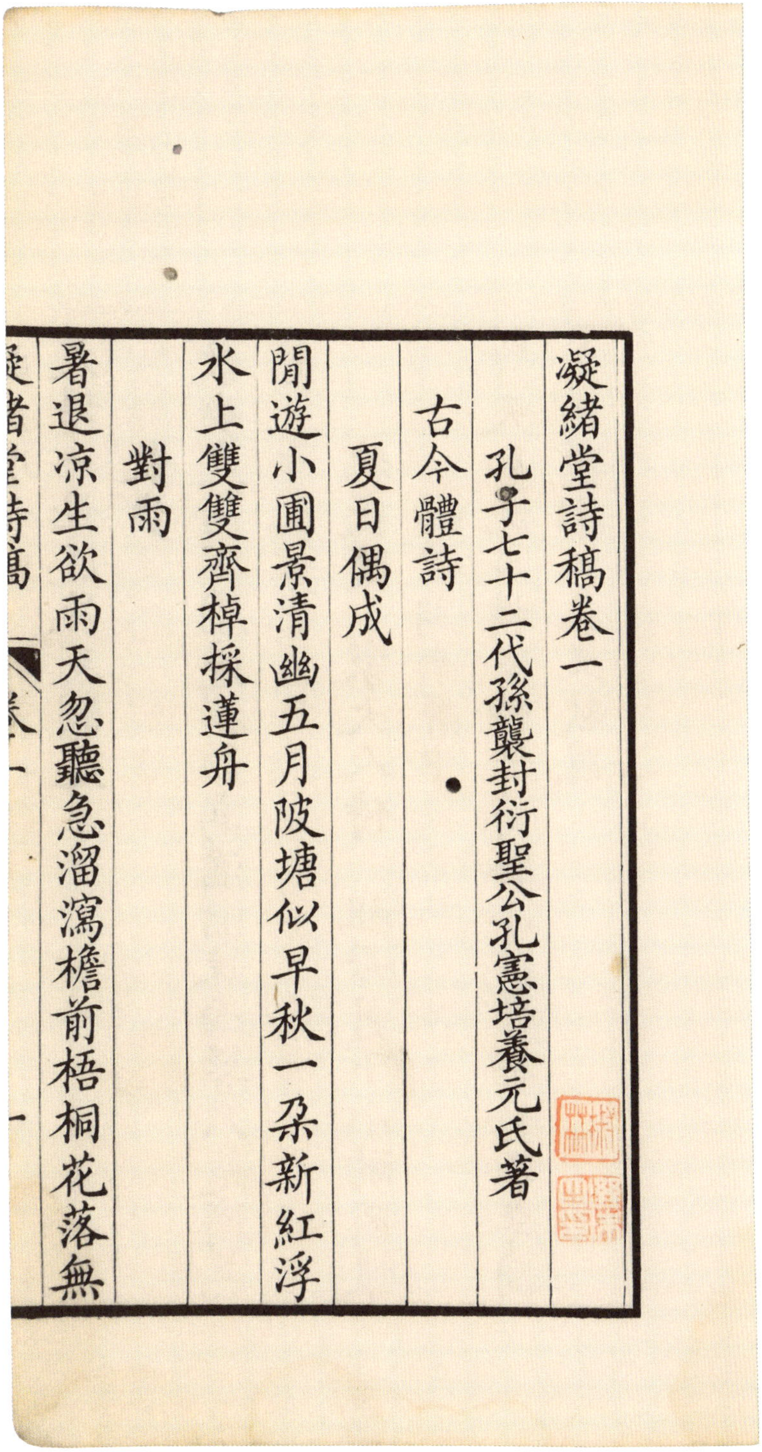
凝緒堂詩稿卷一
孔子七十二代孫襲封衍聖公孔憲培養元氏著
古今體詩
夏日偶成
閒遊小圃景清幽五月陂塘似早秋一朶新紅浮
水上雙雙齊棹採蓮舟
對雨
暑退涼生欲雨天忽聽急溜瀉檐前梧桐花落無
凝緒堂詩稿　卷一　一

0148　凝緒堂詩稿八卷　（清）孔憲培撰　清嘉慶刻本　一函四册

半葉八行十九字，白口，左右雙邊。版框17.8×11.7厘米，尺寸25.9×16.0厘米。

寧夏回族自治區圖書館藏。

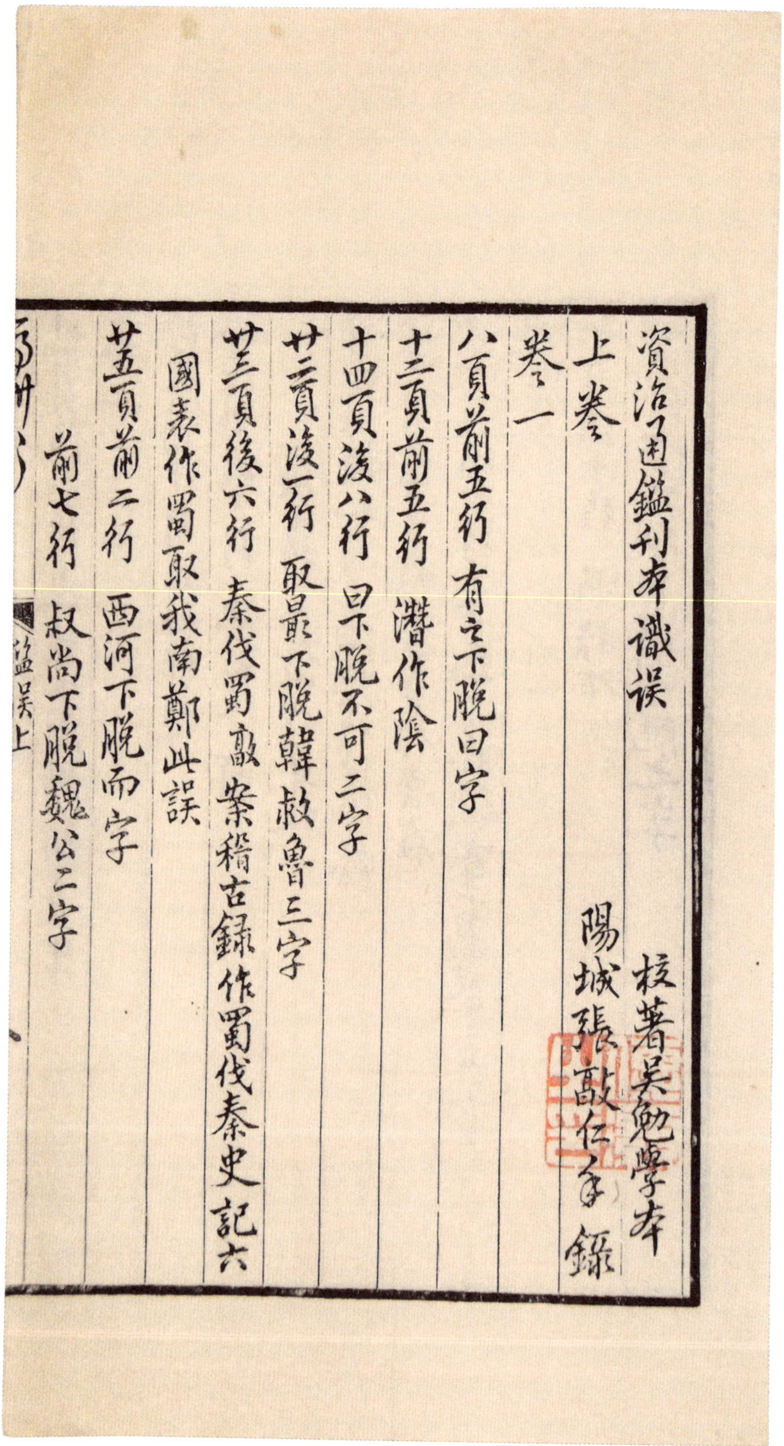

資治通鑑刊本識誤　校著吳勉學本

上卷　陽城張敦仁手錄

卷一

八頁前五行　有之下脫曰字

十二頁前五行　潛作陰

十四頁後八行　曰下脫不可二字

廿二頁後一行　取最下脫韓赦魯三字

廿三頁後六行　秦伐蜀取案稽古錄作蜀伐秦史記六

國表作蜀取我南鄭此誤

廿五頁前二行　西河下脫而字

前七行　叔尚下脫魏公二字

通鑑識誤上

0149　資治通鑑刊本識誤三卷　（清）張敦仁撰　清道光七年（1827）三山陳氏刻本　一函三册

半葉十一行字數不等，白口，左右雙邊。版框18.4×12.9厘米，尺寸26.3×16.6厘米。

寧夏回族自治區圖書館藏。

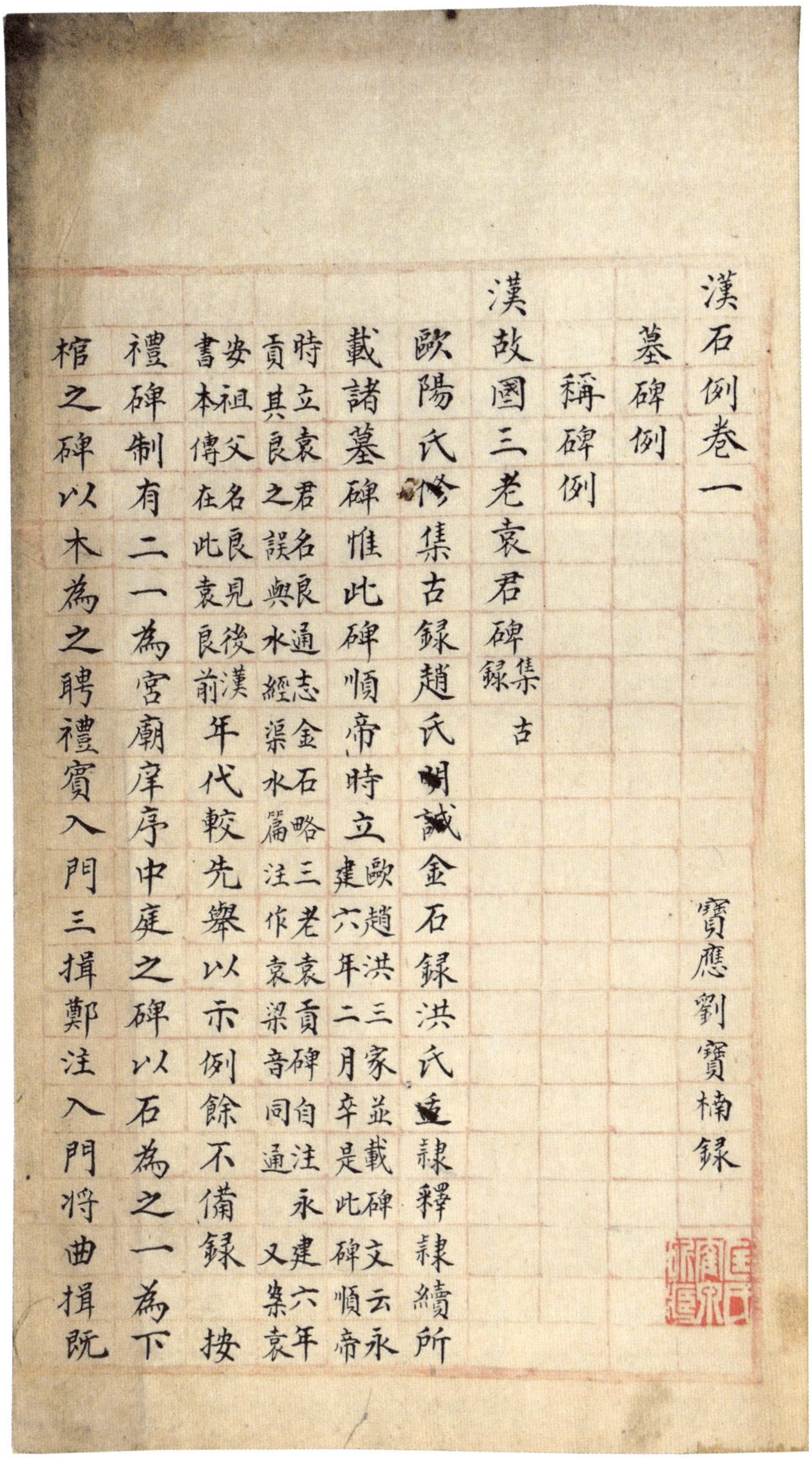

漢石例卷一　　寶應劉寶楠録

墓碑例

稱碑例

漢故國三老袁君碑集古録

歐陽氏脩集古録趙氏明誠金石録洪氏适隸釋隸續所

載諸墓碑惟此碑順帝時立歐趙洪三家並載此碑文云永建六年二月卒是此碑順帝

時立袁君名良通志金石略三老袁貢碑自注永建六年貢其良之誤與水經渠水篇注作袁梁音同通又案袁

安祖父名良見後漢書本傳在此袁良前年代較先舉以示例餘不備録　按

禮碑制有二一為宮廟庠序中庭之碑以石為之一為下

棺之碑以木為之聘禮賓入門三揖鄭注入門將曲揖既

0150　漢石例六卷　（清）劉寶楠録　清道光十六年（1836）稿本　一函六册

半葉十行二十三字，雙行小字同，白口，四周單邊。版框19.9×13.8厘米，尺寸24.4×17.2厘米。國家名録號04352。

寧夏大學圖書館藏。

稱鮮用而其義始尊矣此令人所宜避也又碑紀郭輔而
稱其女為妃亦欠（修辭未善）斟酌若夫以太姒妣比諸女洪氏隸釋
已斥其非不更贅言

郡署稱朝司隸從事郭究碑　豫州從事尹宙碑
顧氏炎武日知錄據後漢書劉寵傳晉書劉琨傳三國志
孫皓傳注晉盧諶贈劉琨詩謂郡守稱朝据潘岳西征賦
謂縣令稱朝又引胡三省通鑑注晉宋之間郡曰郡朝府
曰府朝藩王曰藩朝宋武帝為宋王齊高帝為齊王時曰
霸朝然非後世所可通用　又（案）郭究尹宙二廟碑皆稱本
朝此猶撰文人稱之非太守自稱後漢書法真傳太守曰
欲以功曹相屈光贊本朝太守自稱本朝後世斷不可行

官牒稱勑帝堯碑　史晨饗孔廟後碑　西嶽華山廟碑　仙人唐公房碑　武都太守李翕西狹頌
勑本作敕漢碑多作勑其實勑作（音）徠不當借用顧氏炎武
金石文字記據陳咸傳及孫寶何竝之文又据韋賢丙吉
趙廣漢韓延壽王尊朱博龔遂諸傳謂漢時官長行之掾
屬祖父行之子孫皆曰勑又據何曾傳謂晉時上下通稱
至南北朝惟朝廷專之而臣下不敢用故北齊樂陵王百
年習書數勑字遂以見殺趙氏翼陔餘叢考又據漢書成
帝元帝詔王尊丙吉傳後漢書陳寵傳魏略梁習三國志
高堂隆司馬昭張猛諸人證長官勑僚屬據漢書韋賢後

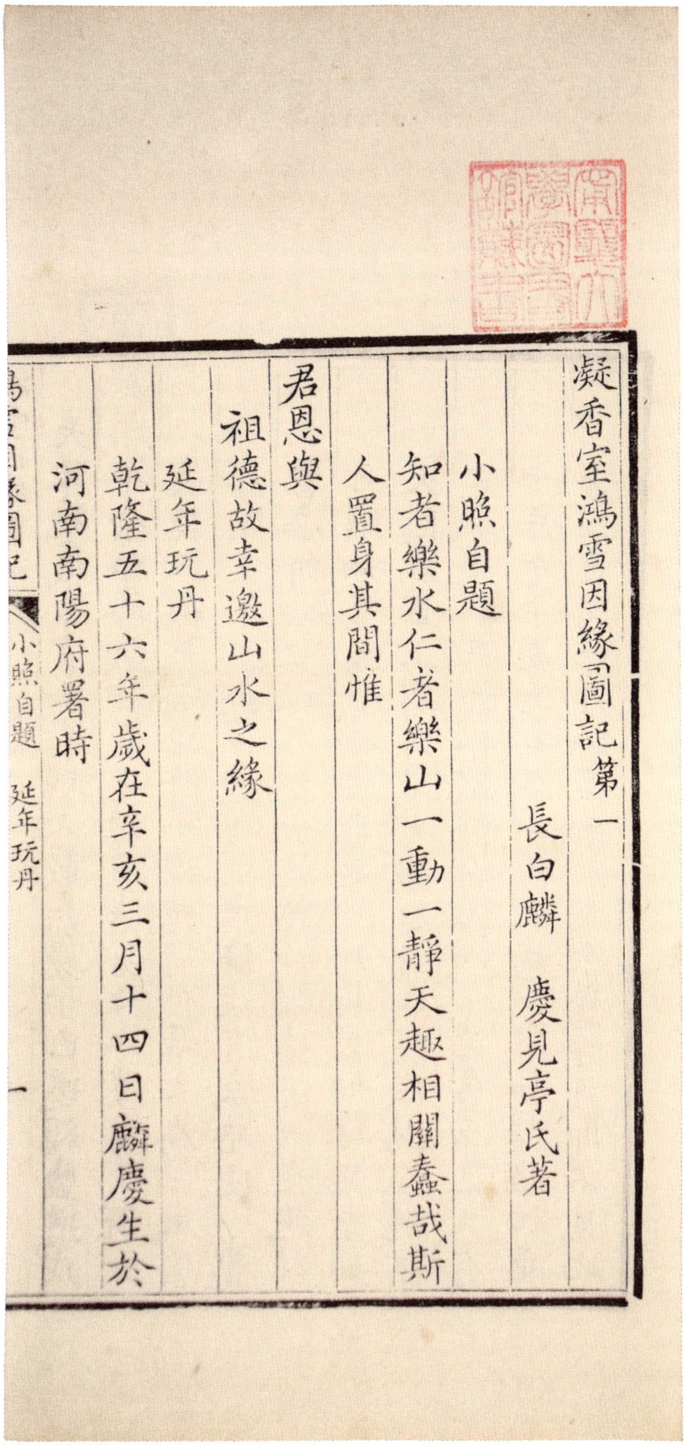

凝香室鴻雪因緣圖記第一

長白麟　慶見亭氏著

小照自題

知者樂水仁者樂山一動一靜天趣相關蠢哉斯
人置身其間惟
君恩與
祖德故幸邀山水之緣

延年玩丹

乾隆五十六年歲在辛亥三月十四日麟慶生於
河南南陽府署時

鴻雪因緣圖記　小照自題　延年玩丹　一

0151　凝香室鴻雪因緣圖記不分卷　（清）麟慶撰　清道光十八年（1838）雲陰堂刻本　一函二册

半葉十行二十一字，雙行小字同，白口，四周雙邊。版框19.8×13.3厘米，尺寸29.1×16.9厘米。

寧夏大學圖書館藏。

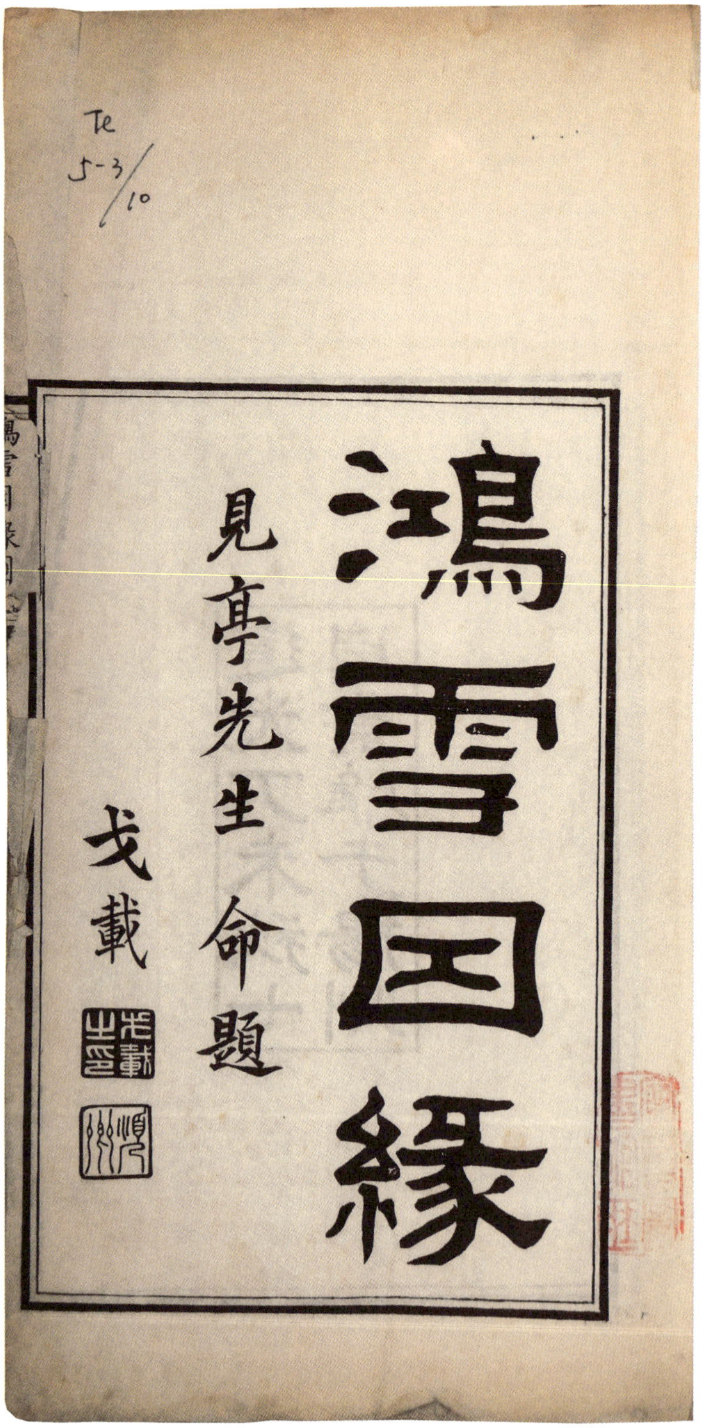

0152　凝香室鴻雪因緣圖記三集　（清）麟慶撰　清道光二十七年（1847）揚州刻本　一函六册

半葉十行二十一字，白口，四周雙邊。版框19.2×13.6厘米，尺寸30.0×17.4厘米。

寧夏回族自治區圖書館藏。

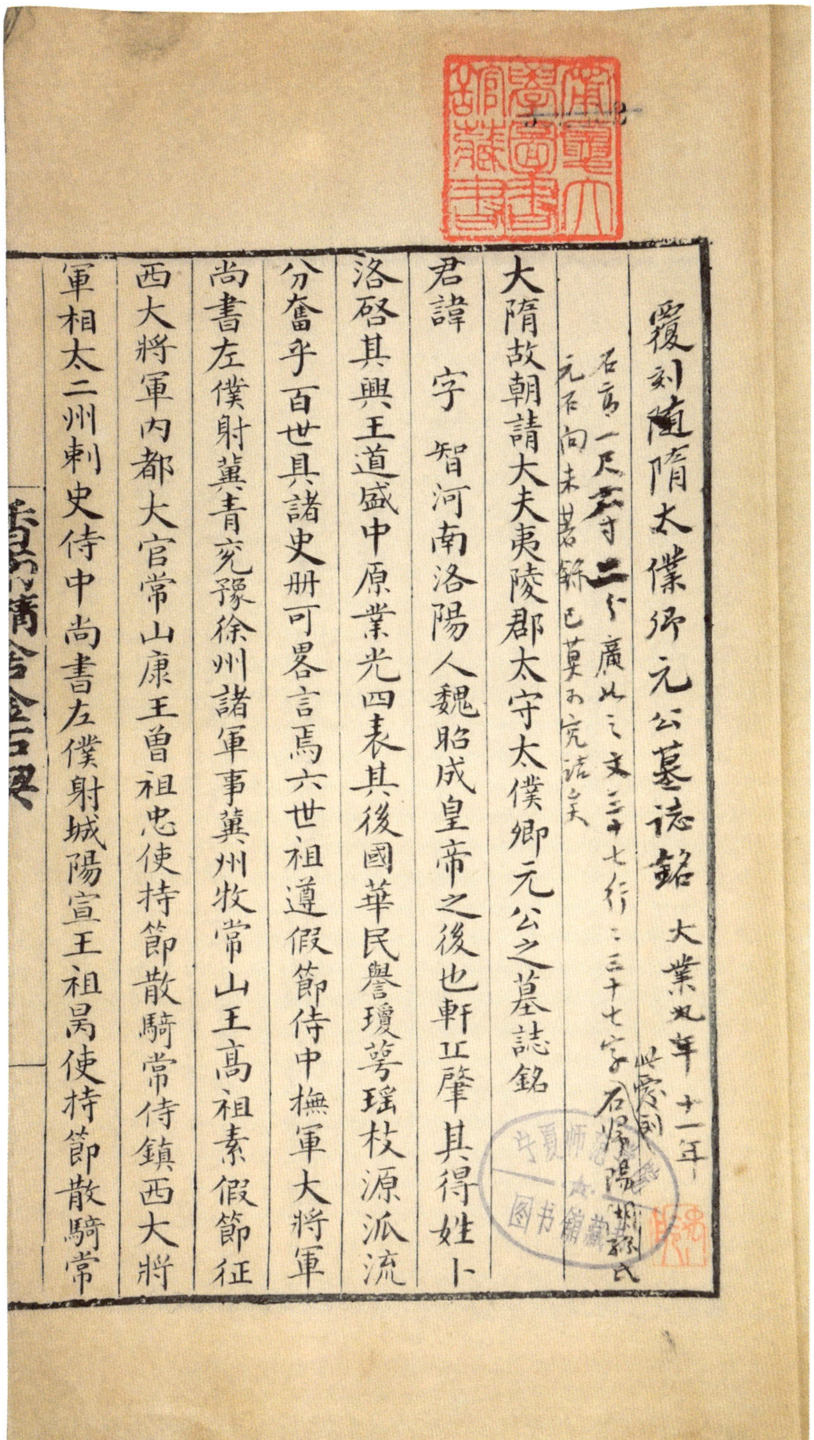

覆刻隋太僕卿元公墓誌銘　大業九年十一月

石高一尺五寸二分廣如之文三十七行行三十七字石歸陽湖陸氏

元石向未著録已莫可究詰矣

大隋故朝請大夫夷陵郡太守太僕卿元公之墓誌銘

君諱　字　智河南洛陽人魏昭成皇帝之後也軒丘肇其得姓卜洛啓其興王道盛中原業光四表其後國華民譽瓊萼瑶枝源泒流分奮乎百世具諸史册可畧言焉六世祖遵假節侍中撫軍大將軍尚書左僕射冀青兖豫徐州諸軍事冀州牧常山王高祖素假節征西大將軍内都大官常山康王曾祖忠使持節散騎常侍鎮西大將軍相太二州刺史侍中尚書左僕射城陽宣王祖昺使持節散騎常

0153　香南精舍金石契不分卷　（清）崇恩輯　清中期稿本　二册

半葉九行二十五字，雙行小字五十字，白口，四周單邊。版框18.9×13.2厘米，尺寸25.9×16.2厘米。國家名録號08156。

寧夏大學圖書館藏。

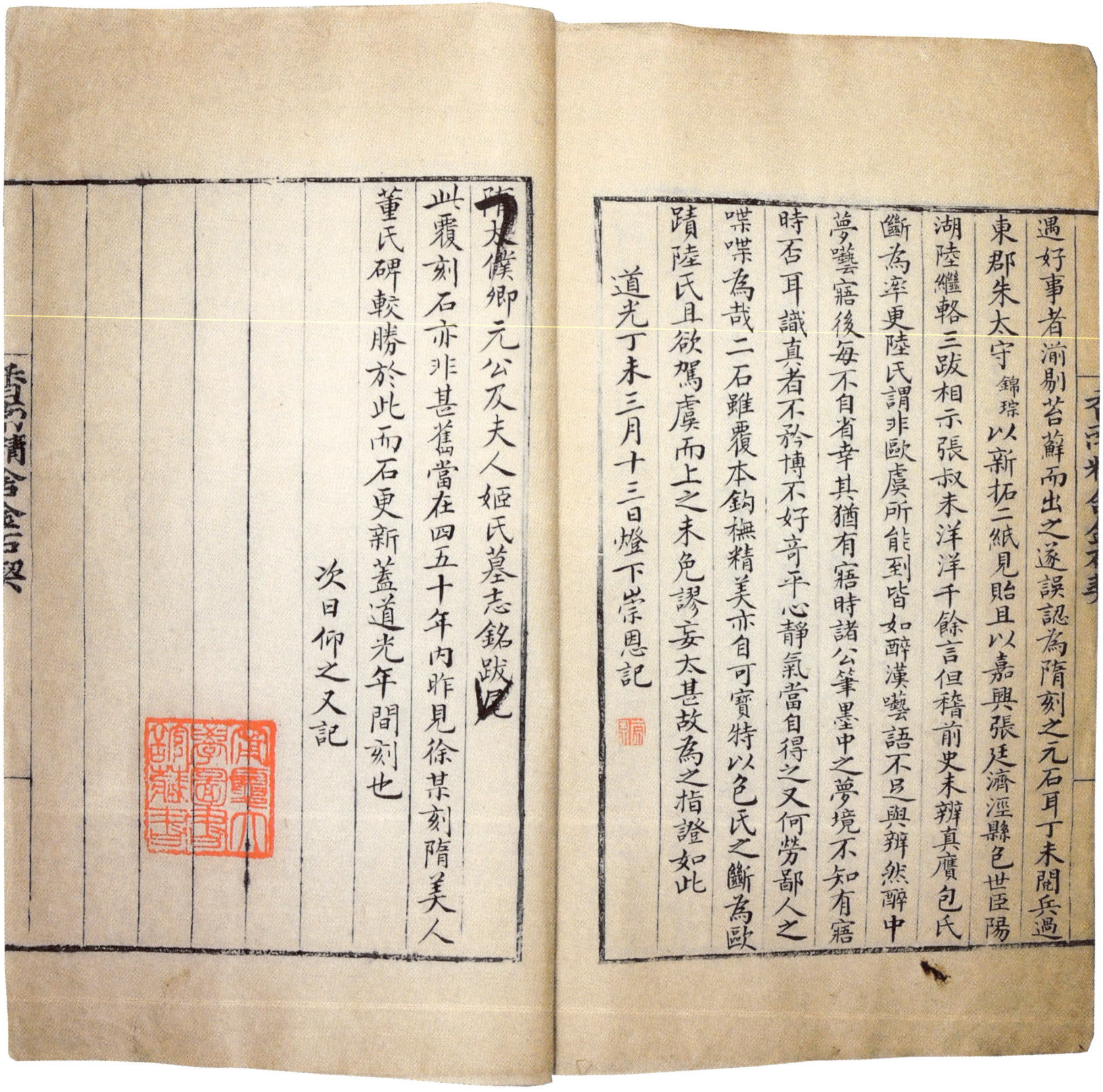

遇好事者湔剔苔蘚而出之遂誤認爲隋刻之元石耳丁未閱兵過
東郡朱太守錦琮以新拓二紙見貽且以嘉興張廷濟涇縣包世臣陽
湖陸繼輅三跋相示張叔未洋洋千餘言但稽前史未辨真贋包氏
斷爲率更陸氏謂非歐虞所能到皆如醉漢囈語不足與辨然醉中
夢囈寤後每不自省幸其猶有寤時諸公筆墨中之夢境不知有寤
時否耳識真者不矜博不好奇平心靜氣當自得之又何勞鄙人之
喋喋爲哉二石雖覆本鈎橅精美亦自可寶特以包氏之斷爲歐
蹟陸氏且欲駕虞而上之未免謬妄太甚故爲之指證如此
道光丁未三月十三日燈下崇恩記

隋太僕卿元公及夫人姬氏墓志銘跋尾
此覆刻石亦非甚舊當在四五十年内昨見徐某刻隋美人
董氏碑較勝於此而石更新蓋道光年間刻也
次日仰之又記

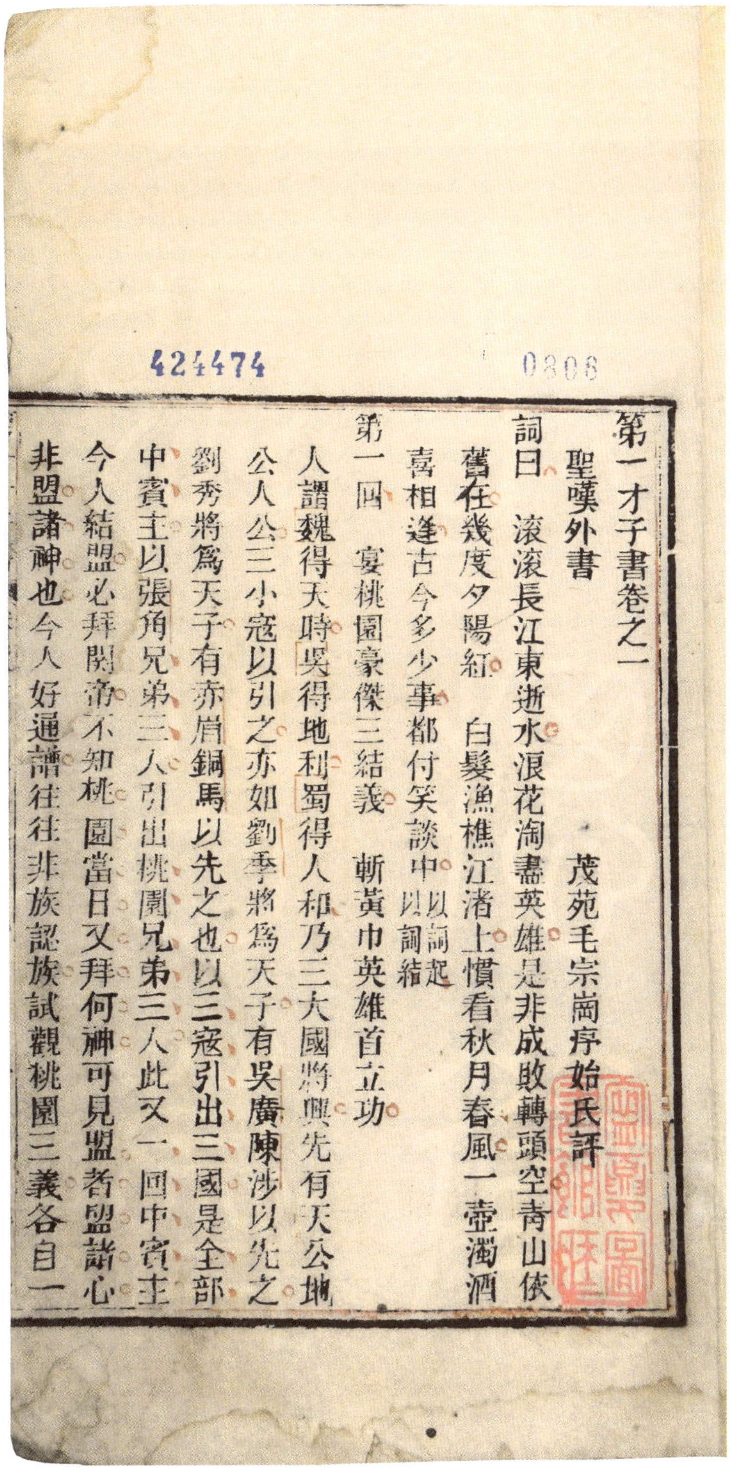
424474
0806

第一才子書卷之一

聖嘆外書　茂苑毛宗崗序始氏評

詞曰　滚滚長江東逝水浪花淘盡英雄是非成敗轉頭空青山依舊在幾度夕陽紅　白髮漁樵江渚上慣看秋月春風一壺濁酒喜相逢古今多少事都付笑談中以詞起以詞結

第一回　宴桃園豪傑三結義　斬黃巾英雄首立功

人謂魏得天時吳得地利蜀得人和乃三大國將興先有天公地公人公三小寇以引之亦如劉季將爲天子有吳廣陳涉以先之劉秀將爲天子有赤眉銅馬以先之也以三寇引出三國是全部中賓主以張角兄弟三人引出桃園兄弟三人此又一回中賓主

今人結盟必拜關帝不知桃園當日又拜何神可見盟者盟諸心非盟諸神也今人好通譜往往非族認族試觀桃園三義各自一

0154　第一才子書一百二十回六十卷首一卷　（明）羅貫中撰　（清）金聖嘆評　清咸豐善成堂朱墨套印本　四函二十册

半葉十二行二十六字，白口，四周雙邊。版框16.3×12.3厘米，尺寸25.6×14.5厘米。

寧夏回族自治區圖書館藏。

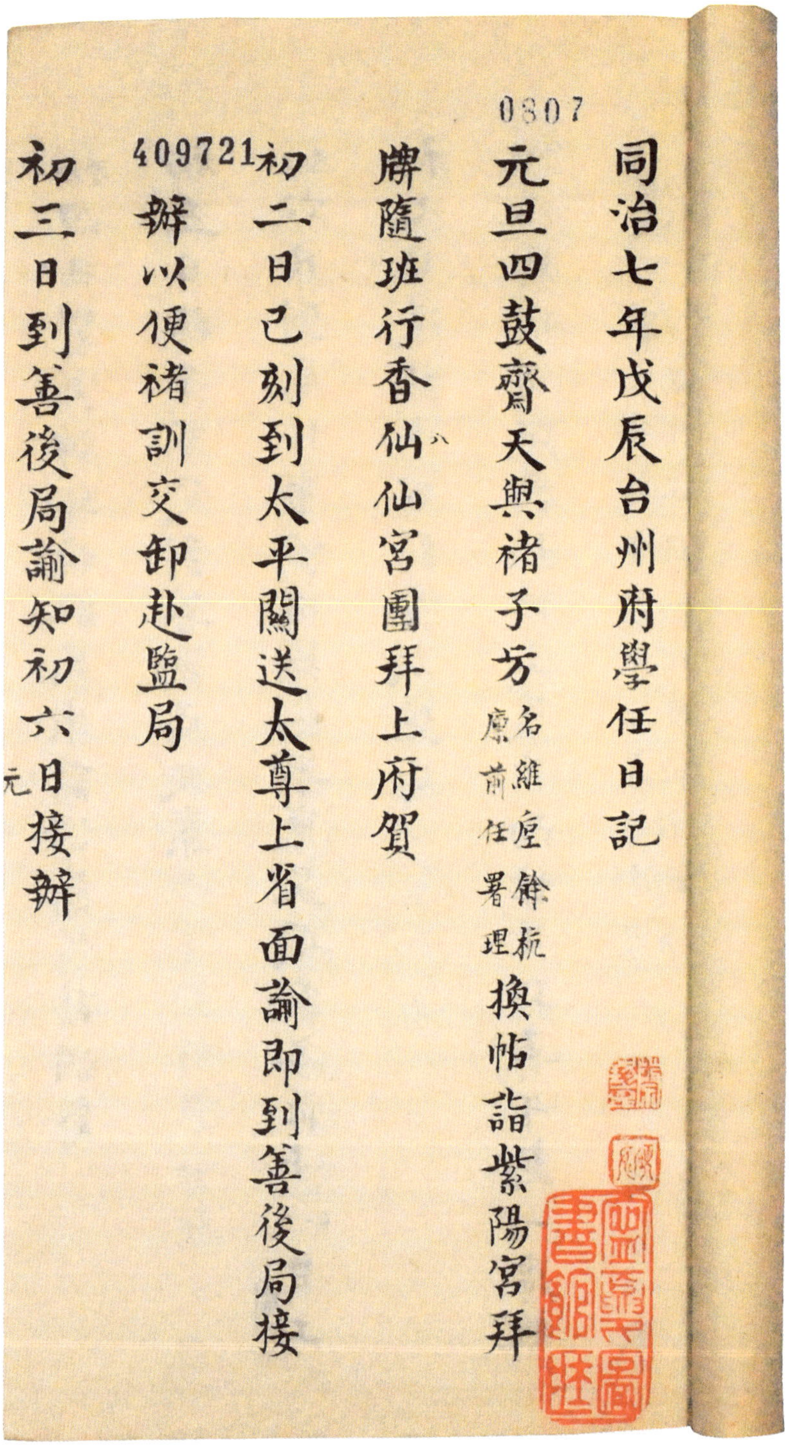
0807

同治七年戊辰台州府學任日記

元旦四鼓齋天與諸子方（名維垣餘杭廩前任署理）換帖詣紫陽宮拜

牌隨班行香仙（八）仙宮團拜上府賀

409721

初二日巳刻到太平關送太尊上省面諭即到善後局接

辦以便褚訓交卸赴鹽局

初三日到善後局諭知初六日接辦（元）

0155　台州日記八卷　（清）蔡錫崑記　清同治五年至同治十三年（1866—1874）手抄本　一函八册

半葉六行二十二字，雙行小字同。尺寸23.7×12.9厘米。

寧夏回族自治區圖書館藏。

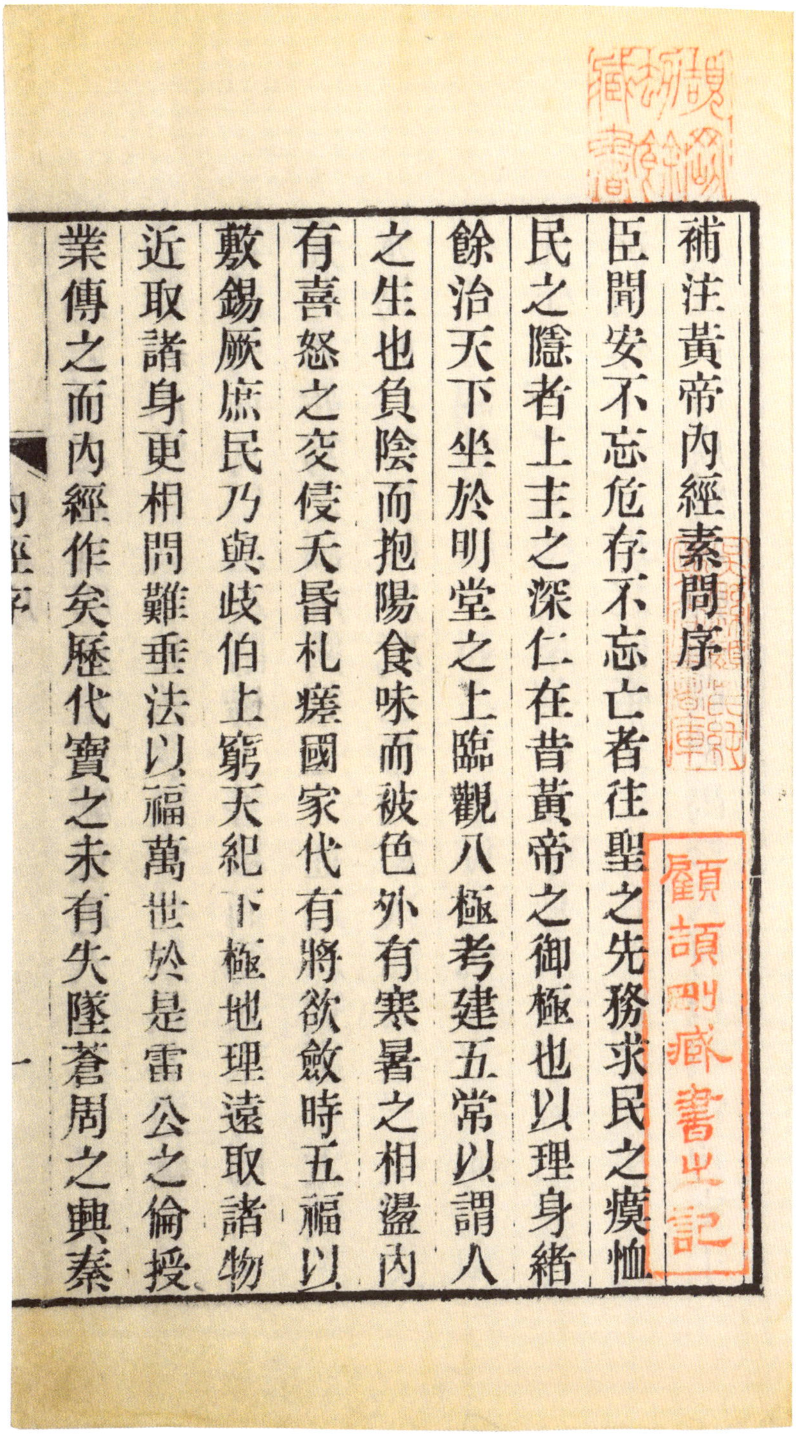
補注黃帝內經素問序
臣聞安不忘危存不忘亡者往聖之先務求民之瘼恤
民之隱者上主之深仁在昔黃帝之御極也以理身緒
餘治天下坐於明堂之上臨觀八極考建五常以謂人
之生也負陰而抱陽食味而被色外有寒暑之相盪內
有喜怒之交侵夭昏札瘥國家代有將欲斂時五福以
敷錫厥庶民乃與岐伯上窮天紀下極地理遠取諸物
近取諸身更相問難垂法以福萬世於是雷公之倫授
業傳之而內經作矣歷代寶之未有失墜蒼周之興秦
內經序　一

0156　補注黃帝內經素問二十四卷素問遺篇一卷黃帝內經靈樞十二卷　（唐）王冰注　清光緒三年（1877）浙江書局刻本　一函八册

半葉九行二十三字，雙行小字同，白口，左右雙邊。版框18.2×13.4厘米，尺寸24.0×15.1厘米。書中鈐有“顧頡剛藏書之記”“吳縣顧氏純熙堂書庫”等藏書印。

寧夏回族自治區圖書館藏。

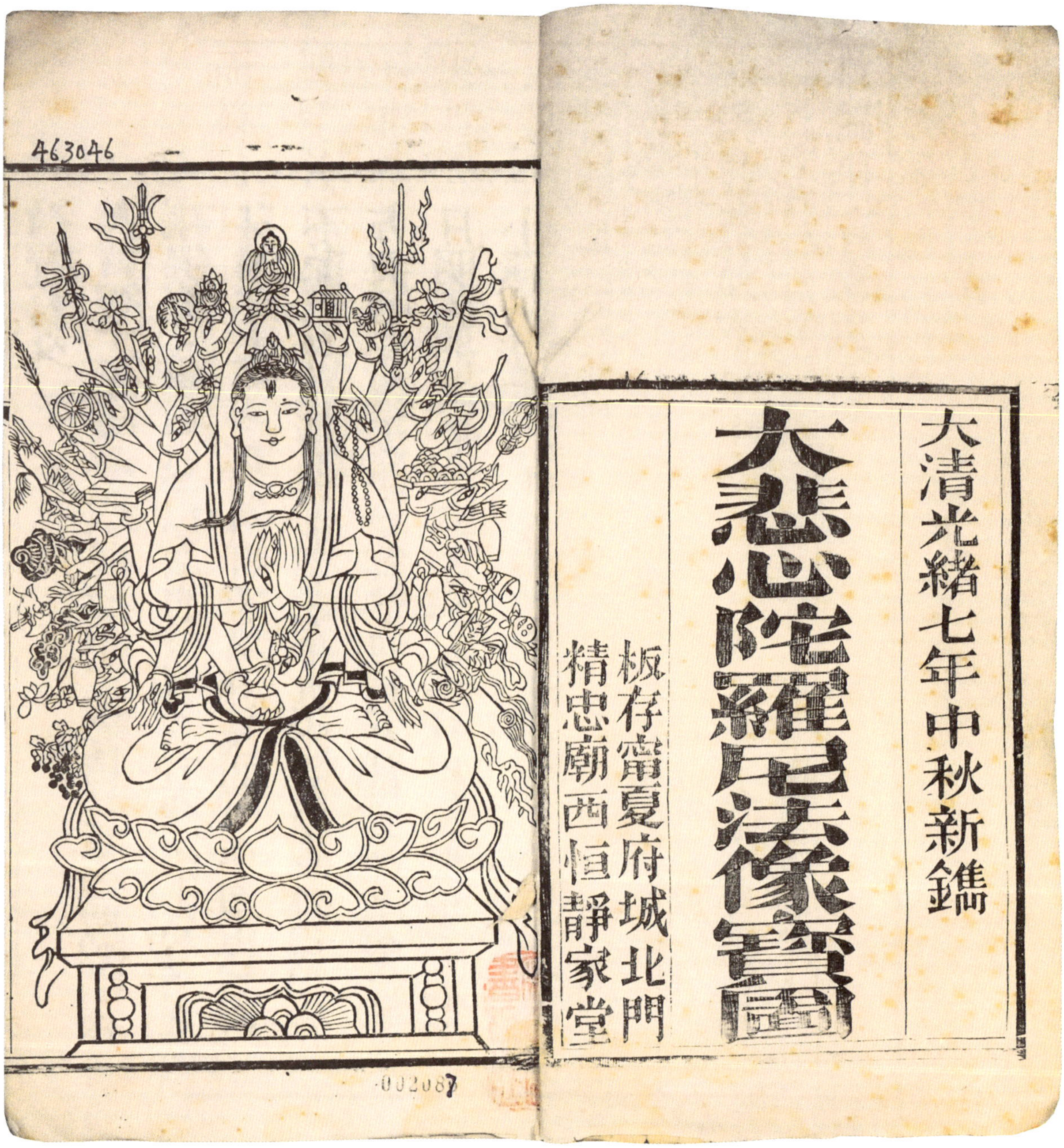

0157　大悲心陀羅尼法像寶圖一卷　清光緒七年（1881）寧夏恒静家堂刻本　一册

白口，四周雙邊。版框16.0×13.2厘米，尺寸27.2×15.9厘米。

寧夏回族自治區圖書館藏。

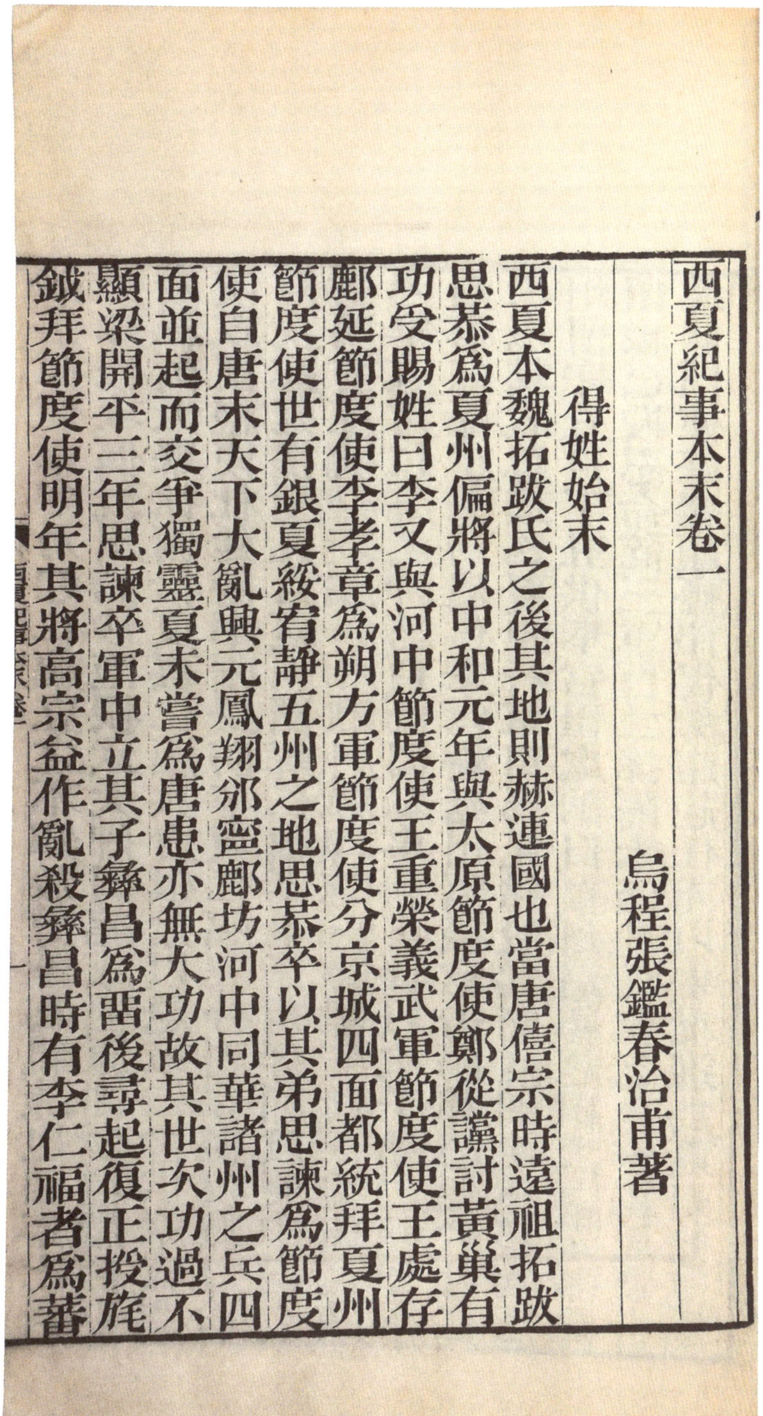
西夏紀事本末卷一

烏程張鑑春治甫著

得姓始末

西夏本魏拓跋氏之後其地則赫連國也當唐僖宗時遠祖拓跋思恭爲夏州偏將以中和元年與太原節度使鄭從讜討黃巢有功受賜姓曰李又與河中節度使王重榮義武軍節度使王處存鄜延節度使李孝章爲朔方軍節度使分京城四面都統拜夏州節度使世有銀夏綏宥靜五州之地思恭卒以其弟思諫爲節度使自唐末天下大亂興元鳳翔邠寧鄜坊河中同華諸州之兵四面並起而交爭獨靈夏未嘗爲唐患亦無大功故其世次功過不顯梁開平三年思諫卒軍中立其子彝昌爲留後尋起復正授旄鉞拜節度使明年其將高宗益作亂殺彝昌時有李仁福者爲蕃

0158　西夏紀事本末三十六卷年表一卷　（清）張鑑撰　清光緒十年（1884）江蘇書局刻本　四册

半葉十二行二十五字，白口，左右雙邊。版框20.9×15.0厘米，尺寸27.7×17.4厘米。

寧夏回族自治區圖書館藏。

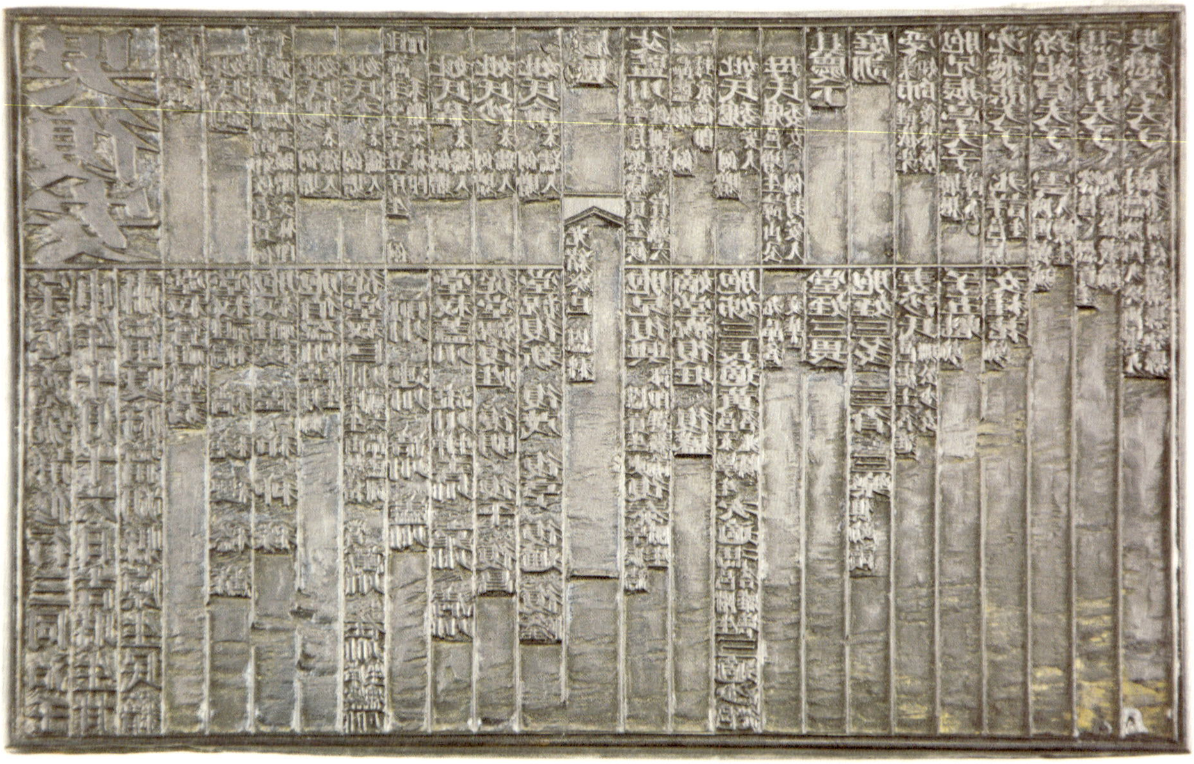

0159　甘肅鄉試硃卷一卷　（清）吴復安輯　清光緒十九年（1893）恩科　三塊

木凸版。半葉九行二十五字，白口，四周雙邊，雙面雕刻。版框16.1×25.8厘米，版片16.7×26.4×1.9厘米。漢文。

寧夏回族自治區圖書館藏。

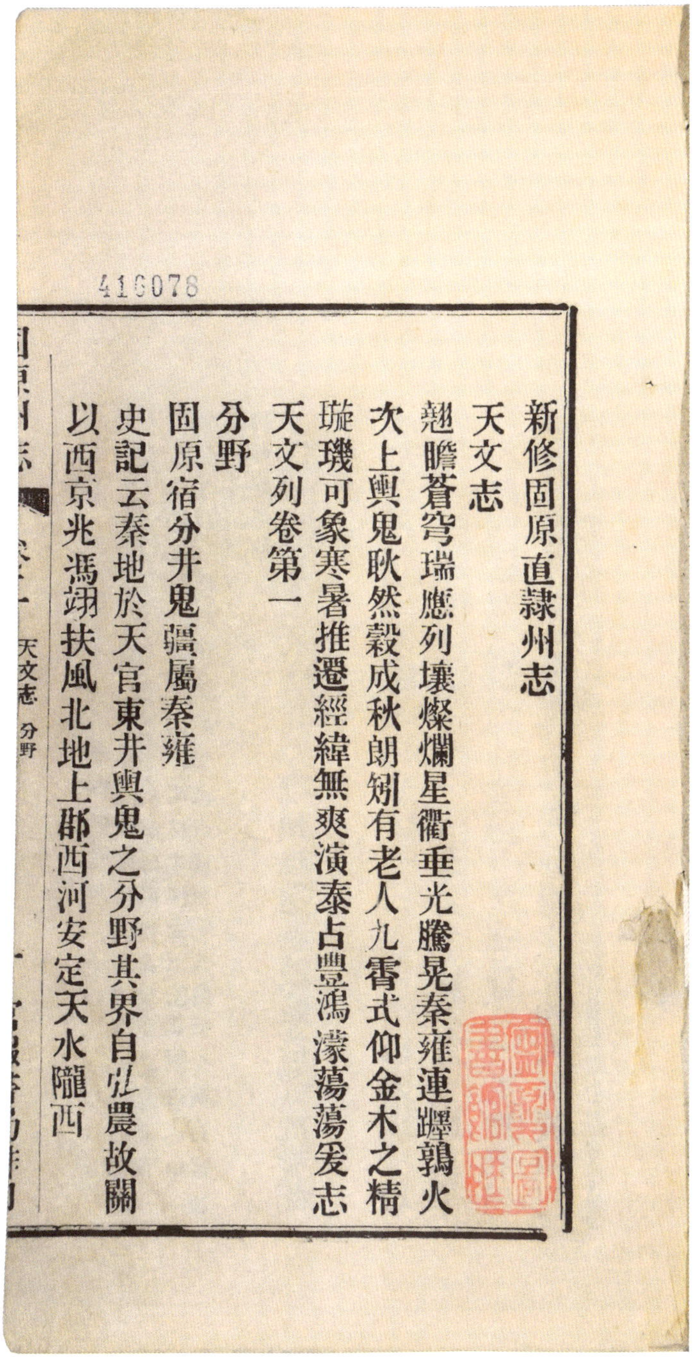
416078

新修固原直隸州志

天文志

翘瞻蒼穹瑞應列壤燦爛星衢垂光騰晃秦雍連躔鶉火次上輿鬼耿然穀成秋朗矧有老人九霄式仰金木之精璇璣可象寒暑推遷經緯無爽演泰占豐鴻濛蕩蕩爰志天文列卷第一

分野

固原宿分井鬼疆屬秦雍

史記云秦地於天官東井輿鬼之分野其界自弘農故關以西京兆馮翊扶風北地上郡西河安定天水隴西

固原州志　卷一　天文志　分野

0160　［宣統］新修固原直隸州志十二卷　（清）王學伊等纂　清宣統元年（1909）官報書局鉛印本　十二册

半葉十行二十四字，白口，四周雙邊。版框18.9×12.2厘米，尺寸27.1×15.3厘米。

寧夏回族自治區圖書館藏。

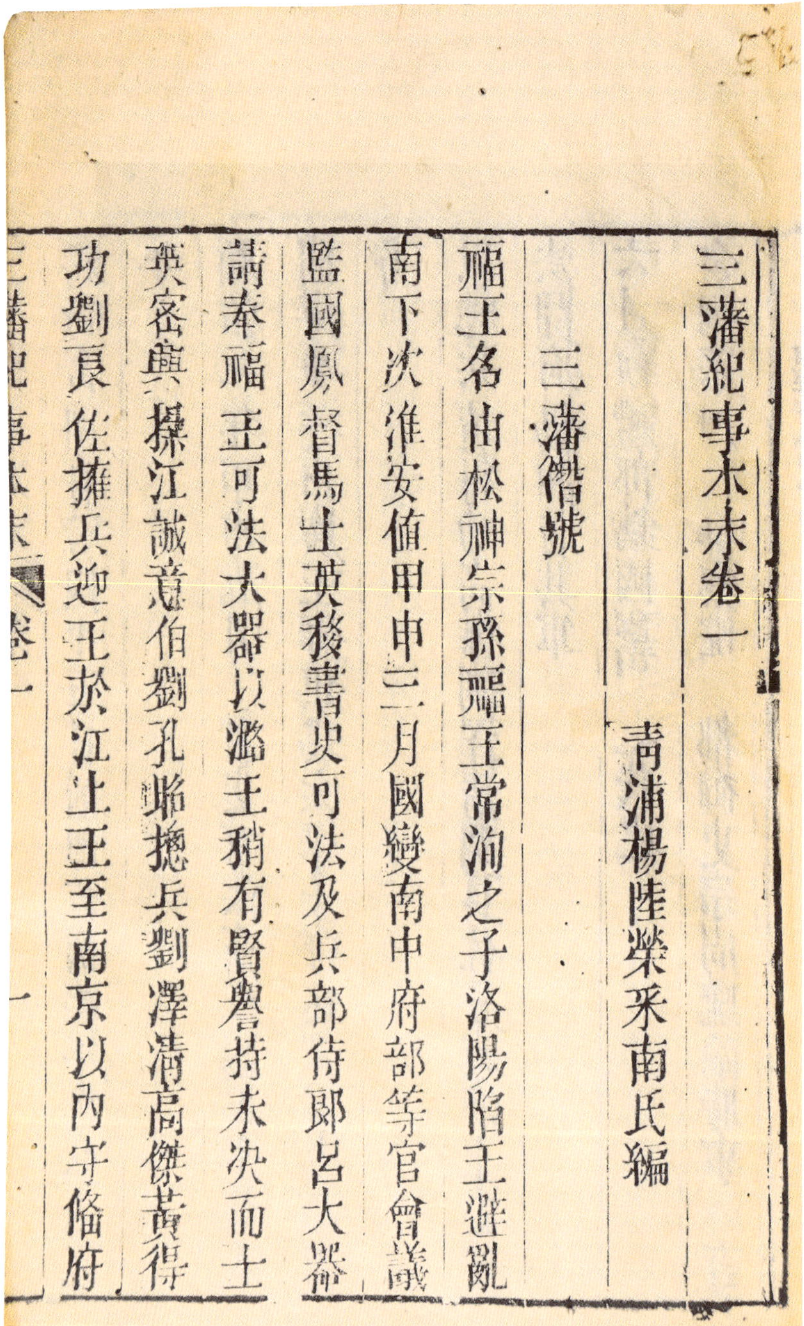
三藩紀事本末卷一

青浦楊陸榮采南氏編

三藩僭號

福王名由崧神宗孫福王常洵之子洛陽陷王避亂南下次淮安值甲申三月國變南中府部等官會議監國鳳督馬士英移書史可法及兵部侍郎呂大器請奉福王可法大器以潞王稍有賢譽持未決而士英密與操江誠意伯劉孔昭總兵劉澤清高傑黃得功劉良佐擁兵迎王於江上王至南京以內守備府

三藩紀事本末　卷一　一

0161　三藩紀事本末四卷　（清）楊陸榮撰　清刻本　二册

半葉九行二十字，白口，四周單邊。版框18.3×13.7厘米，尺寸23.8×15.3厘米。

寧夏社會科學院社科圖書資料中心藏。

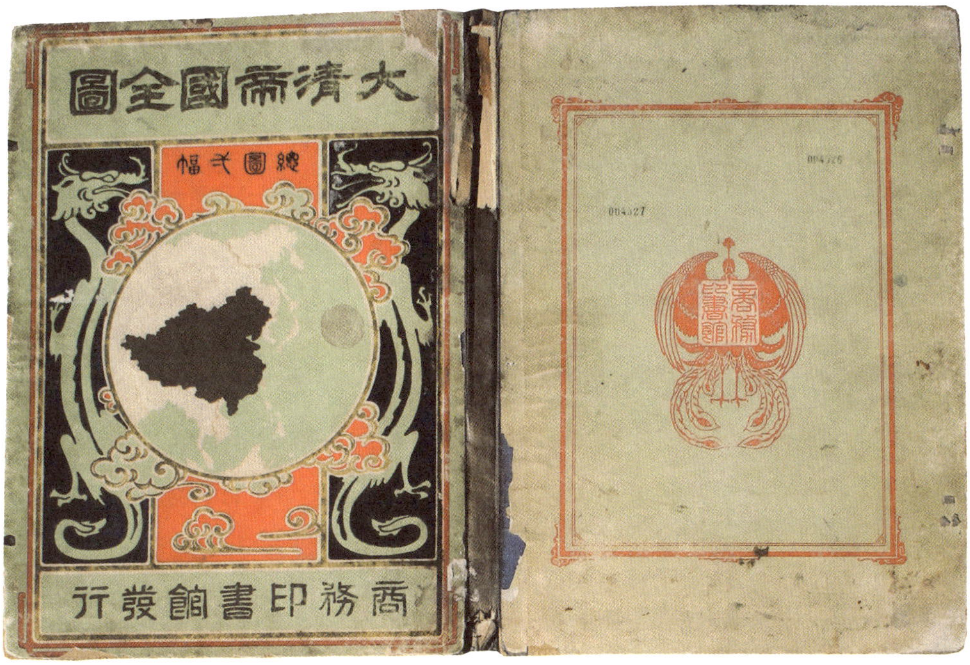

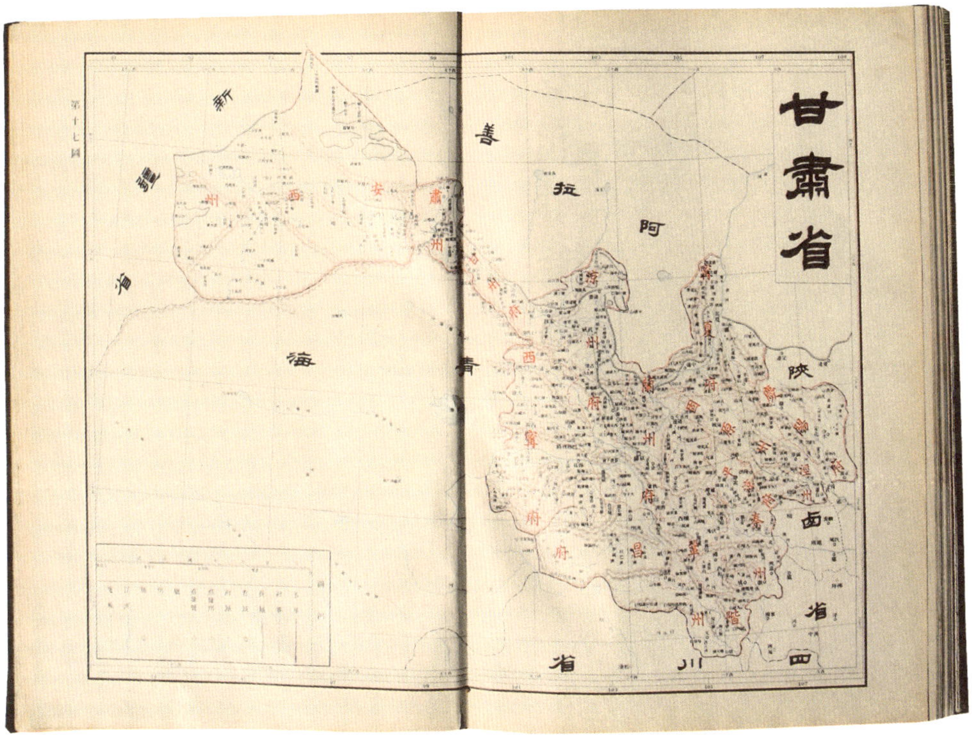

0162　大清帝國全圖　（清）上海商務印書館編　清上海商務印書館銅板彩印本　二册

包背裝。尺寸27.0×37.0厘米。

寧夏回族自治區博物館藏。

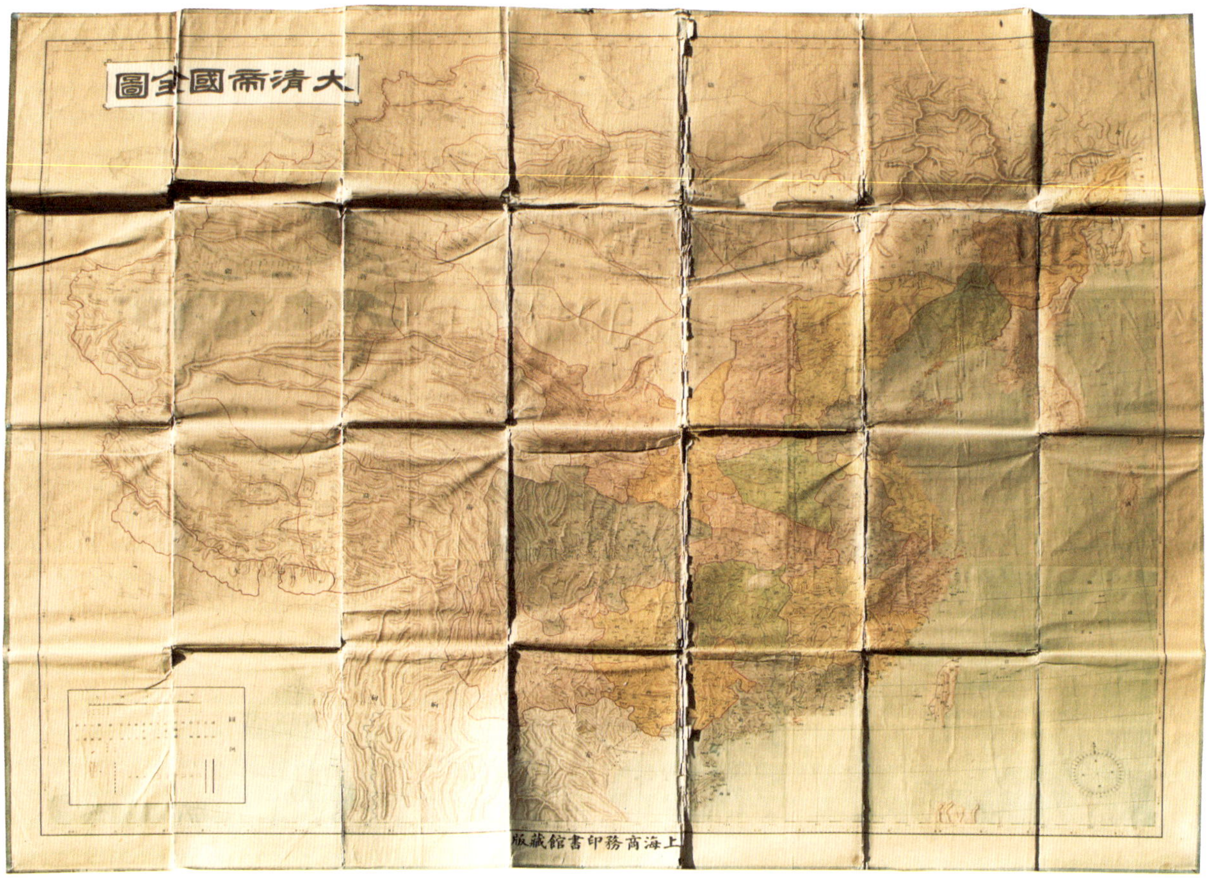
大清帝國全圖
上海商務印書館藏版

0163　天籟閣十七帖　（宋）米芾書　清拓本　一册

經折裝。行款字數不等。尺寸31.3×18.8厘米。

寧夏回族自治區圖書館藏。

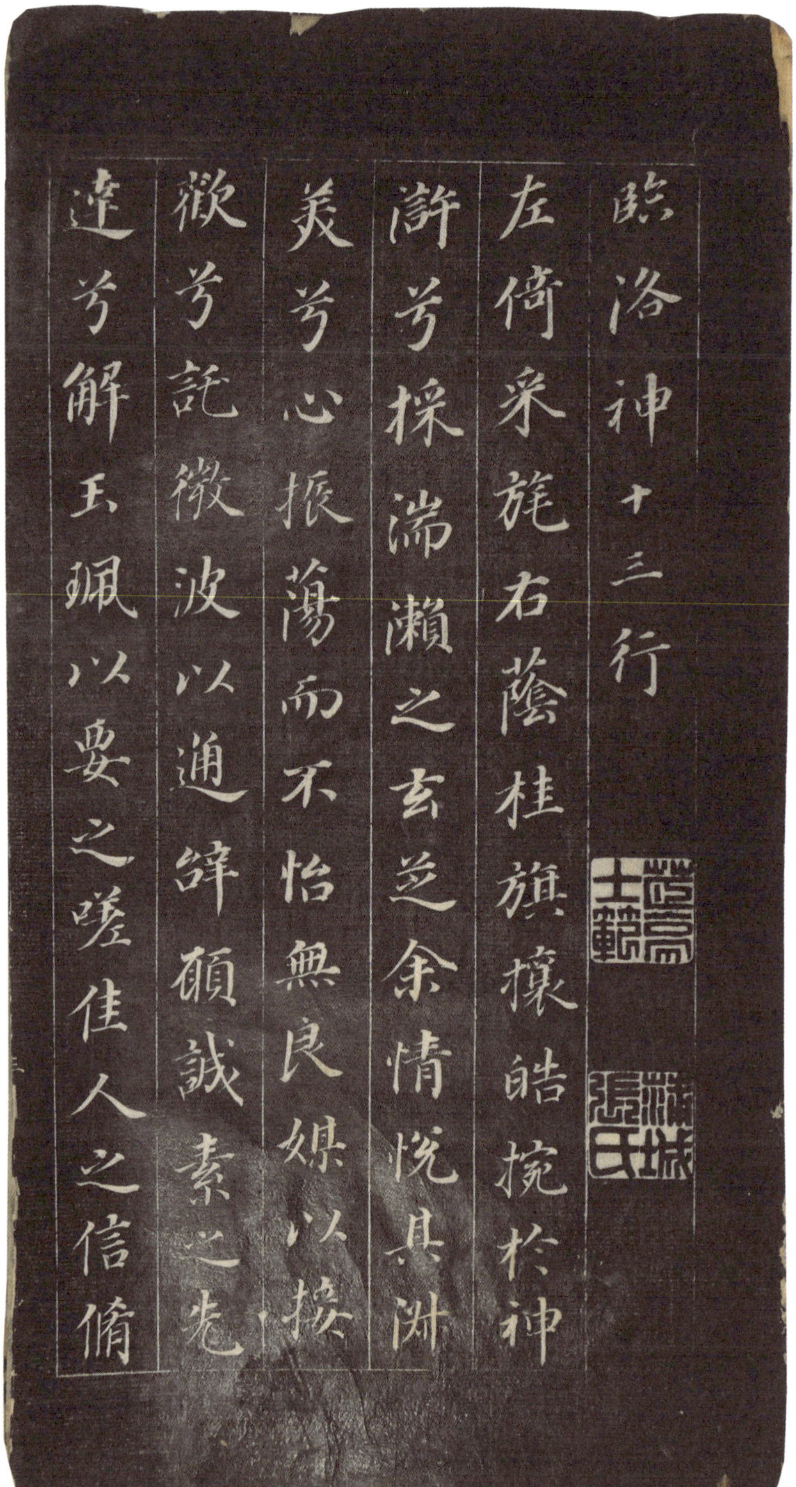
臨洛神十三行
左倚采旄右蔭桂旗攘皓捥於神
滸兮採湍瀨之玄芝余情悅其淑
美兮心振蕩而不怡無良媒以接
歡兮託微波以通辭願誠素之先
達兮解玉珮以要之嗟佳人之信脩

0164　式好堂藏帖　清拓本　一册

經折裝。行款字數不等。尺寸28.7×15.7厘米。

寧夏回族自治區圖書館藏。

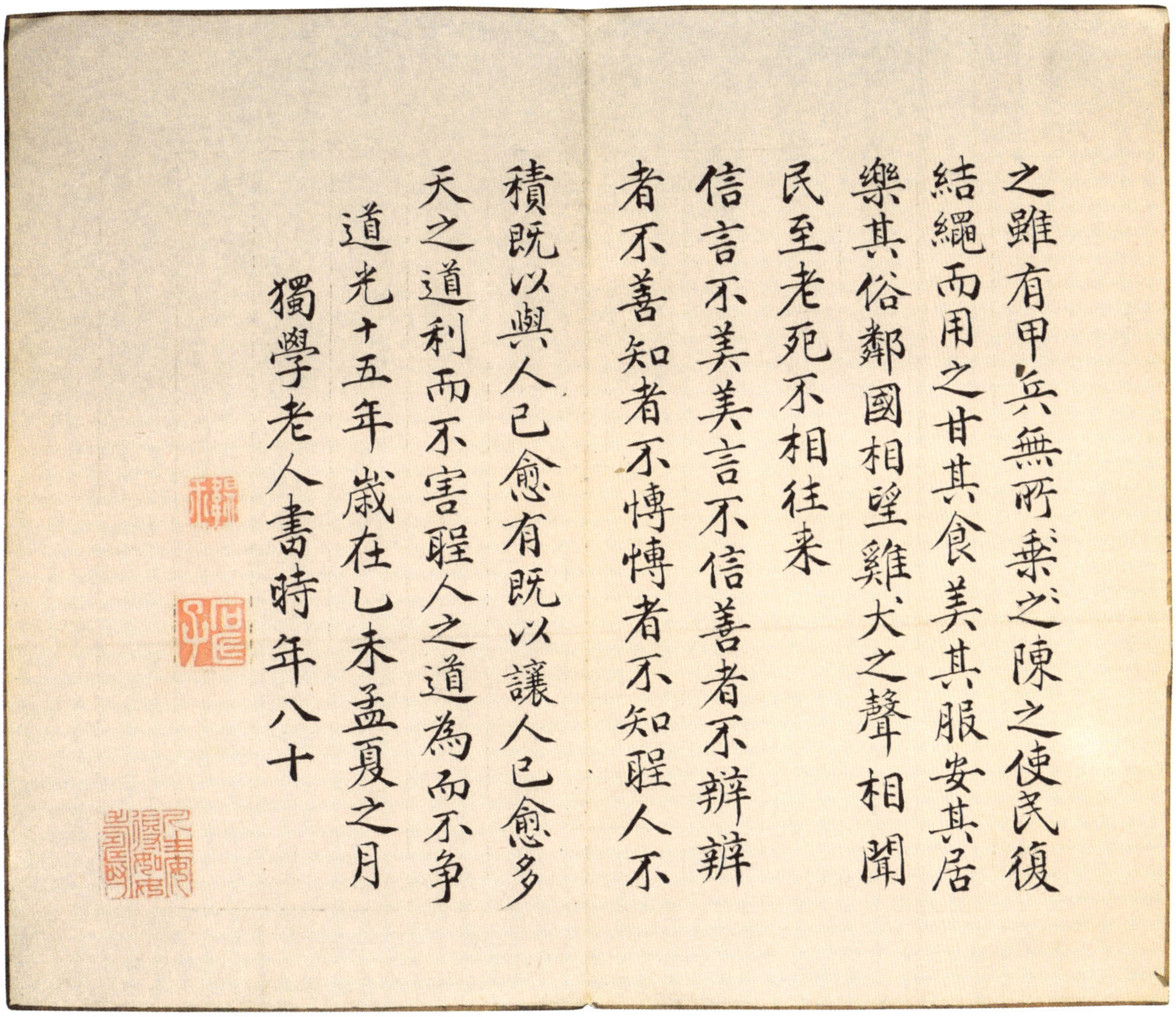
之雖有甲兵無所乘之陳之使民復
結繩而用之甘其食美其服安其居
樂其俗鄰國相望雞犬之聲相聞
民至老死不相往来
信言不美美言不信善者不辯辯
者不善知者不博博者不知聖人不
積既以與人己愈有既以讓人己愈多
天之道利而不害聖人之道為而不争
道光十五年歲在乙未孟夏之月
獨學老人書時年八十

0165　老子道德真經　（清）石韞玉書　清寫本　一册

經折裝。半葉六行字數不等。尺寸26.9 × 15.7厘米。封面題“獨學老人書”。

寧夏回族自治區圖書館藏。

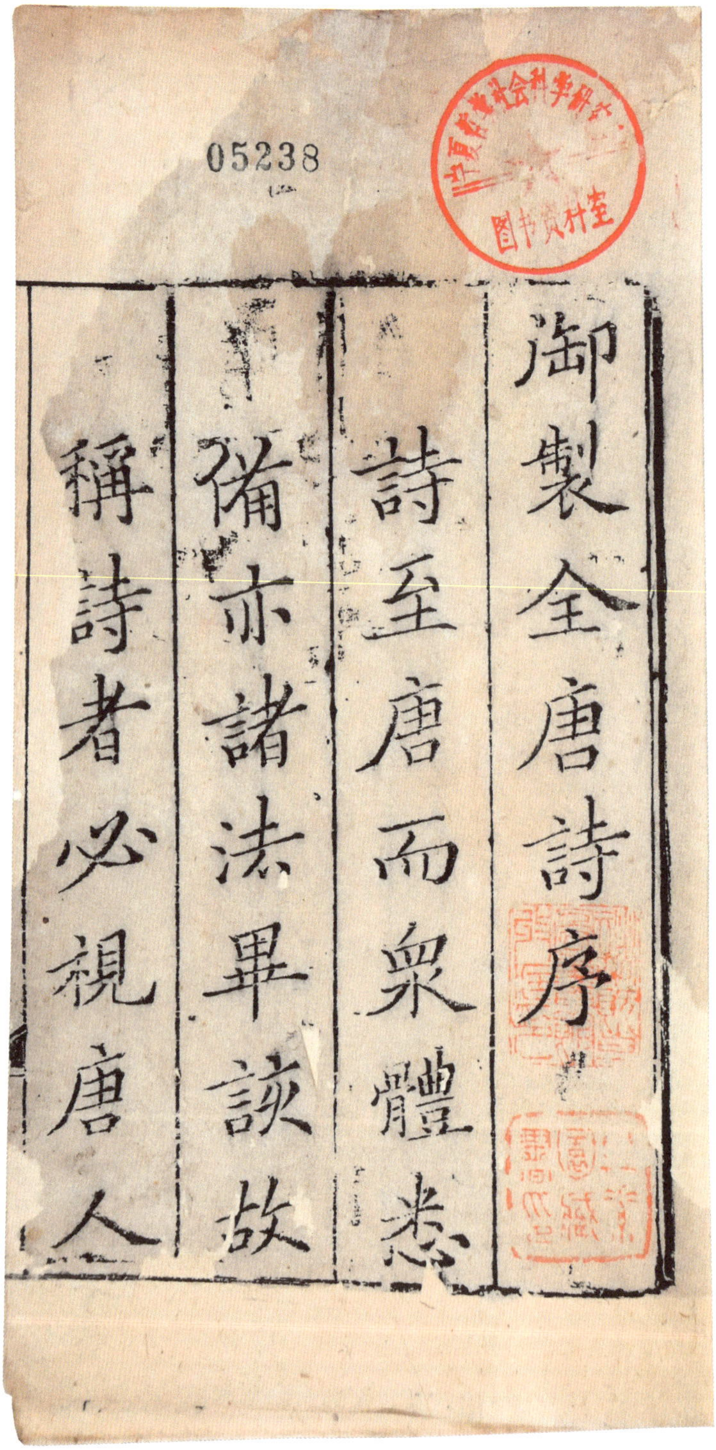
05238

御製全唐詩序

詩至唐而衆體悉備亦諸法畢該故稱詩者必視唐人

0166　全唐詩九百卷　（清）曹寅等編　清刻本　一百二十册

半葉十一行二十一字，白口，四周雙邊。版框16.5×11.2厘米，尺寸23.1×14.3厘米。

寧夏社會科學院社科圖書資料中心藏。

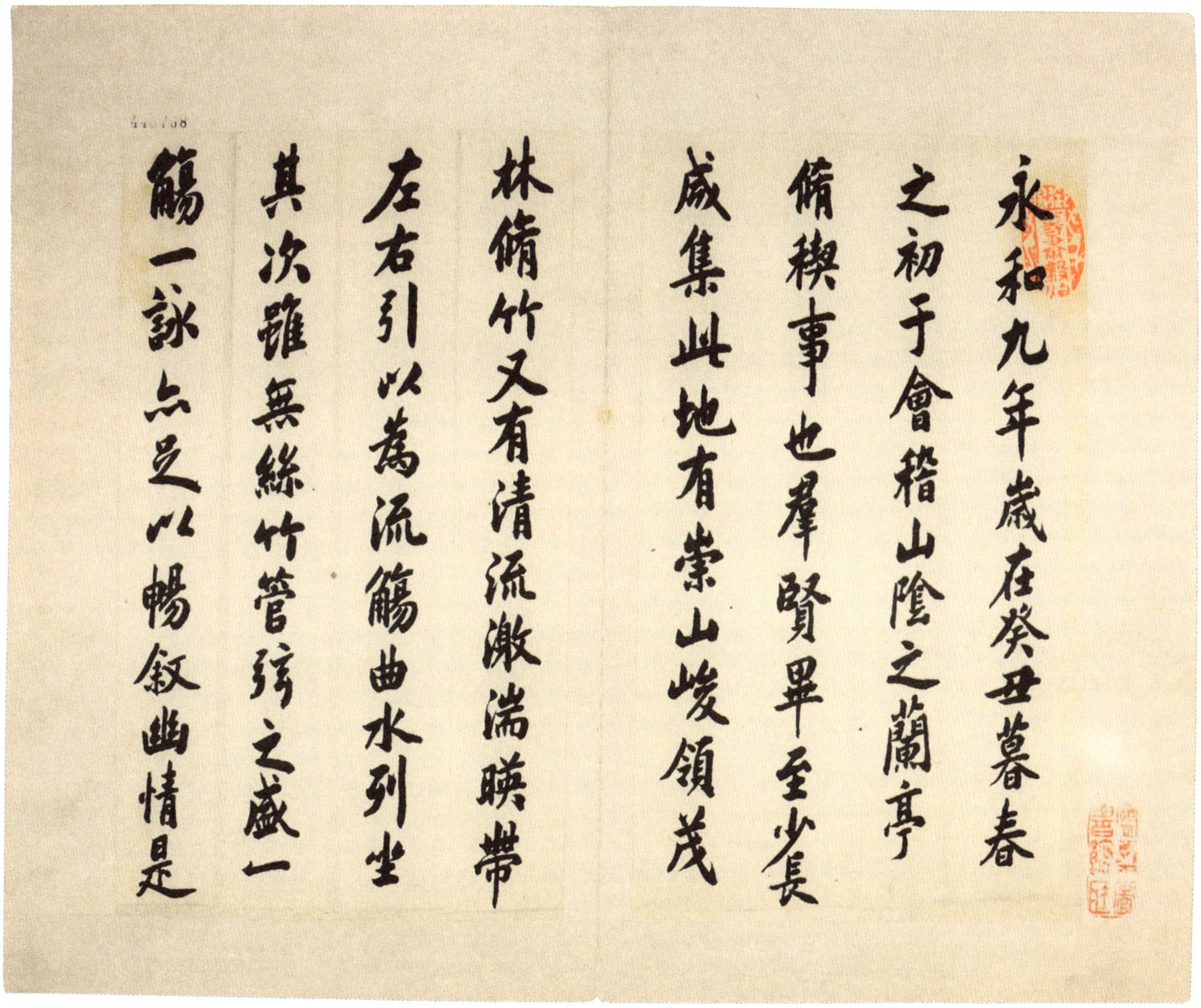

永和九年歲在癸丑暮春
之初于會稽山陰之蘭亭
脩禊事也羣賢畢至少長
咸集此地有崇山峻領茂
林脩竹又有清流激湍暎帶
左右引以爲流觴曲水列坐
其次雖無絲竹管絃之盛一
觴一詠亦足以暢敘幽情是

0167　李鴻章行書　（清）李鴻章書　清拓本　一册

經折裝。半葉四行字數不等。版框26.4×15.2厘米，尺寸33.6×20.5厘米。

寧夏回族自治區圖書館藏。

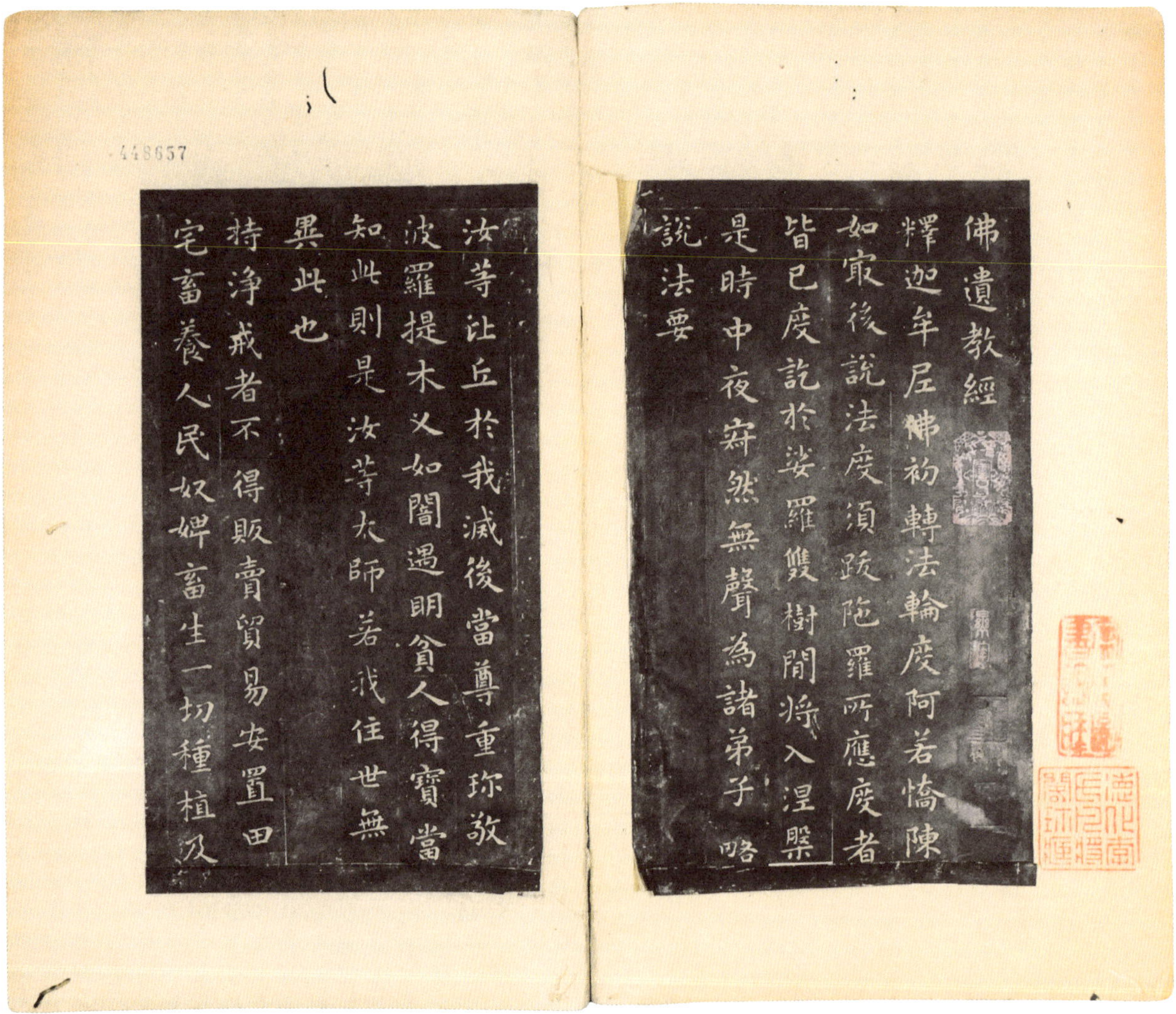
448657
佛遺教經
釋迦牟尼佛初轉法輪度阿若憍陳
如㝡後說法度須跋陀羅所應度者
皆已度訖於娑羅雙樹間將入涅槃
是時中夜寂然無聲為諸弟子略
說法要
汝等比丘於我滅後當尊重珎敬
波羅提木叉如闇遇明貧人得寶當
知此則是汝等大師若我住世無
異此也
持淨戒者不得販賣貿易安置田
宅畜養人民奴婢畜生一切種植及

0168　佛遺教經　（東晉）王羲之書　清拓本　一册

經折裝。半葉六行字數不等。版框19.6×11.3厘米，尺寸27.9×16.5厘米。

寧夏回族自治區圖書館藏。

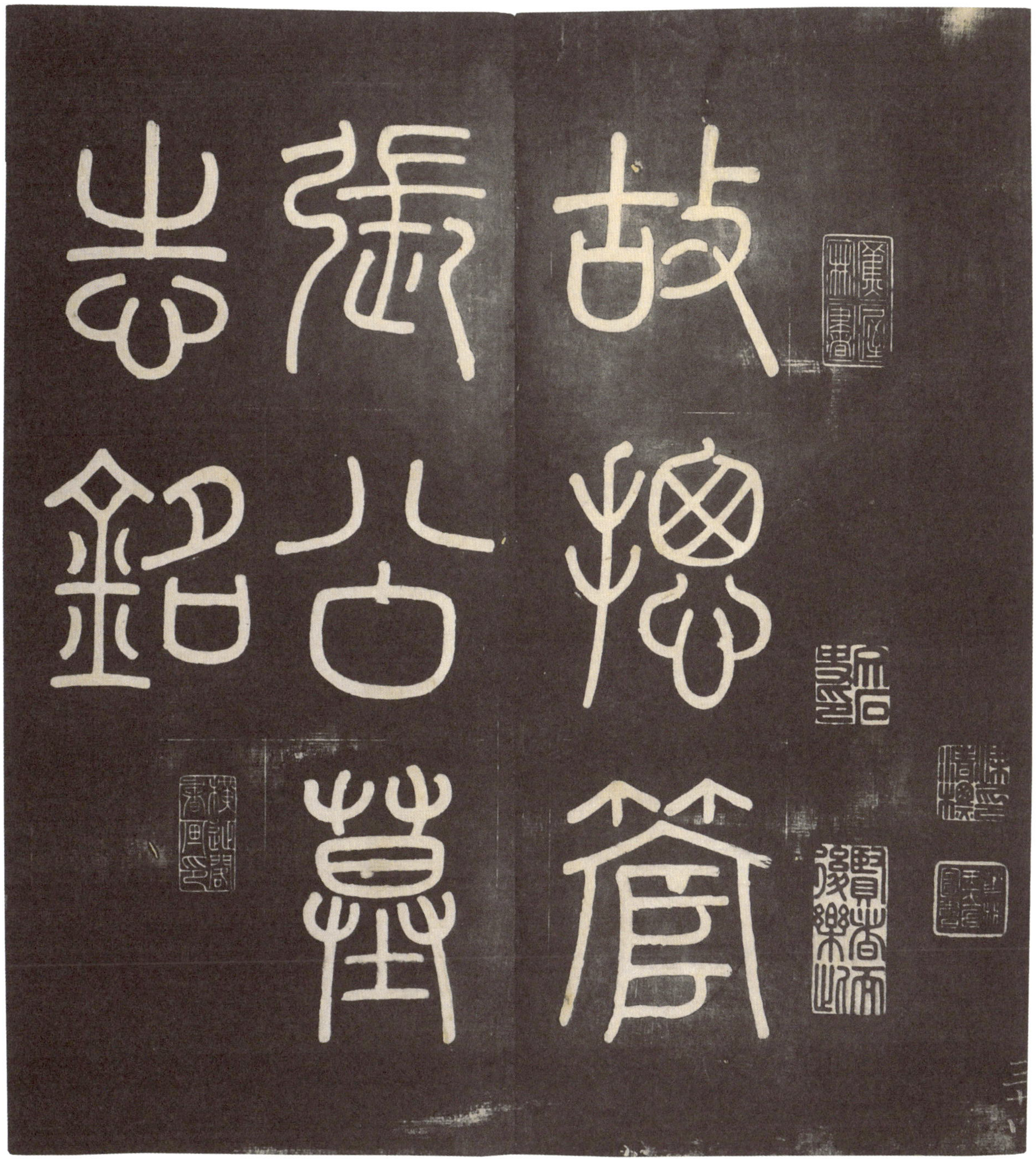

0169　松雪齋法書墨刻　（清）錢泳摹刻　清拓本　一册

經折裝。行款字數不等。尺寸29.9×13.9厘米。

寧夏回族自治區圖書館藏。

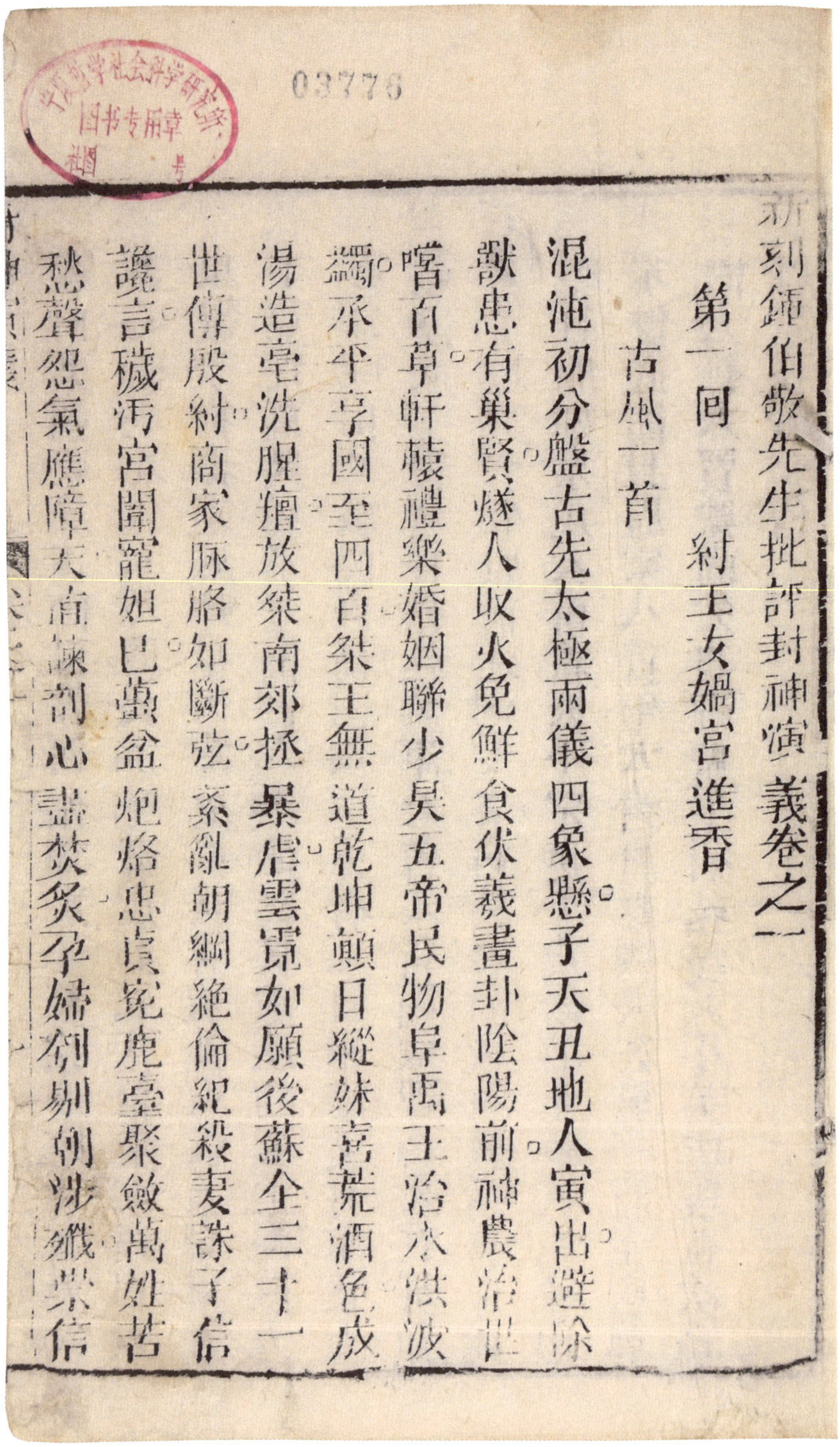

新刻鍾伯敬先生批評封神演義卷之一

第一回　紂王女媧宮進香

古風一首

混沌初分盤古先太極兩儀四象懸子天丑地人寅出避除獸患有巢賢燧人取火免鮮食伏羲畫卦陰陽前神農治世嚐百草軒轅禮樂婚姻聯少昊五帝民物阜禹王治水洪波蠲承平享國至四百桀王無道乾坤顛日縱妹喜荒酒色成湯造亳洗腥膻放桀南巢拯暴虐雲霓如願後蘇全三十一世傳殷紂商家脈絡如斷弦紊亂朝綱絶倫紀殺妻誅子信讒言穢汚宮闈寵妲己蠆盆炮烙忠貞冤鹿臺聚斂萬姓苦愁聲怨氣應障天直諫剖心盡焚炙孕婦刳剔朝涉殲崇信

0170　封神演義十九卷　（明）許仲琳撰　（明）鍾惺評注　清刻本　二十册

半葉十一行二十四字，白口，四周單邊。版框20.6×14.6厘米，尺寸24.6×16.2厘米。

寧夏社會科學院社科圖書資料中心藏。

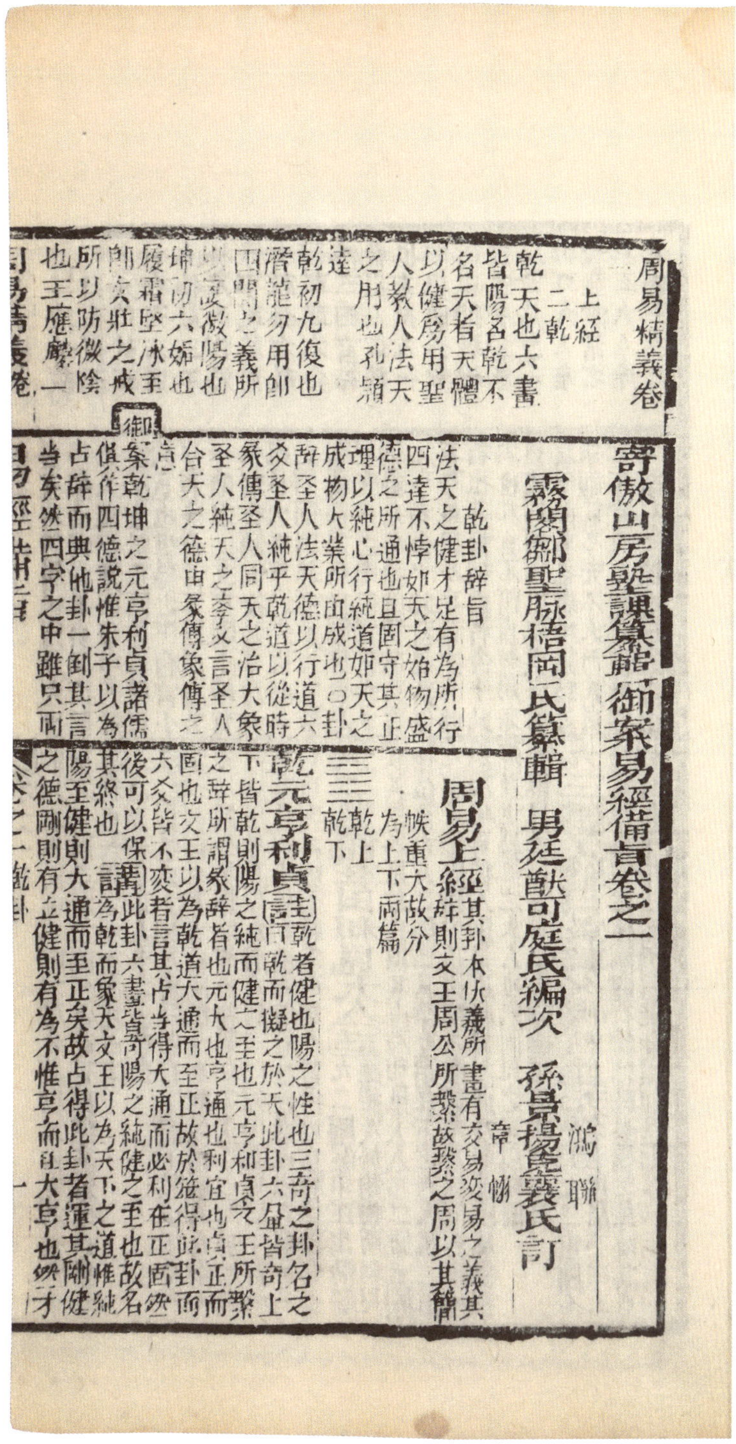

寄傲山房塾課纂輯御案易經備旨卷之一

霧閣鄒聖脈梧岡氏纂輯　男廷猷可庭氏編次　孫景揚皇襄氏訂　鴻 聯 章 懈

周易精義卷一

上經

二乾

乾天也六畫皆陽名乾不名天者天體以健爲用聖人教人法天之用也孔頴達

乾初九復也潛龍勿用朗四間之義所以戒微陽也坤初六姤也履霜堅冰至朗立壯之戒所以防微陰也王應麟

周易精義卷一

乾卦辭旨

法天之健才足有爲所行四達不悖如天之始物盛德之所通也且固守其正理以純心行純道如天之成物大業所由成也○卦辭聖人法天德以行道六爻聖人純乎乾道以從時彖傳聖人同天之治大象聖人純天之學文言聖人合天之德由彖傳象傳之意

御案乾坤之元亨利貞諸儒俱作四德說惟朱子以爲占辭而與他卦一例其言當矣然四字之中雖只兩

周易經備旨卷一

周易上經　其卦本伏羲所畫有交易變易之義其繫辭則文王周公所繫故繫之周以其簡帙重大故分爲上下兩篇

☰☰ 乾上乾下

乾元亨利貞 註 乾者健也陽之性也三奇之卦名之曰乾而擬之於天此卦六畫皆奇上下皆乾則陽之純而健之至也元亨利貞文王所繫之辭所謂彖辭者也元大也亨通也利宜也貞正而固也文王以爲乾道大通而至正故於筮得此卦而六爻皆不變者言其占當得大通而必利在正固然後可以保其終也 講 此卦六畫皆奇陽之純健之至也故名爲乾而象天文王以爲天下之道惟純陽至健則大通而至正矣故占得此卦者運其剛健之德剛則有立健則有爲不惟亨而且大亨也然才

卷之一 乾卦 一

0171　寄傲山房塾課纂輯御案易經備旨七卷　（清）鄒聖脈纂　清文元堂刻本　一函四册

三欄，上欄半葉十行五字，雙行小字同，中欄半葉十一行十字，雙行小字同，下欄半葉十一行二十字，雙行小字同，白口，四周單邊。版框15.6×9.6厘米，尺寸20.2×12.7厘米。

寧夏回族自治區圖書館藏。

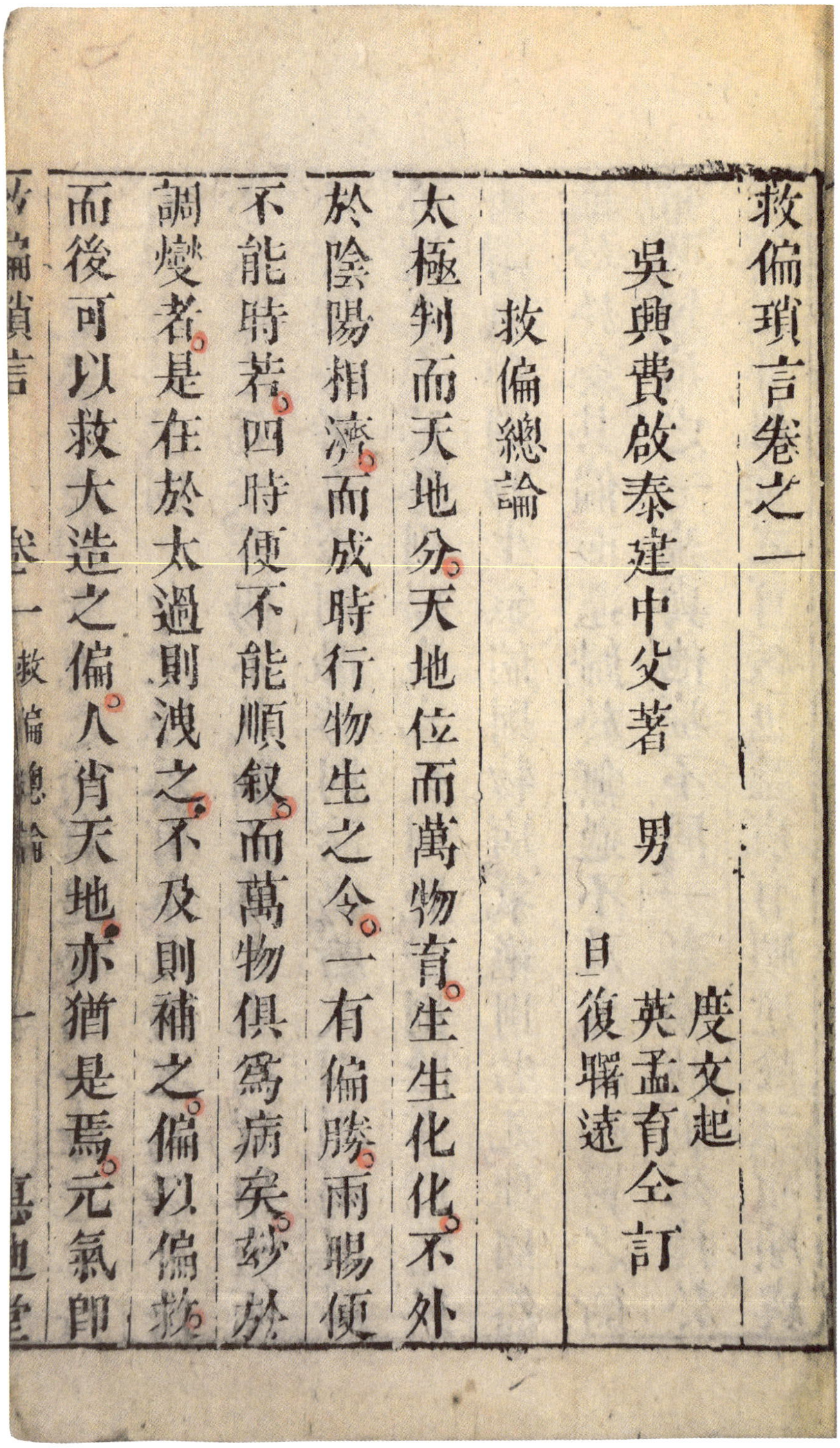

救偏瑣言卷之一

吳興費啓泰建中父著　男　度文起　英孟育仝訂　目復曙遠

救偏總論

太極判而天地分天地位而萬物育生生化化不外於陰陽相濟而成時行物生之令一有偏勝雨暘便不能時若四時便不能順敘而萬物俱爲病矣茲救調燮者是在於太過則洩之不及則補之偏以偏救而後可以救大造之偏人肖天地亦猶是焉元氣卽

救偏瑣言　卷一　救偏總論　一　惠迪堂

0172　救偏瑣言十卷附備用良方一卷　（清）費啓泰撰　清惠迪堂刻本　一函四册

半葉九行二十字，白口，四周單邊。版框19.1 × 13.9厘米，尺寸23.3 × 15.1厘米。

寧夏回族自治區圖書館藏。

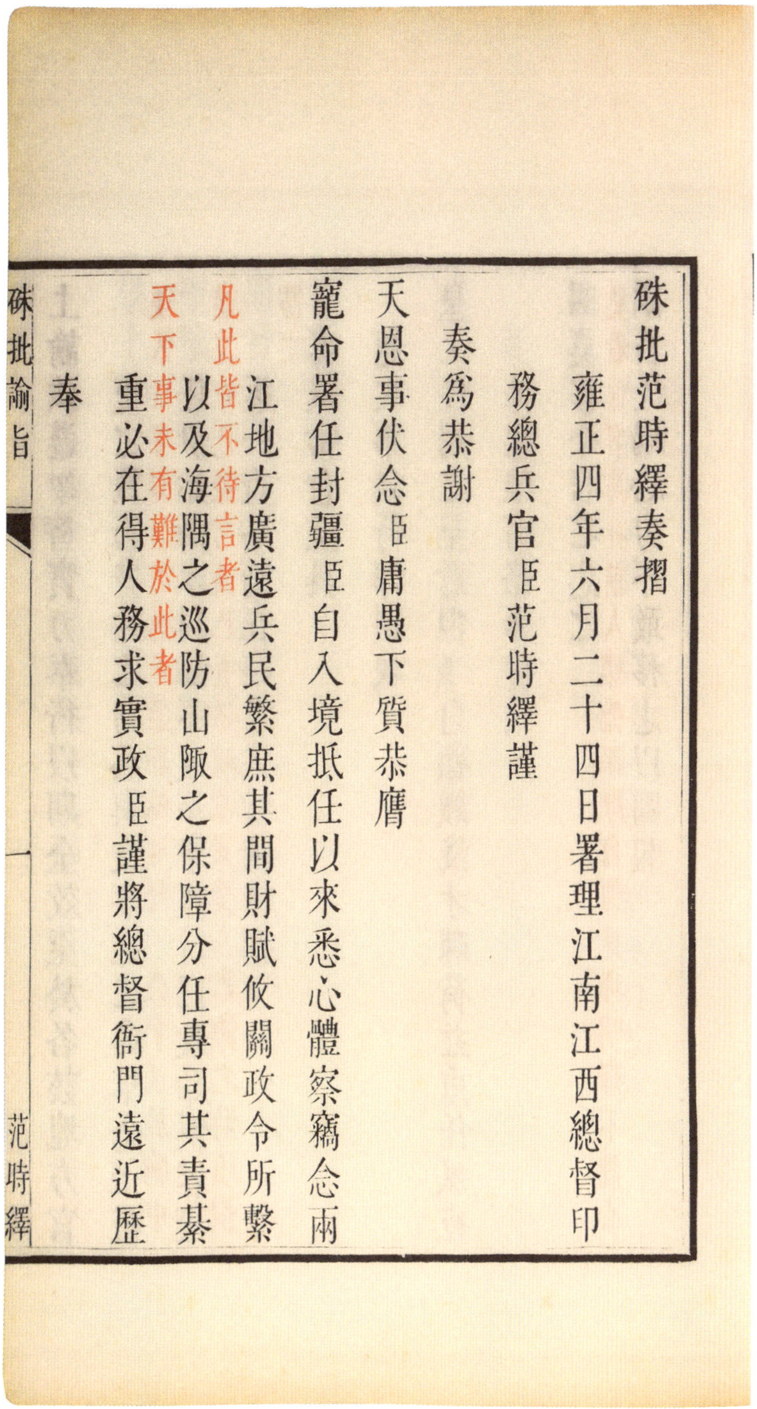
硃批范時繹奏摺
雍正四年六月二十四日署理江南江西總督印
務總兵官臣范時繹謹
奏爲恭謝
天恩事伏念臣庸愚下質恭膺
寵命署任封疆臣自入境抵任以來悉心體察竊念兩
江地方廣遠兵民繁庶其間財賦攸關政令所繫
凡此皆不待言者
以及海隅之巡防山陬之保障分任專司其責綦
天下事未有難於此者
重必在得人務求實政臣謹將總督衙門遠近歷
奉
硃批諭旨
范時繹

0173　硃批諭旨三百六十卷　（清）允祿編　（清）鄂爾泰編　清武英殿朱墨套印本　一百十二册

半葉十行二十一字，白口，四周雙邊。版框20.4×14.0厘米，尺寸28.5×17.8厘米。

寧夏社會科學院社科圖書資料中心藏。

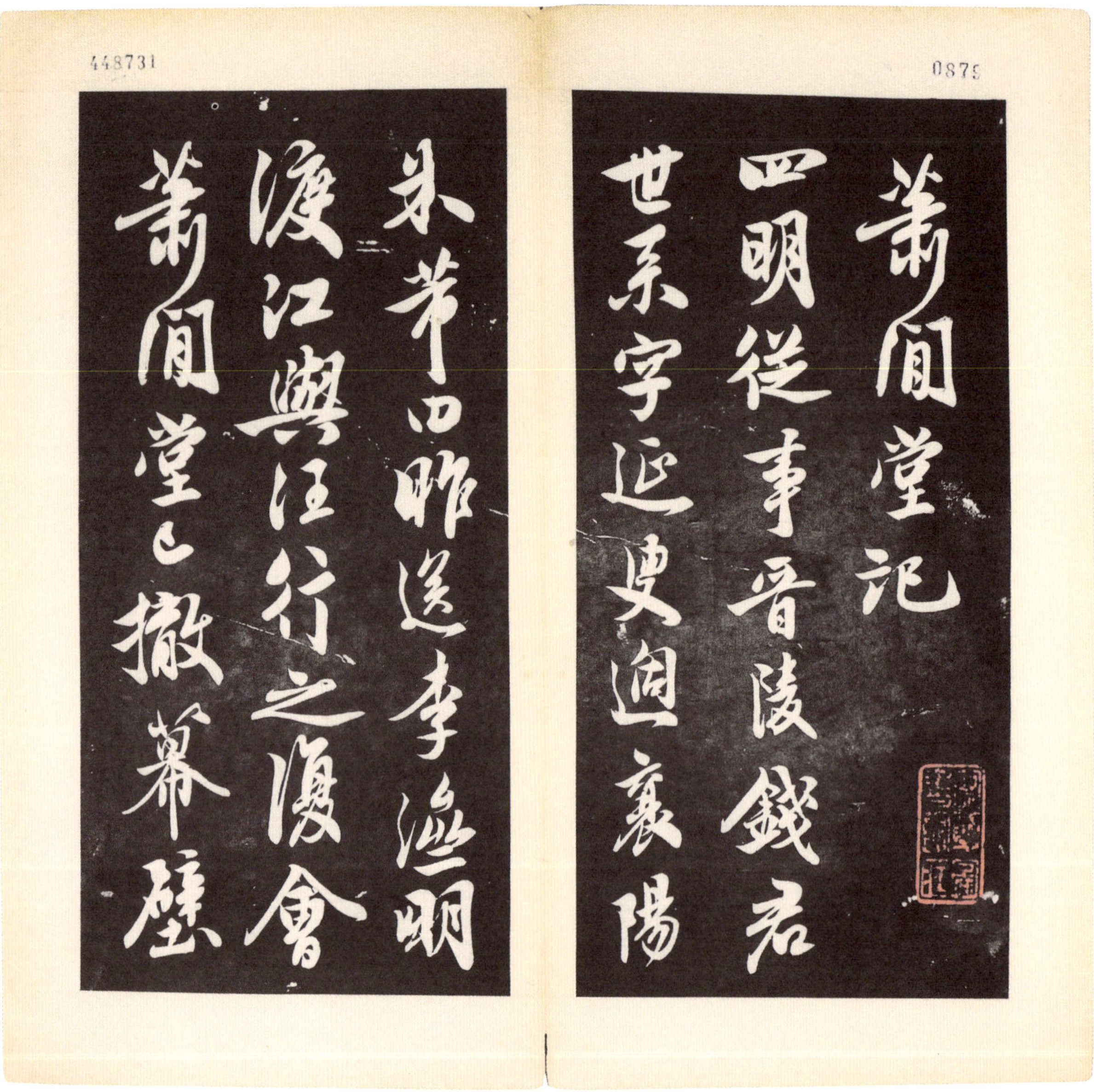

0174　渤海藏真帖　（明）陳元瑞刻　清拓本　二册

經折裝。行款字數不等。尺寸30.6×15.6厘米。

寧夏回族自治區圖書館藏。

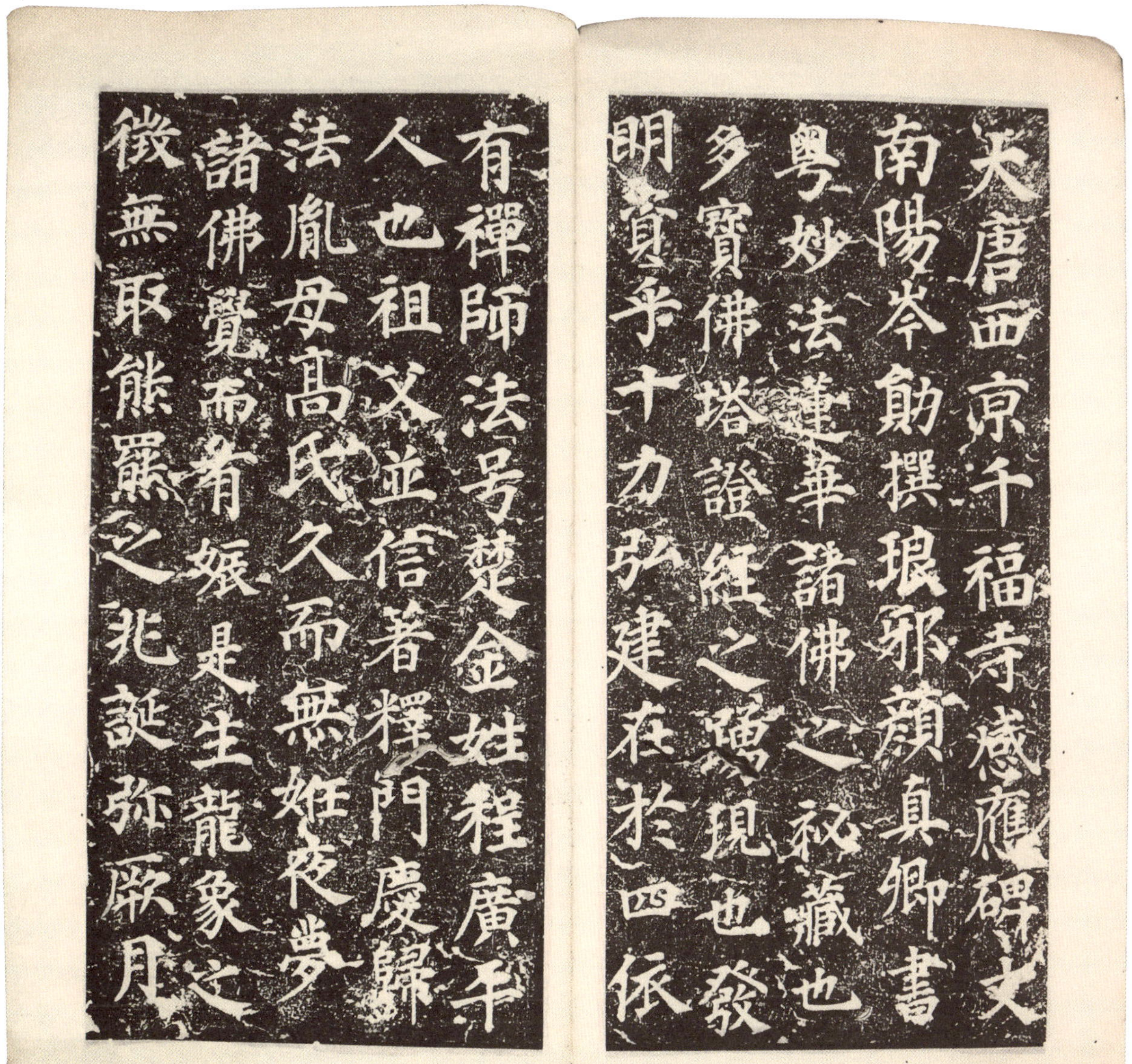

大唐西京千福寺感應碑文
南陽岑勛撰琅邪顏真卿書
粤妙法蓮華諸佛之祕藏也
多寶佛塔證經之踊現也發
明資乎十力弘建在於四依

有禪師法號楚金姓程廣平
人也祖父並信著釋門慶歸
法胤母高氏久而無姙夜夢
諸佛覺而有娠是生龍象之
徵無取熊羆之兆誕彌厥月

0175　董其昌臨多寶塔碑　（唐）顏真卿書　清拓本　一册

經折裝。半葉五行十一字。尺寸37.3×19.6厘米。

寧夏回族自治區圖書館藏。

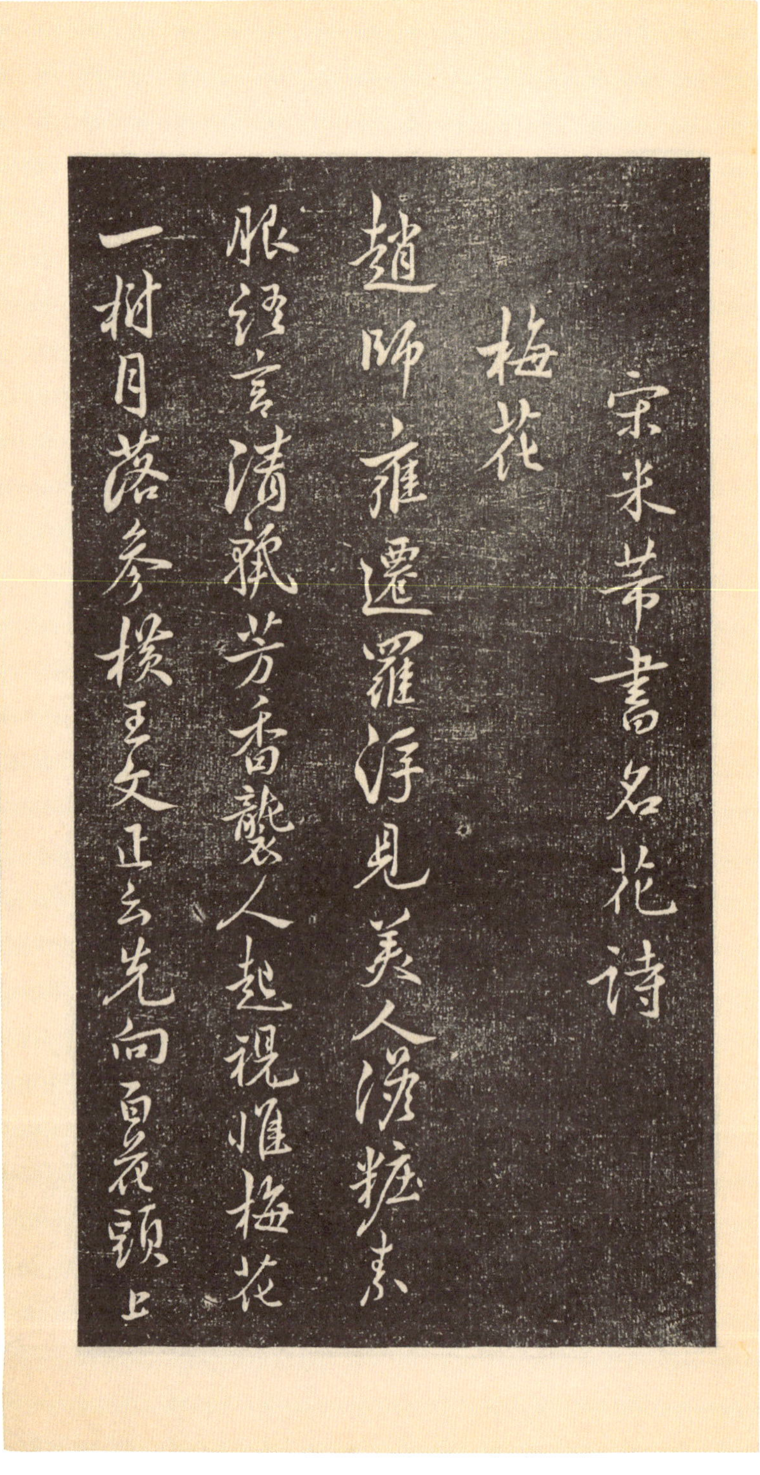

0176　經堂藏帖　（清）劉恕刻　清拓本　一册

經折裝。行款字數不等。尺寸30.5×16.8厘米。

寧夏回族自治區圖書館藏。

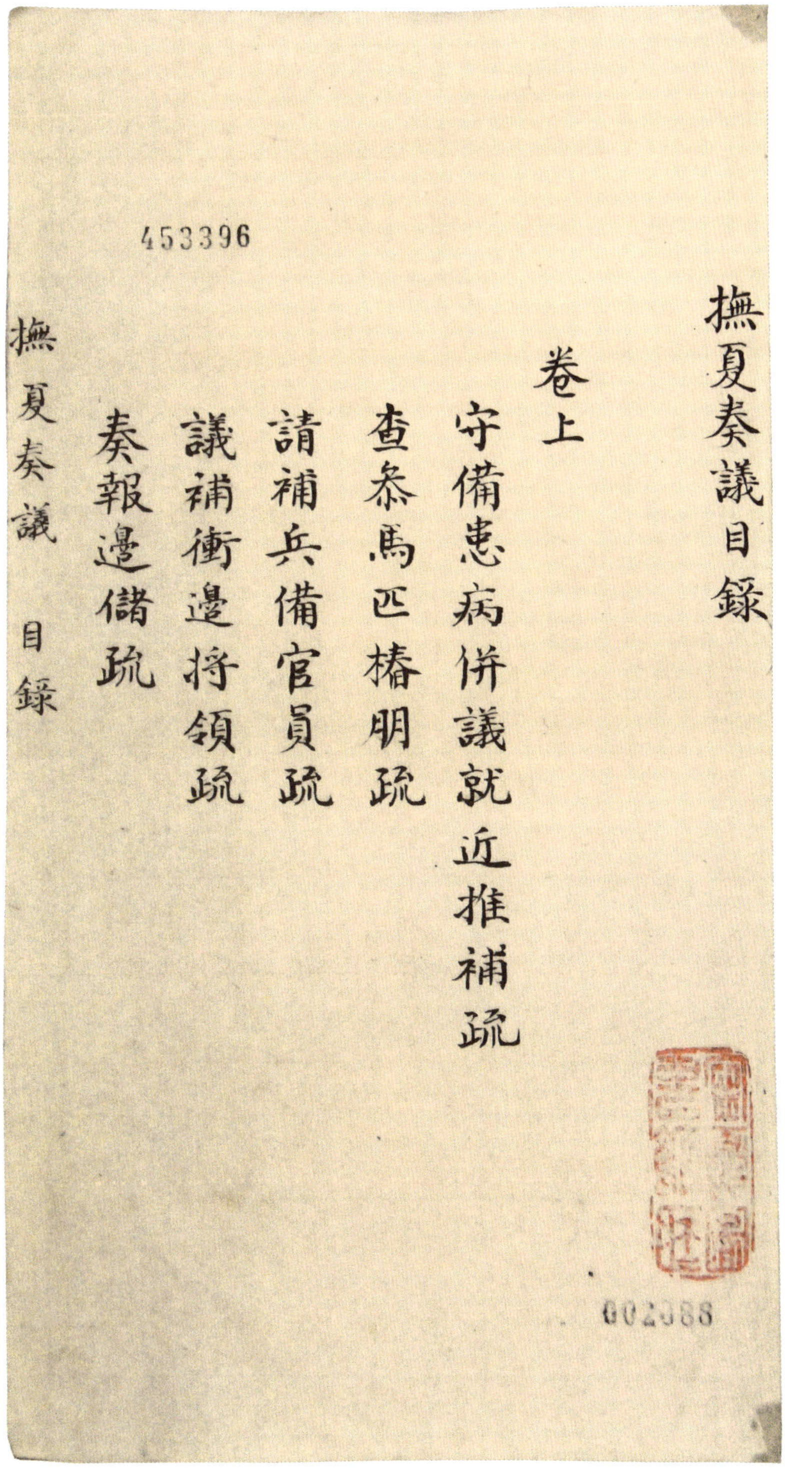

撫夏奏議目錄

卷上

守備患病併議就近推補疏

查叅馬匹椿明疏

請補兵備官員疏

議補衛邊將領疏

奏報邊儲疏

撫夏奏議　目錄

0177　撫夏奏議二卷　（明）黄嘉善撰　清抄本　二册

半葉八行字數不等。尺寸25×14.8厘米。

寧夏回族自治區圖書館藏。

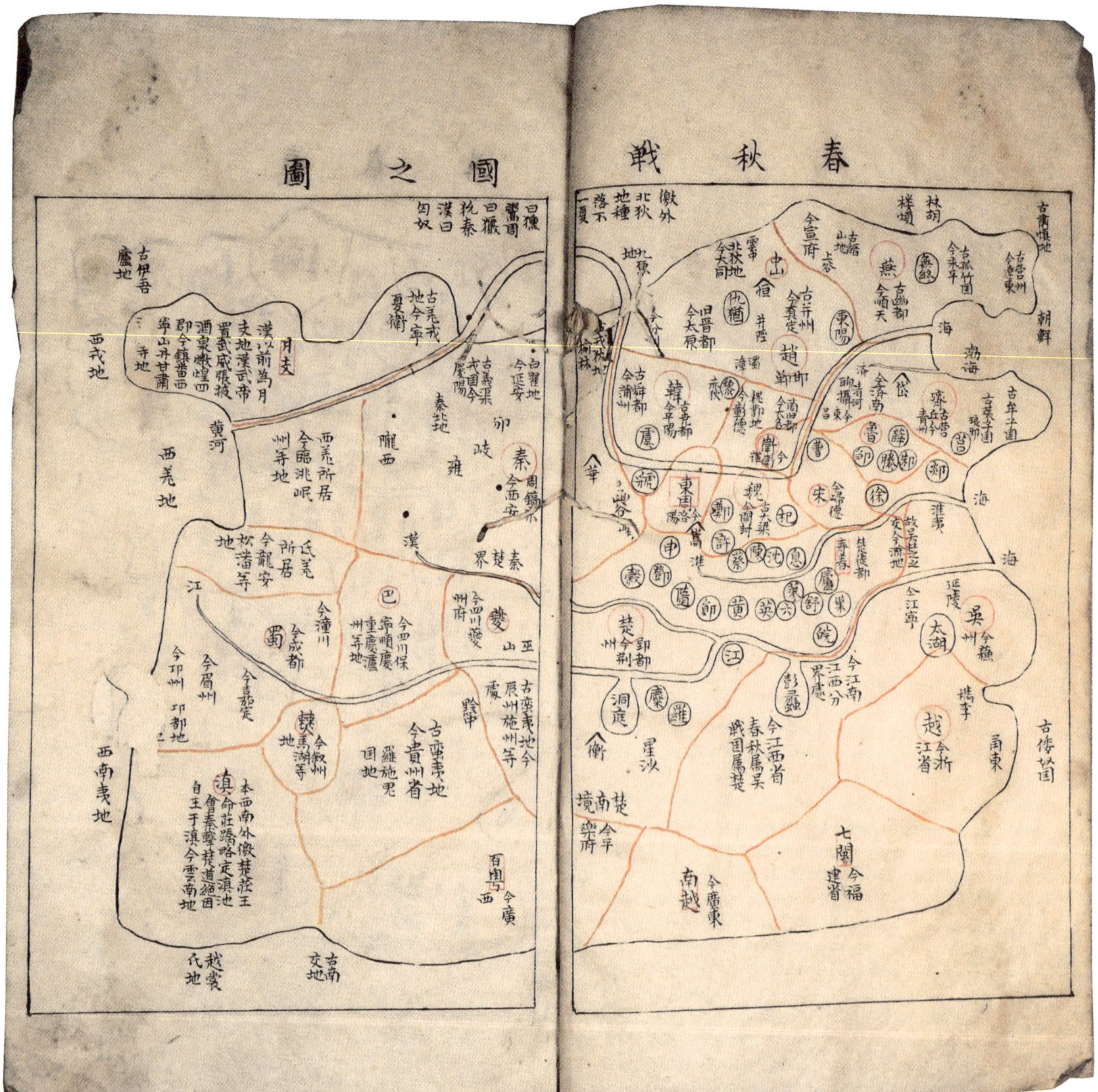

0178　寰區指掌三卷　（清）佚名撰　清抄本　一函一册

半葉九行二十六字，雙行小字不等，白口。尺寸24.6×14.4厘米。

寧夏回族自治區圖書館藏。

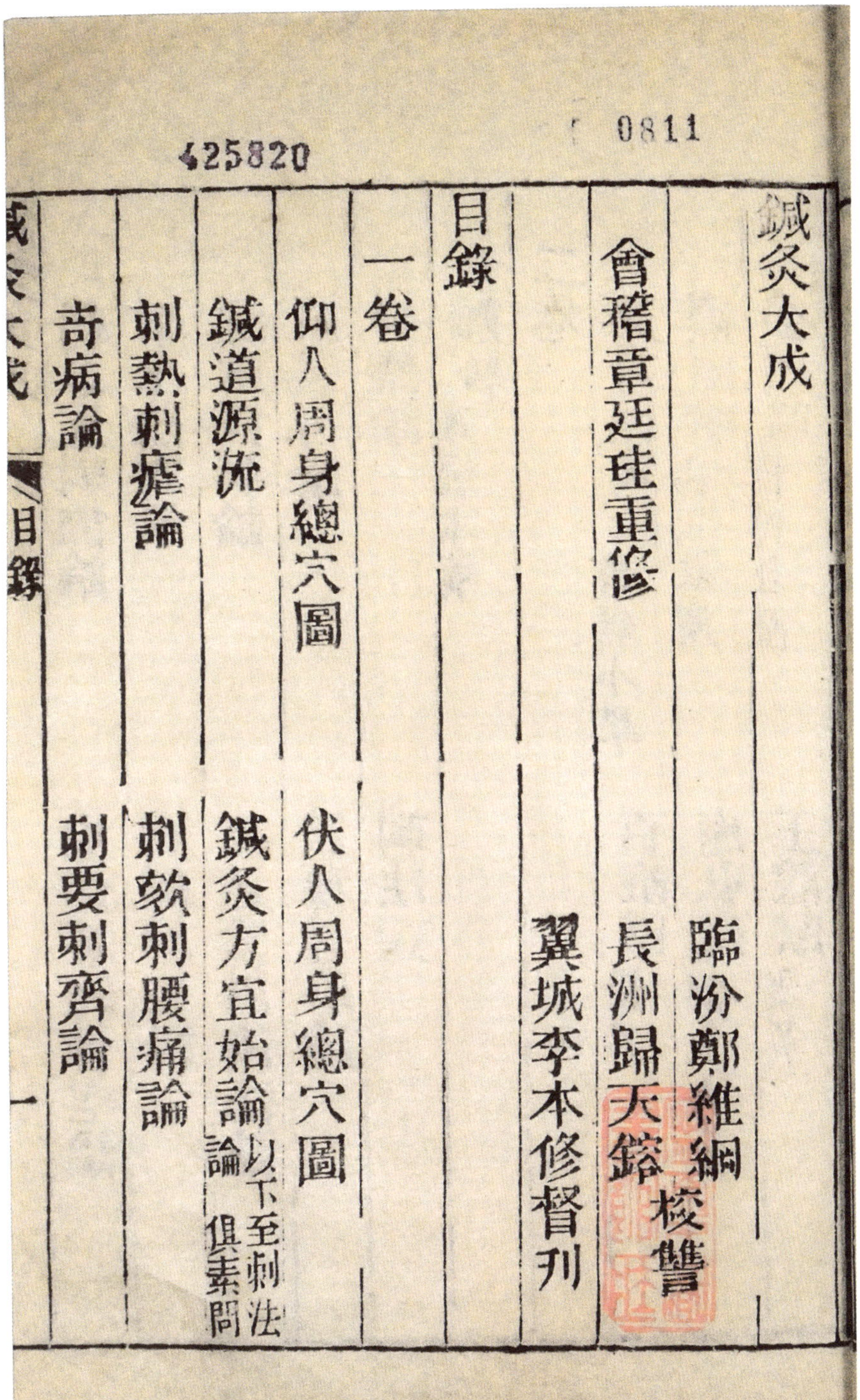

鍼灸大成

會稽章廷珪重修

臨汾鄭維絅校讐

長洲歸天鎔

翼城李本修督刊

目錄

一卷

鍼灸大成　目錄　一

0179　鍼灸大成十卷　（清）章廷珪修　清紫文閣刻本　一函十册

半葉十行二十二字，雙行小字同，白口，左右雙邊。版框18.9×13.8厘米，尺寸23.6×15.2厘米。

寧夏回族自治區圖書館藏。

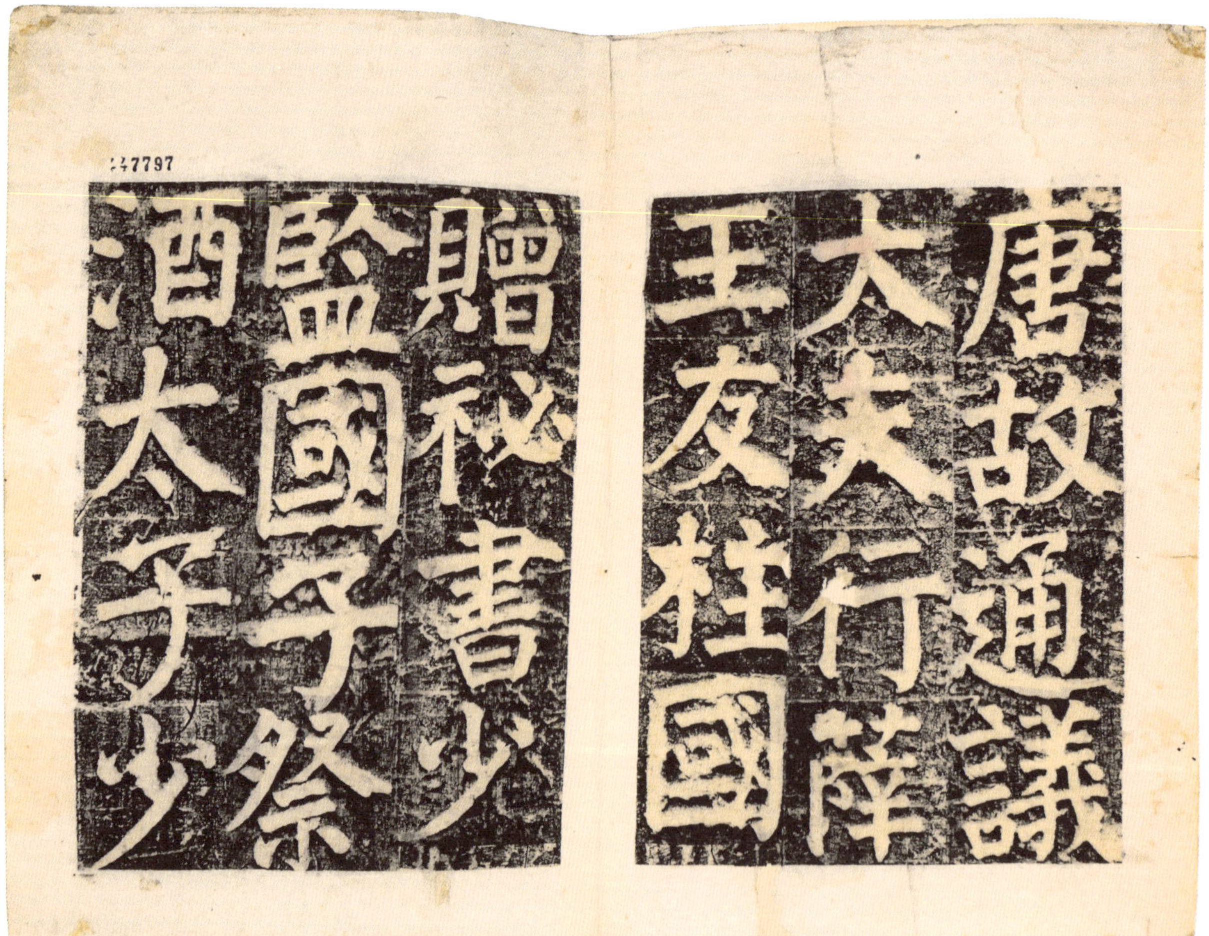

0180　顏君油碑　（唐）顏真卿撰并書　清拓本　二册

經折裝。半葉三行四字，雙行小字不等。尺寸27.9×18.3厘米。

寧夏回族自治區圖書館藏。

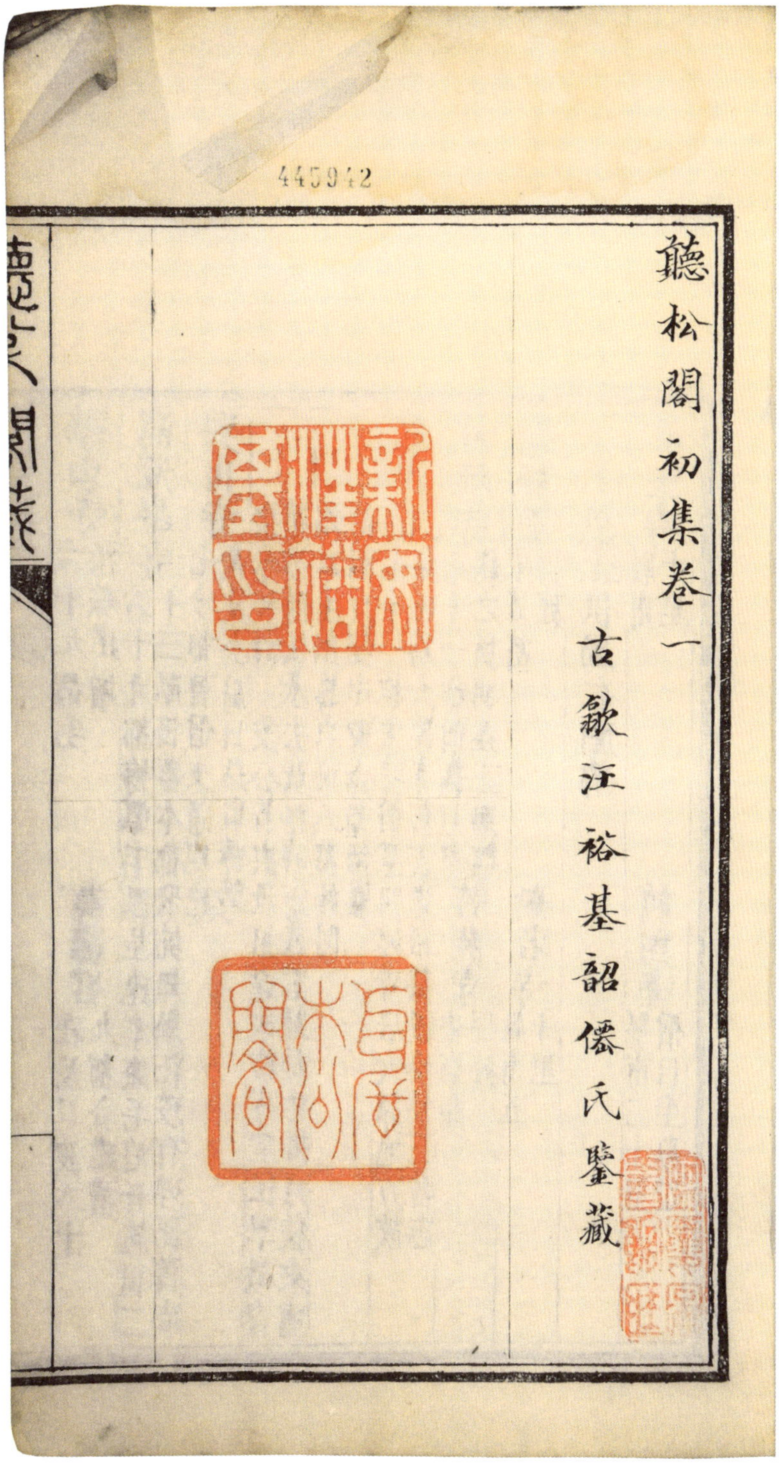
445942

聽松閣初集卷一

古歙汪裕基韶儒氏鑒藏

0181　聽松閣初集　（清）汪裕基鑒藏　清鈐印本　二册

白口，四周雙邊。版框23.8×14.9厘米，尺寸29.1×17.3厘米。

寧夏回族自治區圖書館藏。

0182　古蘭經　民國巴基斯坦銅版鏨刻　三十册（六百面二十片連成一册）

銅凸版。四周雙邊。版框15.6×12.2厘米，版片16.2×12.8×0.1厘米。阿拉伯文。

寧夏回族自治區博物館藏。

0183　塔志聖訓　民國巴基斯坦銅版鏨刻　八册（一百二十八面十六片連成一册）

銅凸版。四周雙邊。版片11.0×16.0×0.1厘米。阿拉伯文。

寧夏回族自治區博物館藏。